29 | 계명한국학총서

세계·지방화 시대의 인문학과 지역적 실천

– 계명대학교 한국학연구원 편 –

계명대학교 출판부

책을 펴내며

이 책은 계명대학교 한국학연구원에서 2010년 2학기에 진행한 '로컬리티 포럼 - 세계 · 지방화 시대의 한국학과 지역적 실천'의 내용을 정리해서 묶은 것이다. 이 포럼을 준비하기 위해 2010년 1학기에는 학교 내에서 이 주제에 관심을 갖고 있는 교수와 학생들로 모임을 구성해서 지역적 실천에 관한 여러 방면의 논문과 저서들을 읽고 토론하는 세미나를 역시 격주로 화요일 점심시간에 모두 여덟 차례 가진 바 있었다.

포럼은 모두 16주 동안 여덟 차례 열렸는데, 격주로 화요일 오후에 주제와 연관된 여러 분야의 연구자와 활동가들을 초청하여 발표를 듣고 참석자들이 같이 토론했다. 지역적 실천과 관련된 여러 분야에서 깊은 문제의식을 가지고 오랜 동안 연구와 현장 활동을 수행해온 분들께 의뢰하였고, 발표문을 미리 받아 참석자들에게 읽고 참여할 수 있도록 했다. 참석자들은 연구원 주위의 교수와 학생들이 중심이었고 주제에 따라 관심을 가진 학교 외부의 분들이 참석하는 경우도 있었다. 비록 인원이 많지는 않았지만 자발적으로 참여한 참석자들의 태도는 진지했고 토론이 길어져서 거의 매번 예정된 시간을 넘겼어도 마칠 때까지 분위기는 흐트러지지 않았다. 포럼을 마치고 난 이후, 그동안 참석했던 사람들을 중심으로 워크샵을 한 차례 가졌고, 이 글에 2부에 실린 두 편의 글에는 그때의 발표와 토론의 내용이 담겨 있다.

여기에서 '로컬리티'라는 개념은 특수성을 필요 이상으로 강조하는 경향이 있었던 '지역'이라는 기존의 개념을 보완하기 위해 도입된 것이라고 할 수 있다. 이 개념을 통해 중앙과의 관계 속에서 스스로를 규정해왔던 '지역'의 문제의식이 갖는 한계를 발견하고 중앙에 필적하고자 하는 욕망으로 귀착되기 쉬운 그 속성을 비판할 수 있게 되었지만, 그 문제의식을 서구 이론의 개념으로 규정해야 하는 상황은 분명한 모순을 내포하고 있다. 우리는 논의의 과정에서 그러한 문제점을 의식하기 시작했지만, 이 단계에서는 부득이하게 그것을 떠안을 수밖에 없을 것 같다. 앞으로 그 문제의식에 걸맞는 개념을 우리의 언어로 다듬어 만들어낼 필요가 있을 것이다.

특정 주제와 관련된 연구를 진행하는 학자들이 모여 논문을 발표하고 토론하는 학술대회는 대학에서는 일상이라고 할 만큼 낯익은 행사이다. 그런 학술대회도 의미가 큰 것이지만, 전문적이고 일회적인 한계가 좀처럼 극복되지 않았던 탓에, 매번 대회를 치를 때마다 아쉬움이 남았다. 자발적이고 지속적인, 그리고 관심을 가진 사람들이 평등하게 참여할 수 있는 공간에 대한 기대가 그와 같은 포럼 형식의 모임을 시도하게 만든 가장 큰 동기였던 것 같다. 규모를 지향하지 않고 작더라도 서로의 생각을 자유롭게 나눌 수 있는 그와 같은 연구의 단위와 성격은 이 주제에도 어울리는 형식이라고 생각했다. 한 학교에서 이루어진 그 작고 소박한 논의가 이 책을 계기로 그 바깥으로 전해져, 학문과 실천 사이의 건강한 소통을 꿈꾸는 사람들을 통해 더 풍부하게 뻗어나가기를 바라 마지않는다.

발표를 위해 먼 거리를 마다 않고 기꺼이 와주셨던 발표자 분들은 책을 완성하는 과정에서도 녹취된 강연원고를 보완하고 다듬느라 애를 많이 쓰셨다. 논평을 맡아주신 여러 분들, 그리고 자발적으로 참석하여 경청하고 적극적으로 질문하면서 참여했던 학생들과도 이 작은 보람을 나누고 싶다. 끝으로 기획과 진행의 과정에서 많은 도움을 주신 이재성, 정혜숙 선생님, 포럼의 진행을 맡아주셨던 김은민 선생님과 손수진 조교, 그리고 교정의 번거로운 일들을 맡아 이 책이 출간되는 데 큰 역할을 한 김보경 선생님과 성가인 조교에게도 감사드린다.

2012년 2월
계명대학교 한국학연구원

목 차

1부

로컬리티 연구의 의의와 현황

- 포럼 일시: 2010년 9월 14일
- 발표: 이재봉(부산대 국어국문학과 교수)
  사회: 손정수(계명대 문예창작학과 교수)
  토론: 이재성(계명대 교양교육대학 교수)

사회자 : 한국학 연구원 연구 부장을 맡고 있는 문예창작학과 손정수입니다. 반갑습니다. 계명대학교 한국학 연구원에서는 인문학 연구가 지역에서의 실천과 어떻게 실질적이고 구체적으로 결합될 수 있을까 하는 문제의식을 가지고 장기적인 연구의 방향으로 지역, 지방에 대한 새로운 관점을 모색하는 과제를 설정하였습니다. 그 전제 사업으로서 로컬리티 문제에 관심을 가지고 저희가 지난 한 학기동안 2주에 한 번씩 관심있는 구성원들이 모여서 세미나를 같이 진행해 왔습니다. 세미나에서 각 분야별로 최근에 진행된 로컬리티 연구들을 살펴보면서 논의해 왔구요. 지난학기 동안의 세미나 경험과 성과를 바탕으로 해서 이번 학기에는 각 분야별로 로컬리티 문제에 대해서 관심을 가지고 활동하시는 분들, 실제로 지역에서 실천을 하고 계시는 분들을 차례로 모셔서 2주에 한 번씩 포럼형태의 연구모임을 갖기로 했습니다. 모두 여덟 차례의 포럼이 예정되어 있는데, 오늘은 첫 순서로 로컬리티 연구에 선도적인 역할을 해오고 있는 부산대학교 한국민족연구소에 HK 로컬리티 인문학

연구단의 이재봉 선생님을 모셨습니다. 이재봉 선생님으로부터 최근에 로컬리티 연구와 관련되어 진행되고 있는 상황과 특히 '로컬리티'라는 개념의 의미, 그리고 그와 관련한 경험에서 부딪혔던 문제들에 대해서 들어보려고 합니다. 로컬리티 문제로 HK사업을 진행하고 있는 곳은 부산대학교 한국민족문화연구소가 유일한데요. 그만큼 이 문제에 대해서는 가장 앞서서 문제의식을 제시했고, 또 활발하게 활동을 하고 있는 곳입니다. 오늘 강연을 오신 분은 그곳에서 '로컬리티의 인문학' 연구단 부단장을 맡고 계신 분입니다. 부산대학교 국어국문학과에 재직하고 있는 이재봉 선생님을 모시고 오늘 첫 순서로 "로컬리티 연구의 의의와 현황"에 대한 강연을 듣기로 하겠습니다. 이재봉 선생님을 소개합니다.

이재봉 : 반갑습니다. 부산대학교 한국민족문화연구소 HK 로컬리티의 인문학연구단 부단장을 맡고 있고, 인문대학 국어국문학과에 재직하고 있는 이재봉입니다. 솔직하게 말씀드리면 연구단 부단장이라는 지위가 같이 연구에 참여하고 직접 그 연구를 수행한다기보다 어떤 면에서 보면 잔소리하는 역할입니다. 처음에 이런 이야기가 저에게 전해왔을 때 조금 망설였던 것도 바로 그런 이유 때문이

었습니다. 차라리 저희 연구단 내부에서 열심히 연구를 하고 계시는 분들이 이 강연을 맡으면 더 낫지 않을까, 하는 생각이 들었기 때문에 조금 망설였지만 지금까지 연구단에 관여하고 학술행사에 참여하면서 느끼고 생각한 점들을 공유하고 싶어 와야겠다고 결심했습니다. 〈로컬리티 연구의 의의와 현황〉이라고 했는데, 현황을 제대로 다루려면 로컬리티라는 주제 아래 진행되고 있는 국내뿐만 아니라 세계적인 연구도 개괄할 수 있어야 합니다. 그리고 로컬이라는 구체적 현장에서 일어나고 있는 실천적 운동도 짚을 수 있어야 하겠지요. 이런 점에서 제가 이 자리에서 현황을 다룬다는 것은 무리가 있습니다. 그래서 로컬리티의 문제의식과 지향해야 할 과제 쪽으로 초점을 맞출까 합니다. 이런 점에서 앞으로 이 로컬리티 연구가 어떤 식으로 가야 할 것인가에 대한 이야기들을 좀 더 하고 싶었습니다. 결국 여기에서 말씀드리려고 하는 내용들이 어떤 면에는 아직 성글기도 한 부분들이 있습니다. 이런 것들을 이해하고 들어주셨으면 좋겠습니다.

왜 로컬, 로컬리티인가?
- 성숙한 남성의 서사를 넘어서기 위하여

우선 그 첫 번째로 제가, '왜 로컬, 로컬리티인가?-성숙한 남성의 서사를 넘어서기 위하여'라는 제목을 달았습니다. 이 부분은 현재 왜 로컬리티 연구가 이렇게 활성화되고 있느냐 하는 문제와 맞물려 있습니다. 작년(2009년)에 보니까 한국학 중앙연구원에서 학술대회를 개최하면서 그 속에 로컬리티와 한국학이라는 주제도 포함을 시켰더라구요. 저도 왜 이 시점에서 로컬리티인가, 로컬리티 연구가 지향하는 바는 무엇인가 하는 점 등을 이야기 해보려고 합니다. 그런데 저는 어떤 이론이라든지 우리가 새로운 방법론이라고 하는 것들은 결국 새롭다기보다는 기존 이론들이나 방법론에 대한 반성 또는 비판에서 출발한다고 생각을 합니다. 로컬, 로컬리티 역시 기존의 그러한 세계 혹은 사고방식, 방법론 이런 것들을 반성하고 재해석하는 데서 출발하는 것이 아닐까 생각하고 있습니다. 그러면 이 로컬리티가 왜 문제인가 하는 점부터 이야기해 보도록 하겠습니다.

첫 번째 생각해 볼 수 있는 것은 18세기 이후의 유럽 중심주의입니다. 합리성이라든지 유럽적 보편성이라든지 하는 것들이 일반적인 원리나 보편성 등의 관념으로 우리가 알지도 못하는 사이에 세계의 곳곳에, 그리고 우리의 삶 구석구석까지 침투해 있습니다. 이러한 것들을 잘 보여주는 것이 근대 서구의 서사양식들인데, 그중에서 쥘 베른(J. Verne)의 『80일간의 세계일주』(1873)로 간단하게 예를 들어보겠습니다. 잘 알다시피, 80일 만에 세계일주가 가능하기 위해서는 기본적으로 증기기관과 근대적인 형식이 있어야 됩니다. 또한 그러한 근대과학에다가 그것이 만들어내는 속도와 정확성이 섞여 있어야 합니다. 『80일간의 세계일주』가 바로 그런 작품이죠. 여기에 또한 모험서사와 남녀 간의 로망스 등이 적절하게 들어가 있습니다. 이런한 덕분에 쥘 베른의 이 작품(이 작품뿐만이 아닙니다만)은 세계에서 가장 많이 번역되는 작품으로 알려져 있고, 영화로도 몇 차례나 만들어졌습니다. 그리고 최근에는 우리나라에도 완역되었고, 만화로까지 각색되어 나올 정도로 이른바 '고전'으로 알려져 있는 작품입니다. 그런데 일반적으로 모험서사에는 인물들이 경험하는 다양한 풍속과 풍광이 계속해서 그려지는데요, 『80일간의 세계일주』도 이국적 풍광 속에 서사가 진행됩니다. 주인공인 줄리어스 포그 일행이 런던을 출발해 수에즈, 뭄바이, 캘커타 그 다음에 홍콩과 요코하마 샌프란시스코, 뉴욕을 거쳐 런던으로 되돌아오는 여정이 이야기의 기본 뼈대라고 할 수 있습니다.

우선 이 여정에서 인도에서 아우다를 구출하는 장면과 미국 인디언에게 잡혀 죽을 위기에 처해 있는 하인 파스파르두를 구하는 장면을 떠올려 보죠. 간단히 보면 주인공인 '줄리어스 포그'는 냉철하고 기계적인 정확성을 지닌 인물로 그려져 있습니다. 식사는 언제나 같은 시간에 하고 일분 일초라도 빠르거나 늦어서는 안 됩니다. 목욕물 온도도 일정해야 되고, 아침에 먹는 토스트의 온도도 일정해야 합니다. 약간이라도 틀리면 안 됩니다. 그래서 하인들이 견디지 못하고 나가버립니다. 그러한 상황에서 파스파르두라는 인물이 합류하게 되고, 갑자기 이 인물과 함께 세계일주를 떠나게 되죠. 그러니까 포그가 드러내는 근대성은 그와 같은 기계적인 근대성이라 할 수 있습니다. 실제 1989년에 만들어진 영화를 보면 포그의 집 곳곳에 시계가 걸려있는 것을 볼 수 있습니다. 시계는 그 자체가 근대의 대표적 양식이며, 또한 줄리어스 포그는 그만큼 철저하게 과학적인 사고를 하는 사람이라는 것을 드러냅니다. 이러한 사람이 인도에 갔을 때, 철도(철도 역시 시계적 정확성으로 움직이며 속도를 나타내는 근대의 대표적 양식이죠)가 다 연결되어 있지 않았기 때문에 코끼리를 타고 이동하는 장면이 나옵니다. 그 코끼리를 타고 이동하는 과정에서 남편의 장례식에 같이 화장당할 운명에 처해 있는 '아우다'라는 여성을 구출하는 장면이 있습니다. 이 부분은 인도에서 이야기하는 사티(sati)라는 풍습이지요. 남편이 죽으면 아내도 산 채로 같이 화장하는 그 풍습입니다. 그런데 포그의 근대적인 논리에서 보면 시간이 지체되면 안 되기 때문에 이를 무시하는 것이 오히려 타당해 보입니다. 그럼에도 포그는 이 장면에서 갑자기 일종의 인류애를 발휘하며 아우다를 구출해 냅니다. 물론 파스파르두가 중요한 역할을 하지만요. 이 장면에서 생각해 볼 만한 것은 포그 일행은 인도의 문명이나 문화, 풍습 등은 전혀 고려하지 않고 있다는 점입니다. 힌두교 사원에서 해서는 안 될 일조차 고려하지 않으면서 그들은 오직 아우다를 구출하는 데만 정신을 쏟은 채 이것이 '문명'이라고 강조하고 있는 것처럼 보입니다. 이 과정에서 인도는 자연스럽게 '야만'으로 여겨지게 되지요.

두 번째 샌프란시스코에서 뉴욕으로 가는 도중에 인디언에게 잡혀 죽을 위기에 처한 파스파르두를 구출하는 장면도 마찬가지입니다. 여기에서 인디언은 두 종류로 나뉩니다. 바로 평화로운 인디언과 위험한 인디언입니다. 평화로운 인디언은 백인에게 우호적이고 나쁘지 않은 종족으로 그려지지만 위험한 인디언들은 아주 무자비하고 야만적인 인물로 마치 식인종처럼 그려집니다. 반면에 그 속에서 하인을 구해내는 포그는 '생명'이 무엇보다 중요하다고 생각하는, 인간미가 넘치는 인물로 그려져 있습니다. 일종의 휴머니즘같은 서구적 개념을 웅변적으로 보여주는 인물이죠. 그런데 작품의 서두에서는 포그가 아주 냉철하고 괴팍한 인물로 묘사되어 있습니다. 하지만 아우다는 '당신은 정말로 자비로운 분입니다' 이렇게 계속 이야기를 하고 있고, 죽을 위기에서 구출된 파스파르두도 포그의 인격에 의심을 품지 않게 됩니다.

이런 에피소드에서 드러나 있는 것은 인도라는 지역과 아메리카라는 지역, 즉 야만의 땅입니다. 포그와 유럽인의 입장에서 볼 때, 이들 지역은 문명이 닿지 않은 엄청난 오지로 묘사되어 있습니다. 지금도 흔히 그렇습니다. 오지라고 하면 보통 '먼 곳', '동떨어진 곳'이라는 뜻으로 받아들이고 있는데 그것은 과연 어디에서 멀고 어디에서 동떨어져 있다는 것일까요. 실제로 그곳에 사는 사람들에게도 그곳은 멀고 동떨어진 곳일까요? 아마 그렇지 않을 겁니다. 그런데 다른 지역 사람들이 멀다고 하거든요. 유럽인의 입장에서 보면 그 오지라는 곳은 문명으로부터 멀다는 뜻이 되기 때문에 오지는 언제나 자기들이 위험을 무릅쓰고 가서 발견해야하는 곳, 문명화시켜야 하는 곳 등으로 이야기되는 거겠죠. 거기 살고 있는 사람은 중요한 게 아닌 거죠. 거기 살고 있는 사람은 중요한 게 아니죠. 소를 쫓다가 사람들에게 쫓기는, 이러한 장면들도 나오는 것도 힌두교에서 소를 신성시하는 것과 같은 인도문화에 대한 이해가 전혀 되어있지 않기 때문이겠죠. 그리고 아메리카 인디언의 경우에는, 대륙횡단 철도를 놓을 때 당연히 삶의 터전을 빼앗기게 되니까 저항이 격렬할 수밖에 없었지요. 그런데 그러한 부분들은 다 싹 빠지고 저항하는 인디언들을 위험한 인디언으로 규정하고 그 위험을 제거해야 한다고 생각하는 거죠.

이러한 것들이 근대 서구의 서사, 여기에서 말씀드린 모험서사의 일반적인 형태가 아닌가 합니다. 그래서 루카치가 근대 소설을 두고 성숙한 남성의 장르라고 이야기하면서 '내 혼을 입증하기 위해 나는 간다'라고 이야기 했을 때, 기본적으로 여성이 배제되어 있다는 사실을 생각해야겠죠. 여기서 소설이란 성숙한 남성의 장르이기 때문입니다. 또한 그 성숙한 남성이 자신의 혼을 입증하기 위하여 가는 곳은 어디일까요. 그 성숙한 남성의 영역에 아시아나 아메리카의 지역들도 포함되는 것일까요? 유럽이 아닌 다른 지역에 사는 사람들은 배제되어 있다고 보는 편이 옳지 않을까요? 결국 유럽중심적인 세계관을 이런 형식을 통해서 드러내는 것으로 보입니다. 그래서 그들이 가는 곳을 자세히 들여다보면 대체로 유럽의 식민지이죠. 포그 일행뿐만 아니라 그들이 일주하는 세계는 거의 서구의 식민지 지역입니다. 그 식민지 지역을 한 바퀴 돌아보는 그러한 형식이 근대 서구 모험 서사의 중요한 내용이라는 거죠. 거기에 로맨스라든지, 근대 과학 등의 형태가 절묘하게 버무려져 있는 것이 아닌가 하는 의문을 지울 수가 없는 거지요.

그런데 이러한 이야기가 서구에서만 있었던 것은 아니고, 아시아권, 우리가 흔히 동아시아라고 하는 지역에서도 거의 유사한 모습을 볼 수 있습니다. 후쿠자와 유키치의 『서양사정』(1986-70) 이라든지, 유길준의 『서유견문』(1985) 역시 마찬가지인데 다만 방향만 반대인 형태입니다.

예를 들면 서구의 경우 식민지를 돌아본다고 할 수 있다면, 동양의 경우에는 식민지를 돌아보는 것이 아니라 문명을 돌아보러 가는 거죠. 최남선의 「세계일주가」(1914) 에서 조선을 벗어나 맨 먼저 도착하는 곳이 청의 태조 무덤인 동릉입니다. 거기에서 보는 것은 망한 왕조의 허망함 같은 것입니다. 그렇지만 러시아 페테르부르크같은 지역을 보면서는 굉장하다고 이야기합니다. 이삭궁전같은 것을 보면서 굉장한 문명이라고 감탄하는 거죠. 사실은 똑같이 역사상에서 멸망한 왕조의 유물들인데 말이죠. 결국 비슷한 것이라도 유럽의 것은 문명이지만 아시아의 것은 낡은 봉건적 형식에 지나지 않습니다. 그러니까 보고 싶은 문명들만, 문명화된 지역들만 골라 가면서 보는 것이라 할 수 있습니다. 그러니까 여정은 서구의 그것과 반대 방향이 될 수밖에 없습니다. 최남선의 「세계일주가」는 중국을 거쳐 유럽을 통해서 미국으로 갔다가 요코하마, 동경 그 다음에 오사카 이런 식으로 거쳐서 되돌아옵니다. 여정도 반대 방향이고 시선도 반대를 향하고 있는 듯합니다만 그것이 결국 지향하는 곳은 우리도 그런 문명을 가져야 한다는 것이겠죠. 곧 근대의 문명을 욕망하는 형식이라고 할 수 있습니다.

이제 일국 체제 내부로 시선을 돌려 보죠. 일국 체제 내부에서도 상황은 크게 다르지 않은 것으로 보입니다. 근대의 국민국가가 성립되는 과정에서 이미 중앙중심적인 성격을 지니고 있었고, 이것은 국가라는 패러다임을 통해 끊임없이 정당화되고 확산되어 왔습니다. 우리나라의 모든 철도의 기점은 서울이었습니다. 일부 그렇지 않은 경우도 있지만 철도 노선의 이름에 거의 서울이 앞에 들어가 있죠. 1960년대 이후 산업화 과정에서도 서울로 계속해서 집중되는 형태를 보입니다. 지금도 마찬가지로 서울은 끊임없이 확장 혹은 팽창되고 있는 상황입니다. 제가 국문학을 전공하는 입장이기 때문에 문학작품을 가지고 예를 많이 들고 있는데요. 부산을 예로 들어보면 1960년대 정도까지만 하더라도 부산을 구체적인 지역, 구체적인 장소로 하는 작품들이 간혹 있습니다. 대표적인 인물이 요산 김정한 선생 같은 분이지요. 이전에는 조명희의 「낙동강」(1927) 같은 작품도 있었고요. 하지만, 1970년대 이후 1980년대에 가면 이러한 작품들이 사라집니다. 부산을 구체적인 지역으로 다루고 있는 작품이 거의 사라집니다. 김용규 교수의 글을 보면 1970년대 1980년대 부산이 지역으로 등장하는 것이 이문열의 「하구」(1981) 하나라고 합니다. 여기에 등장하는 '하구'는 지금 동아대학교가 있는 하단이라는 구체적인 지역인데요, '하단'이라고 특정하지 않고 그냥 '하구'라는 식으로 추상화되어 있는 거죠. 그러니까 '하단'이라는 구체적인 장소가 '하구'라는 추상적인 공간으로 바뀌어 버린 거라 할 수 있겠죠. 이 '하구'는 여기에 사는 사람들의 구체적이고 생생한 삶의 모습이 드러나는 공간이 아니라 고민에 빠진 서울 사람이 도피해 와서 머리를 식히고 생각을 정리하는 곳입니다. 그리고 이 과정이 끝나면 그는 얼마 지나지 않아 서울로 되돌아갑니다. 지역 사람들이 사는 구체적인 삶의 현장이라기보다는 서울 사람들이 다녀가는 곳으로 바뀌어 있는 셈이죠.

그런데 1990년대 이후에는 부산의 작가들이 '부산을 쓴다'와 같은 기획을 통해서 의식적으로 장소성을 회복하려는 노력을 하고 있습니다. 그 덕분에 최근 부산의 작가들이 쓰는 작품들에는 부산의 구체적인 지역들이 생생한 삶의 현장으로 다시 그 의미를 획득하고 있습니다. 소설뿐만 아니라 시와 수필 등의 장르에서도 이런 움직임은 활발합니다. 이러한 상황들은 '지역'을 새롭게 인식하려는 노력의 결과들이라 볼 수 있겠죠. 그렇지만 지역을 여전히 추상적인 공간으로 남겨두려는 시도와 기획들도 만만치 않습니다. 수업시간에도 가끔씩 그런 이야기를 합니다만, 요즘 한창 인기를 끌고 있는 모 방송국의 〈1박 2일〉과 같은 프로그램처럼 '고향'을 이야기하는 방송을 볼 때마다 그런 생각이 듭니다. 그들은 언제나 서울에서 출발해서 서울로 되돌아갑니다. 그러면서 '이쪽으로 놀러 오세요'라고 큰 소리로 외치곤 하죠. 이렇게 되면 지역이나 고향은 살러가는 곳이 아니라, 서울 사람들이 놀러가는 공간으로서의 의미가 강화되게 되는 거죠. 놀러 가면 며칠 있다 원래의 자리로 되돌아갈 수밖에 없습니다. 그야말로 잠깐 놀다 가는 거죠. 그뿐만이 아닙니다. 특히 그들의 눈에 발견되는 그런 지역은 서울과는 항상 시차가 있습니다. 예를 들어, 시골에서 먹는 밥 한 그릇에 언제나 '옛날 우리 엄마가 차려주던 맛'이라며 호들갑을 떱니다. 자기 엄마가 그렇게 밥을 차려줬는지는 모르겠습니다만 엄마가 차려주는 맛이다, 그러니까 추억이다, 옛날의 모습이 그대로 남아 있다, 아직도 인정이 남아 있다는 식으로 이야기를 합니다. 그렇다면 서울은요? 옛날의 모습이 아니고 현재적인 모습이라는 거죠. 알게 모르게 그러한 구조가 굳어져 버리고 지역은 추억이라는 이름 속에 과거가 되어 버리는 거죠. 그렇다 보면 서울을 제외한 다른 지역은 서울을 위해서 존재하는 하부공간으로서, 언제나 그렇게 남아 있어야 하는 공간이 되어버릴 뿐입니다. 극단적으로 말하면 서울 때문에, 서울 사람들의 여가를 위해서, 서울 사람들의 추억을 위해 존재하는 공간으로 치부되는 거죠. 이러한 점이 또 근대국민국가에서 지역의 문제, 로컬의 문제를 생각하게 하는 또 하나의 요인으로 작용했다고 볼 수 있습니다.

그리고 오늘날 흔히 이야기하는 글로벌리제이션(globalization) 또는 로컬리제이션(Localization) 역시 로컬, 로컬리티와 연관되어 있습니다. 신자유주의와도 연관이 있는 문제라고 할 수 있는데요, 시장의 원리, 말하자면 교환가치가 철저하게 지배하여 자본의 확대 · 재생산 욕망을 이행해가는 현상 역시 생각해 보아야 합니다. 이런 부분들은 한편으로 보면 근대국민 통합의 경계를 허물어 버립니다. 보호 무역 장벽을 허물어 버리는 것이 그 구체적인 예라고 할 수 있습니다. 자본은 결과적으로 끊임없이 자기 증식욕망을 가지고 있기 때문에, 자본이 어떤 지역에 들어가 증식하기 위해서는 어떠한 수단도 마다하지 않습니다. 현지화 전략을 예로 들어 보죠. 르노 자동차 사장의 회장이 프랑스인인데, 새 차가 출고될 때 한복을 입고 출고되는 차 앞에서 한국식으로 고사를 지낸다고 합니다. 그리고 요즘 텔레비전 광고를 보면서 가끔씩 재미있다고 생각하는 것이 있습니다. 어떤 보험회사는 보험이 약속하면 달려간다고 광고하기도 하더라고요. 그렇죠. 자본은 늘 이렇게 달려가는 것인지도 모르죠. 보험이라는 형태가 사실은 구체적인 상품은 없으면서, 돈을 가지고 돈을 계속 재생산하는 것이라 할 수 있겠죠. 이렇게 될 때 자본은 지역을 보면서 동시에 지역을 허물어야 합니다. 지역을 강조하면서 그 지역이라는 경계를 허물어야만 증식의 욕망을 끊임없이 충족시킬 수 있겠죠. 자본은 이러한 두 가지 측면을 가지고 있지요. 그래서 지역이 오히려 파편화되는 측면이 있는 반면, 뒤집어 보면 그것 때문에 신자유주의의 자본논리가 오히려 지역을 새롭게 발견하게 하는 측면도 있다는 겁니다. 실제로 얼마 전까지 사람들의 입에 자주 오르내렸던 '지역적으로 생각하고 세계적으로 행동하라'는 경구 역시 마찬가지입니다. 결국은 자본의 논리이면서 동시에 많은 사람들이 그 논리를 전유해서 받아들였던 것이라 할 수 있을 것입니다.

이런 몇 가지 입장에서 본다면 로컬을 사유한다는 것은 유럽중심주의적 보편성이라든지 제 3세계의 중심에 대한 욕망, 국민 국가 내에서의 중앙중심주의, 신자유주의의 가치 무차별적인 공세에 대한 비판과 반성의 결과일 수 있다고 봅니다. 그런 점에서 저희 연구단은 이 로컬리티를 가지고 세계적인 보편성의 원리를 만들어내겠다고는 생각하지 않습니다. 오히려 그것보다는 개별적인 특수성을 발견해 내는 것이 더 중요하지 않는가, 그런 생각을 하고 있습니다. 비교문학이나 문화의 방법을 예로 들겠습니다. 한때 상당히 각광을 받고, 아직도 영향을 크게 미치고 있는 비교문화 연구 방법은 흔히 영향과 모방, 수용 등의 개념이라 할 수 있습니다. 그런데 이런 개념들은 항상 일방적입니다. 구체적으로 말씀드리면 항상 앞서 있다고 간주되는 곳의 문화가 뒤처진 지역에 영향을 준 뒤, 수용되고 모방되는 양상으로 이야기가 진행된다는 것입니다. 제가 부족해서 그런지는 몰라도 한국문학이 미국이나 유럽에 영향을 주었다, 제3세계의 문화가 제1세계에 영향을 주고 그것들이 제1세계에서 수용되고 모방되었다는 내용의 연구는 거의 보지 못했습니다. 지금의 시점에서 본다면 그 반대 방향의 이야기도 가능해야 하고, 영향과 모방과 수용 등의 동질적인 개념보다도 오히려 차이가 중시되어야 하는 것은 아닌가 하는 생각을 하고 있습니다.

로컬, 로컬리티란 무엇인가

그런데 실제로 이렇게 보고 나면 과연 로컬, 로컬리티란 무엇이냐 하는 질문이 당연히 나올 수밖에 없는데요. 그런데 솔직하게 결론적으로 말씀드리면 아직 이 부분에 대해서 제가 알기로는 세계적으로 합의된 바가 없습니다. 지리학이나 인류학 쪽에서는 비교적 선명한 경계와 개념으로 접근하고 있는 듯하지만 인문학에서는 그 개념을 쉽게 합의하기 어려울 수밖에 없을 것이라고 생각합니다. 실제로 우리 부산대학교의 한국민족문화연구소 HK연구단에서는 연구를 시작한 첫 해에 모두 23명의 연구 인력과 12명의 일반 연구원 등이 모두 모여, 이틀 동안 워크샵을 개최한 적이 있습니다. '로컬리티의 인문학'이 우리 연구소의 과제인 만큼, 여기에 대해서 서로가 생각하고 있는 부분들을 이야기하고 진지한 토론을 거쳐 합의에까지 이르지는 못한다 하더라도 가능하면 의견들을 접근시켜 보자는 의도로 '로컬, 로컬리티 그리고 로컬리톨로지(우리 연구단에서 만든 용어입니다만)'를 주제로 지칠 때까지 토론을 했습니다. 가능하다면 이 결과를 연구총서로 묶어내고 싶은 욕심도 있었고요. 그런데 결과는 책으로 묶어낼 만큼 의견을 접근시키기 어려웠습니다. 우리 연구단에는 다양한 영역의 전공자가 있으니, 아무래도 각자의 학문 영역을 바탕으로 논의를 진행시켜야 한다는 점과 로컬, 로컬리티라는 개념 자체가 다양한 스펙트럼을 지닐 수밖에 없다는 점 등이 어떤 공통의 관점이나 시각으로 일원화하기 어렵게 만든 요인이겠지요. 어쩌면 그것이 오히려 로컬, 로컬리티의 특징이 아닌가 합니다.

로컬 또는 로컬리티라는 것은 요즘 흔히 이야기 하는 탈식민주의라든지 포스트 콜로니얼 등의 개념들과 쉽게 결합합니다. 물론 그것만이 다는 아닙니다. 뒤에 가서 잠깐 말씀을 드리겠습니다만, 일단 근대성의 문제와 연관을 맺을 수밖에 없기 때문에 탈식민성, 소수성, 타자성, 주변성, 차이성, 다양성과 연관을 맺을 수밖에 없다는 것입니다. 그런데 로컬이란 용어는 흔히 지역이나 지방으로 번역해서 사용하고 있습니다. 그런데 지방이라고 했을 때 어떤 면에서 보면 서울에 비해 비하되는 의미가 들어 있는 것처럼 사용되어 왔기 때문에 그런 함의를 없애고 균등한 지위를 부여하기 위해 요즘은 지역이라는 용어를 더 선호하고 있는 것 같습니다. 그렇지만 지역이나 지방이나 그 함의가 엄밀하게 다른 것인지는 잘 모르겠습니다. 그런데 어쨌건 현재 우리가 쓰고 있는 지역이나 지방이라는 하는 용어로는 로컬이라는 개념을 모두 포괄하기 힘든 것 같습니다. 그래서 우리 연구단 내부에서는 번역어를 선택하지 않고 로컬이라는 용어를 그대로 쓰고 있습니다. 여러 의견이 있었지만 지역이나 지방이라는 용어가 기존의 이데올로기에 침윤되어 있다면 그것을 벗어나기 위해서 번역하지 않는 것이 좋지 않겠느냐고 생각했던 것입니다.

그러면 로컬, 로컬리티란 무엇인가. 우선 그 경계에 대해서 생각해 보죠. 로컬의 경계는 분명한 것일까요? 실제로는 그렇지 않죠. 대구도 그렇겠습니다만 제가 살고 있는 부산을 행정적으로 보면 다리 하나 건너면 김해입니다. 그런데 실제로 살고 있는 사람들은 김해에서 부산으로 왔다가 부산에서 김해로 가는 것이 일상화되어 있는데 이런 행정적인 경계로 로컬을 규정하기는 힘들죠. 이런 점에서 로컬이라는 단위는 상대적으로 파악할 수밖에 없지 않겠는가라고 생각하고 있습니다. 예를 들어서 부산도 김해도 로컬이 될 수 있고, 대구도 경산도 로컬이 될 수 있죠. 뿐만 아니라 다른 지역들도 마찬가지입니다. 물론 이 단위가 그대로 로컬이라는 경계선으로 묶일 수 있는 것은 아닙니다. 부산에도 대구에도 더 작은 단위의 로컬들이 얼마든지 존재할 수 있는 거죠. 거꾸로 보면 로컬은 또 더 큰 단위와도 쉽게 결합할 수 있습니다. 영남, 호남 하는 범위가 그 예가 되겠죠. 그리고 한국도, 일본도, 동아시아도, 유럽연합 등도 경우에 따라서 로컬로 파악될 수 있을 것입니다. 단순하게 보면 지구 또는 세계라는 관념을 맨 위에 두었을 때, 기준에 따라 그 하부에는 아주 많은 크고 작은 단위들이 존재할 수 있겠죠. EU라든지 남미, 아프리카 이런 쪽도 지역이라 할 수 있겠고, 요즘 흔히 이야기하는 동아시아 경제 블록도 그렇게 볼 수 있겠죠. 이러한 단위들은 크고 작은 다른 로컬들과 관계를 맺고 있고 횡으로는 이웃한 로컬들과 관계를 맺으며, 뿐만 아니라 지리적으로는 인접해 있지 않다 하더라도 또 다른 로컬과 관계 속에서 존재합니다. 순전히 독립적으로 존재하는 단위, 로컬은 없죠. 그만큼 로컬은 상대적이고, 관계적이며 중층적이라 할 수 있는 개념입니다. 비유적으로 말하면 로컬은 시작과 끝이 없이 서로가 서로를 규정하면서 끊임없이 움직이는 프랙탈(Fractal) 구조와 비슷합니다. 전체와 분리되지 않는 부분, 부분들로 이루어진 전체, 서로가 서로의 존재 조건을 규정하면서 쉼 없이 움직이는 프랙탈과 상대적이고 관계적이며 중층적인 로컬은 서로 비슷한 점을 보여주고 있습니다. 어떤 한 부분이 활동을 중지하는 순간 모든 관계가 허물어져 버리면서 서로의 존재조차 위협받는 프랙탈처럼 중층적이고 상대적이며 상호관련성이라는 고리가 끊어져버리는 순간 로컬도 그 존재 의미를 상실하게 되지 않을까요. 그러므로 로컬리티는 일부에서 이야기하는 것처럼 고정된 정체성과는 일정한 거리를 지닐 수밖에 없게 됩니다. 그래서 로컬리티란 특정한 사회문화적인 조건과 다른 로컬과의 상대적이고 중층적인 상호관련성에 의해 때로는 소멸되거나 또 다른 로컬리티가 형성되기도 한다고 볼 수 있을 것 같습니다.

이와 같은 관점으로 로컬리티를 파악하는 흐름은 비교적 로컬을 선명하게 구획해 왔던 지리학에서도 발견되고 있습니다. 전통 지역지리학은 각 지역의 고유성이 그 지역이 가지고 있는 상이한 자연, 인문적 조건이 결합되어 형성된다고 보는 데 비해 최근의 신지역지리학에서는 각 지역의 특성이 다른 지역과의 관련성, 다시 말해 상하위 단위 지역과의 관계나 다른 지역과의 상호관련성 속에서 지역의 고유성이 생성된다는 입장을 보이고 있는 것이죠. 지역 고유성을 여전히 강조하고 있긴 하지만 다른 지역과의 상호관계성을 중시하기 시작했다는 점에서 아주 의미 있는 변화로 보입니다. 기존의 지리학이나 인류학에서 지역(region, area)은 그 경계가 비교적 선명한 것이었고, 그 지역의 특정한 조건들이 지역성을 규정하는 것으로 파악되는 것이 일반적이었습니다. 특히 19세기에서 20세기에 걸쳐 발달했던 서구(제1세계) 지역학의 경우, 특정한 지역의 특권을 강화하거나 제3세계 또는 식민지 지역들의 실상을 파악하기 위해 연구가 진행된 측면을 무시하기 어렵습니다. 그렇기 때문에 정치적으로 제국의 이데올로기가 개입될 수밖에 없었다고 볼 수 있겠죠. 유럽 인류학이 현재까지도 아프리카나 남아메리카 등의 지역에 집중되어 있고 아시아 쪽은 말레이시아 반도나 필리핀 등의 지역에 관심이 한정되어 있다는 사실만 봐도 그런 혐의를 지우기 어렵습니다. 이렇게 되면 지역 연구는 그 지역의 고유성, 다르게 말하면 정체성을 따지는 것으로 흘러가기 쉽습니다. 이 경우 용어를 어떻게 쓰든지 지역의 경계는 분명해야 하겠죠. 따라서 그 특성도 선명하게 드러나야 할 수밖에 없었던 것입니다. 그렇지만 선명한 경계 속에 갇혀 있는 '로컬'은 로컬로서의 특성을 지닌다기보다 외부적 시선으로 평가받는 측면이 강했다고 볼 수 있습니다. 바로 이와 같은 점을 반성하고 비판하기 위해 로컬과 로컬리티를 새롭게 인식할 필요가 있는 것이라고 생각할 수 있습니다.

물론 지리학에서는 지역의 고유성을 완전히 부정하지는 않는 듯합니다. 물론 여기서 말하는 지역의 '고유성'이라는 것도 고정되고 확정되는 개념으로 받아들이기는 어려워 보입니다. 상호관련을 맺고 있는 지역의 사회, 문화, 산업 등이 변화한다면 그 고유성 또한 변할 수밖에 없지 않을까요. 이런 식으로 본다면 로컬리티가 "로컬 사회의 구체적 경험이나 특수성을 다루는 문제가 아니라 다양한 사회적 관계들과 과정들을 분석하는 이론적 문제"라고 인식하는 매시(D. Massey)의 주장은 상당히 설득력이 있습니다. 한 부분을 그대로 인용해서 읽어 보겠습니다.

> 로컬리티는 적어도 한 가지 점에서 일련의 장소들(locals)의 상호교차로 이론화될 수 있을 것이다. 그러나 그것이 무엇이든지 간에 로컬리티는 공-현존(co-presence)의 상황 속에서 구체적인 사회관계들과 사회과정들로부터 생겨난 구성물들(constructions)이다. …… 이것이 의미하는 바는 로컬리티가 우리가 임의대로 선을 그을 수 있

> 는 공간영역이 아니라는 점이다. 로컬리티는 일련의 사회적 관계들과 과정들의 관점에서 정의되어야 할 것이다. 중요한 것은 로컬리티가 상호작용(interaction)에 관한 것이라는 점이다. 더욱이 이러한 상호작용은 갈등들을 포함할 가능성이 높다. 로컬리티는 차이와 갈등을 포함할 것이고 부분적으로 그것들에 의해 구성될 것이다. 또한 사회관계를 통해 볼 때, 로컬리티는 비-공간적인 관점에서 직접적으로 '관련되어 있지' 않을 수도 있는 사회현상들 간의 상호작용도 포함될 수 있다. 사회적 현상들이 서로서로에게 직접적인 영향을 끼치게 되는 것은 그것들이 바로 공-현존의 상태에 있기 때문이다.[1)]

매시의 입장에 따르면 로컬리티는 공간적이든 비공간적이든 상호관련성에서 형성되는 것입니다. 즉 로컬은 임의대로 선을 그을 수 있는 확정된 공간이 아닙니다. 따라서 앞서 말씀드린 것처럼 로컬, 로컬리티란 고유한 특성이라기보다 다른 로컬과의 상호작용 그리고 더 큰 사회구조 속에서 구성되는 대단히 중층적이고 구성적인 개념이죠. 신자유주의적 흐름에서 국가와 지역의 경계가 더욱 흐려져 가는 오늘날의 시각에서 매시의 태도는 '로컬'을 바라보는 태도에 많은 시사점을 제공해 줍니다. 물론 여기에 문화적 현상이나 가치 등을 포함시켜 로컬을 바라보아야 하겠지만, 로컬은 구체적 장소를 배제할 수 없는 것임과 동시에 그것이 고정되고 확정된 실체가 아니라는 것 역시 분명하다고 할 수 있을 것 같습니다.

---

1) D. Massey. 1994. "The Polotical Place of Locality Studies". *Space, Place and Gender*, Minneapolis : University of Minnesota Press. p.133. 여기서는 김용규. 2009. 「로컬리티의 문화정치학과 비판적 로컬리티 연구」. 부산대학교 한국민족문화연구소 편. 『로컬리티, 인문학의 새로운 지평』. 혜안. 76~77쪽에서 재인용.

지역을 넘어 로컬로-문제는 내러티브(Narrative)다.

그래서 이와 같은 상호관계성은 로컬, 로컬리티에 상당히 많은 부분을 시사하고 있다고 할 수 있습니다. 물론 이 상호관계성은 상호작용과 갈등 등을 포함하는 개념이겠죠. 그런데 매시가 이야기하는 공간은 산업구조와 밀접한 관계를 맺고 있습니다. 여기에 문화적인 측면, 이데올로기적인 측면 등이 가미되어야 하겠죠. 그렇지 않다면 논의는 또 상당히 축소되어버리기 때문입니다. 어쨌건 로컬이라는 것은 분명하게 어떤 선을 그을 수 있는 개념은 아니지만, 구체적인 지역, 장소를 고려하는 바탕 위에서 여러 가지 요소들의 상호관계 속에서 바라보아야 할 것입니다. 이런 점에서 로컬, 로컬리티는 완전히 구성되어 있는 개념이라기보다 앞으로 적극적으로 구성해 나가야 할 개념이죠.

이런 점에서 로컬, 로컬리티는 기존 지역학의 성과를 포괄해야 하지만 기존의 지역학과는 차별될 수 있는 부분도 적지 않습니다. 기존의 지역학은 '지역'이라는 틀 자체를 의심하지는 않습니다. 제 전공이 문학인만큼 '지역문학'을 예로 들어 보죠. 지역문학 논의는 상당히 많은 성과들을 이끌어내고 있습니다. 서울 중심으로 진행되었던 문학, 문학사가 지역이라는 관점을 무시할 때 얼마나 허망해질 수 있는가 하는 점이 그대로 드러난 것이 대표적이라 할 수 있겠죠. 그런데 지역문학에서 지역은 무엇인가 하는 논의는 드문 것 같습니다. 예컨대 어디까지를 '지역' 문학의 범주에 포함시켜야 할까요? 부산에서 태어난 사람은 '지역' 작가인가요? 또 부산에서 등단해서 작품 활동을 하다가 서울로 간 작가는 또 어떻게 생각해야 할까요? 또 대구에 살면서 서울의 문예지에 투고한 작품은 어떻게 보아야 하는지요? 이런 경우는 어찌 보면 지엽적인 문제일 수 있습니다만, 평생 어떤 지역에서 살면서 작품 활동을 했지만 그 작품의 내용이 지역과 상관없는 경우는 또 어떻게 해야 할까요? 지역문학의 핵심이 '지역성'이라 할 때 그 개념은 또 무엇인지, 이런 점들이 아직 해명되지는 않고 있다는 거죠. 그래서 기존 지역학의 성과를 적극적으로 포괄하면서 상호관계성 속에서 파악하는 것이 바람직한 방향이 아닐까 하는 것입니다. 디아스포라(Diaspora)나 젠더(Gender) 등의 문제도 로컬의 관점에서 바라본다면 더 풍성한 논의를 이끌어낼 수 있지 않을까 생각합니다. 그렇기 때문에 로컬, 로컬리티란 구성된 것이 아니라고 말씀드리는 것입니다. 구성되어 있는 것이라기보다 새로운 문제의식을 가지고 적극적으로 구성해 나가야 할 실천적인 개념이라는 것이죠. 로컬, 로컬리티가 결국 로컬의 상호관련성, 장소성, 주변성, 타자성, 탈식민성 등 복합적 매커니즘을 인식하는 데서 출발해야 한 이유도 여기에 있습니다. 따라서 로컬 연구는 기본적으로 학문간 융합을 지향해야 한다고 생각하는 것입니다.

그렇다면 결국 문제는 내러티브가 아닐까요? 울산의 경우를 예로 들어 보겠습니다. 몇 년 전 현대소설학회에서 토론을 맡게 되어 울산에 간 적이 있습니다. '오영수문학제' 였는데요, 발표를 하시는 분이 오영수 문학을 생태문학이라 주장하시더라구요. 저와는 생각이 달라서 오영수 문학이 생태문학이 되려면 생태문학의 개념이 얼마나 넓어져야 하는지 생각해 보아야 한다는 요지로 발언을 했습니다. 그런데 학술대회가 끝나고 나니까 울산의 유명단체 이사장이라는 분이 단상에 오르더니, 오늘 중요한 주장이 나왔다면서 오영수 문학이 생태문학이라고 하더라고요. 그런데 그 뒤에 저녁자리에 울산시장이 와서는 오영수문학은 생태문학이고 울산은 생태도시라고 선언을 하더라구요. 중화학공업도시가 생태도시로 바뀌는 데 반나절 걸렸습니다. 한편으로 재미있기도 했습니다. 왜냐하면 그렇게 함으로써 지향점을 만들어 나갔다라고 볼 수도 있거든요. 오영수 문학이 문제의 핵심이 아니라 이를 계기로 생태도시라는 분명한 지향점을 만들어 나간 거죠. 울산 태화강을 정비하고 이를 또 반구대 암각화 등과 연관지어 새로운 내러티브를 구성하고 있다고 볼 수 있는 예라 생각합니다.

그런데 문제는 이런 지향이 다른 지역, 로컬들과 상호연관이 되어 있어야 한다는 것입니다. 울산이니까, 울산만 그렇게 하면 된다는 의식으로는 성공하기 어려운 것이고 자칫하면 일종의 지역 이기주의로 빠질 수도 있겠죠. 울산이 존재하는 것은 울산을 둘러싼 여러 지역들, 프랙탈(Fractal)처럼 얽혀 있는 수많은 단위들이 있기 때문이라는 것이죠. 그래서 로컬의 개념에는 '공생', '소통', '실천' 등이 중요한 것입니다. 이 기획의 다음 순서로 강수돌 선생님께서 오시는 것으로 알고 있습니다. 잘 아시다시피 강수돌 선생님은 풀뿌리 민주주의를 강조하고 계시죠. 풀뿌리 민주주의에서 공생, 연대, 실천 등은 중요한 가치입니다. 우리 연구소에서 좌담회를 하면서 강수돌 선생님을 패널 중의 한 분으로 모신 적이 있는데요, 거기서도 실천을 강조하셨죠. 어떤 문제는 특정한 지역에만 고립된 문제가 아니기 때문이죠. 예컨대 부산의 산동네와 인천의 배다리 근처 마을이 상호 소통하고 공생을 도모할 수 있는 실천이 중요하다는 겁니다. 요즘 흔히 논의되고 있는 공공미술 같은 것도 이런 관점에서 접근한다면 훨씬 더 생산적이지 않을까 하는 것이 제 생각입니다.

그런데 이런 문제는 물론 특정한 국가에만 국한되는 문제는 아닌 것 같습니다. 예전과는 달리 오늘날의 위기는 전 지구의 위기라고 할 수 있습니다. 생태문제라든지 핵문제 같은 것이 대표적이라 할 수 있겠는데, 앞에서 생태를 이야기했으니까 같은 것을 예로 들어 보죠. 열대우림지역, 특히 아마존이나 동남아시아, 중국 등의 밀림이 개발로 파괴되는 것에 많은 사람들이 관심을 가지고 있습니다. 그런데 그 논리 중의 하나가 '지구의 폐'가 사라진다고 하는 것이죠. '지구의 폐'가 사라지면 당연히 지구는 멸망할 수밖에 없을 것입니다. 그런데 이런 '지구의 폐'가 열대우림지역에만 있었던 것은 아니죠. 예전에는 지구 곳곳에 밀림들이 존재하고 있었고 풍부한 자연이 존재했죠. 그런데 이른바 제1세계 국가들은 이런 곳을 개발해서 현재의 물질적 풍요를 누리게 되었고요. 정작 지구의 폐를 사라지게 만드는 국가들은 제 1세계국가들이라는 거죠. '지구의 폐'를 보존하고 지켜야 한다, 라는 주장에는 물론 동의하지만 이것이 자칫 제1세계 국가들의 이익을 위한 것일 수도 있다는 점이 문제죠. 열대우림지역이 '지구의 폐'라면 제1세계 국가는 지구의 두뇌인가요? 그렇다면 밀림은 제1세계 국가의 존속을 위해서 존재하는 것일까요? 그렇지는 않을 것입니다. 미국의 경우 온실가스 감축협정에 아주 소극적이지요. 그러니까 이러한 부분들에서 사고의 전환이 일어나지 않으면 안 된다는 것이죠. 공생과 소통과 연대가 중요한 것은 바로 이 때문이라고 생각합니다.

이런 점들은 실천적 의제입니다. 실천적 의제는 언제나 당위성을 근거로 마련됩니다. 그리고 이런 당위성은 대부분 현재나 미래에 그 초점이 주어져 있습니다. 또 다른 문제는 담론이나 이론 등 연구의 차원입니다. 연구의 차원은 물론 현재나 미래도 포괄할 수 있겠지만, 과거의 일들을 새롭게 파악하고 문제점을 발견하는 쪽에 더 무게중심이 놓여야 하지 않을까 생각합니다. 과거는 흔히 문헌, 자료 등의 내러티브로 구성되어 있죠. 이런 내러티브들을 또 어떻게 재구성하여 새로운 내러티브로 만들어 가는가 하는 것이 또 하나의 중요한 지점입니다. 다시 말해 내러티브란 실천적인 부분에서도 반드시 필요한 것이지만 이미 남겨져 있는 것들을 재구성하는 것이기도 해야 한다는 것이죠. 그런 점에서 과거의 텍스트들, 역사나 문학을 비롯해 과거의 자료들을 로컬이라는 시각으로 새롭게 재구성해야 할 것입니다.

또 예를 들어 보겠습니다. 이광수 『무정』에서 영채와 형식은 분명히 평양사람인데요, 그런데 아주 세련된 서울말을 구사합니다. 왜 그럴까요? 이런 부분들은 지금까지 거의 관심을 두지 않았죠. 또한 여기서 서울과 평양의 관계는 또 어떻게 그려져 있는지 하는 부분에도 별로 관심을 두지 않았습니다. 그리고 문학자들을 포함한 근대지식인들은 학교를 졸업하면 대부분 고향에 돌아가지 않습니다. 그들이 고향에 돌아가는 것은 1930년대 농촌계몽운동 등의 계기가 필요하죠. 이런 상황에서 그들 머리 속에 그려져 있는 서울과 고향의 관계는 또 어떤 것일까요? 1930년대 이후 지속적으로 이어지는 이른바 '향토담론'도 이런 여러 가지 관계들을 고려하면서 다시 읽어볼 필요가 있지 않을까요?

이것뿐만이 아니겠지요. 이상의 마지막 작품으로 알려져 있는 「실화」에는 동경에서 서울과 런던을 동시에 생각하고 있는 부분이 있습니다. 그리고 박태원의 「소설가 구보씨의 일일」에는 서울과 동경이 병치되어 있죠. 지금까지는 대체로 이들을 '근대성'이라든지 영화적 기법 등의 입장에서 파악해 왔다고 할 수 있습니다. 그들에게 서울은, 동경 그리고 런던 등과 어떤 관계를 맺고 있었을까요? 어떤 상호관계성 아래 서울이라는 로컬이 이미지화되고 있었을까요? 「만세전」에서 드러나는 이인화의 여정은 또 어떻습니까? 식민지 현실을 통렬하게 비판했다고만 볼 게 아니라, 조선의 여러 지역들과 거기서 살아가는 사람들의 모습이 일본과 선명하게 대비되어 있는 것은 아닌지, 그렇다면 그 의미는 무엇인지 하는 점들 역시 따져보아야 하지 않을까요? 임화의 시에는 현해탄을 건너는 부산 부두의 관부연락선이 그려져 있는데요, 거기에는 각색 깃발이 걸려 있습니다. 아마 만국기가 아니었을까요? 그렇다면 이 역시 로컬, 로컬리티의 시선으로 따질 수 있어야 한다는 것이 저의 생각입니다. 그리고 '내지'라는 보통명사가 어느 새 일본을 가리키는 고유명사로 굳어져 버리는 과정도 그렇죠. 사실 조선에서 볼 때 일본은 '바깥'이었다고 할 수 있는데, 이것이 어느 새 '안'으로 바뀌어버린 것입니다. 뒤바뀐 '안'과 '밖'이 주는 인식의 변화 역시 만만찮았을 것이라 생각합니다. 로컬, 로컬리티의 입장에서 이를 따지는 작업도 흥미롭지 않을까요? 물론 여기에는 근대 이후 조선이 새로운 세계질서에 편입되면서 형성되었던 지리적 상상력이 연결되어 있다고 볼 수 있을 것입니다. 이전과 달리 새롭게 발견된 서구와 일본, 서구와 조선의 관계라는 인식적 관점이 여기에 포함되어 있을 거라 짐작합니다.

로컬에 관심을 갖고 공부하면서 종종 위안을 얻는 경우가 있었습니다. 구체적인 지역 연구에서 출발하여 세계적으로 파급된 에드워드 사이드(E. Said)의 『오리엔탈리즘』이나 베네딕트 앤더슨(B. Anderson)의 『상상의 공동체』 같은 저작들에서입니다. 우리의 로컬, 로컬리티 연구도 궁극적으로는 이런 담론을 생산해내야 하지 않을까 하는 것이 제 생각입니다. 이상입니다. 오랜 시간 들어주셔서 고맙습니다.

사회자 : 예, 흥미롭게 잘 들었습니다. 사실 제가 이 강연을 처음 부탁할 때는 로컬리티 개념에 대한 것, 그 다음에는 현황, 그 다음엔 사업단의 경험에 초점을 맞추어 이야기해 주십사 부탁을 드렸습니다. 그런데 이재봉 선생님의 이야기를 듣고 나니까 로컬리티라는 것이 근대적인 내러티브에 대한 반성과 새로운 구축의 문제까지도 확장될 수 있는 문제구나 라는 생각이 들었습니다. 저는 제 전공이 문학이어서 그런지 모르겠지만 이 부분이 굉장히 흥미롭습니다. 저희가 지난 학기에 이런 문제들을 가지고 세미나를 했을 때도 경험한 것인데, 로컬리티라고 하는 게 단순히 어떤 지역의 문제에만 관심을 가지고 지역의 문제를 풀어나가고 지역을 연구하는 것이 아니라 궁극적으로는 근대적인 패러다임에

대한 대안을 계속 모색해가는 문제로 확장되는 경향이 이미 그 속에 배태되어 있었다는 느낌이 듭니다. 그런 시각으로 만들어진 개념이 로컬리티이기 때문에 좀처럼 잘 실체화되지 않았던 것 같습니다. 그 문제에 대해서도 사업의 경험을 통해서 잘 말씀해 주셨고요. 로컬에 대한 개념, 또 로컬의 연구경험, 그것이 내러티브 문제와 관련되는 점, 또 직접적인 실천의 문제로 자꾸 환원하지 말고 여러 가지 담론적 실천이 필요하다는 소중한 말씀해 주셨습니다. 앞서 오늘 자리는 강연도 강연이지만 참석자들이 서로 의견을 나누고 또 자기 문제의식을 고민해 보고 나눠보는 포럼 형식의 프로그램이라고 말씀을 드렸었습니다. 우선 토론을 맡은 이재성 선생님께서 이 강연에서 제기된 중요한 문제들에 대해 논평을 해주시고 문제점을 제기해주실 겁니다. 이재성 선생님의 이야기를 듣고 난 후 같이 이야기를 더 나눠 보도록 하겠습니다. 이재성 선생님 논평과 토론 부탁드립니다.

이재성 : 어제 오후에 이재봉 선생님(이하 발표자) 원고를 받았었는데, 사실 최미정 선생님(계명대 한국어문학과 교수)께서 하셔야지 적절할 것 같은 주제가 아닐까 생각했습니다. 발표자의 원고를 읽으면서 누구 읽더라도 쉽게 로컬, 로컬리티를 이해할 수 있도록 잘 전달하고 있는 글이라는 생각이 들었습니다. 크게 감명을 받았습니다. 발표자의 전체 내용은 기본적으로 세 가지 도식으로 나눌 수 있을 것 같습니다. 저는 로컬, 로컬리티라고 하는 것을 근대가 남긴 서자라고 표현하는 게 맞지 않을까 생각했습니다. 그런 의미에서 적자는 아마도 발표자께서 방금 말씀하신 것처럼 유럽주의나 유럽중심주의를 낳거나 혹은 근대 국민국가의 형태, 혹은 지금 세계화의 이름으로 불리는 신자유주의적 시장주의를 견인했던 소위 합리성, 이성 중심의 계몽주의적 가치 등이었

고, 이것이 지금도 그 영향을 미치고 있다고 생각했습니다. 그런 의미에서 서자가 드러낼 수 있었던 방식은, 발표자의 표현 방식대로 하면, 소수성, 타자성, 차이 등과 같은 것들이라는 생각이 듭니다. 그럼에도 불구하고 서자와 적자와의 관계성이 어떤 대립적, 대결적 구도보다는 기본적으로 지금까지는 적자에 의한 일방적인 대립의 구도였다면, 서자적 관점에서 로컬이라는 것은 적자와의 대립적 관점보다는 소통과 연대 방식으로 가는 공존, 공생과 같은 방식으로 가야되지 않겠는가라는 세 가지 골격을 두고 글을 쓰신 것 같습니다. 그래서 따로 문제제기할 만한 부분들은 없습니다. 어쨌든 저한테 주어진 토론에 제 의무를 다하기 위해서 글을 써 왔는데, 기본적으로 읽어가면서 토론을 마치도록 하겠습니다.

발표자의 문제의식은 "로컬리티 연구의 의의와 현황" 이라는 주제를 통해서 로컬리티라는 것을 사유한다는 것이 무엇이며, 그 사유를 바탕으로 로컬리티의 가치를 새롭게 발견한다는 것이 무엇인지를 모색하려는데 있는 것 같습니다. 특히 발표자는 이 글을 통해서 누구나 쉽게 로컬리티에 대한 개념을 이해할 수 있도록 친절하게 서술하고 있으며, 저 역시도 이해에 많은 도움을 받았습니다. 우선, 발표자에 따르면 로컬리티의 가치에 대한 모색과정은 우선 "인간을 중심으로 한 합리적 세계관이 세상을 구성하는 원리이며 지향해야 할 가치"이므로 그것을 통해 "모든 인류와 사회에 통용되는 보편성을 추구하는 것"을 삶과 학문의 목표로 삼았던 유럽중심주의적 사유를 해체하고 새롭게 재구성하는 것에 있습니다. 이를 위해서 발표자는 먼저 기존의 "유럽중심주의적 보편성, 제3세계의 중심에 대한 욕망, 국민국가 내에서의 중앙중심주의, 신자유주의의 무차별적인 가치 공세"를 비판하는 동시에 반성할 것을 제안합니다. 말하자면 일면적인 보편성과 오리엔탈리즘을 일방적으로 강조하기 보다는 보편성과 특수성, 오리엔탈리즘과 옥시덴탈리즘의 변증법적 사유가능성을 요청하고 있는 것 같습니다. 루카치(Lukács)의 용어를 빌려 차용하신 '성숙한 남성의 서사를 넘어서'라는 표현법의 상징성을 저도 아주 중요하게 생각하는데요. 성숙한 남성의 서사라는 것이 어떻게 보면 합리성, 과학성, 이성을 넘어서서 그 합리성이 드러낸 폭력성에 있었던 것은 아닐까 하는 생각을 해봅니다. 그 폭력성들을 넘어서는 것, 그것이 바로 로컬리티 연구의 가장 큰 의의가 아닌가 생각합니다. 하지만 제가 생각하기에 탈식민성, 소수성, 타자성, 주변성, 차이성, 다양성과 같은 현대 포스트모던적인 의미에서의 표현법들만으로서는 기존의 근대 성숙한 남성의 서사를 넘어설 수 있는 공간 내지는 상황, 장소를 결정하거나 혹은 판단하기가 쉽지 않다고 생각을 합니다. 그래서 과언 발표자께서 개인적으로 혹시 생각하시는 장소가 있다면 그 곳이 어딘지를 말씀을 해주시면 고맙겠습니다.

두 번째, 제가 생각하기에, 발표자는 그곳을 "로컬, 로컬리티는 탈식민성, 소수성, 타자성, 주변성, 차이성, 다양성 등의 개념"에서 발견한 것 같습니다. 계속해서 발표자께서 말씀하신 부분들은 이러한 해석학적 방법, 재구성적 방법 기타 이 모든 것들을 보면 발견술적 방법론을 통해서 말씀을 하신 것 같은데요 이것들은 "차이와 타자 그리고 이질성을 통합하고 흡수하고자 하는 총체성의 거대서사와 그에 근거한 근대성의 중심적 논리를 거부하고 그 내부에 억압된 가치들"을 복권하려는 것들입니다. 그 동안 유럽중심주의, 국민국가의 중앙중심주의가 중앙을 이념적 보편성을 무기로 지역과 지방의 특수성, 차이성, 주변성, 소수성, 타자성을 '배제와 포섭'의 대상으로 삼아왔다면, 이 배제와 포섭이라는 개념은 물론 선생님께서도 이걸 쓰셨습니다만 배제와 포섭의 대상으로 삼아왔다면 이제는 그러한 일방적 보편성의 배제와 포섭으로부터 자유로운 '로컬'을 필요로 하는 것 같습니다. 그럴 때 필자가 주장하는 '로컬'은 진정으로 지방과 지역을 포괄하면서도 이재봉 선생님께서도 쓰셨던 표현법인데 그것을 넘어서는 다른 의미를 갖게 될 것입니다. 그렇다면 로컬의 다른 의미는 도대체 무엇일까요? 물론 이것도 이어지는 논리적 전개에서 발표자께서 나름대로 자기주장을 하고 계십니다만 거기에 대한 발표자의 좀 더 분명한 말씀을 듣고 싶습니다.

세 번째로 발표자는 로컬 개념을 "상대적인 개념 - 시작과 끝이 없이 서로가 서로를 규정하면서 끊임없이 움직이는 프랙탈(fractal) 구조와 비슷한" 것인데, 자 이렇게 보면 중앙은 중심이 없고, 그렇다고 주변도 없는 것이지요. 이 관계는 소위 상보적 관계를 통해서 계속 이루어지는 것인데 프랙탈이란 용어는 1970년 예일 출신의 아이비엠 수학자인 만델

브로트가 만들어낸 용어로 '불규칙과 파편'이라는 뜻의 라틴어 프랙투스에서 따온 것입니다. 작은 구조가 전체 구조와 비슷한 형태로 끝없이 되풀이 되는 구조, 즉 부분과 전체가 똑같은 모양을 하고 있다는 '자기유사성'과 '순환성'이라는 속성을 기하학적으로 풀어 낸 경우입니다. 한마디로 이것은 단순한 구조가 끊임없이 반복되면서 복잡하고 묘한 전체 구조를 만드는 것을 말합니다. 그런 의미에서, 발표자가 주장하는 로컬 혹은 로컬리티 역시 고정된 것이기 보다는 "특정한 사회문화적 조건과 다른 로컬과의 관계 등 다층적이고 중층적인 요인에 의해 생성되고 소멸되는 역동성"을 뜻합니다. 이러한 발표자의 개념 규정은 매시의 로컬리티 개념 규정에 기대고 있습니다. 말하자면 "로컬, 로컬리티란 고유한 특성이라기보다 다른 로컬과의 상호작용 그리고 더 큰 사회구조 속에서 구성되는 대단히 중층적이고 구성적인 개념"을 의미합니다. 그렇다면 로컬은 왜 중층적이고 구성적이어야만 합니까? 다른 로컬을 특징지을 수 있는 그러한 성격, 특성은 없는지요?

결론적으로 발표자에게 로컬 담론은 "이미 구성되어 있는 것이 아니라 새롭게 구성되어 나가야 하는 담론", 즉 "지금까지의 방식에서 벗어나 로컬의 관점에서 재사유하는 것, 그렇게 해서 담론을 구성하고 메타이론까지 지향해야 하는 것이 현재의 사정"이 됩니다. 이러한 현재의 상황에서 발표자는 로컬 담론의 사실 문제를 내러티브에서 찾고 있습니다. 어떻게 보면 기존의 인류학적 혹은 지역학적 혹은 지리학적 관점에서 벗어나서 새로운 의미에서 인문학적이라고 봐도 좋을 것 같습니다. 제가 생각하기에 이렇게 기존의 지역, 지방 개념의 이해를 위한 지리학적, 인류학적 방법론을 넘어 새로운 로컬 담론의 지형을 내러티브에서 찾고 있는 발표자는 두 가지 인문학적 방법론을 제안하고 있습니다. 첫째는 "로컬을 어떤 형태로 구성할 것인가에 대한 인식"이고, 둘째는 "과거의 내러티브를 로컬, 로컬리티의 입장에서 재구성하여 새로운 내러티브로 해석"할 수 있어야 한다는 것입니다. 그렇다면 내러티브가 로컬 담론에서 중요한 사실의 문제라는 필자의 주장은 또 다른 로컬 담론의 인식과 해석의 유형으로, 말하자면 일종의 고정성, 고유성으로 그치고 마는 것은 아닐지 거기에 대한 답변을 해주시기 바랍니다.

마지막으로 저의 보론입니다. 발표자의 글쓰기를 쭉 훑어보면 과학적 사고의 소수주의와 많이 맞닿아 있는 것 같아서 그와 관련해서 제가 보론을 조금 달았습니다. 한 번 읽어 보겠습니다. 먼저 '자연과학은 얼마나 확실하고 객관적이며 보편적인가?'라는 물음인데요. 이 물음은 과학에 대한 사회구성주의자들의 물음입니다. 그들은 이 물음에 대해 과학이 그렇게 확실하지도, 그렇게 객관적이지도, 그렇게 보편적이지도 않다는 매우 부정적인 답변을 내놓습니다. 대신 그들은 '과학이 사회적으로 구성된다.'는 테제를 주장합니다. 이 주장은 과학이 사회와 상호작용하면서 다양한 요소들의 영향을 받아 성장한다는 것을 의미하는 것에 머물지 않고, 물론 이 정도의 의미라면 아무 문제가 없는데, 과학은 자연을 대상으로 하지만 역시 사회적 관계 하에 놓인 과학자들에 의해 생산된다는 면에서, 넓은 의미의 사회적 산물로 볼 수 있다는 주장을 하고 있습니다. 하지만 사회구성주의의 이러한 주장은 그 의미가 우리가 생각하고 있는 상식적인 수준보다 더 강력하게 주장되고 있습니다. 그들은 자연과학의 내용을 구성하고 결정하는 과정에 자연 현상에 대한 참(사실)은 진술의 여부나 실험 자료로부터의 객관적 검증과 같은 합리적인 인식의 요소들보다는, 사회적, 정치적, 경제적, 이데올로기적 요인들이 직접적이고 적극적으로 작용하고 있음을 강조합니다. 그렇게 보면 이 사회적, 정치적, 경제적 이데올로기 요인이라는 것은 어떻게 보면 객관적이기보다는 아주 주관적이고 상대적인 요인들이 많이 들어있다는 것이죠. 곧 자연과 인간 사이의 인식적 작용 메커니즘보다는 과학자와 과학자 사이의 사회적 메커니즘이 과학지식의 구성에서 더 중요한 역할을 한다는 것입니다. 인간과 사회를 대상으로 하는 학문이라면 모르지만, 자연을 대상으로 하는, 그것도 객관성을 중시해 온 학문인 자연과학이 사회적으로 구성된다는 이러한 주장은 20세기 지성사에 하나의 큰 충격이었는데, 특히 이것이 1970년대에 영국 에딘버러 대학에서 과학사회학을 연구하던 데이빗 블루어와 베리 반즈와 같은 사람들입니다. 이 사람들이 과학에 관한 사회구성주의의 견해를 체계적으로 제시했던 사람들입니다. 현재 이 사람들의 테제죠. '지식이 사회적 요소를 반영한다'는 생각은 물론 이미 지식사회학을 이야기 했던 독일의 칼 만하임과 같은 사람들이 늘 주장하였는데, 그러한 지식에 자연과학도 포함된다고 주장한 것이 바로 1970년대의 이 두 사람입니다. 이들은 과학지식의 형성과 발전이 사회적 조건에 의해 인과적으로 설명될 뿐만 아니라 뉴턴과학처럼 진리로 밝혀진 과학지식은 물론 당대 연금술이나 점성술같이 이미 비합리적인 것으로서 과학이 아닌 것으로 폐기된 지식도 사회적 요인에 의해 그 본질이 동등하게 설명이 될 수 있다고 주장을 합니다. 말하자면 사회적 조건 이상으로 과학지식에 더 이상 객관성이니 합리성이니 하는 우월한 권위를 부여할 수 없다는 것입니다. 과학의 객관성은 사회적이며, 그 방법론은 상대주의라는데 있습니다. 상대주의적이다, 라는 모토가 이를 잘 웅변하고 있습니다. 하지만 이러한 사회구성주의의 입장은 합리적 확신과 비합리적 확신의 구분을 없애 상대화하고 합리성 자체를 해체하려는 경향 때문에 많은 비판과 논쟁에 휩싸이기도 했습니다. 제가 이처럼 장황하게 이 사회구성주의를 서술한 이유는 혹 필자의 서술방식이 사회구성주의자들의 구성주의적 사유방법론에 기대고 있는 것은 아닌가 하는 의문 때문입니다. 만일 그렇다면 구성주의적 방법론이 기본적으로 주장하는 것이 상대주의적이기 때문에 확실하지도, 객관적이지도, 보편적이지도 않은 로컬리티의 상대주의적 성격을 규정한다는 것이 과연 어떤 의미를 갖는 것인지, 그리고 그러한 성격규정을 통해 새로운 담론으로서의 내러티브를 구상한다는 것이 로컬리티와 연결해서 도대체 어떤 의의를 갖는지 발표자의 생각을 한 번 들어보고 싶습니다. 이상 제 질문을 마치도록 하겠습니다.

사회자 : 예, 이재성 선생님이 철학을 전공하셔서 상당히 원론적인 문제들을 많이 제기를 해주신 것 같은데, 로컬리티라고 하는 연구 자체가 중심과 주변, 보편과 특수 같은 형이상학적인 문제를 내포하고 있는 것이기도 하다는 생각이 듭니다. 일단 이재성 선생님이 말씀해주신 것 가운데 첫 번째, 두 번째, 세 번째 질문은, 질문하면서도 말씀하셨지만 이미 이재봉 선생님 글 안에 포함이 되어 있는 것입니다. 사실은 이재성 선생님은 그 논의의 내용을 다시 한 번 잘 정리하여 말씀해 주시면서 보충설명을 해 주신 게 아닌가 하는 생각이 듭니다. 네 번째 질문의 경우에는 담론적 실천이라는 즉, 내러티브의 재구축이라는 방향을 제시하셨는데, 그걸 들으면서 저 역시 오히려 어떤 면에서는 이게 실제적인 실천을 텍스트 분석, 해석의 차원으로 제한하는 게 아닌가라는 생각을 약간 떠올리긴 했습니다. 이 부분은 저도 보충설명을 들었으면 좋겠다는 생각이 들었습니다.

이재봉 : 예, 질문 고맙습니다. 사회를 보시는 손정수 선생님도 말씀하셨습니다만, 철학을 하시는 분들과 이야기를 하다보면 항상 가장 근본적인 것, 근원적인 문제를 고민하신다는 것을 느낄 수 있습니다. 오늘도 마찬가지입니다. 그래서 사실 이재성 선생님의 질문에 제가 얼마

나 만족스러운 대답을 드릴 수 있을지는 저 자신도 의문입니다. 그렇지만 나름대로 생각한 것들을 말씀드리겠습니다. 질문은 크게 다섯 가지인 것 같습니다. 그 중에서 가장 마지막 보론에서 하신 질문부터 먼저 말씀드리겠습니다.

사회구성주의를 말씀하셨는데, 사실 여기에 대해서 명확하게 답변을 드릴 만큼 제 공부가 깊지는 않습니다. 사회구성주의에 기대려고 한 것도 아니고요. 다만 기존에 논의되고 있었던, 어쩌면 우리가 자명하다고 믿었던 것들을 의심하고 회의하는 것에서부터 출발해야 하지 않을까 하는 것이 제 생각이었습니다. 이 과정에서 아직 많은 논의들이 있습니다. 로컬, 로컬리티가 쉽게 합의될 수 있는 개념이 아니기 때문에 여러 가지 관점으로 생각을 해 볼 수밖에 없는 것이고, 이재성 선생님께서 말씀하신 상대주의적 관점도 그 중의 하나라고 생각합니다. 그렇지만 상대주의로 모든 것이 해결되지는 않을 것입니다. 내러티브의 구성 역시 마찬가지입니다. 제가 여기서 말씀드리는 것이 성격상 치밀한 논증보다는 일종의 당위론에 기댈 수밖에 없는 한계도 있습니다. 이런 점들을 감안해 주셨으면 좋겠습니다. 어쨌든 로컬, 로컬리티 문제는 앞으로도 많은 고민과 생각을 필요로 할 것 같습니다. 그래서 그것이 이야기될 수밖에 없는 상황과 이유에서 논의를 출발했던 것이고 새로운 내러티브를 구성해 가도록 노력해야 한다고 말씀드렸던 것입니다. 그 모습이 구체적으로 어떻게 될지는 명확하게 말씀드리기 어렵습니다. 그렇기 때문에 부산대학교 한국민족문화연구소 '로컬리티의 인문학' 연구단도 이에 대해 고민을 계속하고 있습니다. 그래서 '로컬리톨로지(localitology)'라는 학문적 체계를 수립하는 것이 궁극적인 목표인데요, 이런 점과 더불어서 함께 고민하면서 로컬, 로컬리티 논의가 지속되어 갔으면 하는 것이 제 바람입니다.

이 정도로 말씀드리고 첫 번째 질문으로 돌아가겠습니다. 요약하면 '성숙한 남성의 서사'를 넘어설 수 있는 공간이나 상황은 어떤 것이냐 하는 질문으로 생각됩니다. 여기에 대해서는 앞에서 조금 언급을 한 듯 합니다만, 우선 '성숙한 남성의 서사'에서 배제되었던 공간과 상황에서 출발해야 하지 않을까 생각합니다. 특정한 중심을 상정하지 않은 공간, 특정한 가치가 다른 것을 억압하지 않은 상황, 그와 같은 로컬이 출발점이 되어야 하지 않을까 하는 거죠. 구체적으로 말씀드리면, 유럽중심적 시각에서 식민화되었던 공간의 복권과 주변으로 밀려나 있었던 가치들을 생각하는 것에서부터 시작해야 하겠죠. 앞서 말씀드렸던 내용을 토대로 이야기하면 위험한 인디언으로 분류되었던 사람들의 장소와 목소리를 복원하는 것, 구출된 아우다가 아닌 인도인들의 가치와 문화를 로컬리티의 입장에서 다시 파악하는 것, 근대 국민국가에서 밀려나 추상적인 공간으로 전락해 버렸던 장소를 다시 회복하는 것 등에서 출발해야 하지 않을까 하는 것입니다. 국내의 경우를 보면 지금까지 중심으로서의 거대 권력을 끊임없이 행사해 온 서울보다도 근대 이후 소외되고 배제되었던 장소들, 그래서 서울에 비해 상대적으로 과거화된 지역들, 권위적인 남성적 내러티브를 형성해 온 여러 요인들을 비판하고 반성하는 데서부터 시작해야 하지 않을까 하는 것입니다. 물론 서울을 배제하자는 것은 아닙니다. 서울 역시 로컬리티의 관점에서 새롭게 바라볼 수 있어야 하겠죠. 여기에서 디아스포라나 젠더 등의 개념이 중요한 의미를 띨 수 있을 거라 생각합니다. 서경식의 표현을 빌면 디아스포라는 '근대 국가의 외부'에 존재하는 '난민'입니다. 그와 같은 틈새인간의 관점 등이 중요하게 부각될 수 있겠죠. 젠더 역시 이런 관점에서 접근할 수 있겠죠. 물론 거기에 로컬의 시선이 겹쳐져야 한다는 것이 당위적인 전제라고 생각합니다. 당연하게도 이런 부분들은 개인이나 하나의 집단이 감당할 수 있는 것은 아니고 그래서도 안 된다는 것이 제 생각입니다.

두 번째 질문은 지방과 지역을 포괄하면서도 그것을 넘어서는 로컬의 다른 의미는 무엇인가 하는 질문 같습니다. 사실 쉬운 질문은 아닌 것 같네요. 지역이나 지방을 벗어나는 로컬의 다른 의미를 규정하는 것이 쉽지만은 않기 때문입니다. 그런데 우선 '로컬'이라는 용어를 선택해서 사용하는 것에 대해 먼저 말씀드리죠. 앞서 잠시 말씀드린 대로 '지방'이나 '지역'은 그 동안 서울이나 중앙에 대응하는 개념으로 사용되어 온 경향이 강했죠. 그래서 지금까지 사용되어 온 '지방'이나 '지역'이라는 용어에서 기존의 문화적, 이데올로기적 함의를 걷어내는 것은 쉬운 작업이 아닙니다. 그리고 지역이나 지방이라는 용어는 상당히 선명한 지리적 개념을 포함하고 있는 것도 사실입니다. 그래서 이런 난점들을 벗어나기 위해서 '로컬'이라는 용어를 선택한 것이고요. 물론 연구를 진행해 가면서 '로컬'이라는 용어를 대체할 새로운 용어를 찾는 노력도 병행해야 할 것이라고 생각합니다. 단순하게 '로컬'을 어떻게 번역할 것인가 하는 문제를 넘어 적절한 학술적 용어를 찾아내는 것도 중요하다고 인식하고 있습니다. 그리고 물론 '로컬'에는 지리적, 문화적, 이데올로기적인 함의들이 들어갈 수밖에 없습니다. 여기서 우리가 놓쳐서는 안 된다고 생각하는 것이 바로 '인간'입니다. 지리적, 문화적, 이데올로기적인 요인들을 중시해야 하는 것은 당연하지만 여기에만 매몰되다 보면 정작 가장 중요한 '인간'이 들어설 여지가 없어져 버릴 수도 있는 까닭입니다. 인문학의 기본 전제가 '인간'이라는 것은 더 말할 나위도 없겠지만, 로컬을 구성하는 가장 기본적인 단위가 바로 인간이라는 점을 늘 염두해야 한다는 거죠. 극단적일 수도 있습니다만, 한 개인이 하나의 로컬일 수도 있다는 관점이 바탕이 된 '로컬'이어야 하지 않을까 생각합니다.

세 번째는, 로컬은 왜 중층적이고 구성적이어야 하는가라는 질문으로 요약할 수 있을 것 같습니다. 기존의 지역학은 지역(region, area)을 비교적 경계가 분명한 실체로 파악했죠. 유럽의 지역학이 이를 잘 말해주고 있다고들 흔히 이야기합니다. 그런데 유럽의 지역학은 EU라는 일종의 연합체와도 밀접한 관련을 맺고 있기도 합니다. 경제적인 통합을 위해 지역 연구가 어떤 기능을 담당했다고 볼 수 있는 것이죠. 그래서 이 경우 지역은 분명한 실체를 요구할 수밖에 없을 겁니다. 거슬러 올라가면 '지역(region, area)'에 대한 관심은 자신이 살고 있는 장소보다는 다른 사람들이 살고 있는 공간을 대상으로 한 경우가 또 많았다고 할 수 있습니다. 실제로 유럽의 인류학자들을 만날 기회가 몇 번 있었는데요, 그들은 '지역(region, area)'의 경계나 개념 등을 고민하지 않고 있다는 인상을 강하게 받았습니다. 분명한 실체라는 거죠. 예를 들어 아프리카는 아프리카일 뿐이고 아시아는 아시아일 뿐인 거죠. 이런 태도는 특정한 '지역'을 고정된 이미지로 환원할 수 있는 가능성이 큰 것입니다. 그래서 최근에는 지리학 등에서도 변화가 일어나고 있는 것이 아닌가 합니다. 로컬, 로컬리티는 이런 점에서 상호관계성을 중시하지 않을 수 없다고 생각합니다. 고립된 지역이 아니라 상호간이 밀접하게 연관되어 있는 로컬, 하나의 이미지로 고정되는 것이 아니라 역동적으로 활동하는 로컬이 그래서 중요한 것이 아닌가 합니다. 물론 이재성 선생님이 질문하신 것처럼 이 부분은 많은 연구자들이 논의를 보태가야 하겠고 로컬에서 구체적인 삶을 살고 있는 많은 사람들도 인식을 해 나가야 하겠죠. 이런 점에서도 로컬은 구성적일 수밖에 없지 않은가 합니다.

마지막 질문은 내러티브를 강조하는 것이 어쩌면 로컬을 일종의 고정성, 고유성으로 그치게 하는 것이 아닌지 하는 말씀 같습니다. 물론 그런 의도는 아닙니다. 그렇게 들렸다면 제 서술에 문제가 있지 않았나 생각하고요. 내러티브를 강조한 것은 로컬이 앞으로 구성되어야 할 것이라는 점과 관련이 있습니다. 로컬 그 자체가 프랙탈처럼 서로가 서로의 존재 조건이 되는 중층적이고 상호관련적인 것이기 때문에, 그리고 지금까지는 이와 같은 시각으로 로컬을 인식하지 않았기 때문에 결국 그것을 어떻게 구성해 가느냐 하는 것은 내러티브와 연관될 수밖에 없을 것이라는 뜻에서 말씀드린 것입니다. 현재의 상황에서 구성해 가야 할 내러티브의 지향점이 하나이거나 고정될 필요는 없죠. 예를 들어 로컬이 생태를 지향하면서 풀뿌리민주주의를 지향할 수도 있는 것이고, 개인의 가치를 인정하면서도 공공성을 논의할 수도 있겠죠. 과거의 내러티브를 재구성한다는 것도 그렇습니다. 예컨대 이광수가 파악한 조선과 신채호가 파악한 조선의 의미가 같지 않겠죠. 그리고 어떤 관계를 중심으로 파악하는가에 따라 그 의미가 달라지고 그에 대한 대응도 달라질 수 있는 거겠죠. 앞에서 이상과 박태원 등의 작품을 예로 들면서 서울과 동경, 런던 등의 관계를 이야기했는데요, 이 관계성은 물론 보는 사람에 따라 달라질 수밖에 없는 것이라 생각합니다. 같은 시대에 같은 장소를 본다 하더라도 그 의미는 고정되지 않을 거라는 거죠. 그렇다면 과거의 내러티브를 보는 우리도 마찬가지 아닐까요? 그런 점들을 로컬리티의 시각에서 다시 따져보고 비판해야 할 것, 반성해야 할 것, 극복해야 할 것 등을 논의할 수 있어야 하겠죠. 그래서 로컬리티 논의는 많은 사람들이 오해하는 것처럼 정체성 즉 아이덴티티(identity)의 논의로 흘러서는 안 된다는 것입니다. 그렇게 될 경우 로컬은 자칫하면 소모적인 지역성 논란으로 다시 환원되어버릴 가능성이 크겠죠. 이야기가 좀 추상적으로 흐른 것 같습니다만 제가 지금 말씀드릴 수 있는 것은 이 정도인 것 같습니다. 이런 논의들이 지속적으로 이어지기를 바라면서 제 말씀을 마칠까 합니다. 고맙습니다.

데이비드 하비와 신자유주의적 공간

- 포럼 일시: 2010년 9월 28일
- 발표: 최병두(대구대 지리교육학과 교수)
  사회: 최종렬(계명대 사회학과 교수)
  정혜숙(계명대 한국학연구원 전임연구원)
  토론: 임운택(계명대 사회학과 교수)

사회자 : 오늘 발표를 해주실 분은 대구대 지리교육과에 계시는 최병두 선생님으로, 주제는 데이비드 하비의 "신자유주의와 세계화의 공

간들"입니다. 맑스주의 지리학자로서 세계적으로 명성이 높은 데이비드 하비 교수는 지구화/지방화를 공간적 관점에서 접근하도록 해 주는 데 지대한 공헌을 하고 있습니다. 그리고 잘 아시다시피 최병두 선생님은 데이비드 하비를 한국에 본격적으로 소개하신 진보적 지리학의 대가로 정평이 나 있구요. 저도 선생님 글을 읽고 배웠던 기억이 납니다.

오늘 발표될 원고에는 데이비드 하비의 전체적인 학문적 흐름들이 훑어져 있고, 또 현재 급박하게 진행되고 있는 지구화와 공간의 재변혁, 재구조화, 그리고 그와 연관된 한국사회의 시급한 문제들에 대한 논의도 담겨 있습니다. 이러한 원고에 바탕을 두고 오늘 저희들을 위해서 좋은 소개를 해주시리라 기대됩니다. 그러면 발표에 들어가도록 하겠습니다.

최병두 : 한국학 연구원에서 지리학자인 데이비드 하비에 대해 관심을 보여주신 점 우선 감사드립니다. 제가 오늘은 소개하는 정도로 이야

기를 드리겠습니다만, 이 학자의 이론적인 성찰 중 관련된 주제들은 최근 세계화에 대해 논의한 다른 어떤 위대한 사상가들과도 견줄 만큼 나름대로의 주요한 내용들을 담고 있습니다. 그런데 제가 그것을 모두 이해하고 여러분들에게 잘 전달할 수 있을는지 의문이고, 또한 시간적인 제약 때문에 제대로 이야기를 할 수 있을지 모르겠습니다. 특히 최근 들어서 사회과학이나 인문학에서 공간에 관한 문제들에 굉장히 많은 관심을 가지게 되었고, 또 그러다보니까 자연히 이 학자를 많이 찾는 것 같습니다. 전반적으로 오늘 특정한 주제를 가지고 이야기를 하기보다는 하비교수가 그 동안 쭉 거론 해왔던 내용을 간략하게 소개하는 정도로 말씀을 드리고, 후반부에서 최근 세계화와 관련하여 제시한 주장들을 살펴보도록 하겠습니다. 그리고 혹시 한국학 연구원 쪽에서 관심을 가지는 세부 부제들이 있다면, 토론과정에서 좀 더 추가할 수 있는 기회가 있었으면 합니다.

사회변화와 공간적 전환

최근에 들어서 사회가 아주 급변하고 있다는 말들을 많이 하고 있습니다. 이러한 사회적 변화는 흔히 자본주의 경제의 세계화 또는 지구화, 그리고 이와 관련된 정보통신기술의 발달로 인해 초래된 것이라고 할 수 있습니다. 이에 따른 여러 가지 변화들 중에서 특히 이슈가 되는 점은 초공간적인 이동성이라고 할 수 있습니다. '급변한다'라는 말 자체가 그 속에 이미 어떤 속도의 문제, 즉 시간의 문제를 포함하고 있고, 따라서 이에 대한 시간의 중요성이 강조될 것처럼 보입니다. 이러한 점에서, 데이비드 하비는 '시간에 의한 공간의 절멸'이라는 용어를 사용합니다. 이게 무슨 말이냐 하면, 오늘날 '빨리빨리' 문화에서 알 수 있는 것처럼, 어떤 일을 할 경우 시간을 단축시키는 것이 중요하게 되었고,

물리적 거리를 이동할 때에도 시간거리를 단축시키는 것이 지상의 과제가 되었습니다. 이런 의미에서 시간에 의해서 공간이 지배당한다, 소멸된다는 말을 할 수 있지요. 시간이 그만큼 중요하기 때문에, 물리적 공간 거리는 변함이 없다고 할지라도 시간에 의해 공간이 압축되면서, 즉 '시공간적 압축'에 따라, 실시간에 모든 것들이 초공간적으로 전세계 곳곳으로 이동하게 되었습니다. 이러한 현상으로 인해, 오늘날 공간은 더 이상 의미를 가지지 않게 되었고, 공간을 연구대상으로 하는 '지리학의 종말'을 고하게 되었다는 주장도 있습니다.

그러나 오히려 최근 공간에 대한 관심은 더욱 증대하고 있는데, 이것을 철학이나 사회이론 또는 지리학에서는 '공간적 전환'(spatial turn)이라고 말하고 있습니다. 이러한 공간적 전환은 철학이나 사회이론, 즉 지리학 바깥의 연구자들이 과거에 비해 공간 문제에 더 많은 관심을 가지기 때문이라고 할 수 있는데, 예로 프랑스의 철학자 르페브르(Lefebvre)라든지, 우리가 잘 알고 있는 푸코(Foucault), 도시사회학자 카스텔(Castells), 그리고 영국의 사회학자 기든스(Giddens) 등, 이런 학자들이 철학이나 사회이론 분야에서 공간에 대해 지대한 관심을 보이고 있는 대표적인 학자들이라고 하겠습니다. 특히 르페브르는 1930년대부터 이미 명성을 떨치고 있었던 학자로, 1970년에 『도시 혁명』, 『공간의 생산』과 같은 책들을 쓰면서 공간에 대해서 관심을 보이곤 했었는데, 그의 영향력은 아직도 하비뿐만 아니라 공간에 관심을 가지는 다른 많은 학자들에게 영향을 미치고 있습니다.

이러한 학자들은 물론 각자 나름대로 자신의 공간관을 가지고 사회적으로 이슈가 되고 있는 다양한 주제들에 대해 공간적 접근을 했다고 하겠습니다. 그런데, 문제는 대체 공간이란 무엇인가라는 의문입니다. 왜 공간이 중요한가? 공간을 전제로 해서 연구를 하는 경우, 공간을 전제하지 않고 연구하는 것에 비하여 어떤 장점이 있는가? 공간적 관점에서 연구하고자 하는 연구자로서는 예비적일지라도 이러한 의문을 분명 제기해 볼 수 있습니다. 그런데 솔직히 말씀드려서 저는 지금도 '공간이란 무엇인가'에 대해 잘 알지를 못합니다. '공간이란 개념적으로 이러할 것이다'라는 정도의 감으로 이야기할 수 있을 뿐이고, 공간을 정말 구체적으로 경험적으로 또는 아주 체계적으로 이론적으로 말할 수 있는 것은 저에게 그리고 우리 모두에게 있어 아마 요원하고 지난한 과제라고 할 수 있을 것 같습니다.

데이비드 하비의 공간이론

'공간이란 무엇인가'라는 문제는 저뿐만 아니라 데이비드 하비 자신도 끊임없이 제기하는 의문이고, 또한 이 의문에 답하기 위해 몇 십 년 동안 부단히 도전해 왔지만 그럼에도 불구하고 아직도 제대로 체계화된 답을 제시했다고 하기는 어려운 것처럼 보입니다. 이러한 상황을 전제로 하비의 공간관을 간략히 설명해 보도록 하겠습니다. 하비가 1969년 출판한 그의 첫 저서, 『지리학에 있어 설명』에서부터 2010년 출판한 가장 최근 저서, 『세계시민주의와 자유의 지리학』에 이르기까지 가장 기본적인 틀로 제시하고 있는 것은 세 가지 유형의 공간 개념, 즉 절대적 공간, 상대적 공간, 관련적 공간의 개념입니다.

절대적 공간이란 우리가 절대적 좌표체계 속에서 인식하는 공간, 즉 사물의 어떤 절대적 위치를 표현하기 위해 이용되는 준거로서, 데카르트에 의하면 그 자체로서 선험적으로 존재한다는 뜻으로 빈 공간 또는 단순한 연장을 의미합니다. 절대적 공간의 개념에서 '절대적'이라는 의미는 결국 공간 그 자체를 절대화시킴으로써 사물로부터 분리시키고, 그 자체로 선험적으로 존재하는 것으로 환원시켜 버리게 됩니다.

상대적 공간이란, 예를 들어 제 옆에 누가 있다, 또는 대구 옆에 경산이나 성주가 있다고 말하는 것처럼, 하나의 사건이나 현상의 위치 또는 지점이 있고, 이를 상대적으로 관련시켜 다른 지점이나 위치를 설정할 때 함의된 공간 개념입니다. 상대적 공간에서 '상대적'이란 어떤 사물의 위치가 시공간적으로 우선 주어져 있음을 전제로 다른 사물의 위치를 설정한다는 점, 즉 여기서 사물들과 공간은 각기 다른 실체로서 외적 관계를 가진다는 점을 의미합니다.

관련적 공간이란 상대적 공간과 비슷한 것처럼 보이지만 전혀 다른 개념인데, 영어로 상대적 공간은 relative space이고, 관련적 공간은 relational space이다 보니까, 사람들이 번역할 때 흔히 혼동을 해서 같은 용어로 간주해 버립니다. 그러나 관련적 공간은 전혀 다른 의미로, 매우 변증법적이고 철학적이며, 존재론적 의미까지 그 속에 포함하고 있습니다. 관련적 공간에서 '관련적'이란 사물들을 인식할 때 이들 간 관련성이 우선 설정되어야 하고, 이러한 관련성 속에서 개별 실체의 특성이 이해되어야 함을 의미합니다. 다시 말해, 각 사물의 실체는 내재적으로 존재하는 것이 아니라 관계에 의해 규정되며, 관련적 공간은 이 관계를 공간적으로 인식하기 위한 준거라고 할 수 있습니다.

예를 들어서 지리학에서 가장 기본적인 '이론'들 가운데 '중심지 이론'이라는 것이 있습니다. 이 이론은 도시를 중심지로 하여 그 배후지와 어떤 관계를 가지는가에 관해 기하학적으로 설명하는데, 설명 방식은 마음에 들지 않지만, 중심지를 배후지와의 관계 속에서 파악하고 있다는 점에서 의의를 가집니다. 즉 중심지/배후지 간 관계에서, 중심지는 배후지가 없으면 존재할 수 없고, 배후지 역시 중심지가 없으면 존재할 수 없습니다. 그러니까 그 관계가 설정될 때만이, 어떤 사물들의 실체가 규정된다고 할 수 있습니다. '관계 속에서 모든 사물들의 실체 또는 특성은 규정된다'는 점은 모든 사물들, 예로 인간과 환경 간의 관계에도 적용될 수 있습니다. 인간은 인간 상호 간의 관계와 더불어 자연환경과의 관계를 통해 규정되며, 자연환경 역시 인간과의 관계를 통해서 그 특성을 부여받게 됩니다. 인간과 환경은 각각 존재론적으로 분리된 실체가 아니라 상호관련성을 통해서 존재하는 것으로 이해되어야 할 것입니다. 이러한 관련성의 개념은 헤겔의 노예와 주인간의 관계에 관한 논의까지 올라갈 수 있는 그런 내용을 포함하고 있습니다. 이러한 관련적 공간 속에서 사물들을 인식하는 것이 변증법적 과정 속에서 사물들을 인식하는 것이라고 할 수 있고, 시공간적으로 생성과 소멸간의 관계로서 사물을 이해하는 것이라고 할 수 있습니다.

이러한 세 가지 공간 개념은 특정 사물을 서술할 때 배타적으로 적용되는 것이 아니라 동시에 적용될 수 있습니다. 저는 로컬리티의 개념 역시 이러한 3가지 공간 개념으로 이해할 수 있다고 생각합니다. 즉 물리적 공간 상에 위치한 절대적 입지로서의 로컬리티, 다른 로컬리티와 상대적 관계로 설정되는 로컬리티, 그리고 로컬리티들 간의 관련성 속에서 실체 또는 그 의미를 부여 받게 되는 로컬리티로 이해할 수 있을 것입니다. 이와 같이 어떤 사물이나 현상은 절대적, 상대적, 관련적 공간의 개념으로 동시에 서술될 수 있지만, 학문적으로 어떤 패러다임이 우세한가에 따라 특정한 개념이 지배적이게 됩니다. 예로 수학적, 기하학적 모형을 강조했던 실증주의적 지리학에서는 절대적 공간 개념이 일반적이었고, 보다 포괄적으로도 서구적 합리성의 발달, 즉 데카르트/뉴턴적 과학기술의 발달 속에서도 절대적 공간 개념이 탁월하게 되었습니다. 반면 라이프니치나 스피노자의 사상에서 나오는 관련적 공간의 개념은 거의 무시되어 왔습니다.

그런데 문제는 이러한 세 가지 공간 개념이 하비의 연구나 저술의 초기 단계에서부터 제시되고 있는데, 그 이후 이 개념들에 관한 설명이 복잡해지게 되었습니다. 특히 르페브르의 세 가지 공간 개념, 즉 경험된 공간, 개념화된 공간, 체험된 공간이라는 개념들과 행렬적으로 결합시키면서, 하비는 맑스의 자본론에서 나온 모든 개념들을 이 행렬에 맞추어 설명하고 있는데, 예를 들어 세계시민주의에 관한 논의들도 이 행렬에 준거하여 비판적으로 검토하고 있습니다. 하비의 최근 저서들을 읽어보면, 이 과정에서 공간의 개념은 매우 복잡해졌고, 설명에 때로 무리가 따른 것 같은 생각이 듭니다. 그냥 간단하게 공간적 준거를 설정하고 사물들을 설명하면 좋겠는데, 너무 복잡하게 펼쳐 놓다보니까 우리가 어떤 사건이나 사물들을 설명하고자 할 때 어떻게 공간적 개념들을 적용해야 할지 혼란스럽게 됩니다.

그 동안 우리는 어떤 사건이나 사물들을 설명할 때 공간적 측면을 거의 고려하지 않았고, 설령 공간적 측면을 의식적으로 고려할 경우라도 비교적 단순한 공간적 준거들에 근거를 두는 것이 일반적이었습니다. 즉 모든 사물들은 시공간적 관계 속에서 존재하고, 이들의 생성 · 발달 · 소멸 과정이 결국 시공간 속에서 이루어진다는 점을 명시적으로 인식하는 것만으로도 벅찬데, 공간 개념들을 너무 복잡하게 유형화하다 보니까 이를 적용하기가 매우 어렵게 되었습니다. 그러다 보니까 공간의 개념이 중요하다고 느끼긴 하지만, 복잡한 공간적 설명을 들으면 '아~ 그런가' 보다 하고 고개만 끄떡이고 지나가게 됩니다.

그래서 저의 입장에서 공간을 너무 복잡하게 설명하기보다는 사물들과의 관계를 어떻게 설정하는가라는 의문을 전제로 공간의 개념을 다시 구분하고 좀 더 간략하게 설명해보고자 합니다. 우리가 흔히 공간을 생각할 때, 당연히 물리적 공간을 제일 먼저 떠올립니다. 지표상에서 물리적으로 측정될 수 있는 거리, 지점, 면적, 부피 등과 같은 물리적 공간을 먼저 생각을 하게 되는 것입니다. 그렇다면, 이러한 물리적 공간 개념이 서구 근대화 과정에서 우리의 공간관을 지배하게 된 것이라고 할지라도, 우리는 물리적 공간에서 공간의 개념을 시작해야 될 것이라고 생각합니다. 물리적 공간은 어떠한 사물이든 위치지워져야 할 장소이며, 이는 하비가 분류한 바와 같이 절대적으로, 상대적으로, 또는 관련적으로 이해될 수가 있습니다.

물리적 공간에 대한 절대적 개념이 지배하게 된 것은 데카르트와 뉴턴의 철학과 칸트의 지리학에도 많은 영향을 미쳤다고 하겠습니다. 물론 이러한 절대적 공간 개념은 고대 그리스-로마 시대, 예로 피타고라스의 기하학에서부터 이미 나타났다고 할 수 있습니다. 공간을 추상화시켜 기하학적 도형으로 표현하게 되면, 결국 사물은 공간으로부터 분리되게 됩니다. 그러나 이 당시에도 상대적 공간 개념과 관련적 공간 개념이 있었습니다. 예로, 고대 그리스-로마시대 지도에도 이미 오늘날 경위선과 같은 것이 사용되었는데, 이러한 좌표체계는 오늘날과 같은 절대적 기준이 아니라 상대적인 거리와 방위를 나타내기 위한 것으로 고안된 것이라고 할 수 있습니다. 또한 고대 그리스시대에는 장소라는 개념으로 토포스(topos)라는 용어가 사용되었는데, 이 용어는 사물의 장소라는 의미를 가지고 있었습니다. 이러한 점에서 고대 그리스-로마 지리학의 개념 및 방법론과 관련하여 구분되었던 세 가지 관련 용어들, 즉 geography, chorography, topography는 각각 절대적 공간으로서 지구(geo=the earth), 상대적 공간으로서 지역(choro=region), 그리고 관련적 공간으로서 장소(topo=place)를 연구대상으로 설정했던 것으로 추정됩니다.

텅빈 공간일 뿐이라는 의미의 용어 'space'는 용어는 고대 그리스시대에는 없었고, 로마시대에 만들어진 것이라고 합니다. 그런데 이러한 텅빈 공간, 즉 사물과 완전히 분리된 공간의 개념은 서구의 근대의식의 발달과 더불어 일반화되었다고 합니다. 즉 절대적 공간이 사물과 완전히 분리된 공간, 즉 선험적 공간으로 이해되게 된 것은 특히 데카르트와 관련을 가집니다. 그의 유명한 명제, '나는 생각한다, 고로 존재한다'는 말은 경험적(즉 물리적) 공간 속에 존재하는 모든 것들에 대해서 의문을 제기하지만, 이러한 의문을 제기하는 나는 물리적 공간을 초월하여 존재한다는 의미로 해석됩니다. 즉 이러한 명제는 공간과 사물을 완전히 분리시키면서, 사물이 공간과 무관하게 존재하거나 또는 역으로 공간이 사물과 분리된 상태로 존재할 수 있다는 선험적 공간관을 제시하게 됩니다. 이러한 선험적 공간은 데카르트가 고안했다고 하는 절대좌표로 나타납니다. x축과 y축을 가지고 있는 절대좌표체계가 주어지고, 그 위에 사물이 위치지워집니다. 이와 같이 물리적 공간에서 기하학적 공간, 선험적 공간으로 가면 갈수록, 공간은 사물과 분리되어 피상화되고, 사물은 그 구체성을 상실하게 됩니다.

그러나 실제 공간은 항상 그 속에 사물을 담고 있으며, 따라서 그 사물과의 관계 속에서 이해되어야 되고, 텅빈 공간이란 실제로 존재하지 않는다고 할 수 있습니다. 어떠한 공간이든 그 속에 사물이 존재하지 않는 경우는 없습니다. 공간은 사물들과의 관계 속에서, 그리고 사물들간의 관계 속에서 만들어지고, 유지되고, 소멸되게 됩니다.

특히 이러한 사물이 사회적 생성물일 때, 그 공간을 사회적 공간이라고 하겠습니다. 사회적 공간이란 도시공간, 주거공간 또는 개별적인 광장, 거리 등과 같이 사람들이 살아가면서 행동하고 어떤 산물들을 만들어내는 과정에서 형성되고 재형성되며, 사회적 사건이나 현상들을 드러내고, 사회적 구조들을 체현하고 있는 공간입니다. 사회적 공간은 그 속에서 어떤 활동들이 이루어지고, 어떤 기능이나 구조들을 담지하고 있는가에 따라 그 특성이 달라집니다.

사회적 공간의 사례로, 우리는 이 강의실을 예로 들 수 있습니다. 이 강의실은 대학교 내 한 건물의 일부이고, 또 처음 설계하면서부터 기능적으로 '강의실'로 지칭된 공간입니다. 그런데 제가 만약 여기서 강의를 하는 것이 아니라 책을 팔았다고 합시다. 그러면, 이 공간은 강의실이 아니고, 시장이 되겠지요. 그러니까 강의실은 기능적으로 또는 제도적으로 주어진 어떤 특성을 가질 수 있습니다. 그러나 그 안에서 어떤 활동, 어떤 실천이 이루어지는가에 따라 그 공간의 특성은 달라질 수 있습니다. 이와 같은 점에서 공간은 어떤 사회적 기능이나 구조를 반영하고 있는가, 그리고 실제 그 공간에서 어떤 일이 이루어지고 있는가에 따라 다른 특성을 가지게 됩니다. 그리고 그 공간 속에서 이루어지는 활동이 달라짐에 따라, 공간의 특성도 달라질 뿐만 아니라 사회구조나 제도도 바뀌게 됩니다.

그런데 제가 조금 전에 기능적 공간, 제도화된 공간, 또는 구조화된 공간이라고 하면서, 또 다른 한편으로 실천적 공간, 활동 공간에 대해 말했습니다. 제도화된 공간이란 예로 학교, 시장, 강의실, 광장 등과 같은 일반적인 사회적 공간을 말하지만, 사회적 공간을 활동하는 인간들 간의 관계 또는 활동하는 인간과 사물들 간의 관계로 생성 · 유지 · 소멸되는 공간을 '사이공간'이라고 할 수 있습니다. 예를 들어, 강의실 공간은 사회적 공간인데, 제가 여러분들하고 이렇게 마주보고 여기서 강의와 토론이 이루어지고 있습니다. 이런 여러분들과 저 사이에 생기는 공간을 사이공간이라고 할 수 있습니다. 만약에 지금 제가 강의를 끝내고 여러분들도 토론을 마쳐 집으로 가게 되면, 이 강의실 공간은 그냥 빈 공간, 즉 아무런 활동이 이루어지지 않는 공간이 됩니다. 물론 책상도 있고, 걸상과 칠판도 있고, 또한 여전히 기능적으로 강의실 공간입니다만, 사이공간의 개념에서 보면 공간이 소멸되었습니다. 그러니까 사이공간이란 서로 마주 보면서 상호행동을 할 때 생성되었다가, 이러한 행동이 끝나면 사라지는 공간입니다.

사람이나 사회적 사물들 간의 관계에서 형성되는 공간, 즉 사이공간은 중요한 의미를 가집니다. 예로, 과거 직접적인 대면적 관계 속에서 물리적 공간에 바탕을 두고 형성되었던 사이공간은 오늘날 정보통신기술의 발달에 의해 사람들 간의 네트워크화된 관계, 즉 비대면적인 관계 속에서 형성되게 되었습니다. 이와 같이 물리적 공간에서 상호 부재하는 사람들 간에 형성된 사이공간은 마치 물리적으로 탈공간적 또는 초공간적인 것처럼 보입니다. 특히 컴퓨터의 출현으로 등장한 사이버공간이 과연 공간이라고 할 수 있는가에 대해 논란이 많이 있습니다만, 어쨌든 정보통신기술의 발달은 원거리에 위치한 사람들 간에 상호소통할 수 있는 거리화된(distanciated) 사이공간을 일반화시키고 있습니다. 이러한 점 외에도, 사이공간은 사회적 공간을 제도화할 뿐만 아니라, 사회적 공간에 체현된 사회적 구조가 즉시화되어 나타나도록 합니다.

이와 같이 공간은 다양하게 개념화될 수 있지만, 실제 분리된 또는 다른 공간을 전제로 하는 것은 아닙니다. 예로, 서울역 앞 광장에 많은 사람들이 모여 시위를 하는 장면을 생각해 봅시다. 서울역 앞 광장은 기본적으로 일정한 거리와 면적을 가지고 있는 물리적 공간입니다. 그리고 서울역 광장과 여러 건축물들을 만들기 위하여 먼저 설계도를 그렸을 것이고 이러한 설계도는 기하학적 공간을 재현한 것입니다. 뿐만 아니라 이러한 설계도를 그린 사람은 먼저 자신의 머리 속에 어떤 공간을 상상을 했을 것이고 그 공간은 일종의 선험적 공간이라고 할 수 있습니다. 그러나 이렇게 해서 만들어진 공간은 장거리 여행을 위해 기차가 오가고, 또 이를 이용하기 위해 사람들이 모이는 곳, 즉 기차역이라는 사회적 공간이 됩니다. 그러나 사진에서처럼 기차를 타기 위해 모이는 것이 아니라 시위를 하기 위해 사람들이 모여든 역 앞 광장은 어떤 요구를 하거나 저항을 하기 위한, 즉 어떤 권력이 표출되는 사이공간이 됩니다.

*****

자, 그러면은 대충 공간이란 이런 것이구나 라는 감을 가지고, 데이비드 하비가 지리학에서 어떤 기여를 했는가, 나아가서 사회이론과 철학 전반에 기여한 바가 뭔가, 특히 공간이론에 기여한 바가 뭔가를 말씀드리도록 하겠습니다. 지리학은 흔히 어디에 가면 뭐가 있다는 식의 지표 공간에 관한 지식을 나열하는 것으로 알려져 있습니다. 모든 학문들은 나름대로 자기 학문들의 발전과정을 거친다는 점에서 보면, 이러한 식의 지리학은 1950년대 이전의 지역지리학에 해당됩니다. 즉 지리학은 어떤 지역에서 나타나는 제반 현상들, 지형이나 하천, 기후와 같은 자연환경뿐만 아니라 어떤 종교나 언어를 사용하는가와 같은 문화 활동, 경제의 발전 수준이나 어떤 산업이 입지해 있는가와 같은 지역경제, 어떤 도시들이 어느 정도의 인구를 가지고 있는가와 같은 인문환경의 모든 요소들을 종합적으로 서술하는 학문이었습니다. 역사학이 시간에 관한 종합학문이듯, 지리학은 특정한 지역에 관한 종합학문으로 이해되어 왔습니다.

그러다가 1950년대 중반 이후에 오면서 소위 사회과학 전반에서 실증주의가 특히 논리실증주의가 아주 팽배하게 되었고, 지리학도 그 영향 하에 들어가게 됩니다. 이러한 실증주의적 지리학은 지금도 그 영향을 미치고 있습니다만, 1960-70년대 주류를 이루었고, 이에 대한 비판이 1970년대 중후반부터 제기되기 시작했습니다. 실증주의 지리학에 대한 비판적 입장에서 인간주의적 지리학, 구조구의적 지리학과 같은 새로운 패러다임들이 등장하게 되었지만, 이러한 인간주의적, 구조주의적 지리학은 그리 오래가지 못하고 다양한 사회이론에 의해서 대체되게 되면서 구조화이론, 비판이론이라든지, 포스트모더니즘이 1980년대 이후 지리학계에도 들어오게 됩니다. 사회과학으로부터 다소 유리되어 있었던 한국의 지리학자들은 이러한 이론들이 들어오게 되니까 처음에도 많이 놀라기도 하지만, 1990년대 이후에는 조금씩 수용을 하기 시작합니다. 처음에는 상당히 거부반응을 가지고 있었는데, 지금은 다양한 사조들의 존재를 일단 인정을 한다는 점에서, 한국의 지리학은 현재 어떤 의미에서 '백가쟁명'의 시대라 할 정도입니다.

그런데 이러한 지리학의 패러다임의 변화과정에 데이비드 하비가 항상 선도적인 역할을 하게 됩니다. 데이비드 하비는 1935년 생인데, 캠브리지 대학교 지리학과에서 1961년 박사학위를 받습니다. 그리고 브리스톨 대학교에서 교수직을 얻게 되고, 이곳에 재직하고 있었던 1969년에 그의 첫 역작, 『지리학에 있어 설명』(Explanation in Geography)라는 책을 씁니다. 그의 박사학위 논문도 상당히 실증주의적 방법론에 근거했습니다만, 이 책은 사실 실증주의적 지리학을 집대성한 책입니다. 이 책의 대부분은 실증주의에 대한 논리적인 설명과 그것이 지리학에 어떤 영향을 미치는가에 대한 이야기인데, 이를 통해 하비는 지리학에서 한 시대의 패러다임을 정리하게 됩니다. 그리고 1973년에 『사회정의와 도시』(Social Justice and the City)라는 책을 쓰게 되는데, 이 책을 통해 서구의 근대 지리학에 처음으로 마르크스주의가 도입되게 됩니다. 사실 사회과학의 여러 분야들 가운데 마르크스주의가 가장 늦게 도입된 분야는 지리학일 것입니다. 1970년대 전에는 지리학에 마르크스주의라는 이념 자체가 없었고, 밝스적 개념이나 용어들도 찾아볼 수 없었습니다. 물론 1930년대 독일에서 아나키즘을 배경으로 한 마르크스주의적 주장이 제시되긴 했지만, 영미 계통 지리학에서 마르크스주의가 명시적으로 도입된 것은 이 책이 처음입니다.

『사회정의와 도시』가 마르크스주의를 지리학에 도입하기 위한 것이었다면, 그 이후 약 10년이 지나 1982년에 출간한 책, 『자본의 한계』(The Limits to Capital)는 마르크스주의 또는 마르크스의 이론에 지리학 즉 공간이론을 어떻게 도입할 것인가를 다룬 책이라고 할 수 있습니다. 이 책은 또한 지리학의 영역 밖으로 마르크스주의 지리학이 영향력을 가질 수 있도록, 즉 하비가 지리학을 넘어서 사회과학 일반, 특히 마르크스주의 정치경제학 전반에 이름을 알리게 된 그의 생애에서 가장 중요한 저서라고 할 수 있습니다. 하비가 자신의 이름을 또 다시 사회과학 및 인문학 일반에 알리게 된 책은 1989년 출판된 『포스트모더니티의 조건』(The Condition of Postmodernity)이라는 책입니다. 포스트모더니즘이 사회과학과 인문학 전반에 큰 반향을 일으키고 있던 시기에 이 책은 포스트모더니즘에 대한 비판서로서 많은 호응을 얻었습니다. 하비 자신의 말에 의하면 『자본의 한계』는 10년에 걸쳐 쓴 책이지만, 『포스트모더니티의 조건』이라는 책은 일 년만에 다 쓴 책이라고 합니다. 그러나 이 책이 그의 책들 가운데 가장 많이 팔린 책으로, 우리나라에서도 한때 베스트셀러의 목록에 오르기도 했습니다.

그러면 그의 저서들에 관해 간단간단하게 설명을 드리겠습니다. 아까 말씀드린 것처럼 하비의 첫 데뷔작은 1969년에 출간된 『지리학에 있어서 설명』입니다. 이 책은 논리실증주의 철학과 방법론을 집대성하면서 과학적 방법론을 전제로 하는 지리학적 설명을 어떻게 이해할 것인가에 대해 서술하고 있습니다. 이 책은 사회과학 일반에 크게 알려져 있지 않지만 상당히 방대한 책인데, 이 책을 꼼꼼히 살펴보면 하비는 이 책을 서술하는 당시 이미 실증주의적 과학에 대해 회의적이었음을 알 수 있습니다. 즉 그가 이 책의 어딘가에 서술한 바에 의하면, 실증주의 과학이란 굉장히 예리한 학문적 도구로서 사용될 수 있지만, 만약 잘못 사용되면 커다란 위협을 줄 수도 있음을 지적하고 있습니다. 그리고 난 다음, 하비는 실증주의에서 마르크스주의 정치경제학으로 빠르게 넘어가게 됩니다.

1973년 출판된 『사회정의와 도시』는 크게 세 부로 나뉘어져 있는데, 제 1부는 자유주의적 공간이론, 제 2부는 사회주의적 공간이론, 그리고 제3부는 종합으로 구성되어 있습니다. 하비는 이 책의 서론에서 공간이란 무엇인가를 다루면서, 앞서 논의한 공간의 3가지 개념을 제시하면서 특히 공간은 인간 실천에 의해 구성된다는 점을 강조합니다. 제1부에서 하비는 자유주의적 공간이론을 기본적으로 현상유지를 위한 이데올로기로서 이해합니다. 자유주의적 공간이론과 관련하여, 쿤(Kuhn)의 패러다임론이나 또는 롤즈(Rawls)의 정의론까지 상당한 비중으로 다루어지고 있는데, 이 이론들의 관점은 나름대로 의미를 가지지만, 실제 자유주의적 공간은 이러한 이론들의 입장에서 보더라도 매우 현상유지적 특성을 가지고 있다고 지적됩니다. 제 2부로 넘어가면서, 하비는 마르크스주의 개념들을 도입하고, 이에 따라 자신의 입장에서 사회주의적 공간이론을 만들기 위해 노력하지만, 아직 대체로 초보적입니다. 그리고 제 3장 종합에서는 르페브르의 『도시혁명』 및 『공간의 생산』 등에서 제시된 공간이론과 하비 자신의 입장을 비교 설명하고 있습니다.

그리고 난 다음 하비는 십년 정도 아주 열심히 마르크스의 정치경제학에 관해 공부를 합니다. 특히 그의 과제는 마르크스의 이론에 어떻게 공간의 개념이 들어가도록 할 것인가, 즉 마르크스의 이론에서 공백으로 남아 있는 공간적 주제를 어떻게 체계적으로 메울 수 있는가라는 점입니다. 전체적으로, 『자본의 한계』는 하비의 입장에서 마르크스의 이론을 기본 틀로 먼저 설명하고, 그 다음에 자본 순환의 시간적 측면을, 그리고 난 다음 공간적 측면을 명시적으로 드러내어 이론화하는 것이었습니다. 이 책은 상당히 길고, 매우 복잡하게 구성되어 있기 때문에, 간단하게 내용을 설명하기란 사실상 불가능합니다. 해서 관심이 있으신 분은 발제문을 직접 참고하시고, 더 연구를 하고 싶은 분은 『자본의 한계』를 직접 읽어보시기 바랍니다.

다음에 나오는 책이 『포스트모더니티의 조건』입니다. 이 책 역시 사회과학자들뿐만 아니라 인문학자들에게 많은 영향을 미쳤고, 우리나라에서도 상당히 많은 관심을 끌었습니다. 하비는 이 책에서 포스트모더니즘을 새로운 철학적, 사회이론적 사조로 이해하기보다는 후기자본주의, 특히 포스트포드주의의 문화적 상부구조라는 점에서 포스트모더니티라고 지칭하고, 특히 모더니티와 포스트모더니티에 있어서 시공간적 인식의 차이를 강조합니다.

다음 책은 『정의, 자연, 차이의 지리학』입니다. 이 책에서 하비는 환경정의에 관해 상당히 다루고 있지만, 체계화된 이론으로 발전시키지는 못했습니다. 그 다음에 『희망의 공간』을 출간하는데 이 책은 거시적 공간으로서 지구화와 미시적 공간으로서 신체를 아우르는 신자유주의적 공간의 특성을 서술하고, 끝으로 대안적 공간으로 유토피아적 공간에 관해 논의하고 있습니다. 이러한 책들은 하비가 2000년대에 이르기까지 기본적으로 자신의 이론적 성찰을 서술한 결과물이라고 할 수 있습니다.

신자유주의 세계화의 공간들

2001년 9.11테러와 이에 따른 미국의 국내외 정책의 변화는 하비의 연구에 꽤 심각한 영향을 미쳤을 것이라고 생각합니다. 그리고 사실 그 이후 그는 미국의 신제국주의와 신자유주의 등 현실적으로 '신자유주의 세계화의 공간들'에서 발생하는 문제들을 직접 다루게 됩니다. 『신제국주의』에서 하비는 기본적으로 두 가지 쌍으로 된 개념들을 제시하면서, 이에 근거하여 미국의 신제국주의를 설명하고자 합니다. 하나는 권력의 영토적 논리와 자본주의의 축적 논리입니다. 이 개념들이 나타내는 의미는 권력은 국민국가와 그 영토에 기본적으로 근거하여 작동하는 반면, 자본의 축적으로 영토 경계를 넘어서 전세계적으로 추구되기 때문에 이들 간에 모순과 갈등이 발생하게 된다는 점입니다. 또 다른 한 쌍의 개념은 공간적 조정과 탈취에 의한 축적입니다. 공간적 조정이라는 개념은 이미 논의했던 개념이지만, 탈취에 의한 축적이라는 새로운 개념이 중요하게 제시됩니다.

하비가 제시한 탈취에 의한 축적이라는 개념은 마르크스가 자본주의의 최초 단계에서 자본이 처음 어떻게 형성되었는가를 설명하면서 제시했던 개념, 즉 '시원적 축적'이라는 개념에서 출발합니다. 자본이 있어야, 자본가들은 그것으로 노동력과 원료, 생산설비 등을 구입하여 생산을 하고 이렇게 생산된 상품을 시장에 팔아서 더 많은 자본을 얻게 되는데, 최초의 자본은 어떻게 생겼는가라는 점입니다. 시원적 축적은 자본가들이 기만, 사기, 강도, 도둑, 약탈 등을 통해 처음을 자본을 만드는 과정을 의미합니다. 이와 같은 직접적인 탈취 외에도 예로 토지의 종획운동, 공유물로서 자연의 사유화 등을 통해, 자본가들은 자산을 획득하고 이를 생산요소로 투입하여 자본의 확대재생산과정을 추동하게 되었습니다. 그런데 마르크스는 시원적 축적이라는 개념이 자본주의의 초기 단계에만 작동하였고, 그 이후에는 소멸한 것으로 간주합니다. 그러나 하비는 시원적 축적이 지금 현재에도 계속 이루어지고 있다고 주장하고, 이를 개념화하기 위해 '탈취에 의한 축적'(accumulation by dispossession)이라는 용어를 제시했습니다.

하비에 의하면, 자본주의에서 축적과정은 노동에 의한 확대재생산과 탈취에 의한 축적이라는 두 가지 과정을 통해 이루어집니다. 노동에 의한 확대재생산은 기본적으로 생산과정에서 노동의 잉여가치 창출과 이를 이윤으로 실현하는 과정을 통해 이루어지는 일반적인 자본축적 과정을 지칭합니다. 탈취에 의한 축적은 이러한 노동에 의한 확대재생산 과정 외에 전개되는 모든 유형의 축적과정과 관련을 가집니다. 예를 들어, 국가가 소유하는 국유기업이나 공적 기관들, 예로 담배전매업, 전력생산, 상하수도사업, 철도 등 다양한 국유자산들과 이의 운영권을 민영화하여, 자본순환 과정에 편입시킬 수 있습니다. 또는 국가 소유의 국유지로서 자연, 예로 해안을 매립하여, 기업이나 개인들에게 분양하는 경우도 마찬가지입니다. 해안이나 그 외 자연의 구성물들은 공유물로, 생산의 바탕 또는 조건은 될 수 있지만 그 자체가 자본의 순환과정에 포함되지 않습니다. 그러나 갯벌이나 해안을 가로 막아 매립하고 이것을 상품화하여 자본의 순환과정에 포함시키는 것, 이런 것이 자연의 탈취이고, 탈취에 의한 축적의 시작입니다. 새로운 자원을 개발하거나 심지어 자원 획득을 위하여 전쟁을 일으키는 것도 탈취에 의한 축적을 위한 것이라고 할 수 있습니다. 탈취에 의한 축적의 가장 중요하고 복잡한 부분은 바로 금융자본에 의한 축적과정입니다. 금융자본은 실물생산 없이, 즉 노동에 의한 확대재생산 없이 축적을 추구합니다. 이와 같이 탈취에 의한 축적의 개념은 매우 다양한 유형의 경제활동을 포함하지만, 하비나 다른 학자들이 이를 아직 체계화하지는 못했습니다.

이러한 신제국주의에 관한 논의의 연장선상에서 하비는 신자유주의를 이해하고 설명하고자 합니다. 신자유주의란 기본적으로 시장의 자유를 강조하는 이데올로기적 속성을 가지고 있습니다. 신자유주의는 그 이전 하이에크나 프리드먼의 이론에 바탕을 두고 있긴 했습니다만, 1970년대 서구 경제와 복지국가가 침체상황에 빠져 있었던 상황에서 이를 해소하기 위해 자유 시장을 강조하면서 본격적으로 등장하게 되었습니다. 당시 대처는 시장 외에 다른 대안이 없다고 주장했고, 레이건도 시장 메커니즘에 바탕을 두고 재정 위기를 해소하고자 했습니다. 이데올로기로서 신자유주의는 부시 정권에서 극에 달하여, 미국이 생각하는 신자유주의적 자유의 개념을 이라크 등 전 세계에 강제하였습니다. 그러나 신자유주의는 단순히 이데올로기만이 아니라 실제 현실에서 전개되고 있는 정치경제적 과정, 신자유주의화 과정을 의미합니다. 이는 시장메커니즘을 강조하면서, 탈규제, 복지 축소, 긴축재정, 감세 전략과 더불어 민영화, 상품화, 금융화 등을 정책적으로 시행하면서, 경제성장을 추구하는 과정이라고 할 수 있습니다.

그러나 신자유주의화 과정은 실제 경제성장을 가져온 것이 아니라, 지배계급이 이해관계를 실현하기 위하여 자신들의 몫을 챙기는 과정, 이로 인해 양극화가 심화되는 과정이라고 할 수 있습니다. 즉 신자유주의란 경제가 침체하는 상황, 즉 나눌 파이가 줄어드는 상황에서 자본가계급이 권력을 회복하고 자신의 몫을 더 많이 가지기 위한 과정이고, 이를 정당화시키기 위해 신자유주의적 이데올로기를 강조하는 프로젝트라는 것입니다. 소수의 지배계급을 위한 이러한 프로젝트가 사회의 지배적 담론이 된 것은 신자유주의가 자유라는 보편적 가치를 주장하고 있기 때문이라고 할 수 있습니다. 부시가 항상 주장하는 것, 심지어 테러와의 전쟁이나 이라크 침공에서도 강조했던 것은 바로 자유와 민주화, 인권 등이었습니다. 이러한 이데올로기를 배경으로 신자유주의는 때로 설득에 의해, 때로 전쟁과 같은 강제에 의해 세계적으로 확산된 것입니다.

정치적, 경제적 이론으로서 자유주의는 물론 그 초기 단계, 1800년대 후반부터 1900년대 초에 이르는 자유주의 시장경제의 발달에 지대한 영향을 미쳤고, 이에 따라 '착근된 자유주의'라고 불렸습니다. 그러나 이러한 자유주의적 자본주의 경제는 1930년대 심각한 공황을 맞으면서 국가의 시장 개입을 정당화하는 케인즈주의 경제와 복지국가체제로 전환하게 되었고, 그 이후 1960년대 말까지 서구 경제는 상당히 안정적으로 발전해 나가게 되었습니다. 그러나 서구 경제는 다시 1970년대 심각한 위기를 맞게 되었고, 이 위기를 극복하는 과정에서 신자유주의가 지배적 이데올로기이며 현실 메커니즘이 된 것입니다. 그러나 앞서 언급한 것처럼 신자유주의는 경제성장보다는 기존의 사회적 부를 계급적으로 재분배하는 과정이라고 할 수 있습니다. 특히 이러한 신자유주의적인 계급적 재분배는 하비에 의하면 탈취에 의한 축적에 기본적으로 근거하고 있다고 하겠습니다.

앞서 언급한 바와 같이, 자본의 축적과정은 기본적으로 노동의 확대재생산에 의해 이루어지는 부분과 이미 만들어 놓은 사회적 부를 재편하는 과정, 즉 탈취에 의한 축적으로 구성됩니다. 특히 이미 창출한 사회적 부는 다양한 방법으로 재분배될 수 있는데, 예로 금융자본을 통해 주식가격의 폭등을 통해 이익을 얻거나, 국유자산의 분양 또는 민영화를 통해 이익을 얻거나, 또는 자연을 새롭게 상품화하여 이윤을 얻을 수 있습니다. 금융화, 상품화, 사유화 또는 민영화 등은 바로 이러한 재분배과정을 특징지웁니다. 이 과정에서 1차적 수단으로 물질적 자원을 전제로 한 상품화나 화폐적 가치를 재분배하는 금융화가 중요한 역할을 합니다. 그리고 2차적으로 국가가 재분배 과정에서 일정한 역할을 담당하는 것인데, 경제위기 상황에서 국가가 공적 자금을 투입하여 기업을 회생시키거나 또는 위기관리 및 조작 과정에서 국가가 화폐를 찍어낼 수도 있습니다. 통화량이 증가하면, 인플레이션이 발생하는데 그 결과 소비가 진행되고 자본의 순환이 다시 원활하게 될지 모르지만, 인플레이션은 화폐의 가치를 하락시킴으로써 모든 사람들로 하여금 감가를 당하게 합니다. 이러한 과정들 속에서 가장 먼저 피해를 보는 사람들은 일반시민들 특히 저소득계층이라고 할 수 있습니다.

이러한 과정에서 신자유주의는 자유 시장을 강조함에도 불구하고, 국가 개입은 오히려 점차 증대되어 왔습니다. 이에 따른 신자유주의화 과정은 미국과 영국에서 시작되었다고 할지라도, 이 국가들조차 서로 상이한 조건을 가졌을 뿐만 아니라, 신자유주의화가 전 세계적으로 확산되었다고 할지라도 개별 국가들은 상당히 상이한 양상을 보였고, 불균등하게 진행되었습니다. 미국의 경우는 당시 레이건 정부 하에서 경제침체와 재정위기를 극복하기 위하여 기업가들이 자본축적이나 기업에 대한 논리의 부정이나 비판을 무력화하기 위하여, 자체 연구소를 만들거나 자신의 논리를 정당화시키기 위한 학파나 집단들을 지원하게 되었습니다. 또한 미국은 보수주의적 기독교 등 상당한 신자유주의적 분위기를 가지고 있었습니다.

그러나 영국의 경우는 그런 보수주의적 분위기보다는 지방정부 단위로 노동당이 집권하는 혁신정부의 전통이 있었습니다. 그런데 영국은 18, 19세기 식민지 경험과 2차 세계대전 이후 영연방을 통해 그 중심적 역할을 하면서 금융자본이 발달하였고, 이러한 금융자본의 제도적 관행이 신자유주의로 이어졌다고 할 수 있습니다. 어쨌든 미국이나 영국조차도 신자유주의가 전개되는 배경이나 조건은 달랐다고 하겠습니다. 또한 전 세계적으로 신자유주의가 확산되는 과정에서 기본적으로 지리적 불균등성이 나타나는데, 유럽이나 남미, 또는 동아시아의 한국 등은 모두 신자유주의화 과정을 겪고 있지만 상당히 다른 양상을 보이고 있습니다. 특히 하비는 중국의 개방정책과 그 이후 경제성장 과정을 신자유주의로 이해하는데, 여기에 대해서는 구체적 설명은 생략하겠습니다.

신자유주의 전망과 대안적 과제

마지막으로 그렇다면, 지금 현 단계에서 신자유주의는 어떤 상황에 와 있는가라는 의문에 답하는 것입니다. 현재 미국은 서브프라임모기지 사태 이후 전 세계에 금융위기를 확산시켰고, 최초의 흑인 대통령, 오바마 정부를 등장시켰습니다. 부시 정권이 물러가면서 신자유주의도 이제 물러가게 되었다고 생각하는 사람도 많아진 것처럼 보입니다. 그래서 그런지 요즘은 신자유주의에 대해 별로 이야기를 하지 않습니다. 그러나 우리의 생각이나 담론의 주제에서 신자유주의가 점차 사라지고 있는 것과, 실제 신자유주의화 과정이 소멸하는 것은 다르다고 할 수 있습니다. 하비에 의하면, 세계경제의 불황과 금융위기 속에서, 위기를 극복하기 위한 논리이며 수단으로 신자유주의는 계속되고 있다고 할 수 있습니다. 신자유주의가 1970년대 본격화된 이후, 세계 경제의 성장률은 70년대 3%, 80년대 2%, 90년대 1%, 2000년대에는 1% 이하로 계속 줄었고, 또한 동시에 금융자본은 더욱 기승을 부리고, 모든 것들은 상품화되고, 그 결과로 양극화와 환경 퇴락은 심화되었습니다. 이러한 상황에서 신자유주의적 세계화에 대한 광범위한 세계적 저항 운동이 전개되어 왔습니다. 하지만 이러한 결과와 반대 운동에 봉착하여, 신자유주의가 종말을 고했는가라고 묻는다면, 그렇지 않다는 것이죠.

하비는 2005년 『신자유주의』를 저술하면서 결론적으로 미국이 경제침체의 결과에 대해 어떻게 대응할 것인가에 대해 두 가지 시나리오를 제시하였습니다. 한 방식은 경제 금융위기에 봉착했을 때 달러를 찍어

내어 위기를 해소하는 것입니다. 또 다른 하나는 금융위기와 경제침체를 일본식으로 10년에서 15년 정도 장기적, 점진적으로 해결하는 방식입니다. 후자의 방식이 되었을 때는 경제가 완전히 나락으로 떨어지는 반면에, 전자 방식으로 간다면 상당히 투기적으로 현재의 신자유주의 위기를 해소하지만 내적으로 문제를 계속 가져가는 것입니다. 이러한 두 가지 시나리오 가운데 전자의 방식을 취할 경우 미국은 결국 금융위기에 처하게 될 것이라고 하비는 주장했습니다. 그리고 실제 미국은 전자의 방식, 즉 공적자금을 대규모로 투입하여 침체에 빠졌거나 위기에 처한 기업들을 회생시키는 방식을 택했지만, 이로 인해 2008년 서브프라임모기지 사태에 봉착하게 되었고, 그 이후에도 계속 더블 딥의 가능성을 잠재하고 있습니다.

자! 이렇게 되었을 때, 서브프라임모기지 사태가 왜 발생했는가라는 의문입니다. 하비는 아주 간단하게 말해 빈부격차가 심화된 결과로 발생한 도시의 위기라고 주장합니다. 서브프라임모기지라는 것은 기본적으로 미국의 주택시장에서 서민용 주택을 많이 생산했는데, 주택이 안 팔리거나 또는 모기지 즉 주택담보대출을 상환할 능력이 없는 것이지요. 왜 안 팔리느냐? 왜 상환 능력이 없느냐? 서민들은 자신의 소득이 낮기 때문이지요. 이로 인해 위기가 발생했는데, 미국 정부는 자본의 순환과정에서 부족한 돈을 더 많이 찍어내어, 소비를 촉진시키고 과잉투자된 부분을 회수하는 방식으로 문제를 해결하고자 합니다. 그러나 서브프라임모기지 사태가 발생한 것은 양극화 때문인데, 실제 서민들에 대한 직접적 지원은 없었습니다. 이러한 점에서 하비는 미국의 위기 상황을 단순한 금융위기라기보다 도시의 위기라고 주장합니다. 왜냐하면, 이 위기는 도시의 건조환경 부문에 과잉투자가 이루어졌고, 도시에 거주하는 저소득층의 상환능력 부족으로 이 과잉투자가 해소되지 않음으로서 발생한 위기이기 때문입니다.

마지막으로 이러한 도시의 위기를 어떻게 해소하느냐의 문제인데, 과잉 축적된 자본을 도시의 건조환경 부문에 계속 투자를 해서 수익을 얻기 위해서는 경제성장이 일정 수준 이상 지속되거나 또는 이렇게 과잉 투입된 건조환경을 통해 이윤이 실현될 수 있도록 유효수요가 뒷받침되어야 할 것입니다. 그런데 전반적인 경제성장이 지속될 것 같지 않은 상황에서 결국 투입된 자본의 가치가 실현되기 위해서는 공적 자금을 마련해야 할 것입니다. 하비의 입장에 의하면, 기본적으로 경제위기를 해소하기 위해 양극화가 해소되어야 하고, 이를 위해서 공적 자금을 위기에 처한 기업들에 지원할 것이 아니라 소비의 주체인 시민들에게 배분하여 위기를 해소할 수 있도록 해야 한다고 주장합니다. 나아가 하비는 전반적으로 사회적 유휴자본에 대한 통제권, 나아가 도시의 운영을 위한 권리를 시민들에게 배분해야 한다고 주장합니다. 이러한 점에서 하비는 르페브르가 제시했던 '도시에 대한 권리'의 개념을 강조합니다. 도시에 대한 권리는 도시인들이 자신의 삶의 터전인 도시의 제반 사항들에 대한 의사결정에 참여할 권리를 포함하여, 도시 생활에서 필요한 다양한 권리들을 지칭하며, 진정한 의미의 자유와 민주화를 위한 필수적 권리들을 의미합니다. 이러한 도시에 대한 권리 운동은 노동운동과 도시사회운동을 연대할 수 있도록 하는 주요한 계기를 제공하는 것으로 이해될 수 있습니다.

이상입니다. 제 이야기가 앞부분에서 시간을 너무 많이 소모하는 바람에, 오늘의 주제인 '신자유주의 세계화의 공간들'에 대해 좀 더 구체적으로 설명을 드리지 못했습니다. 양해를 구하면서, 일단 저의 발표를 마치겠습니다.

사회자 : 제한 된 시간 때문에 충분히 발표를 못하였지만, 토론을 통해 충분히 말씀하실 수 있을 거라 생각이 됩니다. 예 시작해 주십시오. 오늘 토론을 맡아주실 분은 저의 동료 교수로 있는 계명대 사회학과의 임운택 선생님이십니다. 임운택 선생님은 아시다시피 한국사회 비판사회학계에서 널리 이름이 알려지신 연구자이십니다. 오늘 토론자로 굉장히 적합한 분이라고 생각이 됩니다. 오늘 토론하는 과정 중에서 글에 담지 못한 많은 부분들이 논의될 수 있을 것이라고 기대합니다.

임운택 : 선생님. 많이 배운 강연이었습니다. 사실은 개념적 전제가 있어야 하비를 이해할 수 있기 때문에 선생님께 더 많은 발표시간을 드렸어야 되는데 짧은 시간이 아쉽군요. 선생님이 제기한 하비에 대한 기

본직인 개념설명들, 이런 것들에 대한 질의들을 다시 반복하는 것은 시간이 많이 필요할 것 같아서 기본적으로 약간의 문제제기를 앞으로 실천적으로 하비를 어떻게 볼 건가, 어떻게 활용할 수 있을까 이런 문제들에 대해 조금 질문을 드리도록 하겠습니다. 하비의 지적여정은 소개해주신 대로 대단합니다. 저도 외국에서 공부할 때 『포스트모더니티의 조건』이 막나왔을 때 읽고 굉장히 감동을 많이 받았었습니다. 지리학적 시각은 분석틀에 있어서 국민국가의 경계를 벗어나지 못하는 사회학적 문제의식이 포괄하지 못하는 부분들이 좀 있었습니다. 어쨌든 자본운동과 소위 말해서 공간과의 문제들 즉, 다시 말해서 정치경제와 공간의 결합을 통한 시대분석은 굉장히 흥미로운 시도라고 생각합니다. 엄밀히 보면 과거, 제국주의시대 분석을 한 로자 룩셈부르크의 자본축적론에서 시도되었던 그런 맹아적 씨앗이 내려져 있다고 할 수 있겠습니다. 그러니까 이제 외점(au*β*ere Landnahme)이자 축적, 이 개념은 맑스의 '자본론' 21장 축적확대재생산의 연장판이라 할 수 있는데 로자 룩셈부르크는 자본축적의 확대재생산이 제국주의 침략을 통해 진전되는 것으로 분석했습니다. 직접적인 제국주의 침탈이 불가능했던 1950년대 60년대에는 소위 포드주의적 축적제체의 확대를 통해 소위 내부 침탈이 이루어집니다. 그게 바로 굉장히 폭력적인 방식으로 진행된 '도시화(urbanization)인데, 독일의 조절학파 중의 일원인 B. Lutz 같은 학자는 그 외점의 대구對句로서 내점(innere Landnahme, 즉 내부침탈)이라는 표현을 사용합니다. 제가 보기엔 포드주의의 축적양식을 표현하는 매우 탁월한 개념표현인 듯 합니다. 그래서 신자유주의 이전까지는 이 내점의 형태로서 국내에서 일반적인 자본축적 및 자본의 사회화 과정이 진행되어 왔습니다. 잘 알다시피 그러한 시장이 과포화상태에 이르면서 70년대 중후반부터 신자유주의라고 하는 바로 그 외점의 형태가 변형된 제국주의 형태로 다시 등장을 하는데, 하비의 개념은 이 지점에서 정치경제학적의 측면을 사회경제적, 문화적 요인들과 결합시켜서 풍부한 설명을 제공하고 있습니다. 선생님이 하비를 빌어 제국주의에서 탈취에 의한 축적이라고 표현하는 개념은 - 저는 이제 수탈이라는 용어를 선호하기는 하지만 - 신자유주의의 새로운 현상을 잘 설명을 해주고 있는 것 같습니다. 이제 이론적인 측면에서 하비의 분석에 대한 약간의 이견異見을 드리고 싶습니다. 우선, 자본운동의 자립화가 하비에게서 다소 과다하게 강조되지 않는가 하는 것입니다. 달리 말해서 하비는 자본운동을 촉진하는 계급주체를 매번 강조하고 있지만, 그 연관성에 대한 구체적인 분석이 조금 부족하지 않나 싶습니다. 최병두 선생님도 마지막으로 강의화면 원고 끝부분에서 신자유주의는 국가 · 지역별로 관철되는 방식에서 "세계적 신자유주의화 과정을 일관된 하나의 체계나 원리로 설명될 수는 없는가 라는 의문이 제기될 수는 있다"라 하시면서 자본운동의 변형이 발생하는 근원(즉, 계급운동)을 암시하고는 계십니다. 결국 신자유주의가 개별 국가, 사회, 지역에 관철되는 규모와 정도의 차이는 자본운동에 있음에도 불구하고 맑스주의로 말하면 최종심급에서는 계급투쟁의 역할이 관건이라는 것을 의미한다고 할 수 있겠습니다. 그러한 측면에서 대안운동을 염두에 두고 하비이론을 받아들일 때는 우리가 조금 더 구체적인 분석들을 보완해서 받아들일 필요가 있지 않는가 하는 생각입니다. 국가분석의 경우도 마찬가지구요. 일례로 금융자본축적체제가 미국에서 발전해서 새로운 아메리칸리즘이 유럽, 동아시아, 한국으로 그람시 표현을 빌자면 소위 '수동혁명'의 형태로 전달이 되고 있는데, 그러한 수동혁명의 관철이 강도와 깊이에 있어서 왜 차별화된 경향을 보이고 있는지에 대한 분석들은 단지 제국주의적 탈취에 의한 수탈이라는 관점만으로는 부족한 듯싶습니다. 우리가 대안운동으로 새로운 이론을 고민할 때는 이론과 구체적 분석의 정합성이 필요한 것이 아닌가 싶어 문제를 제기합니다. 그와 관련하여 우리가 신자유주의개념을 사용할 때 조금 다른 식으로 해서 접근하는 것은 어떤가 하는 생각이 들었습니다.

그러한 점에서 역사적 단계에서 특징적인 자본의 축적운동을 검토하는 과정은 그래서 중요하다고 봅니다. 일례로 저는 하비에 기초한 선생님의 자유주의에 대한 해석과 의견을 조금 달리 합니다. 앞서 신자유주의의 선행과정으로, 케인즈주의 등장 이전의 단계로 언급하신 '착근된 자유주의'(embedded liberalism: 국내에서는 배태된 자유주의라는 표현을 사용하기도 함)는 사실은 하비의 개념이 아닌 미국의 정치경제학자 Ruggie의 개념인데, 이 개념은 자유주의전통 그 자체보다는 일반적으로 국제정치학(IPE)계에서 케인즈주의를 지칭합니다. 통제된 시장주의 정도의 의미이지요. 신자유주의는 사실 그런 개념보다는 훨씬 더 시장중심적이고, 그러한 측면에서 일부 학자는 '시장의 문명화'라는 표현을 사용합니다. 자유주의를 단순하게 정치적, 시장적 자유주의로 구분한다면, 전자는 정치적 의미가, 후자는 시장적 의미가 강하다고 할 수 있겠습니다. 그러한 점에서 시장의 자유에 포커스를 맞춘 신자유주의는 역설적으로 매우 이데올로기적입니다. 왜냐하면 신자유주의는 정책적으로 지난 30년 동안 한 번도 성공한 적이 없음에도 불구하고 이념적으로는 사회에서 굉장히 강하게 살아있거든요. 소위 말하는 적자생존(survival of the fittest)이 학교와 노동시장에서 강하게 작동하고 있는 것이 현실입니다. 그래서 이런 부분들은 차라리 리처드세네트와 같은 사회학자가 신자유주의의 사회화 과정을 분석하면서 강조하는 '인성의 파괴' 같은 개념을 통해 보완된다면 좀 보면 더 도움이 되겠다는 생각이 듭니다. 그런 문제의식을 실천적 측면에서 하비를 어떻게 우리가 수용할까 하는 문제와 연결하여 고민을 하는 것이 필요하다는 생각이 듭니다. 자본운동의 보편적 흐름과 사회성, 정치성이 결합되는 방식은 공간에 따라 차이가 날 수 밖에 없기 때문입니다. 따라서 이번 한국학 연구원의 세미나 대주제가 로컬리티에 관한 것인만큼, 예를 들어서 대구를 포함해서 도시가 새로운 어떤 대안정책을 신자유주의 사회와 물결 속에서 어떠한 새로운 대안정책들을 펼 수 있는지, 하비이론을 근거로 해서. 이런 것들에 대한 이론적 논거를 제시해주시는 것이 바람직하다는 생각이 듭니다. 논의를 좀 더 구체화해보겠습니다. 과거 19세기 이후 근대화 전략은 대단히 가부장적인 형태로 진행이 되어왔잖아요. 생산을 중심으로 주거공간을 확보하면서 동시에 영어식 표현을 빌리면 sulm cleaning. 즉, 빈민지역들을 일소하고 도시지역을 구획하는 방식들 뭐 이런 방식들이었는데 앞서 선생님께서 지적하신 것처럼 20세기 이후에 소위 각 자본의 공간적 조정은 스페셜 픽스라는 관점에서 볼 때 도시발전을 세분화, 구획화시키고 있습니다. 그 안에서 gentrified city도 만들고 suburbia도 나오고 Ghetto도 등장하고 있습니다. 그래서 도시문제는 19세기의 주거문제에서 20세기로 들어가면 소위 말해서 투자, 개발, 이런 문제로 확산이 되지 않습니까? 이게 이제 신자유주의 국면으로 들어가면 훨씬 더 확대 · 심화되고, 따라서 일반적인 사회양극화문제도 노자간의 갈등을 넘어서 비정규직, 청년실업, 이주민 등 굉장히 다양한 계급갈등의 문제와 뒤섞이고 있습니다. P. Anderson과 같은 학자는 신자유주의적 사회문제가 매우 복합적으로 엉켜있다는 점에서 오늘날의 혁명은 산업도시가 아니라 거대도시, 뉴욕, 베를린 뭐 런던과 같은 메갈로폴리스에서 가능하다고 주장합니다. 하버마스나 마르쿠제를 연상시키는 상상력인데, 과연 이런 도시적 기능변화가 우리 사회에서 얼마큼 진행이 되어 있을까, 과연 엔더슨이 말하는 메가로폴리스의 현상이 국내에서는 서울이외의 대도시인 대구, 광주, 부산 등이 얼마나 공유하고 있는가, 나아가서 과연 이런 신자유주의 분석틀을 가지고 우리 사회에서 도시분석들은 얼마만큼 가능하며 대안적 도시정책은 어떻게 가능할 것인가, 앞서 선생님께서 말씀하신 도시에 대한 권리, 이 부분들을 어떻게 우리가 증진시킬 수 있을 까 이런 문제에 대한 의견을 듣고 싶습니다.

마지막인데 세계화와 지역화는 동전의 양면입니다. 앞서 선생님께서 하비를 설명하시면서 언급하신 사회적 공간과 사이공간도 유사하다고 봅니다. 이 문제를 구체적으로 들여다보는 것도 필요하다고 봅니다. 왜냐하면 우리가 신자유주의라고 할 때 자본의 이념적인 측면만 이야기하지만, 신자유주의가 실제로 관철되는 양식들은 대부분 지역 측면에서 많이 관철되고 있거든요. 그러니까 유럽 같은 경우는 EU통합, 북미에서는 NAFTA, MERCOSUR 등의 지역통합 과정에서 신자유주의의 실제적 강령들이 관철되고 있습니다, 한국 같은 경우는 최근에서야 FTA에 본격적으로 뛰어 들어, 한-미, 한-EU FTA를 거쳐 이제는 동아시아 3국(한중일)+ASEAN 통합논의가 막 구체화되고 있다는 거죠. 그러니까 이러한 사회적 공간, 사이공간 속에서 어떻게 우리가 신자유주의에 대한 대안적 프로젝트를 구상할 수 있는지에 대한 선생님의 고견을 듣고 싶습니다.

최병두 : 하비의 이론에서 가장 중요한 점은 공간의 개념을 기존의 마르크스이론, 포스트모더니즘, 또는 심지어 논리실증주의와 결합시키고 기존의 이론이나 철학적 사고에서 부족한 부분을 메우면서 자신의 입장, 즉 역사지리적 유물론을 강조하는 것입니다. 그런데 문제는 이 과정에서 기존의 이론이나 철학들의 한계를 극복할 뿐만 아니라 이로 인해 어떤 다른 문제들을 유발할 수 있다는 점입니다.

예를 들어, 마르크스의 이론에서 계급문제는 기본적으로 노동의 확대재생산과정과 관련됩니다. 그런데 하비는 노동의 확대재생산과 더불어 범주적으로 구분되는 탈취에 의한 축적의 개념을 제시합니다. 이 개념은 노동의 확대재생산으로는 설명되지 않는 많은 부분들을 설명할 수 있도록 한다는 점에서 매우 중요한 의미를 가집니다. 그러나 탈취에 의한 축적이라는 개념은 사실 계급의 개념을 명시적으로 포함하지 않습니다. 물론 탈취에 의한 축적은 기본적으로 지배적 계급이 무언가를 탈취하며, 따라서 계급문제가 포함되어 있는 것으로 느낄 수 있습니다. 특히 신자유주의화 과정에서, 대량으로 발생한 실업자들은 자본에 고용되어 노동할 수 있는 기회조차 얻지 못하는 하위계급(underclass)이라고 할 수 있습니다. 이와 같이 기존의 노동자들이 자본의 직접적 착취로부터 오히려 배제되고, 자본가계급은 주식이나 환차익과 같은 금융메커니즘을 통해, 정부가 부실기업에 지원하는 공적자금을 통해, 또는 새로운 자연 자원의 개발을 통해 자신들의 이해관계를 실현시키게 됩니다. 이러한 탈취에 의한 축적 과정들은 노동 현장에서 작동하는 좁은 의미의 계급운동으로는 극복될 수 없고, 따라서 계급의 범주를 확대시켜야 할 것입니다. 흔히 신자유주의적 입장에 있는 사람은 노동계급의 소멸을 주장하기도 합니다만, 그러나 자본에 저항할 수 있는, 특히 탈취에 의한 축적에 저항할 수 있는 새로운 주체성을 구축하고 이러한 운동이 기존의 노동운동과 어떻게 결합할 수 있는가에 대해 보다 세심하고 세분화된 논의가 필요하다고 하겠습니다.

이런 이론적 문제와는 조금 다르지만, 자유의 개념에 관한 논의도 마찬가지입니다. 자유에 대해 하비는 비판적 입장을 가집니다. 우리는 흔히 보편적 자유에 대해 이야기하면서 이를 긍정적 의미로 받아들이는데, 이에 대해 한번 생각해 볼 필요가 있습니다. 예로 마르크스는 정의의 개념에 대해 부정적이었고, 유토피아주의도 부정했습니다. 마르크스가 정의나 평등의 개념을 부정하는 것은 이러한 개념들이 자본주의를 유지시키는 이데올로기이기 때문이며, 마르크스가 유토피안 사회주의를 비판하면서 이 개념이 현실에 근거를 둔 과학적 개념이 아니라는 점 때문이었습니다. 그러나 실제 마르크스는 정의나 유토피아를 부정하지 않았고, 하비 역시 이를 부정하지 않았습니다. 마르크스가 제시한 공산주의는 일종의 유토피아입니다. 그리고 이 사회에서는 자유, 정의, 평등이 완전히 이루어지는 사회라고 할 수 있습니다. 하비 역시 마찬가지인데, 이들은 자유, 정의, 유토피아 이런 당위적 개념을 다 인정합니다. 그러나 이러한 개념들이 한편으로 부정되면서, 또 다른 한편으로 인정을 하는 이유는 무엇인가, 그리고 인정을 한다면 이 개념들은 어떠해야 하는가에 대해 직접적으로 논의하지 않습니다. 이들에 대해 논의를 더 진전시키는 것은 결국 또 다른 이데올로기를 만들어내는 것이겠지만, 그래도 탈취에 대한 축적을 부정하는 것으로 끝나는 것이 아니라, 이에 대응할 수 있는 개념, 즉 도시에 대한 권리를 강조하는데, 앞으로 우리는 이러한 자유, 정의, 평등, 권리와 같은 개념이 진정하게 어떠해야만 하는가를 다룰 필요가 있겠습니다.

이러한 이론적, 윤리적 문제에 대한 고민은 이 정도로 하고, 이제 실증적, 경험적 문제로 넘어가는 것이 좋겠습니다. 우리는 하비의 이론을 한국의 경험에 응용해 보고 이를 어떻게 한국적 이론으로 재구성하고, 어떤 대안적 사회공간을 건설할 것인가에 대해 점검해보아야 할 것입니다. 한편으로 우리는 당면한 자본주의의 거대 담론 속에서 신자유주의가 실제 대도시들에서 대규모 프로젝트들, 예로 서울의 르네상스 프로젝트라든지, 뉴타운개발사업과 같은 도시 재생사업, 인천의 경제자유구역 건설사업을 통해 어떻게 드러나고 있는가를 설명할 수 있을 것입니다. 이른바 도시의 르네상스를 명분으로 추진되는 서울 한강 주변의 르네상스 프로젝트사업은 한편으로 건설자본에게 도시의 유휴자본을 동원하여 새로운 이윤을 창출할 수 있는 기회를 제공하고, 서울시장은 자신의 가시적 성과를 만들어내고 싶어 하지만, 이미 용산재개발사업에서 드러난 것처럼 주택이나 상가의 세입자들을 몰아내고 심지어 이들을 죽음으로 몰고 가는 결과를 초래했을 뿐만 아니라, 최근 이 사업이 시중자금을 제대로 동원하지 못함에 따라, 즉 프로젝트 파이낸싱을 실패함에 따라 거의 포기할 상황에 처하게 되었습니다. 인천 경제자유구역의 경우도 마찬가지입니다. 국내외 거대 자본들을 유치하여 동북아의 거점도시를 개발하겠다는 거대한 포부는 한 때 엄청난 경쟁률을 가진 오피스텔, 아파트 분양 붐을 일으키기도 했지만, 실제 해외 자본의 유치 실적은 매우 저조하고 부동산 투기만 부추긴 채 유휴자본이 새로운 이윤을 얻을 수 있는 기회를 만들어내지 못하고 있습니다. 대구도 이러한 경제자유구역으로 지정되어 있지만, 실제 아무런 계획도, 개발도 이루어지지 않는 상태입니다.

이러한 한국의 경험에 관한 고찰을 통해, 자본 순환의 메커니즘이 공간적으로 어떻게 작동하며, 왜 한계에 봉착하게 되는가를 밝히기 위해서는 하비의 이론이 중요한 근거를 제공할 것입니다. 그런데 문제는 대안을 어떻게 설정할 것인가인데, 글쎄 쉽지 않은 문제입니다. 하비가 1935년생이니까, 올해 76살입니다. 앞서 언급한 것처럼, 하비는 대안에 대해 어떠할 것인가에 대해 많은 논의를 하지 않았고, 또한 그가 앞으로 이에 대해 답을 해 줄 것이라고 기대할 수도 없을 것 같습니다. 우리가 스스로 도시에 대한 권리가 무엇을 의미하는가, 이를 위해 어떻게 실천해야 할 것인가의 문제를 고민해야 할 것입니다. 예로, 용산재개발 사태에서 발생했던 화재 참사사건을 살펴보면, 당시 희생을 당한 분들에게 문제가 되었던 것은 권리금입니다. 주택 임대차에 대한 계약에서 세입자에 대한 권리는 상당 정도 보장되어 있지만, 상가에 대한 권리금은 일반적 관행으로 이루어지고 있을 뿐 어디에도 제도화되어 있지 않습니다. 우리나라에서 도시의 빌딩과 상가들이 엄청나게 늘어나면서 이 부문도 굉장히 팽창했을 것으로 추정되며, 이것이 바로 의제적 자본의 가장 전형적 형태라고 할 수 있습니다. 이에 대해 이론적으로도, 제도적으로 아무런 규명이 되지 않고 있습니다. 따라서 매우 구체적인 사례로 권리금의 문제를 포함하여 보다 광범위하게 도시에 대한 권리를 제도화하고 사회정의로서의 도시를 만들어내기 위한 이론을 정형화할 필요가 있을 것입니다. 하비가 이러한 점까지 다 해 낼 것이라고 기대할 수는 없고, 우리 스스로가 새로운 사회, 새로운 도시, 새로운 공간에 대해 어떤 전망을 만들어 나갈 것인가는 우리의 몫이라고 할 수 있습니다. 앞으로 저도 이 문제에 대해 좀 더 많은 연구를 할 생각입니다.

사회자 : 오늘 선생님께서 하비의 논의를 통해서 우리에게 많은 과제를 던져 주신 것 같고 선생님 덕분에 많은 책들이 한글로 번역이 되어 있으니까 앞으로 조금 더 공부해 가면서 지역의 구체적인 문제로, 공간의 문제로 확대해 보면 한국학연구원 로컬리티포럼에 큰 도움을 주리라 생각합니다.

최병두 : 시간이 없긴 하지만, 혹시 학생들 중에서 뭐 질문할 게 없으세요?

정예숙 : 시간이 길다면 길고 짧다면 짧은데 그 시간 동안, 선생님께서 하시려는 말씀이 굉장히 많으셨는데 그걸 이렇게 따라가기가 쉽지

는 않은 것 같아요. 제 느낌에 그래서 아마 학생들은 훨씬 더 어려운 게 아닌가 싶네요. 선생님께서 설명하신 것 중에 하비가 설명하는 미국의 신제국주의라는 것이 '두 쌍의 개념, 즉 권력의 영토적 논리와 자본주의의 축적 논리 그리고 공간적 조정과 탈취에 의한 축적의 개념'으로 설명할 수 있다고 하셨습니다. 자본주의의 축적논리는 신자유주의와 세계화와 연결 되고 권력의 영토적 논리는 세계화와 상대적 개념으로서의 지역화 혹은 지방화와 연결되어 질 수 있지 않을까하는 생각이 듭니다.

최병두 : 글쎄, 하비의 이론은 분명히 글로벌리제이션(globalization) 더하기 로컬리제이션(localization)의 글로칼리제이션(glocalization), 즉 지구지방화과정에 관한 것입니다. 그런데 하비 자신은 글로칼리제이션 자체에 관한 논의에는 별로 간여를 하지 않습니다. 그러나 그의 이론이나 주장들은 지구화와 지방화를 동시에 포착하고 있습니다. 예로, 하비는 필요할 때는 공간과 장소 간의 변증법적 관계에 관해 이야기 합니다. 공간이란 어떤 스케일(scale) 즉 규모의 개념으로 이해할 수 있고 따라서 현대 사회의 지구화와 관련된다면, 장소란 어떤 특정 지점이나 지역, 즉 로컬리티에 관한 것입니다. 자본주의 사회에서 로컬리티란 지구적 자본이 어떤 특정 장소에 투입되어 착근이 되어서 이윤을 창출할 수 있는 지방적 근거지로 이해할 수 있습니다. 그러니까, 공간의 개념은 지구화 또는 이와 관련된 탈영토화, 그리고 장소의 개념은 지방화 또는 이와 관련된 재영토화의 개념과 같은 것으로 이해할 수 있습니다. 그리고 자본의 축적 논리와 권력의 영토 논리도 이와 같은 맥락에서 이해할 수 있을 것입니다. 그러나 하비는 이러한 개념들이 특히 자본축적과 관련될 때, 이 과정에서 작동하는 지구-지방적 메커니즘을 설명하기 위하여 공간적 조정이라는 용어를 사용합니다.

공간적 조정(spatial fix)이란 상당히 쉬운 용어이면서도 매우 어려운 내용을 함의하고 있는 개념입니다. 특정 지역에서 투자와 개발이 이루어지면 지역의 경제성장 즉 자본 축적이 일정하게 유지되다가, 결국 시장이 포화상태에 이르면 과잉축적의 위기가 발생하게 되고, 이 문제를 해결하기 위한 방법으로 그 지역에서 기존 산업이 새로운 산업으로 전환하는 산업구조 조정이 이루어지거나 또는 기존의 산업이 다른 지역으로 이전하는 공간적 이전이 이루어지게 됩니다. 이러한 산업구조 조정이 이루어지는 과정에서 기존 산업을 유지하기 위해 일시적으로 자본과 노동이 타협하는 동맹이 이루어지기도 합니다만 그렇게 하면 할수록 산업은 점점 더 노후화되게 됩니다. 그런데 이러한 과정을 총칭하는 공간적 조정이라는 개념은 과거 제국주의 개념과 일정한 관계를 가집니다. 즉 과거 서구 제국주의 국가들은 국내에서 유휴자본이 생기면, 이를 해소하는 방법으로 해외 시장의 개척, 해외 값싼 원료의 개발 등을 위하여 식민지를 침탈하였습니다. 2차 대전 이후 식민지들이 해방되면서 명목상의 식민주의는 사라졌지만, 오늘날에도 국내 유휴자본의 해소 방식은 과거와 동일합니다. 물론 과거와는 달리 오늘날 유휴자본의 해외 이전은 과거와 같은 물리적 침탈 없이도, 해외 분공장과 같은 생산설비의 해외 이전뿐만 아니라 유휴 금융자본의 해외 흐름을 통해 상대적으로 취약한 국가의 주식시장, 환시장 등을 침탈하여 흔들어놓고 엄청난 이득을 챙겨갑니다.

이러한 과정은 일종의 자본의 탈영토화와 재영토화가 이루어지는 공간적 조정으로 이해될 수 있습니다. 그리고 초국적 기업의 생산설비나 국제 금융자본이 일단 특정 지역에 투입, 재투입되어 그곳에 뿌리를 내리고 재영토화, 지방화, 장소화되게 되면 다시 자본축적과 관련된 일련의 과정을 거치면서 다시 자본은 과잉축적의 위기를 맞게 되고 공간적 조정을 추구하면서 문제를 끊임없이 확장시키게 됩니다. 하비의 입장에서 보면, 지구화와 지방화, 탈영토화와 재영토화 과정은 동시적으로 작동하는 동전의 양면과 같은 것일 뿐만 아니라 어떤 모순성을 내재하고 그 모순을 점점 더 확대시켜 나가는 과정으로 이해할 수 있습니다. 즉 영토화, 탈영토화, 재영토화 그리고 다시 탈영토화 과정은 니체가 주장하는 것처럼 끊임없이 반복되는 것으로 이해할 수 있을 뿐만 아니라 끊임없이 모순을 확대 재생산하는 과정이라고 할 수 있습니다. 이러한 과정에서 전개되는 공간적 조정이라는 메커니즘은 단지 로컬리티(locality)의 개념보다는 글로칼리티(glocality)의 개념으로 이해할 수 있을 것입니다.

임운택 : 이 점은 제가 부연 설명을 해보겠습니다. 전 세계 지구의 영토를 보시면 사실은 우리가 일반적으로 생각하는 것과 다르게 자본화되지 않은 지역이 더 많습니다. 우리가 자본주의 문명하면은 전세계 국가가 공유하고 있는 줄 알고 있지만 사실은 북남미의 몇 나라, 유럽, 아시아 몇 나라를 빼고 나면, 지구상의 많은 지역이 엄밀한 의미에서 자본화되지 않았습니다. 신자유주의적 세계화는 자본축적을 위해 이제 이런 지역들을 찾아서 가는 거라고 할 수 있겠습니다. 왜냐하면 제2차 세계대전 이후의 윌슨의 민족자결주의는 형식적으로 제국주의적 팽창을 가로막았으니까요. 그러니까 초창기에는 포드주의처럼 자국내 내부를 수탈 하였던 것입니다. 그러다가 이제 1974/75년 경제위기이후 반도체 혁명 이후에 자본들이 새로운 시장을 찾아 나설 수 있는 물적 토대를 구축하게 되었고, 이후 제도적으로는 GATT체제를 WTO체제로 전환하면서 비 물질화 된 상품을 교역의 대상으로 만들어 버렸습니다. 나아가서 이들은 지적재산권과 서비스 노동도 교역대상에 포함시켰습니다. 앞

서 선생님께서 언급하신 공간의 재영도화는 실제로 이러한 방식으로 관철된다고 볼 수 있겠습니다. 결국 자본의 비자본화된 영토로의 진출은 자본주의 시스템을 확장시켜가는 과정이고, 동시에 자본주의 문명을 수출하는 과정입니다. 그래서 요즘 서구의 다국적기업은 일례로 아프리카에 절대 물건부터 팔지 않습니다. 어떻게 하느냐면 아프리카에서 가장 차별받고 있는 여성의 교육에 투자를 합니다. 할례 예방과 같은 활동과 결합하면 민주주의의 보편적 가치와도 부합니다. 그러면 이들 교육대상이 매우 빠르게 자본주의 문명에 흡수됩니다. 이러한 방식으로 서구 기업은 소비형 장기투자를 하고 있습니다. 그게 교육의 효과이구요, 그러니까 이렇게 해서 자본주의 문명을 이루어 내면 거기서 아까 선생님 말씀하시는 자본주의 모순이 다시 발생을 하게 됩니다. 그러한 과정에서 다시 저항과 새로운 대안의 가능성들이 모색된다고 할 수 있겠습니다.

이윤갑 : 로컬리티 포럼과 관련해서 질문 하겠습니다. 우리가 일차적으로 체감하게 되는 것은 사회적 공간입니다. 자연적인 공간이라기보다는 사회적으로 조직된 공간이라는 거지요. 그 사회적 공간을 만들어내는 그 이면에 있는 관계, 그것을 여기서는 '사이 공간' 이라 부르셨는데, 한국사회로 보면 그러한 사회적 공간을 만들어내는 것은 자본주의입니다. 지구상에 자본주의 아닌 곳도 많다지만 우리사회는 머리끝에서부터 발끝까지 자본이 지배하고 있다고 해야 하겠지요. 세계화 과정에서 자본의 지배 방식에 적지 않은 변화가 생깁니다. 그러나 그 구체적 모습은 영국 등 서구 국가들과 우리와는 많이 다를 수 밖에 없습니다. 서구사회와는 달리 우리 경우에는 자본의 공간을 개혁 혹은 수정 · 보완하려 한 사회운동이 매우 미약했고, 따라서 사회적, 제도적 성과들이 거의 없었습니다. 서구에서 세계화 과정에서 복지정책이 후퇴했다 하지만

은 우리 경우는 지금까지 복지정책이라 할 만한 것이 제대로 없었습니다. 영국의 경우는 우리하고는 달리 1920년대부터 사회복지정책이라든지 사회민주주의 이런 정책들이 만들어져서 자본이 일방적으로 형성하는 사회적 공간과는 달리 그것을 보완, 극복, 개혁하는 이런 공간들이 만들어져있는 것으로 알고 있습니다. 그 공간들이 세계화되는 과정에서 다시 자본의 공간으로 편입되어 들어가는 문제가 발생하고 있는 것이지요. 이것이 그 지역의 학자나 공간문제에 관심을 가지는 분들이 예의주시하고, 또 대안을 마련하려고 고민하고 있는 대목이 아닐까하고 생각되는데 제 생각으로는 세계화가 본격화되기 이전 곧 대처정부 이전에 영국사회가 가졌던 사회적 공간, 그것이 그나마 사람이 살만한 사회공간이 아니었는가 이런 판단을 하는 것은 아닌지, 달리 말해 그런 공간을 변화된 환경 속에서 다시 어떻게 만들어 낼 것인가가 하는 것이 하비 연구의 문제의식이 아닌지? 우선 이 점이 궁금하고요. 또 하나 우리사회의 경우 현실적으로 말하면 세계화되어서 여러 가지 좀 힘들고 어려운 점이 많다 하더라도 대부분의 한국 사람들은 자본주의체제인 한국 속에서 살만하다 이렇게 생각하지 않을까? 그래서 로컬리티라는 문제를 생각할 때에도 자본주의에 대한 전면적인 부정이나 개혁을 전제로 한 새로운 사회관계의 형성, 경제관계의 형성, 거기에 맞는 사회적 공간의 조성을 고민하기 보다는 그나마 기존의 자본주의체제 속에서 일반 서민들이 안정적으로 의지해 살만한 공간, 그런 사회적 공간을 어떻게 만들 것인가 하고 고민하는 것이 더 일반적이지 않을까하고 생각합니다. 이 점에 대해 발표자의 의견을 듣고 싶습니다.

최병두 : 그렇습니다. 그런데 두 가지 사항에서 대비에 대해 좀 더 살펴볼 필요가 있습니다. 하나는 하비가 신자유주의나 이와 관련된 공

간에 관해 이야기를 할 때, 1970년대 이전의 영국하고 또는 그 이전의 어떤 착근된 자유주의, 즉 케인주주의적 복지국가하고 비교를 해서 신자유주의가 가지는 어떤 대립적인 성격을 설정하느냐의 문제입니다. 실제 그는 현실적으로 그러한 대비를 설정하지 아니하는 것 같고, 이론적으로도 설정하지는 않는 것 같습니다. 사실 제가 영국에서 공부를 할 때 1980년대 초 · 중반이었는데, 그때 영국은 한편으로는 심각한 경제침체를 맞고 있었기 때문인지는 몰라도 이전의 케인스주의나 복지국가체제의 모순들을 상당히 많이 드러내고 있었습니다. 예를 들어 당시 제가 한국에 전화를 걸기 위해 공중전화 박스 안에 들어가 보면, 지린내가 진동을 했습니다. 공원에 가면 걸인들이 손을 내밀기가 허다했고, 외진 거리는 온통 휴지나 쓰레기들로 매우 지저분했습니다. 이러한 상황이다 보니까, 당시 사람들, 일반 서민들조차도 이러한 상황을 싫어했던 것 같습니다. 그러다 보니 신자유주의가 기본적으로 관철될 수 있는 또는 정책적 이데올로기로 먹혀들어갈 수 있는 조건이 형성되어 있었던 것 같습니다. 그러니까 과거 복지국가에 대한 향수가 남아 있어서 신자유주의를 비판하는 것 같지는 않습니다.

그리고 다른 한편 하비의 입장은 마르크스주의 영향, 즉 사회주의의 영향을 상당히 전제로 하고 있습니다. 그런데 자본주의가 기존의 사회주의 국가들에 비해 물질적으로 더 풍부한 것 아닌가라고 생각하는 사람들도 많습니다. 실제 자본주의의 물질성이 가지는 진정성과 이데올로기적 측면에 대해 좀 더 곰곰이 생각해 보아야 할 것 같습니다. 사실 우리는 박정희 정권에 대해 굉장히 비판적이면서도, 다른 한편으로 이 정권이 있었기 때문에 이나마 먹고 사는 줄 알아야 한다 라고 한다면, 참 할 말이 없습니다. 그렇다면 일제시대 역시 마찬가지라고 할 있는데, 일제가 우리나라에 문명적으로 개화를 시켰고 경부선과 같은 사회간접시설들도 부설하고 산업도 당시 수준에서는 상당히 발전시켰다고 주장한다면, 우리는 어떻게 답해야 합니까? 그럼에도 불구하고, 일제시대에 대한 평가는 어떤지는 모르겠지만, 박정희시대에 대한 평가는 아마 대체로 70-80% 사람들이 물질적 성장에 관해서만은 성공적이었다고 답할 것 같습니다.

그렇다면, 사람들이 인식을 잘못하고 있는가, 그렇다면 진정한 인식은 뭐냐 라고 했을 때, 과학과 이데올로기는 분명 구분되어야 할 것이지만, 이들이 어떻게 구분가능한가라고 묻는다면 별로 할 말은 없습니다. 그러나 저는 어떤 주장이 이데올로기적인가 과학적인가의 문제를 떠나서 문제가 되는 주장이 기본적으로 어느 정도 인간적인가, 그 진정성을 인정할 수 있는가에 따라 달리 평가되어야 한다고 생각합니다. 즉 물질적 성장과 관련하여, 우리는 과거 분명 많은 고통을 받았고 이제는 정말 살만하다고 생각할 수 있습니다. 그런데 왜 그렇게 고통스러웠던 과거에 대해 향수를 가지는가 하면, 과거에는 한 가정의 가장 한 사람만 일하더라도 가족 전체가 다 먹고 살았어요, 좀 못 먹고, 부유하게 살지는 못했지만, 그래도 다섯, 여섯 명씩 자식을 놓고 그럭저럭 보리 고개 넘기면서 살았습니다. 옛날에는 아기를 낳아 놓으면 다 자기가 먹고 산다하고 했습니다.

그런데 이제는 진짜로 먹고 살기 위해서 모든 가족들이 다 동원되어야 하고, 그리고도 자녀들은 두명 이상 놓기 어려운 상황이 되어버렸습니다. 경제적으로 엄청나게 성장했다고 하지만, 가족들은 취업할 수 있는 기회조차 제대로 구하지 못하고, 많은 가정들은 상대적으로 박탈감만 점점 더 심화되고 있습니다. 이런 상황에서 과연 우리는 자본주의의 물질적 부를 어떻게 평가해야 하는가, 그리고 새로운 대안적 사회는 어떠해야 할 것인가 등의 의문에 접근할 수 있을 것입니다. 자본주의의 물질성, 이것은 진정한 물질성은 아니라는 점을 스스로 깨닫게 되고, 이를 위해 받게 되는 스트레스를 견디지 못하게 될 경우, 결국 이를 벗어나서 대안적 사회, 그게 사회주의라든지 또는 어떻게 지칭되든지 간에, 우리는 새로운 사회, 새로운 공간, 새로운 로컬리티에 대한 전망을 설계하고 이를 실천해 나가게 될 것이라고 생각합니다.

이윤갑 : 반세계화 운동은 범위가 넓지만 거기에도 여러 사상적 경향이 있지 않습니까. 수정자본주의사상에 의거해 세계화에 반대할 수도 있고, 아나키즘에 의거해 반대 할 수도 있고, 최근에 와서 새롭게 대두되고 있지만 사회주의사상에 의거해 비판하는 경우도 있습니다. 따라서 어떤 사상에 입각해 현재의 자본주의를 비판하는가에 따라 평가와 대안도 달라질 것이고, 따라서 로컬리티에 담겨질 내용도 다를 수밖에 없습니다. 지난 번 발표에서도 검토된 문제입니다만 논자에 따라 로컬리티의 지향성이 굉장히 다양합니다. 하비는 어떤 관점에서, 어떤 사상에 의거해 세계화의 문제를 비판하고 대안을 모색하고 있는지요?

최병두 : 반세계화운동을 전 세계적으로 일단 조직해야 된다라는 점을 인정합니다. 그러나 그렇다고 해서 어떤 세계적 규모의 혁명이 발생할 것이라고 생각하지는 않습니다. 그러니까 하비는 시공간적으로 과거와 아주 단절적인 혁명을 생각하는 것 같지는 않아요. 굉장히 유토피아적인 사고를 함에도 불구하고, 다른 한편으로는 근대적인 상황 속에서 형성된 가치들 가운데 보편성을 설정할 수 있는 가치들, 아까 논의했던 자유, 인권, 정의 이런 보편적 가치들을 대체로 인정을 합니다. 그러다 보니, 현재의 반세계화 대안운동의 모티프로 무엇이 작동해야 하는가에 대해 하비는 상당히 모호한 입장을 가집니다. 마르크스주의적 입장에서

기본적으로 계급운동이어야 하는데, 반세계화 대안운동으로 계급운동을 전면에 내세우는 것 같지는 않습니다. 특히 최근의 하비를 보면, 단순히 계급운동보다는 보다 포괄적인 인간적인 운동, 즉 자유, 평등, 권리, 심지어 앞서 언급한 물질적 생산성에 있어서도 인간성이 깔린 운동이 필요하다고 생각하는 것 같습니다.

그렇다고 해서 하비가 아주 중립적인 탈계급적 운동을 주장하는 것은 아닙니다. 탈취에 의한 축적에 반대하는 운동에는, 페미니즘운동이나 환경운동, 게이운동도 포함되는 포괄적 운동을 전제로 하다 보니까, 딱히 어떤 하나의 대안이나 하나의 대안적 도시운동을 제시하지는 않습니다. 그렇다고 포스트모더니스트들이 주장하는 것처럼 유목적 사회를 어떤 대안으로 제시하는 것은 아니고, 분명 공동체주의적 사회를 전제로 하고 있는 것 같습니다. 그러나 공동체주의 역시 매우 심각한 문제를 안고 있는데, 사실 개인에 앞서 집단이 앞선다는 공동체주의는 과거 국제적, 세계적 규모로 전개되었던 제국주의나 심지어 파시즘에도 내재되어 있는 반면, 사이비 종교단체의 소규모 사이비 공동체에도 내재되어 있습니다. 따라서 공동체의 공간적 규모는 사실 그렇게 유의하지 않고, 어떤 사회적 관계를 가진 공동체인가가 더 중요한 이슈라고 하겠습니다.

어떤 공동체주의인가라는 점에서, 하비는 최근에 '코스모폴리타니즘'에 관한 책을 썼는데, 그의 입장에서 세계시민주의는 절대적 공간이 아니라 관련적 공간에서 실현되는 관계적 실체로 이해하게 됩니다. 특히 저의 생각으로 지역적 정체성이 강조될 수 있는데, 지역적 정체성은 자신의 삶이 영위되는 지역에 대한 어떤 의식, 소속감을 말하는 것이지만, 또한 동시에 오늘날 지구화된 세계에서 그것이 진정성을 얻기 위해서는 세계시민적인 공감을 형성할 수 있어야 할 것입니다. 즉 칸트가 세계시민주의를 논의했을 때 그는 지구의 공간적 특성을 피상적으로 강조하긴 했습니다만, 기본적으로 세계시민주의는 단순히 세계적으로 이동하는 시민이 아니라 지역적 정체성을 세계 속에서 인정받을 수 있는 시민들의 권리에 관한 것이라고 할 수 있습니다. 즉 세계시민주의에서 세계란 하나의 통일체로 새로운 사회를 의미하는 것이 아니라 특정 국가나 지역의 국지적 정체성을 세계적 무대를 배경으로 인정을 받는 것으로 이해될 수 있습니다. 로컬리티라는 개념도 이러한 대안적 로컬을 설계하기 위한 것이라면, 이는 어떤 국지적 특수성을 전제로 하되 이것이 단순한 특수성으로 존재하는 것이 아니라 보편성 속에서 인정되는 작업으로 이루어져야 할 것입니다. 그러니까, 로컬리티의 구축은 완전히 고립된 개별 지역이나 국지성의 구축이 아니며, 또한 하나의 통합된 세계시장이나 세계 제국도 물론 아닙니다. 이는 각 국지성을 전제로 지역이나 국가 간 연합체를 형성하는 대안적 세계화를 배경으로 한다고 생각합니다.

이윤갑 : 네, 로컬리티의 문제의식은 다양하지만 하비의 이러한 이론적 접근이 지금 한국에서 모색되고 있는 로컬리티의 문제와 관련해서 우리에게 어떤 시사를 우리에게 줄 수 있는지 말씀해주시기 바랍니다.

임운택 : 일반적으로 진보적 연구자들이 로컬리티 문제를 분석할 때 기본 프레임은 세계화에 맞추면서 행동과 실천의 문제를 로컬에 맞추는 방식을 선호하는 것 같습니다. 로컬이 세계화의 가장 큰 피해자이기 때문이죠. 한편으로는 앤더슨이나 하비같은 사람들처럼 코스모폴리탄과 같은 중심성에 초점을 맞추는 경우도 있습니다. 이들은 오늘날 변화된 축적양식 속에서 투쟁의 계획, 갈등의 주축이 과거처럼 노동과 조직화

된 산업자본노동자가 아니라는 점을 분명히 합니다. 우리나라도 이미 그러한 방향으로 변화하고 있구요. 코스모폴리탄을 강조하는 논자들은 노동의 구성도 산업자본주의시대와 달리 변화하고, 그러한 과정에서 비정규직, 노인, 청년, 여성, 이주민 등과 같은 다양한 취약계층들이 사회 갈등의 대항적 잠재력을 어떻게 담보해낼 수 있을지에 대해 좀 더 고민하는 것 같습니다. 결국 대도시가 그런 문제들의 모순의 총체성이니까요. 그럼에도 대구처럼 중간규모 도시에서의 문제는 보편성을 안고 있더라도 특수성이 같이 존재하는 것 같습니다. 그러한 점에서 일단은 사회적 현실을 좀 구체적으로 포착해내는 작업들이 필요하지 않을까 하는 생각이 듭니다. 자유화, 민영화, 탈규제와 같은 신자유주의의 삼위일체가 지역에서도 노골적으로 관철되어 갑니다. 그럼에도 이를 지나치게 과도하게 주체역량의 약화라는 측면에서 볼 필요는 없다고 봅니다. 우리나라의 경우, 로컬은 오히려 신자유주의가 등장하는 과정에서 발견되기 시작했습니다. 노무현 정부의 기조가 그랬던 것이죠. 비록 실패로 끝났지만, 신자유주의의 시장논리 속에서 로컬러티는 자기주체의 문제를 비로소 인식하게 되는 계기가 되었다는 점입니다. 그것이 공동체적 의식을 통해 새로운 대안을 찾을지는 의문이지만, 로컬이 자본의 축적이라는 보편적인 문제를 공유하면서 대안을 고민하는 과제는 피할 수 없는 문제라고 봅니다. 예컨대, 각종 FTA논의는 단지 경제적 측면에서 뿐만 아니라, 행정구조, 사회문제의 측면에서 로칼리티에 새로운 과제를 안겨주고, 이러한 문제를 우회해서는 결코 지역의 문제는 해결되지 않는다는 점입니다.

최병두 : 시간이 너무 많이 되었지만 잠깐만 말씀드리겠습니다. 어쨌든 하비가 그 동안 제시한 사회이론의 핵심에는 기본적으로 공간에

대해 주목할 것을 요구하고 있는 것은 분명한 것 같습니다. 사실 공간이 무엇인가의 의문은 여전히 매우 어려운 문제이지만, 사회이론이나 철학에서 공간이 강조되는 이유 가운데 하나는 그것이 구체성을 담고 있기 때문이라고 하겠습니다. 공간은 우리가 살아가는 현장 또는 장소라는 의미가 아주 강하게 함의되어 있습니다. 그리고 전세계적으로 이러한 공간의 개념을 확장하게 되면 세계화 과정까지도 포함하게 됩니다. 그리고 이러한 장소와 공간의 관계를 이해하기 위해 이른바 스케일(scale) 또는 규모의 문제가 부각되는 것 같습니다. 어쨌든 사회이론이나 철학은 흔히 매우 추상적 내용들을 다루는 것 같은데, 이러한 추상적 내용들을 구체화하기 위하여 공간적 사유가 매우 중요하다고 하겠습니다. 그런데 죄송하게도 저가 오늘 말씀드린 내용도 구체적이라기보다는 무척이나 추상적이라서 뭐라 사과드려야 할지 모르겠습니다. 공간에 관해 실컷 이야기했는데도 결국 공간은 굉장히 어렵고 추상적인 것이 되어 버렸습니다. 그게 저의 한계이지만, 사실 추상적 이성으로서 근대성의 유산을 물러 받았고 그 속에서 구체적 공간의 개념을 놓쳐버린 현대인 모두의 한계이기도 하겠습니다.

다른 한편, 왜 최근에 많은 사람들이 로컬리티 연구에 대해 관심을 가지게 되었는가에 대한 의문입니다. 결국 세계화 또는 지구지방화 과정 속에서 앞서 논의한 바와 같이 모든 지역들이 자본의 세계화 과정의 피해자이고, 이에 따라 이로부터 벗어나고자 하는 욕구가 팽배해 있기 때문이라고 생각합니다. 이제 피해자는 우리 지역의 어떤 개인이 아니라 우리 지역 전체가 되었습니다. 자본의 세계화 과정은 하비가 주장한 바와 같이 이곳저곳을 불균등하게 옮겨 다니면서 엄청난 피해의 위험이나 두려움을 만들어내고 있습니다. 이에 따라 이제 이러한 위험을 내가 피할 수 있는가의 문제라기보다 우리 모두가 어떻게 피할 수 있는가라는 점에 관심을 가지게 되었다고 하겠습니다. 하비의 분석에 의하면 자본의 입장에서 탈영토화와 재영토화는 이윤을 추구할 수 있는 기회를 확보하기 위한 공간적 조정의 과정이지만, 푸코나 들뢰즈의 입장에서 탈영토화와 재영토화는 자신의 정체성을 다시 한번 확인하는 작업이고, 끊임없이 헤테로토피아 또는 리좀적 공간, 즉 대안적 로컬리티를 만들어가는 과정입니다. 따라서 벡이 제시한 위험사회를 벗어나기 위해 우리는 새로운 로컬리티를 만들어나가야 할 것입니다. 새로운 로컬리티는 물리적 측면에서 어떤 공간적 규모에서 이루어질 것인가의 문제가 아니라 관련적 측면에서 어떤 사회적 관계가 이루어질 것인가가 더 중요하다고 생각합니다. 자본주의 사회에서의 로컬리티에 대한 비판과 더불어 새로운 대안적 사회공간으로서 로컬리티의 이론을 어떻게 구축할 것인가에 대해 학문적으로 더 많은 관심을 가져야 할 것입니다. 그러나 대안적 로컬리티는 어떤 이론 자체로 완성되는 것이 아니라, 우리의 실천을 통해 끊임없이 구축되고 재구축되어야할 것임을 항상 명심해야 할 것입니다.

정혜숙 : 고맙습니다. 제가 제대로 잘 이해를 했는지는 모르겠지만 데이비드 하비가 말하는 신자유주의의 세계화라는 것이 결론적으로 어느 시점에서는 내부적 모순이 분명해질 것이라는 점입니다. 그렇기 때문에 구체적인 지역에서 다층적이고 다양한 영역에서의 권리찾기 혹은 지역 찾기 등과 같은 새로운 그 대안 찾기의 노력들이 계속 모색되어야 한다는 것이라고 이해할 수 있지 않을까 싶기도 합니다. 그런 점에서 한국학연구원의 로컬리티 포럼도 유의미한 작업이 될 수 있겠다는 생각이 듭니다. 발표해주신 선생님과 토론자, 참여해주신 많은 분들에게 다시 한 번 감사의 말씀을 더 드립니다.

지역공동체운동 활성화 경험과 실천적 과제

- 포럼 일시: 2010년 10월 12일
- 발표: 김영숙(동구 주민회, 아띠 도서관 사무국장)
  사회: 이재성(계명대 교양교육대학 교수)
  토론: 정혜숙(계명대 한국학연구원 전임 연구원)

사회자 : 한국학연구원 로컬리티 포럼의 세 번째 날입니다. 원래 로컬리티 포럼의 순서로 보면 가장 마지막 부분에 배치가 되어야 할 부분

인데 중간점검 차원에서 이론적인 틀을 통한 실천적 방향을 모색하는 기회를 갖도록 하겠습니다. 오늘 "지역공동체운동 활성화 경험과 실천적 과제"라는 주제로 발표 해주실 분은 현재 동구 주민회 사무국장으로 계시면서 아띠 도서관 사무국장으로 활동하고 계시는 김영숙 선생님입니다. 먼저 큰 박수로 환영해 주시기 바랍니다. 그리고 토론을 맡아주실 선생님은 한국학연구원 전임연구원으로 계신 정혜숙 선생님이십니다. 두 분 반갑습니다. 사회를 맡게 된 저는 계명대 교양교육대학에서 근무하고 있는 이재성입니다. 사실 오늘 주제는 저도 개인적으로 관심을 갖고 있었습니다. 물론 저 뿐만이 아니라 오늘 참석해주신 경제학과 김영철 교수님뿐만 아니라 여러분들 모두가 관심을 갖고 있는 부분이기 때문에 아마 좋은 얘기가 오고 갈 것이라고 생각합니다. 저희들에게 지역공동체운동으로서의 풀뿌리운동이라는 것은 어떻게 보면 지금까지 오랫동안 꿈꾸어 왔던 하나의 유토피아일수도 있습니다. 그렇기 때문에 유토피아라는 것은 단순히 우리가 현실화 할 수 없는 그런 공간이기도 하지만, 어떻게 보면 실천을 위한 지침이 되기도 하지요. 아마도 좋은 장소 혹은 공간을 꿈꾸는 사람들이 실질적인 삶의 생활터전에서 행하고 있는 것이 바로 이 풀뿌리운동이 아닌가 하는 개인적인 생각을 해봅니다. 사실 풀뿌리라는 용어자체는 참 예쁘잖아요. 영어로 grass roots 인데, 사실 그 출발은 20세기 초 미국의 정당 조직에서 나왔던 용어죠. 그 당시 미국 공화당에서 내놓은 가치가 바로 레스트루즈운동이에요. 한마디로 풀뿌리 운동이죠. 이것은 소위 말하는 당원 중에서도 하부조직인 평당원을 가리키는 말입니다. 여러분도 정당조직에 가입을 할 경우, 평당원으로서 역할을 하는 경우가 많은데 바로 그것을 지칭하는 것이 레스트루즈, 즉 풀뿌리운동입니다. 거기서부터 오랜 시간을 거쳐 변해 왔던 것 같습니다. 풀뿌리 자치운동이라는 것이 실제 삶속에서 어떻게 체화되는 지는 오늘 김영숙 선생님의 발표와 토론을 통해 자세히 살펴보도록 하겠습니다. 그러면 발표에 들어가도록 하겠습니다.

김영숙 : 예 반갑습니다. 초대해주셔서 감사드립니다. 사실 제가 앞서의 로컬리티포럼이 어떤 내용을 중심으로 논의되었는지 궁금해서 정혜숙 선생님께 미리 진행했던 1, 2강 포럼자료를 구해 읽어봤는데, 저에게는 너무나 학술적이고 어려운 연구 주제여서 오늘 어떤 이야기를 나눌까 걱정이 많았습니다. 풀뿌리 자치운동을 현장에서 실천중심으로 풀어가면서 이론적인 공부가 필요한 저에게는 귀중한 시간이 될 것 같고, 저도 여력이 되면 매주 공부하고 함께 했으면 좋겠다는 마음이 있는데, 반야월과 계명대가 극과 극으로 공간이 떨어져 있어서 너무 아쉽습니다. 시간 여력이 닿는 대로 같이 하면서 저도 배우는 시간을 갖고 싶네요.

지역 공동체운동의 경험을 얘기해주실 만한 분들이 대구에 굉장히 많습니다. 그런데, 제가 굳이 오게 된 건 여러 가지 인연의 끈으로 이어져 있기 때문인 것 같고, 마을자치 운동을 하며 최근에 무소속 구의원 후보로 직접 지방선거에 나갔던 새로운 경험을 이야기로 듣고 싶으셔서 초대해주신 걸로 알고 있습니다.

풀뿌리자치 운동의 경험

저는 개인적으로 풀뿌리 운동, 주민자치 운동을 시작한 지 6년 조금 지났구요. 그 전에 대구참여연대라는 시민단체에서 권력 감시 운동, 예산감시나 복지 운동을 계속 해오다가 지금은 저희 동네에서 풀뿌리 자치활동을 하고 있습니다. 돌아보니 6년 동안은 여러 가지로 좌충우돌하면서 걸어왔던 시간이었습니다. 왜냐하면 풀뿌리 자치 운동, 주민 운동에 대한 이론적 배경이나 다른 지역의 사례가 많이 부족했고, 책으로 이미 나와 있는 것도 있었지만 막상 제가 살고 있는 동네로 내려와서 활동을 시작 했을 때, 경험이 전혀 없었기 때문에 두려움이 컸습니다. 어디서부터 어떻게 시작해야 하는지에 대해 누구하나 뚜렷하게 방법적으로 알려주는 분이 없어서 참으로 난감할 때가 많았습니다.

사실 동구주민회는 2002년부터 대구참여연대 차원에서 지역회원들이 동네에서 한 달에 한 번씩 월례모임 형태로 식당에서 밥 먹고 이야기하는 정도였는데 1년 이상 꾸준히 모이다보니 '이 정도의 시간과 열정이라면 동네에서 우리가 할 수 있는 일이 있겠다' 싶어 주민회라는 공간과 조직을 만들게 되었습니다. 2004년 당시 대구참여연대도 권력 감시 운동과 풀뿌리 자치 운동을 양 날개로 삼고 풀뿌리 운동에 대한 새로운 실험, 인큐베이팅을 하기 위해서 상근활동가를 직접 동네에 파견시키는 형태로 동구주민회 활동을 지원하기 시작했습니다.

처음에는 좀 단순히 생각했던 것 같습니다. 파견 상태로 내려가다 보니 활동가로서 풀뿌리 운동에 대한 이론이나 방법론에 대한 공부과정이 없었어요. 저희 단체 이름이 지금 동구주민회인데, 처음에는 동구주민회가 동구 전체의 지역의제, 이슈를 다루어야 한다는 생각이 컸죠. 대구시 의제를 다루는 대구참여연대 활동방식을 그대로 가져와 동구에서도 풀어가야 된다는 강박감도 있었고 구단위 공간에 내려가는 것 자체가 풀뿌리운동의 시작인 것처럼 지역 범위를 넓게 설정해서 시작했습니다. 처음 주민회 사무실 공간도 삶의 터전을 중심으로 상상하기보다 '우리 회원들의 교통을 편하게 오가거나 장기적으로 구행정을 감시해야 되니까 행정기관과 가까운 곳에 사무실을 두자'는 생각으로 3년 정도 동구청 가까이에 사무실을 두고 활동을 했는데요. 그 시기가 결정적으로 '풀뿌리 운동 이렇게 하면 실패 한다'고 피부로 실감했던 3년이 되었습니다. 왜냐하면 풀뿌리 운동의 시작을 저희 주민회 회원들이 가장 많이 움직일 수 있는 삶의 공간에서부터 상상하지 않고 단순히 지역범위로만 생각했기 때문입니다. 그래서 구청 가까이에 있으면 '누구나가 잠깐씩은 들를 수 있겠다' 생각하고 공간을 열었지만 사무실은 회의와 교육하는 공간 이상으로 가치가 확장되지 못하고 늘 삶과 동떨어진 공간으로 존재했죠. 저는 동구에서 태어나서 자랐기 때문에 자연스럽게 동네로 내려가게 되었고 저 스스로도 풀뿌리 운동을 해보겠다는 자신감이 있었는데, 막상 활동 공간이 있는 동구청 근처 효목동은 동네상황도 전혀 몰랐고, 아는 사람도 한명 없고, 저희 회원도 하나도 없는 공간에 가서 3년 정도는 여러 가지 시도들을 했지만 성공보다는 좌절을 경험하면서 '아 이렇게 하면 안 되는 거구나'고 느꼈던 시간이었습니다.

그리고 그 이후 3년 동안 저희가 뭔가 새로운 시도를 했던 지역이 반야월이란 동네였는데요. 이곳은 주민회 회원으로 활동하는 사람이 가장 많이 살고 있는 공간이였습니다. 이 동네에서도 처음부터 쉽지는 않았지만 '그 동네에 살면서 내가, 우리가 필요로 하는 것이 뭘까, 주민들이 가장 필요로 하는 요구가 뭘까' 이런 것을 찾아 가면서 '마을 도서관을 하나 만들어보자'는 실천의지를 가지고 새롭게 풀뿌리운동을 시작하는 마음으로 동네로 다시 들어갔습니다.

사실 워낙 풀뿌리 운동에 겁 없이 뛰어들었기 때문에 6년차 정도 들어오면서 비로서 그것이 이론적으로 정리할 수 있는 문제가 아니라 주민을 주체로 만들고 그 분들과 함께 성장하면서 함께 사는 문제라는 것, 풀뿌리운동은 과정의 운동이다, 느림의 운동이다, 이런 가치들을 몸으로 조금씩 체화하면서 약간 긴 호흡을 가지고 갈 수 있는 상황이 되더라구요. 이전에 3년 동안은 시민운동이 해왔던 방식, 제 스스로가 너무 익숙한 방식을 답습하며 실패를 했고 성과에 조급해 왔던 시간이었던 것 같습니다.

지금 동구주민회 활동경험은 크게 주민회 초기인 2005~2007년의 1기와, 2008~2010년의 2기 두 단계로 나누어서 얘기할 수 있을 것 같습니다.

주민회 초기에는 그 동네에 아는 분들이 없으니까 상상해 볼 수 있는 모든 사업은 다 해봤던 것 같아요. 좀 전에 이야기 드렸듯이 풀뿌리운동 자체를 일종의 작은(small)참여연대, 참여연대의 회원조직이 동구에 내려가서 활동하는 형식적인 틀로 이해했고, 그래서 구청장 판공비, 행정예산 감시 운동 이런 과제를 열심히 해야 한다는 생각을 하고 구청 예산서도 분석하고 자료축적하고 구의회 방청도 하는 등 활동을 이어갔습니다. 그 와중에 구행정 감시운동차원에서 지역이슈를 발견하고 성공적인 개선 사례를 경험하게 되었습니다.

그 중 하나의 사례를 소개드리자면 동구를 잘 아시는 분들은 생각나시겠지만 대구 공항으로 가려면 아양교라는 다리가 있었습니다. 이 다리 위에 다리가 하나 더 올려져 있는 '아양교 보도교'가 있었는데, 예전

유니버시아드대회 때 대구시가 경관을 아름답게 하기 위해 대구시 관문을 꾸미면서 세운 시설입니다. 시내로 출퇴근을 하면서 다리가 설치될 때부터 문제가 많다고 느꼈지만 보도교 바로 옆에 동구주민회 사무실 공간을 두고 활동하다 보니 다리의 문제점이 더 자세히 보이는 거예요. 아양교다리 바로 옆에 장애인 야학이 있었는데 그 야학에 다니는 휠체어 장애인들이 매일 밤에 공부를 하러 다리를 넘어옵니다. 그런데, 그 다리 위로 건너서 차가 다니는 도로로 위험하게 휠체어를 막 달려서 오는 거예요. 이유를 물어보니까 그 보도교가 생기고 나서 보도교의 경사도가 높아 겨울에는 비장애인도 걷기 힘들정도로 미끄럽고, 얼어붙으면 전혀 다니지는 못하는 보행환경이 되어 장애인들은 차도로 건너고 있었고 주민들은 불편을 감수하며 몇 년 째 그곳을 그냥 건너고 있었던 것입니다.

아양교 보도교 문제가 '이 동네에서 가장 시급히 해결해야 할 문제다' 라고 생각하고 어떻게 접근할까 고민했죠. 저희가 5년 정도 지속적으로 계속 주민들하고 캠페인도 하고 구청에 직접 문제 제기하고 국가인권위원회에 이동권 침해로 제소를 해서 결과적으로 2007년도에 다리를 철거를 시켰어요. 15억이라는 많은 예산을 투입해서 건설된 시설물을 다시 수많은 돈을 들어서 걷어내야 되는 안타까운 상황이 벌어진 겁니다. 하지만 돈의 문제를 떠나 행정의 정책 실패를 주민의 힘으로 바로잡는 모델이 더 필요하다고 생각했죠. 이렇게 한 가지 이슈에 대해 끝까지 붙들어봤던 경험은 '아, 이렇게 하면 성공할 수 있는 거구나'라는 자신감을 얻었던 과정이었습니다.

사실 지역 내에서 저희 주민회랑 밀착해서 활동하던 회원들이 전혀 없었던 동네여서 일을 할 때마다 새롭게 주민들을 만나고 참여시키는 과정이 제일 어려웠습니다. 그래도 3년 동안 활동하며 얻었던 소중한 교훈은 풀뿌리 운동의 주체로 '여성의 역할이 진짜로 중요하구나'라는 것을 몸으로 체득한 것이었어요. 사실 동네에서 아빠들, 남성들을 만나서 함께 사업을 한다는 것은 굉장히 어렵거든요. 풀뿌리 운동은 대부분 동네에서 다양한 교육 강좌를 통해서 엄마들을 만나고 그 엄마들과 후속모임을 하면서 그 분들과 지역의 문제를 조금씩 깨닫고 인식해 가는 일들이 반복됩니다. 예를 들면 '우리 아이가 노는 놀이터 공간이 과연 안전할까라는 의문이 들면 우리 동네 놀이터의 시설안전 문제에 대해 현장을 점검해보자'는 이야기로 확장되는 것이죠. 이렇게 풀뿌리 운동이나 주민자치 운동은 여성들이 중요한 주체라는 것을 인식하고 저희는 이 분들이 가진 무한한 가능성을 보게 되었습니다.

삶의 공간에서는 아빠들보다는 동네에서 아이들 키우면서 살고 있는 엄마들이 가장 동네 문제를 잘 들여다보는 분들입니다. 하지만, 결과적으로 효목동에는 저희 회원들이 없으니, 지속적으로 주민들과 소통하면서 자유롭고 다양하게 후속 모임을 이어갈 수 있는 주체들이 잘 만들어지지 않아서 사실 주부모임도 1년 정도 운영이 되다가 깨지더라구요.

제2기는 반야월로 들어가서 마을 도서관 건립운동을 하게 되면서 다시 새로운 동네에서 주부들을 만나고 활동을 하기 시작했는데 그때는 출발이 조금 달랐어요. 이미 동구주민회 회원들이 동네 곳곳에 살고 계신 거였죠. 그 분들이 초동 주체가 되었고 도서관을 만드는 데 관심 있는 주민들을 모시고 와서 학부모 강좌가 끝난 후 '반야월 마을도서관을 만드는 주민모임'을 꾸렸어요. 동네운동 한다고 해서 거창하게 매일 회의하는 구조가 아니고 아침에 차 한잔 하며 수다를 가지는 것이죠. 아이 보내고 가장 한가한 시간인 아침 10시쯤 모여 엄마들이 수다 떨면서 아이디어 짜고, 주민 캠페인 하러 나가기도 하고 이렇게 일년 정도 함께 만나면서 도서관을 만들어냈는데요. 이렇게 마을도서관 만드는 과정

그 자체가 풀뿌리 공동체 운동에 대한 고민이나, 이 분들이 성장하는 모습을 직접적으로 보면서 왔던 시간이었습니다.

지금 동구주민회는 직접적인 활동보다는 반야월에서 도서관을 만들어내는 방식처럼 지역 주민들의 욕구가 올라오면 교육과 직접 활동할 수 있는 공간과 모임을 인큐베이팅하는 방식으로 활동을 하고 있습니다. 직접 저희 회원조직이 움직여서 사업을 하는 것도 있지만 가능하면 지역에서 어떤 공동의 요구가 올라오는 것을 중심으로 주민들이 뭔가 일을 하고자 할 때, 이것을 어떤 식으로 주민회가 지원을 해주고 역량을 강화해줄 수 있을지에 대해서 고민하는 방식으로 많이 변화되었어요.

그래서 도서관 하나 만들어내고 지금 새롭게 고민하는 것은 마을 내에서 다양한 마을 사업을 하기 위한 기금을 모으기 위해서 '재활용 나눔가게도 하나 만들자'고 활동하고 있어요. 마을에서는 초기에 여러 가지 마을활동을 시작하려면 사회적 자본이 많이 필요한데, 개인이 초기 기금을 후원하는 방식으로는 부담을 준다고 느끼고 있고 지속적인 활동을 할 수 있는 공적 기금을 조성하는 방식으로 꾸준하게 만들어가려고 해요. 대구경북 아름다운가게 본부와도 협력관계를 구축하면서 주민자치 방식으로 만드는 아름다운가게 모델을 꿈꾸고 있습니다.

올해는 마을운동이 확장되면서 새롭게 시작되는 사업들이 늘어나고 있어요. 2010년 10월에는 'LH 마을형 사회적 기업'도 새롭게 출발했습니다. LH 마을형 사회적 기업은 LH에서 국민임대 단지 아파트 중심으로 입주민들과 함께 협력해 나가는 마을사업으로 2년 동안 2억 정도 초기예산을 투여해 마을기업을 만들어가는 활동입니다. 이 사업의 경우, 당장은 어린이, 청소년이 건강한 친환경 급식을 제공받을 수 있도록 도시락가게를 운영할 예정이지만 지속적으로는 임대아파트를 중심으로 주민자치 활동을 하면서 주민들의 기본적인 요구를 중심으로 건강한 먹거리, 생활복지, 교육자치, 일자리창출을 통해 행복한 마을공동체 만들기를 할 계획입니다.

동구주민회는 초기에는 참여연대 회원으로 소속감을 가진 분들이었지만 지금은 거의 동네운동을 하면서 만난 주민들이 회원입니다. 거의 180도 바뀌었다고 생각하시면 됩니다. 동네에서 도서관을 같이 만들어냈던 엄마들이 회원으로 활동 하고 계시고, 그 분들이 거의 마을운동의 중심축이 되어 의사결정을 스스로 하는 방식으로 변화되어서 이젠 동네에서 새로운 주민운동의 틀이 필요하다고 느끼고 있어요. 개인적으로 내년 정도엔 '어떤 조직적인 변화가 필요하다'는 문제의식을 현실화시키며 마을에서 새로운 '반야월 주민공동체 조직'을 꾸려 보려고 생각하고 있습니다.

저희 마을은 성서, 칠곡 지역과 다르게 아이 키우며 그곳에서 오래 머무르며 살려고 들어오는 사람이 적었습니다. 살다가 아이가 초등학교 정도 지나면 '계속 살 것인가, 힘들더라도 수성구로 편입해야 하나' 고민이 될 정도로 교육, 문화적인 사회 인프라가 취약한 곳입니다. 오랫동안 마을에서 정주의식을 가지고 사셨던 분들이나 기존 마을 리더들은 '반야월'이란 촌스러운 옛 지명이 아닌 혁신도시, 의료특구지역이라 불리기를 원하지요. 부도심개발로 인해 개발이익이 이미 마을을 한차례 휩쓸고 간 상태라 주거비와 물가가 올라가고 있고 대형마트가 들어서고 점점 주거 빈곤층이 마을 외곽으로 밀리고 있는 상황이기도 합니다.

이렇게 마을운동도 시대적 흐름과 변화되는 사회, 경제적 기반 속에서 새로운 사회를 재구성해 나가는 문제의식과 공동체 복원이라는 큰 가치를 놓치지 않고 가야 할 숙제를 안고 있습니다. 마을운동은 사람들의 의식과 삶의 조건을 건강하게 변화시켜내고 대안적인 삶의 토대를 만들어가는 호흡이 긴 삶의 운동이기 때문입니다.

마을에서 살아가면서 생애단계별로 다양한 형태의 공동체모델을 그려보곤 합니다. 어린이집, 어린이도서관, 청소년 문화공간, 마을학교 등 교육 자치활동과 더불어 마을기업, 사회적기업, 협동조합 등 사회적 경제에 대한 고민 속에서도 다양한 실험형태로 드러나겠지요. 이에 대한 자세한 이야기는 토론을 하면서 이야기도 나누고 함께 지혜도 나눠주셨으면 좋겠습니다.

대구 지역에서는 이미 다양한 부문에서 활동하는 공동체운동, 풀뿌리 단체가 많습니다. 얼마 전에 저희는 대구시민센터라는, 풀뿌리 운동을 지원하는 기관의 제안으로 대구지역에서 활동하는 풀뿌리운동가들이 함께 모였어요. 사실 풀뿌리 활동가들이 자기 동네에 머물면서 사람 만나는 일이 끝이 없잖아요. 여기서 여기까지 만나고 끝, 이런 게 없고 거의 계속 끊임없이 대화하고 풀어나가야 되는 사업이고 이게 당장 눈앞에 드러나는 성과를 내기가 힘든 일이라서 동네를 벗어나기가 참 힘들어요. 1박 2일로 처음으로 풀뿌리 운동 하는 사람들이 다 모였는데, 서로 고생하는 이야기도 듣고 위로의 자리도 갖고 또 서로 힘을 주는 자리라서 오랜만에 참 좋았습니다.

대구는 이제 풀뿌리 운동 네트워크를 시작하는 단계이고 지금은 몇 가지 활동의제를 중심으로 네트워크가 만들어지고 있는 단계입니다. 풀뿌리 운동 네트워크 모임은 어느 정도 각 지역별, 영역별로 자기 활동의 초기 기반이 갖추어져야 공동의 문제를 고민하고 풀어나갈 여력이 생기는 것 같아요. 예를 들어 올해 처음으로 최근 4~5년간 대구 지역에 각 동네별로 작은 도서관들이 만들어지면서 작은 도서관 운동을 하는 분들이 모였고 '어떻게 하면 대구에서 작은도서관을 좀 더 활성화 시키고 대구시에 정책적으로 여러 가지 제안을 하고 정책을 변화시킬까' 라는 공동의 고민을 풀어보는 자리가 만들어 지는 과정입니다.

대부분 마을운동의 활동방식을 살펴보면 지역 공동체 안에서 1~2년이 아니라 최소 5~10년 정도의 비전(vision)을 만들고 바라보면서 일을 만들어 내는 것이 보통입니다. 특히 모든 활동이 사람이 없으면 하지 못하는 일이라서 사람을 만드는 일이 거의 대부분이라고 보시면 됩니다. 그래서 마을활동가는 마을에서 삶과 생활, 활동을 함께 일상화하지 않으면 어렵습니다. 그만큼 마을활동가의 생명력이 길어야 하고 스스로 자신을 채워가지 않으면 힘든 일이기도 합니다. 제가 2008년에 결혼을 하고 나서 반야월이라는 마을에 아예 살려고 들어간 이유이기도 합니다. 저는 지금 활동가로서 일을 하고 있지만 아마 제가 주민으로서 그 동네에 직접 살면서 하지 않으면 어려웠을 것 같습니다.

주민들이 일상의 공간에서 늘 함께 하는 사람으로 인식되지 않았다면 저를 굉장히 먼 존재로 여겼을 것이고 아마 삶의 공간을 같이 한다는 이유로 좀 더 긴밀한 신뢰관계 속에서 많은 것을 해볼 수 있었다는 생각이 듭니다. 그래서 활동가는 긴 전망으로 그 동네에 들어가서 사업을 해야겠다고 마음을 먹었다면 먼저 동네로 삶을 이전하면 좋겠지요.

저희 동네도 함께 일을 만들어갈 사람이 많이 부족해서 누가 이사한다는 소식을 들으면 우리 동네로 들어오라고 홍보를 많이 합니다. 우리 동네처럼 살기 좋은 곳이 없다고 너스레를 떨지요. 왜냐하면 동네에서 새로운 활동가가 길러지기도 하지만 뜻을 같이 할 수 있는 분들이 함께 하면 꿈꾸던 일도 앞당겨지고 다양한 분야가 인큐베이팅 될 수 있는 조건이 만들어지는 것 같아요. 개인이 가진 인적망이 마을 내에서는 공익적으로 그물코로 새롭게 엮이는 것이죠. 얼마 전에 저희 동네에 좋은 일이 있었는데, 도서관에서 자란 아이들이 청소년이 되면 밴드도 만들어보고 문화 활동을 하며 함께 성장할 수 있는 공간을 만들어주면 좋겠다

싶었는데 올 초 선거 운동 때 자원봉사를 하러 왔던 소중한 후배가 얼마 전에 드디어 청소년 사업을 해보겠다고 마음먹고 동네로 들어왔어요. 그래서 문화공간을 만들어 밴드도 만들고, 어린이 마술단도 만들고 문화 활동을 시작했습니다. 주민들이 마을에 살면서 문화적인 즐거움을 나눌 수 있는 공간이 생기니 삶이 좀 더 풍요로워 지는 것입니다.

저희가 마을에서 꿈꾸는 모든 것이 한두 사람의 기획 속에서 만들어 질 수는 없는 것이기에 동네 단위에서는 그런 꿈을 꾸고자 하는 사람들이 계속 동네로 좀 들어와서 3~4년 정도라도 같이 살면서 같이 해보면 좋겠어요. 혹시 살다가 동네가 좀 마음에 안 들면 이사를 갈 수도 있지만 동네에 같이 살면서 오히려 동네가 더 좋아지고 사람들과 따뜻한 신뢰를 나누면 좀 더 삶이 행복해지지 않을까 싶어요. 정주의식을 가지고 마을단위로 새로운 공동체도 만들어 가면서 함께 활동을 풀어 갈 수 있는 사람이 많았으면 좋겠습니다.

풀뿌리 자치활동에서는 이렇게 결과보다는 과정, 사람의 성장을 굉장히 중요한 원리로 삼고 있는데요. 저는 대구참여연대에 몸담고 활동한 지 14년차, 풀뿌리 주민활동은 6년 정도 되었지만 사실 시민운동하면서 형식적으로 딱딱해지고 자기를 돌아볼 여유도 없이 달려와 활동의 새로운 의미 찾기가 필요한 시기에 지역 주민들을 만났습니다. 특히 도서관을 만들면서 만났던 여성들과의 관계 속에서 자매애도 쌓고, 제가 많이 배우고 성장할 수 있었던 시기여서 매우 소중한 시간이기도 합니다.

어린이도서관 만들 때 '아, 정말 이 분들이 누가 시켜서가 아니라 도서관 만들어내는 일을 내 일처럼 하고 있구나' 감동받고 울컥 할 때가 많았어요. 밤 12시가 넘는 시간까지 아이 재우고 나와 자전거 타고 동네 곳곳에 전단지 붙이고, 마을 축제기금을 모으기 위해서 동네 가게들을 돌아다니면서 만원, 2만원 후원금을 모으는 활동을 하시는 걸 보면 굉장히 큰 감동을 받을 수밖에 없지요. 제가 활동을 해나가면서 그 분들이 없었다면 과연 할 수 있었을까 하는 생각하고 있습니다. 참 많은 가르침을 주는 분들입니다.

요즘 풀뿌리 활동을 하면서 중요하게 생각하는 활동방식 중 하나로 회의방식을 탈피하는 겁니다. 초반에는 엄마들에게도 '회의해야 됩니다' 하면서 저녁시간에 모이고 했는데 이젠 가능하면 회의 구조도 엄마들이 움직일 수 있는 낮 시간대에 그냥 차 마시고 수다 떨듯이 모여서 의견 수렴을 하는 방식으로 가볍게 하려고 노력합니다. 기존의 시민단체 활동을 하면서 중요한 결정은 늘 무겁게, 심각하게 해야 한다고 생각했었는데 사실은 그렇게 결정을 하고 나서 막상 현실에서 일을 풀어나가려고 하면 그 문제는 전혀 새로운 문제가 되기 때문에 심각하게 논의하는 게 크게 도움이 안 되더라구요. 오히려 현장에서 그때 필요로 할 때 회의하고 아이디어 내고 같이 지혜를 모으고, 이렇게 풀어가는 방식이 굉장히 효과적이란 걸 경험으로 습득하고 제가 많이 바뀌었습니다.

또한, 동네에서 활동하면 내가 삶을 살고 있는 공간이다 보니 활동시간은 하루 종일 투여되어도 피로도가 훨씬 적은 편입니다. 왜냐하면 활동과정 속에서, 사람 관계에서 오는 즐거움이 더 크기 때문입니다. 곁에 있는 사람에게서 위로를 받기도 하고 힘을 얻는 일이 많습니다. 얼마 전에 영상을 중심으로 미디어 교육과 활동을 하는 전국 미디어활동가들 30명 정도가 우리 마을에서 1박 2일로 워크숍을 가졌는데 그날 주제가 '미디어와 공동체'란 주제였어요. 이런 주제로 미디어활동가들이 모여 실질적인 자기경험을 나누는 기회가 잘 없는데요. 워크숍에 참여한 미디어활동가 중에는 20대도 많았습니다. 그 자리에서도 공동체 운동에 대한 이야기를 했는데 이야기하다 보니까 젊은 활동가들이 점점 심각해져서 "공동체운동은 너무 어려운 것 같아요. 저는 못하겠어요"라고 하는 거예요. 개인의 자율성이 강한 교육방식으로 살아온 10대, 20대들에겐 삶과 생활의 일상성을 공유한다는 건 피곤하고 힘들고 어려운 문제로 인식되는 것 같았습니다. 자신이 발 딛고 있는 현실보다 늘 이상을 꿈꾸는 세대이긴 하지만 다양한 가치들이 소통되지 않고 수용되지 않는 고루한 이미지의 마을문화가 10~20대들에겐 구속과 통제로 여겨지는 것 같아요. 이들이 마을 주체로 등장하지 못하고 늘 소외되어 있는 이유가 풀뿌리 공동체운동은 자기가 즐겁지 않으면 의미 있게 참여할 수 없는 활동이라는 것이 공유되지 못했기 때문입니다.

제가 '마을운동에서 주축이 되는 주체가 여성이다'고 강조했는데, 마을에서 아빠들은 소외되어 있는 존재가 되기 쉬운 것 같아요. 동네에선 잠만 자고 일 나가거나 편한 친구 하나 없는 부초 같은 존재라 설 자리가 없잖아요. 그래서, 도서관 만들기를 하면서 가족이 함께 공공적인 일에 자원봉사로 참여할 수 있는 문화를 만들고자 했고 아빠들한테도 활동을 할 수 있는 공간을 열어줘야 한다고 생각했죠. 이렇게 해서 저희가 아이디어 냈던 게 '매주 일요일 날 도서관 사서당번은 아빠들이 하자'고 해서 한 달에 한 번, 네 시간씩 아빠들이 도서관에서 사서봉사를 하고 아이들과 함께 와서 책 읽어주는 시간을 갖고 있습니다. 의외로 아빠들이 굉장히 좋아하고 보람을 느끼고 있어요. 한 번도 펑크 내지 않고 일요일 당번을 하고 있는데 이렇게 동네에서 다양한 주민들이, 세대 간에 교류할 수 있는 곳이 도서관이라 참 의미 있는 공간이라 볼 수 있습니다.

주민자치 운동 방식은 처음에는 동구주민회 같은 주민 운동 단체가 중간매개가 되어 일을 결정하고 풀어나가는 방식에서 점차 주민들 누구나 즐겁게 참여할 수 있는 활동을 해보는 방식으로 변화됩니다. 지금은 각자가 하고 싶은 활동이 뭔가를 이야기 나누고 그 활동을 잘 하기 위해서 '나는 이런 부분만 보완되면 열심히 할 수 있다'고 제안하고 참여하는 방식으로, 그 활동을 잘 할 수 있도록 주변에 있는 사람들이 서포트 해주는 방식으로 활동의 방식이나 내용이 많이 달라져 있는 상황입니다.

정리를 하자면, 아직 이론적으로 저희가 경험해온 풀뿌리운동의 경험을 정리할 수 있는 내용은 많지 않습니다. 얼마 전에 김재경 교수님이 풀뿌리단위에서 활동하는 열 몇 군데 단체의 활동가를 심층 인터뷰해서 경험을 정리하여 '문화창조 공동체 만들기' 프로젝트로 대구 지역의 구체적인 활동사례, 활동가들의 목소리가 담긴 형태의 연구 논문을 냈는데, 대구에서는 풀뿌리운동 연구자료로 처음으로 나온 것 같아요. 그 논문을 참고로 해서 보시면 최근 대구의 다양한 사례들을 좀 더 많이 이해할 수 있습니다. 일단 토론하면서 궁금하신 점에 대해 같이 이야기를 나누도록 하겠습니다.

사회자 : 수고하셨습니다. 사실 어제 김영숙 선생님 원고를 받았습니다. 이론적으로 풀뿌리자치운동을 정리하셨는데, 이렇게 개념 정리를 쉽게 해놓은 글은 처음이었습니다. 풀뿌리자치연구소인 이음의 홈페이지에 들어가시면, 아마 하승수 선생이 연구소 창간을 하면서 정리한 것인지는 모르겠습니다만, 풀뿌리 자치운동이라는 개념과 관련해서 몇 가지 요약한 것이 있는데 그 중 핵심은 바로 권력을 갖지 못한 일반 대중, 아마 우리 모두일 것 같습니다. 대중이 스스로의 삶의 공간에서 자율성을 갖는다는 것은 굉장히 힘듭니다. 자치운동을 할 때 기본적으로 전제하고 있는 것이 공동체인데, 그 공동체는 개인들의 모임 혹은 결합이 되어야 하잖아요? 그런 의미에서 개인들이 기본적으로 자기 삶을 스스로 결정할 수 있는 자율성을 갖고 있는가, 아닌가의 문제에서는 아마

고민해볼 필요가 있을 것 같습니다. 왜냐하면 공동체 자체는 이미 간섭의 현상을 갖고 있는 것이기 때문에 그랬을 때 스스로의 공간에서 무엇보다도 각자의 삶의 공간을 변화시키고 또 동시에 의식적인 활동을 한다는 것은 굉장히 어려운 일입니다. 바로 이러한 풀뿌리 자치운동의 과정을 김영숙 선생님은 한두 가지 정도로 압축해서 말씀하신 것 같아요. '과정으로써의 운동이고 무엇보다도 풀뿌리를 그 운동의 주체로 내세운다'는 이 두 가지의 전제 조건을 만족 시킬 때, 풀뿌리 자치운동이라는 것이 가능할 것 같습니다. 이를 기본적으로 도식화 시킨 것은 강연 내용을 통해 확인하면 될 것 같습니다. 하지만 오늘 강연에서 중요한 것은 이러한 이념적인 틀 혹은 이상적인 틀을 가지고 실제 현장에 들어갔을 때, 어떻게 자립문제를 실현해왔는가라는 것을 여러분한테 소개하는 것입니다. 제가 놀란 것은 바로 이것입니다. 그 짧은 시간 내에 강연 자료에 제시된 결과를 냈다는 것을 보고 깜짝 놀랐습니다. 대구라는 대도시에서 말이죠. 250만 명이 사는 대도시의 특정 공간에서, 물론 수성구라든지 달서구처럼 아주 짧은 시간 내에 강압적으로 아파트화 되어버린 지역이 아닌, 적어도 동구, 북구 쪽은 아직도 전통적인 삶의 구조들이 상당히 남아있는 곳이기 때문에 성과를 거두는 것은 쉽지 않다고 생각합니다. 이러한 성과는 오늘 우리한테 매우 중요한 지점이기 때문에 관심을 갖고 계신 분들은 토론을 통해서 다 함께 담론을 형성시켜 보시면 좋을 것 같습니다. 그리고 혹시 또 다른 대구 지역에서 이와 관련해서 고민을 하고 있거나, 생각을 하고 계시는 분들은 물음과 답변을 통해서 아주 건설적인 담론을 형성할 수 있을 것이라 생각합니다. 따라서 오늘 주제에 대한 토론은 먼저 정혜숙 선생님을 통해서 한 번 확인을 하고, 여러분의 생각을 자유롭게 나눠볼 수 있도록 하겠습니다.

정혜숙 : 네, 안녕하세요. 정혜숙입니다. 우선 지역 공동체 활성화 운동과 실천적 과제에 대한 토론을 맡게 해주신 점에 대해 감사를 드립니다. 오늘 발표는 발표자께서 준비하신 발표문의 앞부분의 이론적 부분들이 조금 빠져있습니다. 제 토론문에는 그런 부분이 조금 들어있어서 답변하는 과정을 통해 오늘의 발표가 더 풍부해질 수 있을 거라 생각합니다. 많은 분들이 토론에 참여하실 수 있도록 제가 토론문을 읽는 형식으로 빠르게 진행하도록 하겠습니다.

발표문을 읽으면서 시민활동가로 오랫동안 활동했던 김영숙 국장님이 동구 주민회라는 주민운동을 통해 스스로 뿐만 아니라 많은 주민주체들과 함께 성장하고 발전해 온 과정이 한 눈에 그려져서 한편으로는 감동이 다른 한편으로는 나는? 혹은 우리는? 하고 되묻게 되었습니다. 지난 5월 생활정치의 참여를 통해 얻은 경험은 아마도 그 동안 풀뿌리 주민활동가로서의 삶을 총체적으로 점검 혹은 평가할 수 있었던 시간이 아니었을 까 싶습니다. 이러한 실제 현장에서의 경험을 총괄하여 논의할 수 있었으면 하는 바램입니다.

첫 번째, 발표문을 보면 지역운동, 주민운동, 풀뿌리 자치운동 이 세 가지 운동은 지역적 공간을 주요한 하나의 기준으로 삼는다고 할 수 있습니다. 또 발표문에서는 행정적, 지리적 경계를 기준으로 삼는다는 점이 지역운동과 풀뿌리 자치운동을 구분하는 기준이 된다고 합니다. 그렇다면 풀뿌리 자치운동의 정의에서 "권력을 갖지도 못한 일반 대중이 스스로의 삶의 공간에서…"라고 할 때 공간이 가지는 내용적 기준은 무엇인지요? 영국의 여성 지리학자 도린 매시는 로컬리티를 어떤 특정한 사회적 프로세스 또는 사회적 관계가 이루어지는 현장으로 보고, 쉽게 경계를 그릴 수 있는 것이 아니라고 주장합니다. 사회적 관계나 사회적 프로세스가 로컬리티마다 다르다는 점을 강조하는 것이지요. 풀뿌리 자치운동의 삶의 공간 역시 이러한 기준으로 설명하는 것인지, 동일한 의미로 이해하면 되는 것인지, 이 부분에 대한 질문입니다. 물론 이러한 지리적 경계, 기준에 대한 논의는 로컬리티 논의에 있어서도 아직 정리되지 않은 것이며, 적지 않은 논쟁점이 되고 있기도 하지만, 현장에서의 운동과정을 통해 겪게 되었을 문제이기도 했을 거라는 생각이 들어 질문을 드립니다.

두 번째, 발표문에서는 풀뿌리 자치운동의 정체성을 '대중 혹은 사회적 권력을 갖지 못 한 사람이 주체가 되어 조직을 만들어 나가는 과정'으로 보고 풀뿌리를 주체로 세우는 과정에서 나타나는 성장과 변화 자체가 중요함을 강조하고 있습니다. 그러한 측면에서 시민운동과 풀뿌리 자치운동을 운동의 의제, 방식, 주체, 성과의 측면에서 비교 설명해놓고 있습니다. 그러나 이는 시민운동의 위기와 한계를 경험하면서 갖게 되는 어떤 결과론적 비판에 따른 것이라고 생각됩니다. 왜냐하면 시민운동 역시도 시민들의 자발적인 참여를 토대로 시민의식을 성장시키고,

주체적인 시민으로서의 활동을 통해 시민사회를 변화시키는 것을 내용과 목표로 삼고 있다는 점에서 본다면 더욱 그렇다고 생각합니다. 그래서 풀뿌리 자치운동 역시 '스스로의 삶의 공간'에서부터 나아가 지역 사회, 시민사회의 변화를 궁극적인 목표로 한다고 본다면 시민운동의 한 부분으로 적절하게 결합하여 시민사회의 역동성을 되살리는데 기여할 수 있지 않을까 생각되는데요. 특히 이러한 측면에서 김영숙 국장님께서는 참여연대에서 오랫동안 활동을 하셨고, 아까 동구 주민회에서도 말씀하셨듯이 6년 정도 활동을 하셨는데 참여연대라는 시민단체와 자치운동 공간이라고 할 수 있는 동부주민회간의 현재의 관계는 어떻게 규정할 수 있으며, 또 앞으로의 방향성에 대해서는 어떻게 생각하고 있는지 국장님의 의견을 듣고 싶습니다.

세 번째는 아까도 잠깐 발표 하시면서 말씀을 하셨지만 주민들의 성장과 역량 강화를 토대로 지역 사업을 꾸준히 실천할 단위, 즉 주민 조직 인큐베이팅을 만들어 나가는 방식이 필요하다는 지적을 하셨습니다. 예를 들면 성미산 마을에서도 교육 같은 경우 어린이 도서관에서부터 시작해서 초등, 중등, 고등, 대학까지 범위를 점점 넓혀나간다든지, 환경, 문화, 마을 기업의 영역에까지 내부적으로 다양한 조직과 사업 주체들이 형성되어 그 범위가 넓어져 가고 있는 것을 볼 수 있습니다. 말씀하신 것도 동구주민회가 더욱 활발한 풀뿌리자치운동 조직으로 성장해 나가기 위해 다양한 단위 혹은 영역의 주체 및 조직을 활발히 하자는 것으로 이해할 수 있을까요? 현재 활동하시고 계시는 동구주민회의 활동 사례를 보면 주요사업 내용에 교육, 지역, 주민조직화, 행정 감시 및 생활정치개혁, 회원활동, 기타 연대 사업에 이르기까지 다양한 조직단위가 활동 중인 것으로 보이는 데, 그 활동의 수준이나 주민참여 정도는 어느 정도인지 현실적인 상황에 대한 궁금증이 있어서 한 번 여쭤봅니다.

네 번째로 최근 윤리적 소비 혹은 착한 소비에 관한 소비자들의 관심이 높아지면서 생협이나 로컬 푸드에 대한 관심 역시 높아지고 있습니다. 그러나 협동조합운동의 성공여부는 자본주의 시장경제와 달리 사회적 시장을 얼마나 만들 수 있는 가에 달려있다고 할 수 있습니다. 그런 점에서 협동조합운동의 사회적 일자리 사업이나 마을 만들기 운동 혹은 다양한 영역에서의 사회적 관계망을 새롭게 만들어 나갈 때에만 성공할 수 있다고 생각됩니다. 그런 측면에서 동구 주민회 역시 실천적 과제의 하나로 제시해 놓고 있는 'LH마을형 사회적 기업'이라는 것에 대해서도 실행된 지 2년 정도 되었다고 하니까 그 정도는 어떤 것인지 혹은 목표나 목표지점은 어느 정도가 되는 것인지 궁금합니다.

다섯 번째는 잠깐 말씀하셨는데 지난 5월에 한 달 반, 거의 두 달 정도 혹은 그 이상 오랫동안 지방선거에 참여를 하셨는데 생활정치라고 부르는 지방자치에서 여성의 참여는 여전히 부진한 것이 현실입니다. 여성할당제는 비례대표제를 제외하고는 명목상에 불과할 뿐이고 여성후보 공천으로 보조금을 지원받으려는 정당이 없어 정치보조금 지급 항목 역시 사실상 유명무실하다해도 과언이 아닙니다. 특히 밑으로 지역이나 기초로 내려갈수록 성 평등과 관련해서는 더욱 보수화되어 있는 경우가 많습니다. 단지 구성만 남성중심인 것이 아니라 성차별적인 의식과 관행, 문화가 뿌리 깊게 박혀 있고 이러한 보수성은 지방정치나 각종 위원회에서 여성의 참여율을 낮게 하고, 그나마 이루어지는 참여도 형식적인 수준에 그치게 하는 근본원인이 되고 있습니다. 더불어 유권자의 정치적 무관심은 낮은 투표율로 나타나고 상대적으로 조직화된 이익단체나 보수적 사회단체의 영향력이 커지는 결과를 낳고 있습니다. 지방자체단체의 정책결정과정에서 이러한 집단의 이익이 대표성을 띄면서 부패가 발생하고 이는 유권자가 지방정치를 혐오하고 더욱 무관심하도록 만들어 '풀뿌리보수주의'를 만드는 악순환의 고리가 되고 있습니다. 이러한 상황에서 여성으로, 무소속으로서 지난 5월 지방선거를 경험하면서 누구보다 현장에서의 문제점을 많이 느끼셨을 것으로 생각됩니다. 그 생각들 중 풀뿌리자치를 위해 가장 우선적으로 해결해야할 문제는 무엇이라고 생각하십니까? 뭐 이렇게 한 다섯 가지 정도 현실 속에서 혹은 이론적인 측면에서의 궁금증들을 여쭈어봅니다.

사회자 : 정혜숙 선생님, 수고하셨습니다. 발표자께서 토론 내용을 다 들으셨기 때문에 질문 내용은 이해하셨을 것이라 생각합니다만, 크게 한두 가지 정도로 묶어도 될 것 같습니다. 첫 번째, 개념적인 문제입니다. 스스로의 삶의 공간이라고 했을 때 내용적 기술, 스스로의 삶의 공간이라는 내용을 채워 넣는 기준은 도대체 무엇인가 라는 것입니다. 이것은 지리학적인 의미에서든, 정치적인 의미에서든 아니면 기타 여러 가지 의미가 있을 수 있겠습니다. 따라서 선생님께서 생각하시는 내용적 기준을 설명해주셔야 될 것 같습니다. 두 번째 물음과 세 번째 물음은 실제 활동가로서 생활하시면서 본인이 겪었거나 혹은 지금 겪고 있는 상황과 관련해서 좀 구체화시켜서 이야기할 수 있겠네요. 그리고 두 번째 물음과 관련해서 정혜숙 선생님이 물었던 부분인데, 과연 이 '풀뿌리'와 '시민'이 사회학적인 개념이든 정치학적인 개념이든 간에, 어쨌거나 시민과 풀뿌리를 구별할 때 시민의 영역하고 풀뿌리의 영역이 정확히 무엇인지도 한 번 고민할 필요가 있지 않을까요? 언뜻 풀뿌리의 경우에는 계급 이상의 삶, 즉 사적인 프라이버시 영역에 제한되어서 그 안에서 자기 삶을 어떻게 변화시켜 나갈 것인가를 고민하는 것처럼 들린다면, 시민은 사적 영역과 동시에 공적 영역까지 담당해내는 역할을

하는 사람으로 이해될 수도 있을 것 같습니다. 그래서 혹시 선생님께서는 시민을 먼저 전제하고 운동을 하는 방식, 즉 하향식을 말씀하시는 것입니까? 아니면 저 아래에서부터 아주 구체적인 우리의 일상적인 삶에서 출발하는 상향식과는 어떤 차이가 있을까요? 그걸 두고 보면, 시민단체로서의 참여연대와 풀뿌리운동 주체로서의 동구주민회와의 관계도 적절하게 설정될 수 있을 것 같습니다. 이 세 가지 문제를 같이 연결해서 말씀하셔도 좋을 것 같습니다. 네 번째는 오늘 발표자뿐만 아니라 참석해 주신 김영철 교수님께서 더 잘 설명해줄 수 있는 부분일수도 있을 것 같아요. 근데 LH라는 게 한국토지주택공사를 말하는 것입니까? 이 기업이 사회적 기업화 한다는 것이 어떤 의미인지 모르겠습니다. 그래서 자세히 들어볼 필요가 있을 것 같습니다. 그 다음 다섯 번째 물음과 관련해서는 조금 다른 문제이기 합니다만 이번 민선 5기에 야당후보로 당선된 각 시도 도지사들이, 물론 여당도 포함되었습니다만, 모여서 교육감직선제 폐지를 결정해 버렸습니다. 교육감직선제는 어쩌면 우리가 이야기하고 있는 풀뿌리운동하고 직접적으로 관련되어 있는 민주주의의 핵심이라고 할 수 있는 것인데, 교육자치의 뿌리를 흔들어 버리는 그런 짓을 해버렸어요. 다시 말하면 교육감직선제가 갖고 있는 각종 폐해를 없애기 위해서 담합을 해버렸는데, 실제 그들의 담합이 가능했던 기본적인 전제는 유권자의 정치적 무관심, 낮은 투표율, 기타 등등 그리고 그 안에서 일어나는 각종 불협화음들이었습니다. 하지만 이것은 명백히 민주주의의 퇴행입니다. 아무리 여러 가지 문제들이 있다고 하더라고 우리가 기본적으로 설정해놓은 목적이나 지향이 유토피아가 아니라면 저는 개인적으로 그것을 민주주의라고 생각합니다. 그리고 민주주의를 지향하는 방식에서는 다른 방법이 없습니다. 그것은 결코 어떤 권력의 힘을 빌려서 이야기할 수 있는 문제들이 아니고 우리가 지금 원탁을 통해서 이렇게 대화하듯이 우리 모두가 같이 고민하고 이야기를 하고, 토론을 하고 합의하고 동의하고 함께 만들어 가는 것에서만 가능합니다. 어쨌거나 민주주의 문제를 현실 정치에서 직접 겪어보셨는데, 어떻습니까? 선생님의 답변을 함께 들어보도록 하겠습니다.

김영숙 : 첫 번째 질문과 관계되는 문제를 생각해보면 사실 저도 현장에 있으면서 풀뿌리 운동을 지리적, 행정적 공간과 관련되는 형식적인 틀로 사고를 하면서 시작했던 것 같아요. 그래서 대구시 전체로 고민하다가 구로 내려가면 풀뿌리인지, 아니면 구라고 하더라도, 동구는 이미 34만이 사는 지역인데 이것을 풀뿌리 단위라고 할 수 있는 건지, 그런데 3~4년 정도 활동하고 나서부터는 행정적, 지리적 공간적인 개념에서의 지역 운동과 풀뿌리 운동을 차별화하려고 하죠. 왜냐하면 기존의 환경운동연합이나 시민운동이 지역 운동이기는 하지만 풀뿌리 운동은 아니다 라는 것이죠. 그렇다면 풀뿌리 운동은 뭐냐고 물었을 때 풀뿌리운동은 지리적, 공간적인 것을 넘어서서 오히려 삶을 중심으로, 가치를 중심으로 설정되는 운동이고 그리고 주체가 누구냐, 운영 과정에서 누가 주체인가가 중요한 운동이며 결과보다 과정으로서의 운동에 주목하고 있습니다.

사실 풀뿌리 운동은 공간적인 영역을 이미 벗어나 있을 수 있는데, 이 가치를 현실적으로 풀려고 하면 지리적 행정적 공간이 현실바닥이니까, 바닥이 없으면 전혀 이 가치를 실현해볼 수 있는 게 없는 것이니까 맞물려 있는 것 같아요. 동구주민회만 보더라도 구 단위로 풀뿌리 운동을 실현해본다는 것은 굉장히 힘들었고, 그래서 오히려 점점 작은 동네 단위로 들어가게 되었거든요. 지금 우리가 마을이라고 했을 때 상상해보면 동 단위 정도의 범위가 일상적으로 활동할 수 있는 소통이 가능하고 활동범위로 어느 정도 커버를 할 수가 있겠다 싶거든요. 동이 달라져 옆 동네만 넘어가도 생활권이 완전히 다르고 인구밀도가 높아지니 감당하기 힘들고 도저히 근접할 수 없는 영역이 되더라구요.

특히, 정혜숙 선생님이 동구의 장점을 말씀해주셨는데 그 말씀에 굉장히 공감합니다. 왜냐하면 동구라는 곳이 K-2부대 전투기 소음 등으로 오랫동안 지역 개발에 소외된 곳이고 제가 사는 동네의 아파트는 예전에 5층 이하로 더 높은 건물을 못 세우게 되어 있었죠. 비행장 때문에 소음이 심하니까 교육, 문화환경이 열악하여 자긍심이 적고 사람들이 오래 머물지 못하지만 한 편으로는 주거비가 싸기 때문에 나이 어린 아이엄마들이 살려고 들어와요. 지금은 우리들 스스로 도서관 만들기를 한 후 이제 마을에서 새로운 실험적인 운동, 우리가 같이 힘을 보태면 이렇게 마을을 변화시킬 수 있고, 우리도 뭔가 해낼 수 있다는 자긍심이 높아졌어요.

개발이 덜 되다 보니 주거지 중심으로 아직 70~80년대처럼 이웃과의 교류도 많고 마음씀씀이가 소박한 분위기도 많아요. 아직까지도 5일장이 서는 동네인데 개별성이 강한 아파트중심 마을보다는 훨씬 더 장점이 많아요. 요즘은 저희 동네도 부도심 개발로 동네분위기가 달라지는 거예요. 저희도 고민 중 하나인데, 건너편 동네부터 대단위 아파트 중심으로 개발이 시작되면서 아파트만 있는 마을이 생긴 거예요. 아파트단지가 새로 들어서고 있는걸 보면 무섭죠. 아파트 공간에 어떻게 접근을 하고 어떻게 새로운 사람들을 만날까 생각해보면 두렵기도 하구요.

그래서 새로 생긴 아파트중심의 율하 마을을 고민하면서 시작한 사업이 'LH마을형 사회적기업' 사업입니다. 국민임대단지 아파트를 근거로 해서 주민들을 사업의 주체로 50% 이상은 참여시켜서 일자리를 만들고 사회공익사업을 해나가면서 행복한 마을 만들기로 하는 사업이기에 굉장히 매력을 느낀 거죠. LH공사의 신뢰성을 기반으로 아파트 주민들하고 협력을 맺어서 사업을 초기부터 함께 만들어가야 하는 사업인데요. 그래서 어렵겠지만 아파트 단지를 중심으로 새로운 마을형 기업을 인큐베이팅하는 의미와 함께 새로운 주민공동체를 같이 만들어 가는 것이 더 의미가 크다고 생각하고 이 사업에 뛰어 들었던 것이죠.

또 대구참여연대와 동구주민회와의 관계문제에 대해 질문하셨는데, 사실 6년 정도 주민운동을 인큐베이팅 하면서 동네사업을 하게끔 상근자도 파견하고 동구 주민회에 매달 운영비도 일부 지원을 해주고 있어요. 동구에 거주하는 회원이 한 150~170명인데, 그 분들이 모두 동구주민회 회원으로 멤버쉽을 가지는 것은 아니고 주민회 활동에 직접참여 의사를 가진 사람이 주민회 회원이 될 수 있거든요. 동구주민회 회원 멤버십으로 움직이는 사람은 30명 정도 내외로 적죠. 그 분들이 내는 회비 50%가 지역으로 내려오는 거라서 사실 운영회비도 20~30만원 정도로 얼마 안돼요.

지금 6년 정도 지나면서 돌아보면 동구주민회라는 틀도 동구지역 전체로 보면 풀뿌리 운동, 마을운동의 중간지원센터 같은 역할로 전환이 필요한 것 같아요. 동구주민회가 반야월 중심으로 사업이 막 굴러가기 시작하면서 다른 지역에 사는 회원분들이 많이 소외되었죠. 그러면서 우리 동네에서 뭔가 해보려고 하는데 또 활동가가 뭔가 서포트해주고 이런 역할을 해야 한다는 요구가 올라오는 거예요. 그런 역할들이 요구되면서 오히려 반야월에 사는 회원들은 반야월주민회로 가고 방촌동, 불로동 이렇게 새롭게 만들어지는 주민회를 네트워크로 하나로 묶는 역할이 필요하더라구요. 하지만 한명의 활동가가 매번 '이제 반야월은 됐어! 불로동으로 들어가자'고 할 수 없는 거라서 사실은 주민회의 새로운 진로를 고민해야 하는것이 필요하다고 생각해요. 물론 마을운동이 확장되면서 인적, 재정적인 부족함을 절감하는 시기이기도 하구요.

대구참여연대와의 관계는 동구주민회가 자기 사업내용을 가지고 6년 정도 활동노하우가 쌓이기 시작하니까 재정적인 지원 외에 내용적으로는 채워주고 보탤 수 있는 상황은 안 되고 있어요. 자생력이 생긴 것이기도 하구요. 그러면서 조금씩 초기보다 단체내부관심도가 많이 떨어져 있는 상황이고, 제가 매주, 매월 정기회에 참여하며 관계를 맺고 있고 사실 사업영역은 거의 별도로 굴러가고 있습니다. 차차 좀 더 독립적이고, 주민회가 재정적인 자립도 해야 하는 단계가 필요하다고 생각합니다.

지난 5월에 생활정치변화를 위해 지방의회 선거에 참여를 하면서 동네사업보다 선거활동을 하면서 더 많은 동네 주민들을 만났습니다. 선거 이후 이 분들과 일상적인 활동 속에서 만나고 있는데, 이분들을 모두 동구주민회라는 그릇 안에 담을 수가 있는 게 아니더라구요. 오히려 그 분들은 동구주민회 틀에 담기보다 그 분들이 생활하는 지역에서 하고 싶은 것을 할 수 있도록 지원하는 역할이 더 중요하죠. 주민으로서 다양한 동네일에 관여할 수 있고 의사결정에 참여할 수 있도록 공간을 만들어 주고 닫힌 주민조직보다 열린 구조와 공간을 만드는 것이 소중한 과정이라 느낍니다.

그리고 세번째 질문과 방금 얘기했던 것은 연결되는데 저희가 일상적인 생활공간에서 활동하다보니 처음에는 도서관 하나로 만족이 되지만 다양한 삶의 문제를 해결하려고 하다보면 마을에선 교육문제에서 문화, 먹거리 문제까지 다양한 요구가 올라오고 있어요. 저희 동네도 살림규모가 커지다 보니 도서관 공간도 이미 3년 정도 지나 책이 늘고 좁아져서 좀 더 규모 있는 도서관으로 가자는 얘기가 나와요. 매일 수다로 동네에서 건물 하나 사가지고 도서관도 만들고 거기에 주민회도 들어가고 지하 공간에는 성미산 마을 극장처럼 청소년문화공간도 만들고, 늘 그렇게 꿈을 꾸죠.

언젠가는 함께 꾸는 꿈은 현실이 된다고 하잖아요. 그런 것처럼 뭔가 끊임없이 다양한 요구들이 분출하는 것 같아요. 단지 예전에는 이랬으면 좋겠지 라고 상상했던 것을 계속 만들어 보자고 협동하고 있습니다. 동구주민회는 그런 일들이 자발적으로 계속 잘 갈 수 있도록 지원해주는 역할을 해야 되는 게 맞지, 주민회가 모든 것을 것을 풀어나갈 수가 없어요. 사실 역량의 한계 때문에 그럴 수도 없을 겁니다. 지금은 회원들의 관심분야도 다양하기 때문에 아이 키우는 엄마들이나 이런 분들은 도서관활동에 참여를 하지만 교육에 관심 없는 분들은 주민회 활동 속에서도 소외되거든요. 활동하면서 계속 강조하는 것은 주민회 회원으로서의 자기 존재감에만 머물지 말고 뭔가 자기 하고 싶은 것을 시도하라고 얘기를 해요. 그게 등산 모임이든, 아빠들하고 어디서 뭘 하든 자기가 하고 싶은 것을 다 한번 해보자. 자꾸 주민회가 모든 것을 만들어 줄 거라고 기대하지 마라, 못 한다고 솔직하게 이야기를 하고 있습니다. 그래서 요즘은 회원들은 자기가 뭘 할 수 있을 지에 대해서 새롭게 상상해보고 있습니다. 그래서 최근에 아빠 중에 한 명은 오래전 로망이었던 아빠밴드를 만들어보겠다고 나서는데, 그런 식으로 가보는 게 저는 오히려 더 바람직하다고 생각을 하고 있어요.

LH마을형 사회적 기업은 '임대아파트내 마을공동체 만들기'란 의미로서 시작을 했고 지금 시작한 지 2년이 된 게 아니라 이제 시작을 준비해야 합니다. 공모사업 최종선정이 2011년 9월 말에 발표가 났습니다. 세부사업을 소개하자면 크게 사업단이 3개로 베이비시터와 어린이 문화사업단, 도시락밑반찬 사업단 등이 있습니다.

마을형 사회적 기업이다 보니까 저희가 주목하는 것은 아파트단위로

'행복 커뮤니티 상담소'를 두어 주민들과 일상적인 생활공간 속에서 만날 수 있는 공간을 임대단지 안에서 만들어 보는 것입니다. 공간은 아파트 내 주민복지관을 활용하기도 하고요. 신규단지는 마을문고 등이 기본으로 들어가게 되어 있잖아요. 그런데 마을문고가 형식적으로 있어 활성화가 안돼요. 얼마 전 새로 생긴 10단지가 6월부터 입주했는데, 들어가보니 문고 시설이 그냥 텅 비어있는 거예요. 지금은 임대아파트인 5단지에서 아이 키우는 엄마들을 참여시키고 LH에 공간 리모델링을 요청해서 도서관이랑 방과 후 공부방 등 복합적인 기능으로 새롭게 공간을 탈바꿈시켜서 주민들이 서로 만나는 공간으로 만들어 갈 예정입니다. 주민들이 이런 활동을 통해 도서관 운영의 경험도 쌓고 주민자치 활동을 새롭게 시작하는 것이죠.

마지막으로 제가 지난 2010년 5월, 지방의회 선거의 후보자로 출마를 했는데 사실 처음 출발부터 제가 준비하고 있었던 것은 아니었습니다. 동네 안에서 더 잘할 수 있는 분이 계셔서 계속 후보출마를 권유하고 있었는데 본인이 생계를 책임지고 있는 분이니까 그걸 접고 새로운 일에 투신하기 어렵다고 하셔서 제가 마지막에 맘을 먹고 결단을 했습니다.

선거준비 과정에서도 풀뿌리 자치의 원리를 실현해 보려고 애썼는데요. 동네에서 6개월 전부터 '반야월 기분좋은 유권자모임'이라고 해서 생활정치영역에 변화가 필요하다고 생각하는 동네 주민들을 모았어요. 유권자 모임을 일주일에 한 번씩 계속하면서 좋은 후보자기준, 우리 동네에 필요한 생활 공약, 주민후보를 어떤 방식으로 선출할 것인지 함께 고민하고 설계하면서 준비해왔죠. 이런 준비 기간이 있었고 후보자문제로 모든 준비과정을 접어야하는 상황이 발생하니, 제가 만만하게 걸리는 게 없는 활동가로 있으니까 주민분들이 추천을 해주셔서 나가게 되었어요. 개인적으로든, 동네 차원에서든 굉장히 소중한 경험이었습니다.

가장 좋았던 것은 그 짧은 시기에 많은 주민분들을 만나고 이야기를 나누었다는 것입니다. 저희는 주민들과 만나면서 공약 중에 딱 한 가지만 계속 얘기하고 다녔는데요. '바로 동네마다 걸어서 10분 내에 갈 수 있는 작은 도서관을 만들자'는 공약입니다. 다른 공약은 거의 이야기 안 하고 동네에서 아이 키우는 엄마들을 붙들고 마주하고 명함만 주는 게 아니라 한 사람 씩 붙들고 1분 이상 이야기 나누는 방식으로 선거운동을 했습니다. 선거방식도 선거차량을 쓰지 않고 자전거로 선거운동을 했어요. 동네 엄마들이 다 자원봉사로 선거에 함께 했는데, 자전거를 타고 동네를 돌면서 선거운동을 하는 모습들이 지역주민들한테 대단히 참신하게 다가갔던 것 같아요. '아! 저렇게 동네선거가 재미있을 수 있구나.'를 보여 준거지요. 그래서 자전거가 지나가면 박수도 많이 받았어요.

선거 끝나고서도 낙선 인사를 한 달 정도 다녔어요. 보통 선거 끝나고 나서 떨어진 사람은 인사를 잘 안하는데, 한 달 정도 동네에서 선거기간 동안 인사 드렸던 사거리와 아파트 입구, 지하철역, 공원 등을 돌면서 낙선 인사를 했는데 굉장히 격려도 많이 해주셨고, 어느 동네에서는 작은 도서관에 관심을 가지면서 작은 도서관을 준비하려는 모임도 생겼어요. 떨어졌지만 개인적으로 굉장히 큰 힘을 얻었어요. 그 분들은 이후에도 저희 활동을 보면서 동네 생활정치 활동에 어렵지 않게 친근하게 다가설 수 있었던 것 같아요. 생활정치는 동네에서 아는 여성이 선거가 끝나도 자전거 타고 다니면서 열심히 활동하는 모습이고 이런 모습을 통해 동네에서는 더 신뢰받는 존재가 되었지요.

물론 한편으로는 선거과정을 거치면서 이제는 마을공인으로 더 많은 책임감을 요구받는 존재가 되어버려서 활동하는 데 자유롭지 못한 부분도 있었습니다. 어쨌든 선거과정에서 만났던 분들이 굉장히 많기 때문에 사실 LH마을형 사회적 기업도 선거과정에서 만났던 주민들이였기 때문에 임대단지 입주자대표자회의 분들하고 계속 만나서 프로젝트 공모를 내보자고 설득하고 함께 시작할 수 있는 계기가 마련되었습니다. 어떻게 보면 선거참여가 이후 새로운 마을 단위 공동체 운동이 질적으로 도약하는데 모티브가 돼 주고 있고 개인적으로도 많은 성찰과 반성, 인격적인 성숙이 필요함을 느끼는 시간이 되었습니다. 선거는 체력전이라 힘든 과정도 있었지만 굉장히 즐거운 시간이었습니다.

사회자 : 어떻게 답변은 충분합니까? 이미 주어진 시간은 지났지만 궁금한 점이 많을 것 같아 토론 시간을 좀 더 가질 수 있도록 하겠습니다. 여러분이 갖고 있는 자유로운 생각이나, 혹은 오늘 들으면서 여러분들 생각하고 조금 다를 수 있는 부분이나 보완해야 할 부분도 있을 것 같고, 어쨌든 지금부터는 자유롭게 질문을 해주시면 바로 발표자께서 답변을 할 수 있는 기회를 갖도록 하겠습니다. 질문해주십시오.

김영철 : 예, 김영숙 국장님 자주 뵙고 해서 드릴 말씀은 없습니다만 놀라울 따름입니다. 평소에 저는 지역사회 풀뿌리 운동하시는 분들을 만날 기회가 많습니다. 정말 놀라운 분들이 지역 사회 군데군데 자리 잡고 계시고 또 분투하는 모습을 보면서 놀라고 배우고 또 한편에서는 감탄하고 하는데 오늘 김영숙 선생님 여러 부분에서 감탄할만한 이야기를 많이 하신 것 같습니다. 참여연대를 하시다가 동구 주민회를 만들고 참여연대의 활동가로서 활동을 하다가 지역운동을 하고 또 이른바 참여연대의 감시형 형태를 유지하다가 실패를 맛보고 다른 형태의 풀뿌리운동을 하다가 도서관이라고 하는 지역민의 욕구를 발견하고 그것을

성공하고 지금 또 확산시키려고 하고 있고 또 다양한 주민의 욕구를 찾아서 만들어가지고 그 과정에서 지방정치에 참여해서 실패를 맛보고 또 그 과정에서 토지공사라고 하는 거대자본, 일부 자본을 지원받아서 임대주택에 들어가서 사회적 기업 형태의 이른바 사회적 기업을 하고 계시고 이런 과정들이 한국사회에서 일어나고 있는 새로운 변화의 요약이라고 생각합니다. 이게 실패로 끝날지 성공으로 끝날 지는 지금 장담할 수 없습니다. 또 어떤 것들이 앞으로 역사적으로 성공의 사례로 기록될 지는 누구도 지금 모르는 상황입니다. 근데 지금 한국사회도 굉장히 빠른 변화를 하고 빠른 변화에 앞장서서 몸으로 실천하고 계시는 분이라고 생각이 들어서 놀라울 따름입니다. 좋은 사례를 많이 만드시고 좋은 상상력을 계속 동원하셔서 이제까지 해왔던 그런 사례들 말고 또 다른 많은 사례를 만들어서 우리 사회가 그런 방향으로 가는데 크게 일조해 주셨으면 좋겠습니다. 아마 그런 실천들의 내용이 여기에 이론, 이 모든 텍스트를 바꿀 것으로 생각합니다. 풀뿌리운동은 실천적 문제이니까 실천을 통해서 텍스트가 바뀔 거라고 생각을 하고 하여튼 지켜보겠습니다. 하하

사회자 : 또 다른 질문이 있으면 질문을 해주십시오.

손정수 : 예 잘 들었습니다. 한 가지 질문 형식으로 드리고 싶은데요. 저도 대구에서 지낸 지는 8년째인데 사실 이런 자치 운동이 있다는 것은 잘 생각을 못했어요. 올해 선거가 지나고 또 이 로컬리티 포럼을 계획할 때 대구에서도 그렇게 진행되는 것들이 있더라는 이야기를 듣고 놀라기도 하고 또 가능성, 희망 뭐 이런 거에 대해서 생각을 했던 것 같아요. 제가 드리고 싶은 질문은 다음 차례로 강연 오시는 분은 대

학에서 새로운 방식의 인문학을 생각하는, 실천 인문학 이런 것을 하는 분인데 예컨대 노숙자라든가 교도소나 이런 데 인문학 강연 다니고 하시는 분입니다. 그런데 이런 새로운 형태의 움직임들이 조금씩 조금씩 생겨나고 있는데 지역에서 실행되는 주민자치 운동하고 그 부근에 있는 대학에서 지향하는 움직임하고 어떻게 서로 도움을 주고받을 수 있을지, 동구는 우리 학교하고 조금 먼, 만약 달서구에 주민운동이 있다고 하면 대학에서 교수들이나 학생들이 어떻게 참여할 수 있을지 궁금합니다.

김영숙 : 예, 저희 동네 반야월은 대학이 많은 하양권에서 제일 가까운 지역입니다. 마을운동을 하면서 대학이 가까이에 있으면 좋겠다는 바람이 늘 있지요. 왜냐하면, 저희가 어린이도서관 활동을 하니까 아이들 책만 신경 쓰면 잘 굴러가겠지 싶은데, 사실 도서관이 결코 책만 많이 쌓여 있다고 도서관 기능을 하는 건 아니거든요. 작은도서관은 특히 아이들보다 엄마들, 아빠들이 더 중요해요. 아이 키우는 부모들이 변하지 않으면 도서관을 통해 아이들 교육문제를 함께 고민하고 마을단위에서 새로운 대안 찾기를 하며 풀 수 없는 상황이 되는 거죠.

거기에다 공적인 역할을 하는 도서관은 사실 동네의 수많은 교육기관, 학원하고 경쟁해야 하거든요. 현재 아이들이 학교 마치고도 도서관에 올 시간적인 여유가 없어요. 학원이다 뭐다 해서 도서관은 여유가 나면 잠깐 들르는 공간이 되기 마련이죠. 동네에 도서관이 생기면 기존에 학원 보내는 것을 좀 줄여서라도 도서관을 통해서 아이들을 함께 키워 내보자는 마음들이 올라와줘야지 마을교육환경의 변화가 가능한 것이기 때문에 학부모 강좌들을 굉장히 많이 한 편이거든요. 도서관에서 이루어지는 강좌가 일회적으로 끝나는 것이 아니라 선생님이 말씀하셨듯이 인문학 강좌처럼 자기 삶을 바꿀 수 있는 다양한 교양과정이 개설되는 마을학교 기능으로 꼭 필요합니다. 이런 주민강좌가 마을 가까이 있는 대학과 교류와 협력을 통해 개설되면 대학이 지역사회에 더욱 기여하는 역할을 하게 되는 것이죠.

저희가 도서관을 만들기 전에는 주민자치센터 공간을 빌려서 오전 시간에 강좌를 열고 했는데 그 공간은 행정적으로 관리해야 되는 곳이니까 저녁에 주민에겐 안 열어줘요. 그런데 주민은 저녁에 일터에서 돌아와서 동네에서 편하게 슬리퍼 끌고 나와서 저녁에 마을에서 강좌가 있으면 듣고 싶기도 할 텐데 그 강좌를 열 데가 없는 겁니다. 저희 아띠도서관에서도 야간에 강좌를 굉장히 많이 하는 편이라서 사회학, 인문학이 대중강좌로 작은 도서관이나 동네 단위에 있는 교육기관과 연계해서 좀 정기적으로 기획하여 마을 분들과 함께 배우는 기회가 많았으면 합니다. 이러한 과정은 마을의 변화들을 같이 꿈꾸고 실천해 갈 수 있는 인프라를 대학과 마을공동체가 함께 구축하는 일입니다. 일례로 이탈리아의 민중의 집처럼 운영되는 기능이지요. 대학이 조금 먼 지역이라 하더라도 한 분이 2~3개월 정도 시간을 내셔서 많이 와 주셨으면 좋겠습니다.

계명대도 사서를 키우는 문헌정보학과가 있는 걸로 알고 있는데 졸업생이 모두 공공 도서관에 사서공무원으로 들어가기에는 아직 일자리 자체가 없거든요. 그러니까 장기적으로 작은 공공도서관들이 많아지고 이 작은 도서관이 정책적으로 지원되고 여기에 문헌정보학과를 전공한 전문 사서들이 동네 단위에 들어오는 상황을 저희가 꿈꾸고 있기 때문에 대학과 연계성을 맺을 부문이 아주 많다고 생각해요.

지금 저희 아띠도서관에도 작은 도서관에 주목하는 계명대 졸업생이 매주 와서 자원봉사를 하면서 그 꿈을 키워가고 있는데요. 이렇게 대학은 지역의 운동과 다양한 인적자원이 많으니 자치운동과 서로 도움을 주고받을 수 있는 것이 많은 것 같아요. 현재는 LH 마을형 사회적기업 사업을 하면서도 대학하고 연계사업들을 조금씩 시도해보려고 하고 있습니다.

사회자 : 고맙습니다, 또 혹시 궁금한 점 있으면 말씀해 주세요.

황상희 : 안녕하세요. 저는 계명대학교 스페인어 중남미학과 3학년에 다니고 있는 황상희입니다. 지금 동구에서 오셨다고 하셨는데 저는 가까이 북구에 살고 있거든요. 저는 북구에 있는 성화여고, 성화중학교를 나왔는데 그곳 같은 경우에도 도서관이 다른 학교에 비해서 굉장히 활발하게 운영되고 있어요. 가령 학생이 도서관에 있는 책을 직접 빌려준다든지, 강좌 같은 것을 듣는 객체가 아니라 주체의 역할을 하고 있거든요. 그럼 지금 '아띠 도서관' 같은 경우는 아이들이 어리기도 하겠지만 단지 객체의 역할만 하고 있는 건지 아니면 그 아이들이 주체로 나서서 엄마가 아니라 아이도 함께 할 수 있는 도서관이 되고 있는 건지에 대해 의견을 듣고 싶습니다.

김영숙 : 사실 저학년 같은 경우에는 조금 힘들고 도서관에서 참여의 주체로 주목하는 세대는 초등 고학년입니다. 왜냐하면, 한창 사춘기라 자기 자아에 대한 탐색을 끊임없이 하면서 고민하는 친구들이 많아서 고학년은 조금 다른 형태로 도서관 프로그램을 많이 운영하는 편이거든요. 그냥 일회적으로 강좌 한 번 하고 끝나는 게 아니라 아이들과 교사가 1년 단위로 만나는 과정을 저희가 설계를 해요. 예를 들어 초등 고학년 독서토론모임은 자기 정체성, 철학공부, 여행 등을 통해 삶의 문

제를 같이 나누는데, 이 프로그램의 목적이 공부 잘하는 아이가 아니라 그 아이와 어떻게 교감을 나누고 많은 대화를 할 수 있을지 늘 고민을 합니다. 이러한 과정에는 다양한 지역자원이 활용되는데요. 저희 동네가 금호강변, 안심습지를 끼고 있기도 해서 유리합니다. 저희가 내년에는 대구교대 대학생들과 연계를 맺을 건데 '초록학교 초록교사동아리'라는 환경생태를 고민하는 대학생들이 지역사회 아이들을 정기적으로 만날 수 있도록 연계시키는 것도 그 일환입니다.

초등 고학년은 1년 정도 도서관 프로그램과 함께하면서 자율적이고 창의적인 활동을 해나갈 수 있습니다. 학원이나 학교는 개인적으로 아이들의 얘기를 다 들어줄 수 없는 교육환경이지만 도서관은 그게 가능하거든요. 보통 10명 내외로 프로그램을 하기 때문에 아이들의 의사를 가장 존중하고 아이들이 하고 싶은 내용을 짜게 하고 이렇게 여유롭게 볼 수 있기 때문에 훨씬 더 아이들의 변화들이 빠르거든요.

이제 도서관 개관 이후 만난 아이들이 중학생이 되었어요. 이제는 중학생이 된 청소년들이 갈 만한 공간이 동네에 없으니까, 청소년들이 정말 뭘 하고 싶은지에 대해서 만나서 얘기 나누고 공간이 필요하면 공간을 어떻게 만들어줄 수 있을까를 고민하려 해요. 크게 보면 풀뿌리 운동은 어른들만 주체가 되는 게 아니라 어린이도 가능하고, 어린이사업이면 어린이들이 주체가 되게끔 과정을 설계하는 방식으로 가고 있습니다. 결과적으로는 참여하는 친구들의 만족도는 높은 편입니다.

유연진 : 한국어문학과 4학년 유연진이라고 합니다. 이렇게 말씀을 들어보니까 공동체가 이뤄지려면 사람이 있어야 하고 사람이 떠나지 않아야 한다고 말씀을 하셨는데 그럼 경제적 부분에 대해서도 생각해 보자면, 주민이 경제적 부분이 충족되어야 하잖아요. 계속 유지를 하려면

일자리를 찾아주기 위한 프로그램 같은 것들이 있는지 아니면 그런 것을 계획하고 있으신지 궁금합니다.

김영숙 : 경제적인 문제는 동네에서도 가장 큰 문제입니다. 특히 엄마들 같은 경우에는 아이가 유아, 초등 저학년 정도까지는 교육비가 많이 안 드니까 견디는데, 아이들이 고학년 되고 중학교 가면서 교육비가 많이 드니까 엄마들이 어디라도 가서 부업을 해야 하는 조건에 놓이게 됩니다. 현재는 도서관이 20여 명의 사서자원봉사로 운영되고 있는데 이분들도 일자리를 찾아서 떠나게 되면 사서활동 노하우에 공백이 생기고 반복적인 악순환구조가 생기지 않을까 걱정스럽지요. 그래서, 어떻게 하면 동네 공간 속에서 다양한 일자리가 만들어질 수 있을까 고민하고 있습니다. 아동 프로그램도 외부 강사가 와서 그냥 한 번 가르치고 가는 게 아니라 엄마들이 1년 동안 강사양성 과정을 해서 역량을 키우고 이를 통해 부업을 할 수 있게 하고자 해요. 전통 놀이감 만들기, 독서 지도사, 미디어교육 등을 통해 강사를 양성해서 지도사 자격증을 따게 하고 이분들이 학교 방과 후 프로그램이나 어린이집 교육프로그램에 다시 파견되는 형태로 해서 그분들이 자기가 하고 싶은 것을 배워서 지역 사회에 나가 활동을 하면서 경제문제가 해소될 수 있는 방향으로 시도하고 있어요.

지금 당장은 해결할 수 있는 문제는 아니지만 역량을 높여나가야 하겠지요. 일자리도 예전에는 그냥 일반적으로 단순작업이 부업의 전부였다면 끊임없이 우리 속에 내재되어 있는 역량을 끌어올려서 그것으로 새로운 분야를 개척할 수 있도록 해야겠죠. 아직은 가계에 도움이 될 만한 정도의 수입은 못 올리고 있고 시간이 오래 걸릴 것 같아요. 왜냐하면, 독서지도사 같은 경우도 자격증을 따기만 하면 되는 문제가 아니라 현장에서 계속 아이들을 만나면서 교육경험을 쌓아야 하거든요. 그래서 지도사 과정을 딴 사서분들이 올해 1년 동안 했던 사업이 '다문화 가정 독서 멘토링사업'이예요. 기존의 동부도서관 같은 큰 규모의 공공도서관에서는 한번 다문화 가정에 파견하고 끝낸 프로그램 사업인데요. 저희는 동네 안에 같이 생활하고 있으니 참 좋은 것 같아요. 독서멘토로 만났던 다문화가정은 같은 마을에 살고 있으니 장날에도 만나고 생활적으로 아이 키우는 문제도 상담 해줄 수 있고, 어려운 일이 생기면 늘 달려가 줄 수 있는 멘토가 되어주니 훨씬 만족도가 높아요. 이렇게 마을가까이에 살고 있는 이분들이 지속적으로 다문화 독서멘토링 분야를 특화시켜서 활동하면서 경제적인 수입을 올릴 수 있도록 하는 방법이 필요해요. 이런 것이 공동체형 일자리사업이 아닐까요. 이렇게 다문화가정이 지역공동체 일원이 될 수 있도록 지원해준다면 일석삼조의 효과가 있지 않을까 생각하거든요.

사회자 : 예, 저는 계속 놀라고 있습니다.

이균호 : 사회학과 1학년 이균호라고 합니다. 도서관을 운영할 때 그 책을 구입한다든지 전기료라든지 임대료라든지 재정적인 문제가 발생할 것 같은데 그런 재정적인 문제를 동구주민회 소속 회원들의 회비로만 100% 운영하는지, 아니면 따로 후원금을 받아서 운영하는지 구체적으로 어떻게 재정을 마련하시는지 궁금합니다.

김영숙 : 아주 좋은 질문인데요. 동네에서 활동하더라도 여러 가지로 돈이 많이 들어요. 사실 도서관 만들 때 초기 비용은 저희 동구주민회에서 먼저 모았어요. 도서관 공간을 별도로 임대로 얻어서 운영하다

보니 보증금 500만원을 먼저 모금을 했어요. 개관을 준비하면서 다양한 형태로 기금을 모으기 시작했습니다. 저희가 다른 지역의 도서관 운영 사례를 돌아보면서 교훈을 얻었던 게, 행정지원을 통해서 도서관이 만들어진 곳은 행정적인 지원이 끊겨버리면 어려워지는 조건이 생기는 것을 봤습니다. 그래서 처음부터 도서관은 저희 동구주민회가 인큐베이팅을 하고 동네 사람들이 함께 참여하고 키워가는 방식으로 자립화 하는 모델로 원칙을 정했어요.

저희 동네가 그리 넉넉한 동네가 아니라서 처음부터 책을 대출해 갈 때 회원 제도를 통해 월 3,000원 정도의 기부금을 내고 있습니다. 월 3,000원이면 일 년에 36,000원 정도인데 사실 요즘 애들 책값으로 치면 두세 권 값이거든요. 이 책값을 1년에 도서관에 십시일반 보태서 우리 아이들을 마을에서 함께 키워내자는 공동체 가치를 공유하고 확산시키는 방식으로 느리게 재정을 모아 갔어요.

지금은 가족 회원제도로 운영하면서 350가족으로 늘었고 만들어진지 2년 정도 되었는데 후원회비가 월평균 80~90만원정도 안정적으로 들어오고 있어요. 월세 30만원 내고 나머지 20만원 정도 공과금 내고 나머지 30만원은 책을 사는 걸로 하는데, 책 사는 비용은 저희가 별도로 기금적립을 합니다. 도서관이기 때문에 운영비가 부족하다고 해서 계속 써버리면 책이 부족하고, 계속 신간이 쏟아져 나오는데 책이 바뀌지 않으면 도서관은 생명력을 잃기 때문에 책과 관계된 기금은 동네에 돼지 저금통을 돌려서 마련해요. 각 가정에 한 개씩 분양을 해서 1년에 한두 개 정도 분양한 것을 가져오게 하면, 이 저금통이 시시한 것 같지만 굉장히 무서운 힘이 있거든요. 평균 개당 만 원은 모이죠. 동전만 모아서 돼지저금통 500개가 모이면 500만원이 모이는 거죠. 또, 동네 곳곳에 엄마들이 이용하는 가게에 돼지 저금통을 두기도 해요. 가게 담당자가 돼지저금통 수거해오고 그런 방식으로 도서기금은 별도로 모아갑니다. 동구주민회는 도서관 초기 단계에서 건립기금과 공사비, 교육비, 운영비, 사업비를 지원하였고 현재는 도서관 재정은 독립적으로 운영되고 있습니다.

사회자 : 또 혹시 다른 질문 있습니까? 저는 오늘 김영숙 선생님 발표내용을 듣고 굉장히 놀랐습니다. 일정 정도 이러저러한 방향으로 가고 있다는 정도는 주변에서 듣고 있었고, 또 다른 방식으로 간접적인 경험을 하면서 알고 있었지만 많은 삶의 체험을 구체적으로 듣기는 저도 개인적으로 처음입니다. 사실 서양은, 동양도 그랬겠지만, 오랫동안 좋은 장소, 공간, 사회에 대한 꿈을 꿔왔잖아요. 플라톤부터 최근까지도 끊임없이 꿈을 꾸는데 어떻게 보면 서양이든 동양이든 자유민주주의라고 하는 시스템이 거의 고착화되어 있고 다른 대안은 없다는 생각을 하고 있는지는 모르겠습니다만, 그럼에도 끊임없이 또 다른 대안들을 꿈꾸고, 새롭게 생겨나고 있습니다. 오늘 저는 김영숙 선생님의 발표를 들으면서 공동체를 구성해나가면서 무엇보다도 스스로 자신의 삶을 구현해낼, 실현해낼 수 있는 주체, 즉 개인이 아주 중요한데 그 개인이 전제되어야 할 부분은 아마도 도덕적 품성이 아닐까 라는 생각을 했습니다. 이것은 태어나면서 혹은 관습이나 학습 과정을 통해서 존재하거나 형성되는 것이기도 하지만, 어떤 자세, 어떤 태도를 보이는 가는 그 사람이 가지고 있는 개별적인 품성이라고 생각합니다. 또 달서구의 어떤 아파트 주민들도 그럴지 모르지요. 보통 우리가 임대 아파트를 이야기하지만, 기본적으로 우리 동네에 안 들어왔으면 좋겠다, 아파트값 떨어진다고 생각하잖아요, 그렇지 않습니까? 실제로 대형 민간 아파트가 생기는 곳에 임대 아파트, LH공사가 들어오면 아파트값 떨어진다고 주민

들은 반대합니다. 집단 이기주의적 모습을 드러내죠. 그런데 왜 교도소나 화장터와 같은 많은 사람들이 싫어하는 혐오 시설들은 강남 대치동이나 수성구에 세워지지 않는지를 한 번쯤은 생각해 보았을 것입니다. 여러분도 이미 다 알다시피, 사실 이 모든 시설물은 특정한 권력 구조에 따라 배치되기 때문에, 우리는 이미 우리 스스로 경계를 지어놓고 인간과 인간의 관계를 계급화시키고 있는 것입니다. 만일 현재의 우리 사회가 이런 상황이라고 한다면 우리가 꿈꾸는 공동체, 즉 우리 사회에서 진짜 유토피아는 풀뿌리 자치 공동체가 아닐까 하는 생각을 합니다. 그 때문에 이제 우리는 그것을 만들어가야 합니다. 우리에게 주어진 지금 이 삶의 방식, 즉 무한한 물질적 욕망의 방식은 아니거든요. 저는 엊그제 캐나다 요크대학의 경제학자(이름은 정확히 기억나지 않음) 인터뷰 내용을 신문에서 읽었는데, 그는 현재와 같은 자본주의의 방식에 따라 우리가 계속 살아간다면 조만간 전쟁이 터질 것이라고 주장했습니다. 제3차 세계대전이 터질 것이고, 이것은 곧 자본주의가 몰락하는 마지막 파국에 우리 인류가 처하게 된다는 진단이었습니다. 그의 예상이 적절한지는 모르겠습니다만, 적어도 미국을 중심으로 하는 서구 자본주의 세계가, 한 달 뒤면 우리나라에서 G20 정상회의도 개최됩니다만, 큰 위기에 처해있는 것은 분명한 것 같습니다. 그래서 그런 위기에 처해 있을 때 우리가 생존할 수 있는 다른 대안이 있다면 그것은 아마 오늘 우리가 이야기했던 풀뿌리 자치공동체, 즉 마을을 만들어 가는 것이 아니냐는 개인적인 생각을 해봅니다. 어쨌든 우리한테는 이러한 균열이 있고, 대한민국에서도 보입니다. 좀 더 구체적인 균열은, 예컨대 지금 시행되고 있는 지방자치가 민선 5기 체제입니다. 벌써 20년째라고 생각되는데, 맞죠? 20년째에 들어서면서 좋은 징조를 보이는 경우들이 있어요. 예컨대 서울 같은 경우 은평구 혹은 강동구, 인천 경우 연수구, 경기도 오산, 경북지방 등이 그 예입니다. 그런데 대구에는 아직 보이지 않습니다. 그나마 희망적인 것은 칠곡 기초의회에서 주민 참여 예산제가 통과되거나 거의 통과되어 있다는 것입니다. 균열이 생겨나고 있는 것이죠. 주민이 직접 참여해서 공동체의 살림살이를 살펴보겠다는 겁니다. 어디에 쓰이는지, 어떻게 쓰이는지. 적어도 부모님 혹은 내가 내는 세금이 제대로 쓰이고 있는지 직접 보겠다는 것입니다. 지금까지는 그것을 보지 못했기 때문에 그 누군가란 권력자에 의해서 마음껏 전용되거나 혹은 막 개발방식으로 혹은 전시행정으로 쓰였다면 이제 그러한 방식에 조그만 균열이 생기기 시작한 것입니다. 오늘 포럼에서 다른 무엇보다도 이런 것에 대해 진지하게 고민하고 있는 학생들이 사유의 지평을 확장시키는 데 많은 도움을 받았을 것으로 생각합니다.

오늘 긴 시간 동안 발표를 해주시고, 또 여러분에게 아낌없는 토론과 답변을 해주신 김영숙 선생님과 정혜숙 선생님께 큰 박수 부탁합니다. 그리고 무엇보다도 오늘 끝까지 남아서 토론하고 또 진지하게 자기 삶을 고민해주신 여러분에게 감사의 말씀을 드립니다. 고맙습니다.

인문학의 새로운 가능성으로서의 실천인문학

- 포럼 일시: 2010년 10월 26일
- 발표: 최준영(경희대 실천인문학센터 교수)
  사회: 최미정(계명대 한국어문학과 교수)
  토론: 이윤갑(계명대 사학과 교수)

사회자 : 2010년도 로컬리티 포럼의 네 번째 날입니다. 오늘 최준영 선생님을 모시고 귀한 말씀을 들어보도록 하겠습니다. 최준영 선생님께

서는 2005년도 9월부터 지금까지 6년 동안 성 프란시스대학에서 운영과 강의를 맡아 하시고, 노숙인을 위한 인문학 강좌를 해오시면서 소외계층을 위한 인문학을 실천해 오신 분입니다. 2008년도부터는 경희대 문과대에 실천인문학센터 운영위원과 교수를 하시면서 노숙인쉼터 자활치료센터 등에서 인문학 강의를 하셨습니다. 또한 노숙인의 자활을 돕는 세계적인 기업인 빅이슈 코리아의 창간에도 관여를 하셨습니다. 그리고 선생님은 2000년도 신춘문예 희곡부분에 당선되신 문인이시기도 합니다. 2004년~2009년까지 경인방송과 SBS 라디오 방송 등에서 책 소개를 계속 맡아 해오고 계시고요, 저서로는 『책이 저를 살렸습니다』라고 하는 지금까지 인문학 실천을 하시면서 겪은 경험과 여러 가지 생각을 쓰신 책과, SNS를 통해 소통하는 인문학 단상들을 묶어낸 『유쾌한 420자 인문학』이 있고, 공저로는 『행복한 인문학』(임철우, 우기동, 최준영 공저)이 있습니다. 일단 최준영 선생님을 소개해드립니다. 박수로 맞이해주십시오.

최준영 : 최준영입니다. 사회 보시는 선생님께서 저를 화려한 경력을 가진 사람으로 소개해주시니 몸 둘 바를 모르겠습니다. 그와 별도로 저 스스로 저를 소개하는 방식이 있습니다. 이는 인문학 강의의 첫 강의 때 하는 얘기이기도 합니다. 먼저 저는 경희대 실천인문학센터 교수라고 사회적으로 소개되고 있습니다만 여기 계신 선생

님들처럼 학위를 한 사람은 아닙니다. 학사 학위도 없습니다. 대학을 다니기는 했습니다만 요즘도 그런 표현 쓰는지 모르겠는데요, 소위 제적생입니다. 제적 후 한겨레 신문사에 들어갔다가 뒤늦게 신춘문예를 통해 등단한 경력이 있어서 문학 담당으로 인문학 강의에 참여하게 된 것입니다.

등단 이후 이렇다 할 작품을 쓰지는 못했고 생계를 위해 이런저런 일을 하면서 살고 있던 차에 이런저런 매체에 원고를 썼었는데 그런 인연으로 당시 공부방을 운영하고 있는 성공회 임영인 신부와 알게 되면서 인문학 과정에 참여하게 된 것입니다.

노숙인을 위한 실천인문학

임영인 신부가 미국의 '얼 쇼리스'라는 분이 클레멘트 코스(clament coarse)를 운영하고 있다는 걸 알려주면서 우리도 노숙인을 대상으로 인문학강좌를 해보는 게 어떻겠냐고 제안했습니다. 그런데 막상 강의할 사람 구하기가 쉽지 않았습니다. 접촉한 사람들 대부분이 부정적인 반응을 보이자 궁여지책으로 저에게 강의를 제안하게 된 겁니다. 그때가 2004년도였는데 한 1년 정도 준비를 해서 드디어 노숙인을 위한 인문학 과정이라는 것을 처음 만들게 되었습니다.

아시겠지만 서울역이나 영등포역 거기에 집중적으로 노숙인들이 몰려있습니다. 그래서 서울역에서 가장 가까운 곳에 있는 대학인 숙명여대에 강의실을 부탁했는데 처음엔 빌려 주겠다고 했다가 나중에 강의 대상이 노숙인이라는 걸 알고는 거절하고 말았습니다.

하는 수 없이 광화문에 있는 성공회 대성당에서 첫 강의를 하게 되었습니다. 예전에 6.10대회 때 시민항쟁을 준비했던 역사적으로 유서 깊은 곳인데 거기 세미나실을 빌려서 2005년 9월에 처음으로 인문학 강의를 시작했습니다. 일단 노숙인들에게 강의하기 위해서는 최소 한 끼의 식사를 제공해야 했습니다.

조건이 나쁘지 않았던 거죠. 밥도 주고 강의를 듣는 것만으로도 근로를 인정해주었으니까 말입니다. 조건이 나쁘지 않았다는 건 수강을 희망하는 사람들의 수로 알 수 있습니다. 20명 정도를 뽑을 예정이었는데 46명이 신청을 했거든요. 강의실이 좁아서 46명을 다 데리고 강의를 할 수가 없었어요. 부득이 그중 선발을 해야 했는데 기준이 있었어요. 20명을 목표했는데 반드시 해야 하겠다고 우기는 두 분이 있어서 22명으로 1기 강의를 시작했습니다. 일단은 읽고 쓰기가 가능한 분, 문학 강의를 하려면 알아들을 수 있어야 되고 또 자기를 표현할 수 있어야 되기 때문에 또 글쓰기 과목이 있기 때문에 한글을 깨우친 분들, 그리고 우울증이 심하거나 지적 장애를 앓는 분들은 부득이하게 제외해서 스물두 명으로 출발했습니다.

공교롭게도 강의 경험이 일천했던 제가 첫 강의를 하게 되었습니다. 저로선 나름 의미를 부여할 만한 일이라고 생각하고요. 어쨌든 첫 강의부터 언론에서 큰 관심을 가져주었습니다. 정면에 카메라가 설치되어 있고, 옆에선 기자가 제 턱밑에 녹음기를 들이댄 상태에서 진땀을 흘리며 첫 강의를 했던 거죠. 문제는 노숙인들의 얼굴이 언론에 노출된다는 것이었습니다. 초상권 관련하여 굉장히 민감한 반응을 보이는 분들이라 애를 좀 먹었습니다. 실제로 강의 중간에 모 언론사에서 찍어서 내보낸 사진 때문에 빚쟁이가 찾아오는 일도 발생했어요. 2기 때부터 언론을 차단하기로 했던 이유가 그것이었고요.

관심을 가져주는 것은 좋지만, 대부분의 언론이 강의 내용에 대해 관심을 가진 게 아니라 단지 호기심을 가졌던 거였어요. 얼핏 들어도 '노숙인'과 '인문학', 뭔가 어울리지 않을 것 같은 두 단어가 만났다고 하니까 그게 사회적 호기심을 유발했던 거지요. 그래서 대부분 취재를 오면 "어떤 내용을 강의하느냐?" 이런 게 아니라 "몇 명이 왔느냐?" "학생들의 표정은 어땠냐?" "몇 명이 자활에 성공했느냐?"에만 관심을 보이는 거예요. 성과주의이죠. 여전히 '노숙자'라고 부르면서요. 컴퓨터 자판을 치다 보면 노숙인이라고 치면 빨간 줄이 가고 노숙자라고 하면 빨간 줄이 안 가고. 노숙자가 표준어가 되어버렸어요. 뭐 그런 용어 차이가 무슨 큰 의미가 있겠습니까만 요즘 '장애자'라는 말 안 쓰잖아요. 그래서 좀 노숙인이라고 불렀으면 좋겠다고 했는데 언론은 공식적인 용어로 노숙자란 표현을 그대로 쓰고 대부분의 기사도 그렇게 쓰고 있어요. 이런저런 이유로 아예 언론의 취재를 금지를 시켰어요. 절대 강의실로 들어오지 못하게 하고. 어찌 됐든 첫 강의 때 이분들 눈빛을 봤는데 오픈마인드가 안 되어 있다고 할까요. 뭔가 두려움 같은 것도 있는 것 같고, 호기심 같은 것도 보였지만 또 한편으로는 질문하면 거꾸로 대답하고, 비아냥대고 그런 식으로 굉장히 비협조적인 분위기였어요. 그래서 철학이 어떻고, 개념이 어떻고, 인문학이 어떻고, 이런 얘기보다는 차라리 소박하게 제 소개를 하자, 그래서 저는 매 학기 첫 강의 때마다 제 소개를 하면서 강의를 시작해요.

"교수라고 해서 공부를 많이 한 엘리트이거나 사회적으로 잘 나가는 사람인 줄 알았는데, 알고 보니까 우리와 똑같은 사람이네" 저를 보면서 이런 생각을 하셨던 것 같아요. 그래서 그런지 유독 제가 그분들하고 스킨십도 많이 했고 같이 밥도 먹고, 더러는 같이 술도 마시면서 친하게 지낼 수 있었어요. 그때 당시 제가 받은 강사료가 회당 10만원이었는데 제가 받은 강사료로 이분들 책을 다 사줬어요. 저 혼자 10만원 가지고 20권을 못 사줘서 인터넷 서점 "Yes24"에 '책 나누는 사람들'이라는 클럽을 만들기도 했어요.

첫 강의를 마친 뒤 "예스24" 블로그에다 그런 얘기를 썼죠. 노숙인들 대상으로 강의하는데 이분들에게 글을 쓰게 하려면 먼저 읽을거리를 제공해줄 필요가 있다고 생각한다. 그런데 내가 받은 강사료로는 10권밖에 못 사는 형편이다, 22명이니까 12권 정도 더 사야 하는데 빚을 내서 살 수는 없고, 참 난감하다. 이런 얘기를 써놨더니 몇몇 착한 블로거들이 도와주겠다, 그렇게 네다섯 분을 만났어요. 제 블로그 상에서 그런 일들이 이루어지면 사회에서 오해할 거 아니에요. 제가 착한 사람인 줄로. 그래서 별도로 '책 나누는 사람들'이라는 클럽을 만들어서 제가 오더를 올리죠. 예를 들어서 『전태일 평전』 22권이 다음 주까지 필요하다, 그러면 네티즌들이 댓글로 제가 3권 보내겠습니다, 2권 보내겠습니다. 그렇게 자기 능력껏 쿠폰이나 사이버머니, 아니면 현찰을 주고 사서 그 책을 노숙인 쉼터, 주로 그분들이 생활하는 노숙인 쉼터 실무자 앞으로 택배로 보내는 거죠. 그럼 그 실무자는 일주일 동안 책이 2권, 3권씩 도착해서 22권이 다 차면 그걸 모아서 그다음 시간에 노숙인 분들에게 나눠주는 거예요. 나눠주면 그걸 읽고 그 책에 관해서 토론도 하고 또 그 토론을 한 내용을 가지고 감상문도 쓰고, 제가 맡은 분야가 문학하고 글쓰기였기 때문에 그렇게 했던 겁니다.

제가 지금 두서없이 이야기하고 있습니다만, 그분들 여러 책을 읽었는데 특이한 것은 『전태일 평전』을 읽고 난 뒤의 반응이에요. 우리 세대의 바이블처럼 여겨졌던 의미심장한 책인데 이분들의 반응은 굉장히 달라요. "전태일이라는 놈이 혼자 튄 거다." "진짜 고생하는 사람도 많았는데 지가 뭐 잘났다고 그랬냐." 어떤 분은 자기 아버지가 청계천 봉제공장 사장이었는데 "우리 아버지 그렇게 나쁜 사람 아니었다. 노동자를 위해서 숙소도 제공해주었고, 월급도 그렇게 짜게 준 거 아니다. 그리고 통풍 안 되는 공간에서 일했다는데 거짓말하지 마라. 한 시간에

십 분씩 통풍시켜줬었다." 저는 오히려 그런 모습을 보면서 이분들이 공부할 준비가 되어 있다는 걸 확인하게 됐습니다. 맹목적으로 따라오는 게 아니라 굉장히 개성이 강하고 자기 목소리가 있다는 걸 알게 된 거죠. 실제로 제가 그분들을 유심히 보면 철학적 고민이 깊은 분들도 많아요. 우스갯소리로 그런 얘기를 합니다만, 그분들은 세상소식을 모를 것 같죠? 제일 먼저 알고, 제일 많이 알아요. 신문을 말단기사까지 다 읽어요, 일단 시간이 많으니까요. 모든 신문을 다 읽고 심지어는 신문을 덮고 자고. 신문사에서 상 줘야 합니다. 특히 혼자 있는 시간에는 자기 존재에 대해서 고민을 깊게 하고 '내가 왜 이렇게 되었을까?' 고민한 뒤 수업시간에 질문하기도 해요. 저로선 쉽게 대답할 수 없는 수준 높은 질문도 많고. 철학 맡으신 교수님들은 수업 외 시간에 굉장히 곤란한 질문을 많이 받기도 하고요. 어떤 분은 심지어 "야, 내가 공부 헛했나보다. 이렇게 날 것 그대로의 질문을 그대로 받고 이것을 내가 소화하지 못하면서 뭘 가르치겠다고 했었는지 모르겠다"하고 자탄하는 분들도 있었어요.

노숙인 하면 사회에서 못 배운 사람, 실패한 사람, 괴팍한 사람이라고 생각하는데 실제로는 꼭 그렇지만은 않다는 걸 수업시간에 알게 되었고, 그래서 수업의 질이나 그런 것도 대충해서는 안 되겠다, 긴장하게 되었고, 저는 그랬는데 엉뚱하게도 우리 사회에서 유명하다고 하는 교수님들, 강의 경험이 많고 훌륭하신 교수님들이라고 생각했던 분들이 와서 깨지고 돌아가는 거예요. 한 학기를 다 못 채우는 일도 있고 심지어는 한 학기만 하고 도저히 못 하겠다, 지금 이름만 대면 다 아실만한 분들이 그래요. 본인이 인정해요, 나는 깨졌다고.

어떤 모 여성학자는 그분들한테 미국 여성들의 사례만 가지고 여성주의 강의를 했다가 쫓겨났어요. 쫓겨났다는 게 뭐, 수업시간 중간에

쫓아냈다는 게 아니라 강의 끝나고 가는데 박수도 치지 않고, 다음에 또 와달라고 부탁도 안 하고 질문도 안 하고. 결국 다음날 그 교수가 저한테 메일을 보냈어요. "나는 그날 철저히 깨진 것 같다. 더 공부해야 할 것 같다"고요.

굉장히 가늠하기 어려운 강의죠. 대학은 비슷한 나이에 비슷한 관심을 가진 데다 전공이 같은 학생, 그리고 지적 수준도 비슷한 학생들을 대상으로 강의를 하기 때문에 강의의 수준과 포커스를 맞추기가 쉬운 반면, 이분들은 초등학교도 안 나온 분들에서부터 대학원을 나온 분도 있고, 연령대도 20대부터 60대까지, 여성도 있고 남성도 있고, 사회경험도 다양해서 경찰관 출신, 공무원 출신, 장사했던 사람, 평생을 노동일만 했던 사람, 태생적으로 거리의 삶을 살아온 부랑인까지 굉장히 다양한 사람들이죠. 그러니까 어디다 기준을 두고 강의해야 할이지 모르죠. 경험이 없는 분들은 한 학기 하고는 "진짜 지옥에 갔다 온 느낌이다."라고 말하기도 해요. 더구나 얕잡아봤다가 스스로 깨지는 경우도 있고, 더러는 얌체 같은 교수님도 있어요. 대학에서 학생들한테 강의했던 교안 그대로 가지고 와서 강의하고, 자기가 쓴 책 가지고 와서 1시간 동안 초등학교 국어 시간처럼 순서대로 읽으라고 한 뒤 잘 못 읽는 사람 있으면 왜 글 못 읽느냐고 다그치고 이런 교수도 있었고. 햇수가 쌓이다 보니까 굉장히 다양한 선생님이 있는데 가장 심각한 문제는 뭐냐면, 그분들이 이분들하고 스킨십을 잘 안 하려고 그러는 거예요. 달랑 강의만 하고 가는 거죠. 밥도 같이 안 먹고 술도 안 먹고. 그러니까 학생들하고 관계망이 형성이 안 되는 거예요.

저는 시간이 많으니까 강의 전에 만나서 사는 얘기도 하고, 수업시간에 한 15명 들어와야 되는데 3~4명밖에 안 들어왔다고 하면 남산이나 서울역으로 찾으러 갑니다. 핸드폰이 없으니까 직접 찾아다녀야 해요.

남산 올라가서 벤치에 누워있는데 끌고 나오고, 쪽방촌에 가서 술 취해서 자고 있는 거 끌고 나오고, 이렇게 하니까 이분들이 저를 신뢰한다고 할까요, 좋아한다고 할까요, 믿는다고 할까요. 지금도 저한테 전화가 자주 오는데 주된 내용은 돈 꿔달라는 거지만요. 2만원만 빌려 달라, 3만원만 빌려 달라. 이백만원, 삼백만원 꿔달라는 것도 아니고 밤 11시 넘어 전화해서 2만원 꿔달라는 게 뭐겠어요. 밥을 못 먹었고 잘 때가 없다는 거니까 외면을 못하죠. 꿔주면 한동안 연락도 안 하고. 뭐 외상 주면 손님도 놓치고 다 놓친다지 않습니까, 그것처럼.

그분들이 연락하지 않으면 연락할 방법이 없어요. 주거가 불분명한데다가 핸드폰도 없기 때문에. 그래서 제가 서울역 주변을 많이 배회해요. 저한테 돈 꿔간 사람 찾는다고. 그러다 보니까 서울역에서 좀 유명해져서 '거지 교수' 최준영이라는 별명도 붙었고요. 치킨 한두 마리 사서 서울역 가면 다 몰려옵니다. 이런 것을 하다 보니까 이분들하고 친숙해지고 고민도 좀 듣게 되고 그러다가 3년이 지나고 나서 '아, 인문학 강의만 가지고 안 되겠다, 그분들한테 일할 기회를 제공해줘야겠다' 하는 생각을 하게 된 거죠.

얼 쇼리스((Earl Shorris)의 『희망의 인문학』에도 그런 얘기가 나옵니다만, 우리 사회가 빈곤인들을 대하는 태도는 기초적인 훈련만 시키는 거죠. 제과, 제빵, 기계 훈련을 시켜서 그 기술 가지고 어디에 가서 최저생계비 수준의 돈을 벌어 먹고살아라. 그게 우리 사회가 할 수 있는 최대치인 것처럼. 구조적으로 그 사람들한테 일자리를 만들어 준 적이 없어요. 스스로 일자리를 찾으라고 하지만 옛날에 흔히 말하는 3D업종이라고 불리는 것들은 이미 외국인 노동자가 다 차지하고 있고, 또 노숙인 출신들은 백안시하고 안 써주죠. 기본적으로 신용 불량에 주민등록 말소자이니 취직이 힘들 수밖에 없는 거죠.

고민한 끝에 아이디어를 낸 게 영국의 '빅 이슈(Big Issue)'라는 잡지를 창간하자는 거였어요. 2008년도 12월에 영국의 '빅 이슈' 본사에 가서 빅 이슈가 어떻게 창간이 되었는지, 어떻게 운영하는지를 취재하고 와서 '빅 이슈'를 만들어 보겠다고 햇수로 3년 동안 돈도 많이 까먹고 참, 기회비용도 상실해가면서 했는데 결과적으로는 제가 빅 이슈를 창간하자는 운동까지는 주도적으로 했는데 운동하고 사업은 근본적으로 다르다는 걸 뒤늦게 깨달았어요. 실제로 창간하는 것은 창간사업인 거고 저는 창간운동을 했죠. 젊은 친구들이 많이 관심을 가져주고 그래서 빅 이슈 준비모임 카페 회원이 한 천 명 정도 되면서 사회적인 관심이 높아지면서 지금은 '거리의 천사들'이라는 서울 혜화동 근처에 있는 노숙인 쉼터를 운영하고 있는 교회에서 저한테 빅 이슈 사업권을 넘겨받아서 2010년 7월에 빅 이슈가 창간되었죠. 햇수로 4년 준비한 끝에 창간되었는데 3년 동안 제가 준비했고 막상 창간의 주체는 다른 사람으로 가고. 오세훈 서울시장 같은 경우에는 자기가 오래전부터 생각했던 것이었다고 보도 자료를 뿌리더군요. 제가 그렇게 도와달라고 편지 보냈어도 콧방귀도 안 뀌던 사람이. 그러나 누가 만드느냐가 중요한 게 아니죠. 저는 그 때문에 빚을 좀 졌고, 신용 불량에까지 내몰렸지만 어쨌든 빅 이슈는 나왔잖아요. 그럼 된 겁니다.

지금까지 제 얘기 들으신 분들은 이해가 가실 거예요. 저 사람이 문학도 가르치고 글쓰기를 가르치는 사람이 글쓰기 수준이 저렇게 형편이 없나, 이런 의아한 생각을 하셨을 텐데. 제가 제대로 공부한 사람이 아니라는 걸 이실직고했으니까 용서해주시고. 여기서 할 말씀은 그동안 우리 사회에서 소외계층 즉, 노숙인 인문학에서 출발해서 교도소에서 교정인문학, 평화인문학, 시민을 대상으로 한 시민 인문학까지 퍼져 나가는 과정을 얘기하는 걸로 이해하시면 될 겁니다.

2008년도부터 처음에 경희대에서 관심을 가졌고 그리고 실천인문학 센터라는 걸 저하고 철학을 담당했던 우기동, 이병수 교수가 경희대학교에 제안했어요. 대학의 사회적 역할을 좀 강화해야 하지 않나, 등록금 몇 백 만원 내는 학생들뿐만 아니라 지역사회에서 어렵게 사는 사람들을 위해서 대학이 좀 나서야 하는 거 아닌가, 이렇게 제안을 했는데 다행히도 제안서를 받은 분이 그다음 해 경희대학교 총장이 되었어요. 교수 겸 재단이사였던 분이 제안서를 받고 굉장히 긍정적으로 검토를 하고 있다가, 총장이 되면서 경희대는 사회적 역할을 더 강화하겠다, 나눔 정신을 실현하겠다고 천명하면서 경희대에 실천인문학 센터가 설립되게 된 거죠.

이때부터 좀 더 다양한 곳에서 강의하게 됐어요. 노숙인 쉼터 네 군데(구세군 브릿지센터, 보현의 집, 비전트레이닝센터, 화엄동산)와 저소득층들이 참여하고 있는 자활지원센터, 서울교정청에 속해 있는 교도소 네 곳(의정부 교도소, 여주 교도소, 영등포 교도소, 안양 교도소)까지.

2009년에는 서울시가 시민 인문학 강좌에 2억을 투자해서 더 많은 곳에서 강의하게 되었고요. 다음 해인 2010년에는 예산을 4배인 8억으로 증액해서 경희대뿐만 아니라 서울시립대하고 동국대, 성공회대 등 네 군데의 대학에서 인문학 강의를 하게 되었어요. 2011년에는 한국외대까지 포함해서 다섯 군데 대학에서 서울시에서 주는 예산을 가지고 한 30여개 장소에서 인문학 강의를 하고 있습니다. 서울에 노숙인 쉼터가 마흔 몇 군데 정도가 있는데 그중에서 종교 단체에서 별도로 하는 데는 별도로 하고 서울시에서 예산을 주는 곳과 다른 사회단체에서 지원하는 곳까지 굉장히 많은 곳에서 지금 인문학 강의가 벌어지고 있습니다.

대학이 나서니 역시 다르구나, 규모 면에서도 그렇고 그런 느낌이 들어서 뿌듯하기도 했는데 한편 저는 대학이 나서서 강의하는 것에도 문제가 좀 있다고 생각해요. 대학에서 공부하는 사람중에는 취직이 안 돼서 어쩔 수 없이 대학원을 가고 또 대학원 갔으니까 학위를 따고, 학위를 땄으니까 시간강사 하다가 교수가 되었으면 하는 막연한 바람을 가진 좀 개념 없는 '룸펜'이 있어요. 근데 이런 친구들한테 시민 인문학 강의를 맡기다 보니 문제가 생기는 거예요. 경희대만도 시간강사 50여명이 실천인문학센터 소속으로 각 지역에 나가서 강의하는데, 뭐 통계를 내지 않았습니다만 제가 봤을 때 대부분 다 깨지고 있는 것 같아요. 아까 말씀드렸듯이 강의 경력 3, 40년 된 교수들도 학생들만 대상으로 강의하다가 깨지는데 강의 경력도 일천한데다가 자기 분야 공부만 했을 - 지식은 좀 가지고 있을지 모르겠지만 - 사람들이 그분들에 대한 올바른 이해를 하고 있다고 보기 어려운 거죠. 심지어 어떤 강사는 수강생들에게 "당신, 이렇게 게으르니까 노숙자 된 거 아니야"라고 핀잔을 주기도 했다는 얘기도 들려요. 어떤 교수는 "서울역에서 배낭 멘 사람들은 다 등산객인 줄 알았다"고 말하기도 해요.

무엇보다도 강의 내용이 안 먹혀요. 그 사람들한테 지식을 좀 더 많이 알려줘서 무슨 소용이 있겠어요? 그 사람들은 써먹을 수도 없는데 인문학적 개념 몇 개를 더 가르쳐준들 그분들 생활이 나아지는 게 뭐가 있겠어요. 그런 걸 고민하고 가야 하는데 내가 인문학 강의를 왜 하는지, 이분들은 어떻게 받아들이고 있는지, 인문학 강의의 사회적 의미가 뭔지 피 터지게 고민하고 준비를 한 상태에서 나가야 하는데 그냥 '대학에서 강의하면 강사료 3만원 받는데 자활지원센터에서 하면 한 시간에 7만5천원, 두 시간 강의하면 15만원 준다더라, 이거 가야 되겠다' 그런 모습이 보이는 거죠.

교수회의 한다고 하면 와서 "아, 그들도 무언가를 가르치니까 변하더라" 그런 말을 하기도 해요. 그 발상 자체가 어이없는 거죠. 무슨 자격으로 그들을 대상화시키느냐는 겁니다. '그들'이라는 표현도 저는 응당치 않은데다가 그들도 내가 보급한 정보를 제공해주니까 조금 변하더라는 시민 인문학을 일방적, 시혜적 관점에서 바라보는 거잖아요. 민중교육의 기본 원리에 대한 이해가 없는 거죠. 프레이리(Paulo Freire)가 말했듯이 "현실을 매개로 가르치는 자와 배우는 자가 서로 가르치는 것"이라는 의미를 몰라요. 지식 좀 가진 사람은 지식을 나눠주고, 삶의 경험이 많이 묻어 있는 그분들의 경험을 통해 내가 또 배우고 상호작용을 하는 그런 교육이 되어야 하는데, 잘난 거죠. 나는 박사학위도 있고 대학교수이고 나의 우월적 지위를 이용해서 권위적으로 행동해도 상관없고, 이런 덜 익은 생각을 하는 분들이 여과 없이 시민 인문학 현장으로 뛰어들고 있는 거죠. 이거는 제가 민감한 얘기여서 책에 쓸 수 없었던 거고, 또 그랬다가 괜히 그게 누군데 하고 달려들면 싸움만 나니까 함부로 표현하기 어렵습니다만 그래서 정말 대학이 많이 준비해야 되고, 또 준비된 사람들이 강의에 참여해야 한다고 봐요.

인문학 강의의 의미를 여러 가지로 이야기를 합니다만 저는 언론 인터뷰에서 그런 얘기를 많이 합니다. 대부분 사람들이 노숙인하면 돈이 없는 사람, 집이 없는 사람 이렇게 생각하지 않습니까? 하지만 저는 그분들에겐 돈이나 집보다 더 중요한 게 없다고 생각해요. 바로 사람이 없는 사람이라고 생각합니다. 우리는 아무리 어려운 일이 생겨도 부탁할 사람이 있잖아요. 가족도 있고 친구도 있고 선배도 있고 후배도 있고. 그런데 이런 사회적 관계망들이 다 깨진 분들이 바로 노숙인입니다. 3일 굶고 4일 굶는데 연락할 데가 없어요. 누군가한테 밥 한 끼 사달라고 할 염치가 없는 거죠. 이미 예비 노숙단계를 거치면서 우려먹을 대로 다 우려먹었거든요. 그래서 이분들에겐 사람이 없어요. 자신감도 상실해버렸어요. '내가 어떤 말을 해도 저 사람은 날 안 믿어 줄 거야.' 그렇죠, 이미 사회적 신용을 다 잃어버렸기 때문에. 그러니까 사회성이 없죠.

우스갯소리처럼 합니다만 혹시 사람 인체 중에서 가난은 어디서부터 오는 줄 아세요? 노숙인 쉼터에 있는 분들하고 MT를 간 적이 있어요. 열다섯 분 정도가 갔는데 제가 교수지만 고기도 굽고 잔심부름 다 했어요. 이분들이 평상시에 고기를 많이 못 먹을 것 같아서 한 20인분을 사가지고 가서 열심히 구웠어요. "자, 여러분 나오세요"하고 소주도 준비하고 먹자고 했더니 딱 두 분만 젓가락을 들고 나머지는 다 쳐다만 보고 안 드시더라고요. 왜 그러는가 봤더니 치아가 성한 사람이 거의 없어요. 수업시간에도 말 걸면 항상 손으로 입을 가리고 이야기해요. 치아가 성하지 않으니까 자신감도 없고 입을 열어 말도 못하고. 그리고 앞니는 있는데 어금니가 다 없거나 앞니 있는 것도 거의 풍치여서 고기를 씹을 수 없는 상태에 있거나, 어떤 분은 달랑 어금니 두 개 있고 나머지가 다 없거나.

저 혼자 하는 얘기지만 가난은 치아에서부터 오는 것 같아요. 워낙 비싸잖아요, 의료보험도 안 되고. 임플란트 몇 백 만원 들여서 할 수 있는 것도 아니고. 그런 걸 저도 몰랐죠. 겪어보고서야 안 거죠. 그런 거 포함해서 좀 더 많은 이해를 위해 노력하고 강의 외적으로 관계 맺기를 하는 게 중요하다고 봐요. 저한테 밤늦게 전화해서 2만원, 3만원 꿔달라는 게 사실 짜증 나는 일만은 아닌 거죠. 뿌듯한 일이기도 해요. 저 사람이 나를 믿는구나, 나를 의지하는구나, 이렇게 관계망을 새롭게 형성해나가려고 하는구나 이런 생각들이 있어요. 지금 여기서 멋있게 보이려고 하는 말인지도 모르겠지만 저는 그렇게 노력해 왔어요.

저는 이 주제로 어딘가에 가서 얘기할 기회가 생기면 이런 얘기를 꼭 해야겠다고 생각했어요. 그래야 뒤늦게 이런 강의에 참여하는 분들이 한 번 더 생각할 수 있는 계기를 줄 것 같아서요. 제가 먼저 했다고 해서 잘난 척하고 나는 굉장히 문제의식이 많은 사람이고, 정말 자기 절제력도 있고, 훌륭한 사람인데 다른 사람은 그렇지 못한 것 같다는 얘기가 아니에요. 다만 먼저 한 자로서, 그런 문제점이 발견되더라 하는 얘기를 전하고 싶은 거죠.

간혹 이런 질문을 받아요. 왜 하필 노숙인을 대상으로 시작했느냐? 뭐 거창하게 세계적인 흐름이다, 패러다임의 전환이다, 미국의 MBA 코스에서도 인문학 과목을 개설하고 이수하지 않으면 졸업을 안 시킨다더라, 이런 말로 대답해도 무방할 거예요. 그러나 그건 상투적으로 하는 말일 테고 좀 더 현실적인 이유가 있는 것 같아요.

왜 노숙인에서 출발했을까? 생각을 해보면 이분들은 뭐든지 받아들일 준비가 돼 있는 분들이었어요. 밥을 주면 밥을 받아먹는 분들이었고, 잠자리를 주면 가서 잠을 잘 수 있는 분들이었어요. 거기에 하다못해 인문학을 주니까 그걸 또 살포시 받아들인 분들이었어요. 근데 대학생들한테 전공 팽개치고 인문학이 중요하니까 인문학 강의 들으라 하면 못 받잖아요. 이미 우리 사회가 굉장히 촘촘하게 구조적으로 어떤 성과를 내야 하는 일들로 꽉 차 있잖아요. 기업에 있는 분들도 마찬가지이고. 그나마 아주 조건 없이 정말 소망스럽게 받아줄 수 있는 분들이 노숙인들이었던 거예요. 그분들한테는 인문학 강의가 뭔지가 중요한 게 아니었을 수도 있어요. 그보다는 단지 사회에서 우리에게 관심을 가져주는구나, 이게 고마웠던 거예요.

그렇게 시작해서 지금은 다양한 계층으로 퍼져 나가고 있으니 반길 만한 일이기는 한데 먼저 했던 제가 학자가 아니므로 연구를 하시는 분들, 평론하시는 분들이 좀 더 부지런하게 그동안 했던 노숙인 인문학의 성과나 의미 등을 학문적으로 풀어내는 작업들을 해주셨으면 하는 바람이 있어요. 아직 그런 움직임은 없는 것 같아서 아쉽습니다만.

가장 우려되는 건 이런 인문학 현상이 한때 유행으로 왔다가는 게 아닌가 하는 점이에요. 실제 그런 염려의 소리가 들리기도 하고요. 그래서 저는 어디든 달려가서 저의 경험담을 들려주고 있어요. 비록 체계적이거나 정리되지 않은 말이지만 열심히 경험담을 얘기해서 연구에 도움을 주고 싶은 거죠. 계명대에서 선생님들이 좀 관심을 가져주시고 어떤 연구의 흐름을 잡아주시면 어떨까 싶기도 하고요. 시작도 끝도 없는 이야기를 들어주셔서 감사하고요, 혹시 질문 있으시면 받도록 하겠습니다.

사회자 : 예, 감사합니다. 저는 들으면서 감히 생각하기를 선생님은 남을 배려하는 게 몸에 배셨구나 하는 판정 아닌 판정을 했습니다. 우리의 무책임을 야단치지도 않으시고, 또 노숙인들을 너무 올리거나 낮추지도 않으시고, 선생님 자신을 뽐내거나 너무 감추지도 않으시면서 이렇게 말씀하시기가 참 어려우실 텐데 라는 생각이 들었습니다. 그리고 많은 생각들을 하셨을 텐데 자유로운 질문은 잠깐 뒤에 받기로 하구요. 먼저 이윤갑 선생님이 원고를 먼저 읽으시고 약간의 논의를 이끄는 질문 한두 가지 준비를 하셨습니다. 먼저 질의해주시면 그다음에 대답해주시고 자유롭게 토론을 하겠습니다.

이윤갑 : 오늘 말씀하시는 것을 들으니까 글로 접했을 때보다도 시민 인문학 운동이 시작하여 오늘에 이르기까지의 과정이 결코 순탄한 과정이 아니었구나하는 생각을 다시 하게 됩니다. 이 운동에 앞장서시고 이끌어오신 최준영 선생님께 먼저 경의를 표하고, 또한 앞으로도 이

운동이 잘 발전할 수 있도록 애써주시기를 부탁합니다. 시민 인문학, 발표자께서 이런 표현을 쓰셨으니까 저도 토론에서 그 표현을 그냥 쓰겠습니다. 편의적으로 쓰셨다고 하시는데 명칭을 어떻게 써야 할지는 논의가 필요합니다. 시민 인문학은 우리 인문학이 단지 대학 강단에 머물러 있거나 혹은 개인 서재에 머물러 있는 경향이 있는데 이것을 삶의 현장으로 자리를 옮겨 인문학이 본래 가지고 있던 시민 영역을 되찾게 되는 계기를 마련했습니다. 저는 일단 그 점을 매우 높게 평가합니다. 시민 인문학의 출현하면서 이제 강단 인문학도 생활하는 사람들 속의 인문학, 삶 속의 인문학을 고민하지 않을 수 없는 그런 상황이 되었습니다. 제가 발표하신 내용과 또 미리 보내주신 원고를 보면서 이해한 것으로는 시민 인문학은 우리 사회에서 주변으로 밀려나 있는 서민 대중, 빈곤층을 대상으로 이루어져 왔고, 그 목표는 이들을 다시 능동적이

고 자율적인 삶의 주체가 될 수 있도록 이끄는 운동입니다. 발제문의 표현에 따르면 인문학을 통해서 자존감을 고취하고 경제적 능력에 상관없이 시민 모두가 저만의 주체로 우뚝 서게 하는 것을 목표로 삼는 인문학입니다. 클레멘트 강좌를 주도하고 있던 '얼 쇼리스'라는 분이 다음과 같은 표현을 했다고 해요. '가난한 사람들이 인문학을 통해 자존과 정치적 삶을 회복해서 위험한 시민으로 거듭나게 하는 것'. 저는 시민 인문학의 목표가 얼 쇼리스의 말한 목표와 크게 다르지 않다고 생각합니다.

시민 인문학의 이러한 문제의식과 교육방법은 한국학연구원이 그동안 가져왔던 문제의식과 공통되는 점이 많습니다. 한국학연구원의 로컬리티의 문제의식은 지금 주변으로 밀려나고 있는 지방사회 또는 지역주민이 어떻게 하면 자기 삶의 자율성을 회복하고 또 자기 삶의 주체가 될 수 있게 할 것인가 하는 고민에서 출발했습니다. 로컬리티 운동은 시민 인문학운동에서 많은 영감과 또 문제의식, 아이디어를 얻을 수 있을 것 같고 타산지석으로 삼을 점도 많이 발견할 수 있을 것 같습니다. 그래서 저는 시민 인문학에 대한 관심 자체보다도 로컬리티 운동을 시민 인문학운동의 새로운 영역으로 보고자 합니다. 지금까지 시민 인문학은 노숙인이나 자활사업에 참여하는 우리 사회의 빈곤층, 교도소 재소자 등을 대상으로 인문학운동을 펼쳐왔습니다. 그러나 눈을 돌려보면 시민 인문학이 목표로 하는 삶의 자율적 주체가 되게 하는 것은 이들뿐만 아니라 우리 사회의 보다 광범위한 계층에게 절실한 일입니다. 그런 의미에서 로컬리티에 대한 고민은, 그 속에는 인문학적인 노력이 반드시 포함될 수밖에 없는데, 시민 인문학 운동의 연장선에 있는 문제라 볼 수 있습니다. 그런 관점에서 몇 가지 궁금한 점을 여쭤보겠습니다.

먼저 시민 인문학이라는 표현, 그것은 시민이 주체가 되는, 또한 시민이 주체로 거듭나는 것을 목표로 하는 인문학이라는 의미를 담고 있다고 생각합니다…. 제가 보기에는 정말 대학 강단이나 학자의 서재에서 고담준론이나 하는, 지적 유희의 대상이 되었던 인문학이 삶의 현장으로 바로 들어가 거기에서 절실한 문제를 고민하고 해결하는 인문학으로 거듭난 것이 시민 인문학이라 생각했고, 그래서 여러 이름 가운데서 저는 개인적으로는 시민 인문학 보다는 현장 인문학이 더 적합하지 않은가 생각합니다.

발표문 소제목에 '현장 인문학으로서의 성과와 전망'이라고 붙였는데 시민 인문학 강좌가 주안을 뒀던 것은 이들이 제일 고통 받는 빈곤 문제의 본질을 인문학적으로 파악할 수 있게 하는 것이었습니다. 빈곤 문제는 사회과학적으로는 정책의 문제고 분배의 문제이겠지만 인문학의 관점에서는 관계의 문제입니다. 시민 인문학은 관계의 문제로 빈곤의 문제를 살피고 그렇게 해서 교육에 참여하시는 분들이 빈곤과 소외의 관계망과 관계 방식을 되돌아보게 만들고, 그것으로부터 자신의 삶을 새롭게 일구어 나갈 수 있는 동기와 방안을 찾게 하는 것이지요. 지금 지방사회 혹은 지역 주민이 놓여있는 현실은 정도의 차이는 있을지언정 우리 사회에 있는 최빈곤층과 본질에서 다르지 않습니다. 따라서 우리가 진정한 의미에서 지방자치 혹은 주민자치를 고민할 때 진정 시급한 것은 지역주민이 기존의 생활방식이나 사회구성방식, 역사를 보는 관점에 대해 성찰할 수 있게 만드는 것으로 생각합니다. 또한, 바람직한 변화를 만들 수 있는, 혁신해갈 수 있는 동력 또한 스스로에게서 찾을 수 밖에 없지 않은가. 그런 점에서는 로컬리티의 문제의식이 시민 인문학과 공유할 수 있는 부분이 굉장히 크다는 생각을 했습니다.

시민 인문학 운동을 시작한 지 겨우 4~5년밖에 되지 않았기 때문에 지금 큰 성과를 기대하는 것은 성급합니다. 그렇다 하더라도 시민 인문학이 목적으로 삼은 것과 지금까지 강좌 운영을 통해 이루었던 성과를 대비하면 그 사이에는 다소 괴리가 있습니다. 발표자께서 몇 가지 사례를 소개하셨는데 그 자체로도 굉장히 소중한 성과라 생각됩니다. 그러면서도 이것이 과연 얼 쇼리스가 얘기한 것처럼 '위험한 시민'으로 거듭날만한 그러한 변화과정에 있는 성과라 할 수 있을까 하고 생각해보면 회의적인 느낌을 지울 수 없습니다. 그래서 저는 시민 인문학에 참여하고 계시는 분들에게 시민 인문학이 애초 목표를 달성하기 위해 노력했던 과정에서 어떤 문제에 부딪혔고, 그렇게 된 원인은 무엇이고, 그 해결방법에 대해 어떤 고민을 했는지 묻고 싶습니다. 달리 말하면 클레멘트 강의의 경우 여러 강의가 서로 연계되고 치밀한 교육 과정을 통해서 변화를 이끌어내는 교육시스템이 갖추어져 있는데 시민 인문학에서는 그와 같은 수준의 강좌 내용과 단계별 교육과정이 확립되어 있는가, 시민 인문학 교육에는 어떤 과정이 만들어져 있고, 강좌 진행방식은 어떠한지 등에 대해서는 설명을 듣고 싶습니다. 조금 전에도 말씀하셨지만 시민 인문학이 급팽창하게 되는 계기가 경희대학교와 서울시의 재정지원이라 들었는데, 재정지원은 양면성을 지닌다고 봅니다. 재정지원이 시민 인문학을 활성화하는 긍정적인 기여를 할 수 있지만, 자칫 잘못되면 시민 인문학이 본연의 길을 가지 못하게 제약을 하거나 가로막을 수도 있습니다. 그 문제에 대해서도 설명을 듣고 싶습니다.

다음으로 발표자께서 시민 인문학 강좌가 대학의 지원을 받는 과정에서 드러난 교수들의 문제점들, 가령 자질미달 등의 문제에 대해 언급하셨습니다. 그 말씀을 들으면서 시민 인문학의 의의에 대해서는 크게 공감하면서도 지금과 같은 조건이라면 과연 시민 인문학이 성공할 수 있을까? 과연 이게 유의미한 시도가 될 수 있을까? 하는 걱정을 떨칠 수 없습니다. 시민 인문학에 대해 냉소적이고 회의적인 시각을 가진 분들이 적지 않은 것은 이런 걱정 때문일 것입니다. 이것은 교육이고 따라서 교육을 담당하는 교육자, 교수자의 역할이 굉장히 중요합니다. 교수자의 자질이나 역량이 제대로 준비되지 못하면 시민 인문학 강좌 자체가 부실해지고 본래의 목적에서 괴리될 수밖에 없습니다. 발표자께서도 이 점과 관련해 강단을 이끌고 있는 주체들의 문제의식 결여나 부족, 강의에 대한 불신 이런 것들이 강좌를 서로 연계해 구성할 수 없게 만드는 문제를 일으키고 있다는 점을 언급하셨습니다. 또한, 교육자로 나선 분들 가운데 시민 인문학을 강단 인문학의 지식 나눔의 외연을 소외계층으로 확장한 정도로 잘못 이해하거나, 새로운 밥벌이 수단으로 간주하는 분들이 적지 않다는 문제점도 지적하셨습니다.

이와는 다른 측면의 문제점으로 시민 인문학이 자칫 새로운 의식화 운동으로 전락할 위험도 경계해야 할 문제입니다. 우리 사회는 지난날 진보를 표방하면서 특정 이데올로기를 주입하는 의식화 운동의 한계를 경험한 바 있습니다. 시민 인문학 운동 또한 그러한 의식화 운동의 모순을 되풀이하지 않도록 경계할 필요가 있습니다. 이 문제를 해결하기 위해서는 시민 인문학 정신에 투철한 교육자를 어떻게 체계적으로 길러낼 것인가, 또한 그와 같은 교수 방법이 원칙에 맞게 잘 지켜지도록 교육평가체제를 어떻게 확립할 것인가를 고민해야 합니다. 또한, 이런 과제와 결합해 재정자립 문제도 고민해야 합니다. 시민 인문학이 애초 목적에 충실할 수 없게 만드는 구체적 원인과 조건은 무엇이고, 이런 문제들을 해결하기 위해 어떤 고민을 하고 어떤 방안을 찾고 있는지 설명해주시기 바랍니다. 이 문제들은 우리가 로컬리티를 인문학적으로, 인문학 운동으로 접근해 들어갈 때에도 똑같이 마주치게 될 문제라서 설명을 부탁합니다.

사회자 : 네, 불가능한 일들을 지금까지 이끌어 오신 것에 대한 감동은 조금 접어두고 최준영 선생님께서 마지막에 말씀하신 이제는 이런 것들이 좀 공론화돼서 더 좋은 방향과 더 구체적인 개선들을 얘기했으면 좋겠다는 관점에서 이윤갑 선생님의 질문이 이어지고 있습니다. 여러분이 다 들은 것처럼 최준영 선생님의 지금까지의 생각을 묻는 말씀이셨던 것 같습니다. 대답해주십시오.

최준영 : 제가 제대로 대답할 수 있을지 모르겠습니다. 나름대로 경험하면서 느꼈던 것들을 간단하게 말씀드리겠습니다. 먼저 시민 인문학이라고 제가 제목을 붙인 것에 대해서 문제 제기를 하셨는데 이윤갑 선생님께서 말씀하신 바로 그 지점에 주목해서 시민이 객체로만 남아 있는 게 아니라 시민이 인문학 강의를 통해 주체로 서는 것을 지향해야 하지 않나 이런 취지를 갖고 있었던 것입니다. 처음엔 저희도 '거리의 인문학', '현장 인문학' 이렇게 불러보기도 했었습니다. 저희가 2005년도에 성 프란시스 대학 1기를 마치고 졸업도 하기 전에 여기저기 지역에서 인문학 강좌를 열어보겠다는 문의를 많이 받았습니다. 지금 정확한 내용을 잘 모르겠습니다만 로컬리티운동 차원에서 접근하는 단체들도 있었고요. 거기서 강의계획을 짜기를 대학의 교수들뿐 아니라 지역에서 탈춤 추는 분이 있으면 그분이 와서 예술사 과목으로 탈춤 강좌를 하고, 또 연극 연출하는 분들이 오셔서 연극 활동을 하기도 하고, 또 지역마다 문인들이 있지 않습니까, 문인들이 오셔서 문학 강의를 하고 했어요. 철학은 전문 영역인 만큼 대학교수가 참여해서 강의도 했고, 이렇게 꼭 그 대학에서 지정해주는 강사가 아니라 지역에서 활동하시는 분들이 단순히 강의를 듣는 게 아니라 강사로 직접 참여를 하는 프로그램을 진행했고요. 그게 2006년도에 만들어진 '노원 성프란시스대학'이라는

곳입니다. 거기는 건강사회네트워크를 비롯한 지역 시민사회단체 활동가들이 모여서 주로 그 지역에 있는 분, 그 지역에서 활동하고 있는 분들이 강의에 참가해서 강좌를 이끌었던 경험이 있습니다. 경기도 남양주가 모범사례입니다. 처음에는 경험이 없으니까 저를 비롯한 경험이 있는 사람들이 1년 동안 강의를 하고, 그다음 2기 때부터는 조금 전에 말씀드렸던 대로 지역문인이나 교사, 작가들이 문학을 맡고, 또 지역에서 환경운동 하는 분이 환경과 문화, 과목명도 딱 정해져 있는 게 아니라 특성에 맞게 맡아주셨습니다. 남양주는 강변 도시여서 환경문제에 관심이 있는 분들이 많아요. 그러니 환경 활동가가 와서 강의했던 거죠. 또 강좌를 마친 다음에는 뿔뿔이 흩어지는 게 아니라 계속 모여서 한 달에 한 번, 어떤 때에는 2주에 한 번 모여서 책을 읽는 모임을 꾸리는 등 활동을 이어가고 있어요. 지역운동으로서 인문학 강좌가 의미를 갖는 건 기간을 정해서 강좌를 끝내고 흩어지는 게 아니라 지속해서 교류를 하고 계속 공부모임을 이어갔다는 거죠. 때에 따라서 화제가 되는 책들을 공동구매해서 같이 읽고 독서토론도 하고, 문학의 밤이나 연극도 준비하고, 그렇게 준비된 연극을 보면 진짜 감동적이더군요. 연기를 잘해서 눈물이 나는 게 아니라 저소득층 엄마들의 애환, 아이들과의 갈등 그런 삶의 문제를 그대로 각본으로 써서 하는데 그런 것 수없이 봤는데도 보면 또 눈물이 나오더라고요. 그게 하나의 지역운동으로 정착되어 가고 있는 모델이 아닐까, 그런 생각을 해봤던 적이 있습니다.

근데 서울시 그리고 연구재단 이런 데서 지원을 해주면 제약이 많아요. 연구자 회원인 사람만 강의 할 수 있을 뿐만 아니라 성과를 기간에 내놓아야 해요. 출석률이 몇 퍼센트냐, 과제 제출이 몇 퍼센트냐, 몇 명이 수료를 했느냐. 뭐 이런 거를 다 보고 해야 하는 거죠.

사회자 : 네, 이만큼 가르쳐 주셨으니까 고민은 너희가 해라, 하시면 될 것 같은데 친절하게 말씀을 해주셨습니다. 다른 참석하신 분들도 더 질문하실 게 있으실 것 같아요. 인문학 그러면 우리가 '문.사.철' 그러는데 어쩌다 보니까 철학, 문학, 사학 교수님들이 모두 계시네요. 자유롭게 말씀해주셨으면 좋겠습니다.

이재성 : 길어지지 않도록 제가 질문을 하나 하겠습니다. 오늘 강연을 잘 들었고요. 강연을 통해서 많은 아이디어를 얻었습니다. 사실 저는 선생님께서 강연하셨던 내용에 전적으로 공감하고 있고, 또 실제 같은 방향의 일을 하고 있습니다. 계명대학에서 '시민인문강좌'라고 해서 한국연구재단에서 지원금을 받아 현재까지 3년째 일을 하고 있습니다. 저도 경상북도 지역 문화원을 중심으로 그 지역에 계신 분들을 위해서 인문 강좌를 하고 있는데 선생님께서 말씀하셨던 어려움을 저 역시 그대로 다 갖고 있고, 또 지역주민이 바라는 인문학강좌의 방식이 전혀 달라서 지금 선생님께서 겪고 있는 문제에 전적으로 공감합니다. 그런 점에서 저는 선생님께 많은 조언을 구해야 할 것 같습니다. 그리고 현재 저는 또 다른 방식으로 지역의 전문가 단체라는 협의체를 하나 꾸리는 중인데 민변(민주사회를 위한 변호사모임), 건치(건강사회를 위한 치과의사회), 인의협(인도주의실천 의사협의회), 건약(건강사회를 위한 약사회) 이렇게 각 직능별 사람들의 모임들을 통해서 지역에서 우리가 할 수 있는 일이 무엇인가를 고민하고 있습니다. 만약에 그분들과 결합이 가능하다면 조금 전 최선생님께서 하시는 지역방식으로도 어떠한 일을 만들 수 있다는 아이디어를 얻었습니다.

최근에 대중매체를 통해서 나온 문제 중에 하나가 뭐냐면 노숙자 쉼터에 있는 사람들은 적어도 체제 내에서 제도적 접근이 가능한 사람들이라는 겁니다. 하지만 그러한 접근방식으로 그들에게 인문학 공부를 한다는 것은 일종의 성과주의 방식이 아니냐, 하는 겁니다. 진짜 자유로운 사람들, 노숙자 쉼터까지도 거부하면서 자기의 삶을 살려고 하는 그런 분들을 인문학 강좌로 끌어들어올 수 있는 문제에 대해 시민 인문학 운동 내부에서 어떻게 생각하는지 궁금합니다.

최준영 : 예, 점점 갈수록 질문이 어려워지네요. 제가 역시 정확한 답을 하기는 어려울 것 같고, 관련된 일화 하나를 말씀드릴게요. 제가 처음에 노숙인들의 생계를 돕기 위해서 '빅이슈'라는 잡지를 창간해야 한다면서 정치인들도 만나고 기업 하는 사람들도 만나고 굉장히 많은 사람들을 만났어요. 그런데 대부분의 반응이 "참 좋은 일 한다, 만들고 나면 도와주겠다" 였어요. 저는 함께 하자는 거였는데, 만들고 나면 그 다음에 도와주겠다는 거예요. 이게 사실은 도와주지 않겠다는 거랑 똑같은 거거든요. 너무 답답해서 제가 한겨레신문에다가 글을 하나 썼는데 모토가 이런 거였어요. '빈곤에 대한 우리 사회의 인식이 너무 빈곤하다.' 빈곤은 그들만의 문제가 아니라 우리 모두의 문제이고, 특히 롤러코스터를 탄 후기 자본주의 사회에서 어느 순간 장애나 가난을 맞닥뜨릴지 모르는 거잖아요. 그래서 우리 모두의 문제로 인식할 필요가 있는데 그렇지 못한 것 같다. 지금 빈곤하지 않은 사람들은 빈곤을 굉장히 냉소적으로 바라보고 백안시하고, 함부로 여기고 업신여기고.

모 공공기금에 지원금 1천만원을 신청을 했는데 안 되더라고요. 담당자가 저한테 귀띔하더군요. 노숙인과 관련된 사업으로 사업비가 지원된 전례가 없다고요. 노숙인들은 정치적 힘이 없잖아요, 유권자가 아니잖아요. 주민등록도 말소된 사람들이고 신용 불량인 사람들이고 집에 있지 않기 때문에 투표할 생각도 없고 자격도 안 되고 이렇다 보니 정치인들이 신경을 안 쓰는 거죠. 지금은 지정기탁이라고 어떤 쪽에 써 달라, 이렇게 기탁하는데 노숙인을 위해 써달라고 하는 경우는 아예 전무하고, 일반지원에서도 우선순위에서 밀린다는 거예요. 소외계층 지원할 때 장애인, 노인, 소년소녀가장 이렇게 쭉 나누다 보면 항상 노숙인은 우선순위에서 밀려요. 사실 그 얘기를 제가 강의 시간에 했어요. 그분들에게 여러분이 단순히 가난해서 힘이 없는 게 아니라 정치적 힘이 하나도 없기 때문에 사회에서 여러분을 도와주지 않는다. 하다못해 쉼터가 됐건 쪽방이 됐건 주소를 정확히 만들고 그런 준비를 기본적으로 해놓은 상태에서 생활해라, 그게 안 되면 점점 더 소외될 뿐이다. 어차피 안 도와주는데 도움 안 받으면 되지, 이렇게 시니컬하게 답변하는 사람들도 있지만 "아, 그런 이유가 있었구나"하고 알게 되는 분도 있어요.

아주 저급한 수준에서 제가 얘기했던 기억이 나서 말씀을 드리는데 노숙인을 일러 정말 자유로운, 좋게 말해서 자유로운 영혼을 가진 사람들이라고 이야기하지만 저는 냉정하게 봐서 노숙인 쉼터도 안 들어가고 거리에서 떠돌다가 얼어 죽거나 횡사하는 분들의 대부분이 사실상 일정 정도 정신적인 문제가 있는 분들이라고 봐요. 그런 면에서 알콜릭, 지적 장애 이런 것들로 분류해서 수용하는 데가 있는데 그런 것이 좀 많이 생겨야 해요. 일차적으로 치료를 해주고 나서 그다음에 인문학이 들어가야지, 일반적인 의식을 갖지 못한 분들한테 무조건 인문학만으로 접근하는 것은 능사가 아닌 거죠. 자유로운 영혼을 가진 분들이기도 하지만 또는 혼자 몸으로 서지 못하는 분들이기도 하거든요. 그런 분들은 우리 사회가 구조적으로 치료하고 관리하기는 쉽지 않겠지만. 그 문제는 좀 더 연구해야 한다고 봐요. 그런 것들이 먼저 이루어진 다음에 인문학이든 기술 교육이든 그런 것들이 다가가야 하는 게 아닌가 생각을 해본 적이 있습니다. 선생님의 질문하고 또 역시 동떨어진 대답을 했는데 그런 경험이 있습니다.

사회자 : 네, 유익한 답변을 들으셨을 것 같습니다. 이제 학생들의 질문을 받겠습니다.

이상원 : 예, 저는 사회학과 학생 이상원입니다. 우선 질문 드리기 전에 시민 인문학, 구체적으로 말하면 소외계층의 인문학에 대해서 잘 들었습니다. 저는 시민 인문학이라는 개념을 시민으로서 마땅히 받을 권리를 받지 못하는 주체들이 자신들의 권리를 회복하고자 하는 노력으로 받아들였습니다. 제가 하고 싶은 질문은, 정말 현실성이 없는 질문일 수도 있겠지만 미래에 가서라도 시민 인문학이 전문 영역으로서의 인문학으로 발전할 수 있을 것인지에 대해서 여쭙고 싶습니다. 구체적인 내용은 인문학에서 주체인 소외계층 중 다수는 아니더라도 소수만이라도 좀 더 후에 전문 지성을 갖추어 정책 메이커로서의 사람들로 만들 수 있을까 하는 궁금증이 들었습니다. 좀 현실성이 떨어지는 질문이지만 이 점에 대해 교수님께서 말씀해주시면 감사하겠습니다.

최준영 : 예, 제가 조금 전에 했던 이야기 중에 노숙인과 같은 소외계층이라고 하는 분, 사회적 관계망을 상실한 분들, 주변에 사람이 없는 분들을 말씀드렸는데 지금 저희가 하고 있는 시민 인문학은 본격적인 학문으로서의 인문학을 말하는 건 아닙니다. 굳이 시민 인문학에서 깊이 있게 학문적 수준까지 요구하는 그런 인문학으로 발전할 수도 있겠지만, 꼭 그럴 필요가 있나 싶어요. 저는 연계 고리로서 이분들과의 어떤 통로로서 시민 인문학이 존재하고 그다음에 시민 인문학을 통해서 정말 인문학을 공부하고 싶거나 인문학이 아니더라도 다른 공부하고 싶

다 하는 분들은 대학에서 받아야 한다고 봐요. 대학과 같이 보다 가능성이 있는 교육 기관에서 받아서 공부할 수 있도록 해줘야 하는 게 바르다고 생각합니다. 시민 인문학은, 외람된 표현입니다만, 몇몇 사람들의 헌신과 앞선 생각으로 지금까지 이어져 오고 있다고 보고 이제 막 사회에서 - 연구재단이나 지자체 - 막 관심을 갖기 시작한 단계예요. 그래서 이것이 정말 수준이 있는 본격 인문학 강좌로까지 발전할지는 아직 미지수이죠.

이균호 : 사회학과 학생 이균호입니다. 요즘에 인문학이 위기라는 얘기가 많이 나오지 않습니까? 지금 대학교 같은 경우에도 서울의 사립대학에서는 인문학과들이 많이 통폐합되고 있고 새로 개정된 교육과정에서도 역사라든지 철학은 전부 다 선택 과목화되고 있습니다. 프랑스를 비롯한 유럽 국가에서는 청소년 시기부터 철학교육을 아주 열심히 가르치고 있는데 우리나라는 그렇지 않습니다. 그게 어찌 보면 우리나라 기득권 세력이 만든 잘못된 교육정책 때문에 국민 대부분이 생각하는 힘을 기르지 못한 것이 아닐까 라는 의구심이 들기도 합니다. 인문학 자체가 우리 사회에서 살아가는 사람들이 자기의 삶에 대해 생각을 할 수 있도록 시민 인문학을 넘어선 보편적 인문학운동이 필요하다고 생각합니다. 여기에 대해서 어떻게 생각하시는지 궁금합니다.

최준영 : 예, 저도 그래야 한다고 생각을 하고요. 그 질문은 진짜로 제가 대답할 성격의 질문은 아닌 것 같은데 질문을 받았으니까 성의를 표하는 차원에서 말씀을 좀 드리겠습니다. 제 생각엔 인문학이 위기가 아니었던 때가 없었던 것 같아요. 나름대로 위기가 아니었을 때가 있다면 계급 사회, 노예 사회 때 기득권들이 했던 인문학 정도죠. 그 사람들

은 먹고사는 문제를 고민하지 않아도 되니까, 동양에서도 그랬고 서양에서도 그랬고 그리스 같은 직접민주주의사회 이런 데서도 인문학이 꽃피웠던 것 같고, 그때를 제외하고 근대 이후로 넘어와 자본주의 사회에서 인문학은 자본주의하고 늘 불화할 수밖에 없었던 것 같아요.

갑자기 위기를 맞은 게 아니라 어쩔 수 없는 현실인 것 같은데 그런데도 불구하고 자본주의 사회에서 다시 인문학의 향기가 퍼져 나가려고 하고 있고 회자되고 있는 거는 굉장히 반가운 일인데 그걸 구조적으로 어떻게 풀어야 할지는 진짜 인문학자이신 다른 교수님들이 대답을 해주셔야 할 것 같아요. 사실 저는 학자가 아니므로 이 정도까지만 이야기하겠습니다.

이윤갑 : 제가 전문적인 인문학자로서 한마디 하겠습니다.(웃음) 우리말에 위기는 기회다, 이런 말이 있습니다. 그런데 위기가 기회가 되는 게 아니라 죽음에 이르는 경우가 많은데 위기에서 살아남은 사람은 많지 않습니다. 대부분 헤어나오지 못하고 다 죽는데 거기서 살아남으려면 그 위기를 기회로 삼아야 한다는 거지요. 그렇게 하자면 그 위기를 초래하게 된 원인을 성찰하고 인식의 전환 혹은 발상의 전환이 절실한데 이것을 가능하게 만드는 것이 인문학의 능력이라고 할 수 있습니다. 그런 면에서 어떻게 보면 위기가 오기 전에 미리 문제를 발견하고 그것을 바로 잡으려고 노력해야 하는 것이 인문학입니다. 우리 사회에서 인문학이 위기라는 소리를 자주 듣습니다. 이런 이야기는 다들 어떻게든 현행 자본주의체제에 매달려 있어야 살아남을 길이 있다고 믿기 때문에 열심히 따라가면 된다고 생각할 뿐, 이게 옳은지 그른지 우리가 살펴보고 점검해볼 필요를 못 느끼는데 나오는 것입니다. 그러나 최근에 금융위기, 경제위기에서 보듯이 이 체제에서 끈 떨어지는 것이 시간

문제로 느껴지고, 끈 떨어지는 사람이 점점 더 많아지니까 여기서 어떻게 해야 하지 하고 생각하게 된 겁니다. 그 대책은 두 가지로 나오고 있지요. 하나는 좀 더 확실히 끈을 잡는 길을 찾는 거지요. 이게 지금 교육열 아닙니까, 그렇지요. 다른 하나는 이 체제는 공생 체제가 아니므로 정말 지속가능한 공생의 체제를 고민해야 된다는 것입니다. 이런 데서 우리가 그동안 자신과 세계를 바라보는 관점과 인식에 대해서 다시 점검하고 성찰하고 거기에 어떤 문제가 없는가를 살피는데 인문학이 본래의 힘을 발휘합니다. 아마도 앞으로 우리 사회는 인문학을 통해서만 새로운 생존의 길을 찾을 수 있을 것입니다. 저는 이것이 대세가 될 것으로 생각합니다. 우리 사회의 상황으로 보면 철학의 세계가 옵니다. 지금 제가 몸담고 있는 대학도 철학과가 생존위기를 가까스로 넘긴 상황이지만 앞으로는 틀림없이 철학이 가장 유명한 학문으로 복권되는 이런 인문의 시대가 머지않은 장래에 반드시 도래할 것입니다. 그런 면에서 오늘 이 자리에 참석하시는 분들은 굉장히 복 받으신 분들입니다.

방금도 이야기했지만 지금 우리 사회에서는 현재 체제에서 탈락한 계층, 곧 현 사회체제에서 주변부로 밀려나고 탈락한 그래서 생존의 위기를 맞고 있는, 죽음의 언저리에 와있는 사람들이 일차적인 인문학 교육의, 곧 시민 인문학의 대상이 되었습니다. 이 사람들은 다시 이 체제에 편입될 가능성이 스스로 없다고 생각하고 있고 그런 점에서는 발상의 전환이 가장 힘든 계층이기도 하면서 또 가장 쉽게 할 수 있는 계층이란 특징이 있습니다. 그래서 목마른 자가 샘을 판다고 그분들은 자신들의 생존이 절박한 문제이기 때문에 새로운 인식 또는 새로운 가능성에 대한 고민에 대해서 굉장히 적극적일 수 있습니다. 그런 면에서는 시민 인문학 정신이 아주 성과를 낼 수가 있는 대상이라는 거죠. 그런데 다시 눈을 돌려 우리 사회 전체를 보면 그와 같은 인문학적 성찰은 모든 계층에게 다 필요한 거거든요. 특히 이 체제에서 소위 서민이라고 불리는 계층에 분류되는 사람들에게는 더욱더 절실한 문제입니다. 부자들이야 어떻게든 안 살아남겠습니까, 고민 안 해도 상황이 다급해지면 돈 싸들고 달아나면 되니까. 뭐 그런 면에서 저는 시민 인문학 운동이 좀 더 시민 일반으로 확대될 필요가 있다고 생각합니다. 오늘 발표를 들으면서 역시 느끼게 되는 것은 시민 인문학이 확대되기 위해서는 시민 인문학의 교육학을 정립하는 것이 시급한 과제라는 점입니다. 기존의 강단 인문학의 교육방식으로는 도저히 다가갈 수는 없는 것이 시민 인문학이기 때문입니다. 이를 위해서는 시민 인문학의 교육학을 제대로 체득한 분들이 시민 인문학에 적합한 교육학을 정립하는 운동에 적극 나서야 합니다. 시민 인문학 교육을 그냥 개개인의 능력이나 문제의식, 양심에 맡겨서 될 문제는 아닌 것 같습니다. 나아가 시민 인문학을 매개로 우리 사회의 변화를 이끌어 내는 좀 체계적인 과정을 고민할 필요가 있습니다.

다음으로 최교수님께서 남양주의 시민 인문학 사례를 소개하셨는데 시민 인문학의 대상이 굉장히 확대될 가능성을 보여준 사례라고 생각됩니다. 이 경우 시민 인문학은 어떻게 보면 좀 위험한 시민, 곧 대안적 사회를 전망하고 그것을 실천해가는 진일보한 새로운 시민의 형성이 궁극적 목적이라 할 수 있습니다. 제가 서울시나, 한국연구재단 혹은 기존 대학의 지원에 대해서 걱정하는 부분은 이들은 우리 사회체제에서 기득권의 지위를 누리고 있는 집단이라는 거죠. 그래서 이 사회에서 구조적으로 탈락한 이 계층이 사회에 반발세력이나 불안한 저항세력으로 전화되지 않고 다시 이 체제에 편입되기를 바라면서 지원을 한다는 것입니다. 그런 까닭에 지금 당장은 교육과정에 개입하지 않지만 시민 인문학의 강좌 내용이 자신들의 이러한 요구와 기대를 넘어서 더욱 진보성을 띤다고 판단되면 지원을 중단 다든가 간섭하게 될 것이라는 겁니다. 메모리얼 행사에 대한 개입 같은 데에서도 그런 문제를 볼 수 있습니다. 따라서 시민 인문학 운동을 지속해 나가기 위해서는 독자적인 재단을 만들어야 하는데 이 재단을 만들고 운영하기 위해 꼭 필요한 것이 진정으로 일반시민을 상대로 한 인문학을 발전시켜야 한다는 것입니다. 일반 시민이 십시일반으로 그런 재단을 후원할 수 있는 능력이 있다는 거지요. 이런 부분을 준비하는 것이 이 운동의 지속을 위해서 반드시 필요하다고 봅니다. 지금 '빅이슈' 같은 경우도 그런 노숙인들의 자활적인 생산체계를 어떻게 만들어갈 것인지에 대한 고민인데, 그런 고민도 앞으로 지속하여야 합니다. 그리고 그것이 제대로 성공하기 위해서는 일반시민이 그 운동에 대해서 적극적으로 호응하고 공감하고 참여해야 합니다. 시민 인문학 운동 자체의 대상이 우리 사회의 취약계층, 소외계층을 넘어서서 시민 일반 층으로까지 확대된다면 그러한 연대의 가능성도 그 속에서 풍부하게 생겨날 수 있을 것으로 생각합니다. 지금까지의 제 얘기를 정리하면 이 모든 변화의 핵이 시민 인문학의 교육운동을 매개로 이루어지기 때문에 이 교육운동이 정말 내실 있게 운영될 수 있는 시민 인문학의 교육학과 또 그것을 물질적으로 뒷받침해줄 수 있는 시민 인문학 재단 같은 것들이 '빅이슈' 와 같은 이런 활동 못지않게 강구되어야 하고, 그렇게 해야만 제대로 원래의 길을 갈 수 있지 않겠나 생각합니다.

손정수 : 한 가지 짧게 질문 드리고, 또 강연을 들으면서 든 생각 한 가지를 말씀드리고 싶은데요. 한 달 전쯤 '프레시안'이라는 신문에 얼 쇼리스의 희망의 인문학에 대한 서평이 있었습니다.

희망의 인문학에 대한 비판적인 글이었는데요. 그 글을 쓴 사람은 인문학 시간 강사가 자살하는 현실에 대해서 이야기를 하면서 희망의 인문학 같은 대안적 인문학이 근본적인 문제들을 해결하는 것을 가로막는다, 그런 문제들을 은폐한다는 식으로 비판했어요. 혹시 선생님 생각은 어떠신지, 그 생각을 한번 들어보고 싶고요.

또 하나는 반복되는 이야기입니다만 저희가 뜻을 가지고 사회적으로 운동을 펼칠 때, 어느 경우에나 다 돈이 들기 마련인데 뜻이 있는 사람들이 각각 조금씩 모아서 마련하면 가장 이상적인 형태고, 또 노동력도 자원봉사로 참여하게 하면 좋은데 실제로는 그런 풍토가 확립되어 있지 않기 때문에 자금을 마련하는 데에도 늘 국가기관이라든가 대학이라든가 결합하지 않을 수밖에 없는 풍토가 되어 있습니다. 사실 이런 문제들을 해결하는 것이 굉장히 중요하다는 생각도 들어요. 조금 전에 말씀하셨지만 국가기관의 행정관료 체제와 대학교도 역시 마찬가지로 문제가 굉장히 많거든요. 사실 이런 거 해나가는 게 단순히 노숙인의 문제이기도 하지만 대학의 문제들, 국가기관의 문제들 이런 걸 다 함께 해결해나가는 것이기도 하다는 생각이 듭니다. 그러므로 여러 방면에서 각자의 문제를 해결해 나가려고 노력하는 사람들이 힘을 모을 수 있는 통로가 될 수 있다는 생각도 듭니다.

또 한 가지는 아까 그런 말씀도 하셨어요. 강사들을 불러서 하면 잘 안 된다는 거죠, 뜻이 잘 전달되지 않고 중간에 굴절되고 하는 일들이 자꾸 생기는 겁니다. 제가 예전에 미국에서 저소득층의 아이들을 가르치는 비영리 기관을 가 본 적이 있었는데 거기서는 주중에는 아이들을 가르치고, 토요일에는 자원봉사하는 사람들 교육하는 프로그램을 계속 진행하더라고요. 저는 이걸 보면서 내가 이런 일을 만약에 혹시나 하게 되면 그걸 꼭 한 번 염두에 두겠다는 생각을 했었는데 우리도 그런 측면에 대해 한 번 생각해볼 필요가 있는 것 같아요. 그 경우에는 자발적으로 참여한 자원봉사자들이라 훨씬 더 쉬웠겠지만 그렇지 않다 하더라도 그것을 공유하는 과정의 문제는 늘 해결해야 하는 문제가 아닌가 하는 생각이 들었는데 혹시 거기에 대한 생각이나 경험이 있다면 말씀해 주시면 고맙겠습니다.

최준영 : 네, 먼저 그 '프레시안'의 기사는 굉장히 신선했습니다. 왜냐면 그것이 아무리 옳은 것이고 필요한 거라 하더라도 소외계층을 위한 인문학을 한다고 하면 누구나 쌍수를 들고 박수치는 분위기, 획일적인 분위기가 계속되는 게 살짝 마음에 걸렸었는데 또 다른 시각에 노출되는 것이 반가운 일이더라고요. 말씀하신 대로 저널적 글쓰기의 한계랄까? 거친 글이었기 때문에 학문적으로 논의해야 할 것인지는 모르겠습니다만 거기서 말하는 건 지식의 상업화니 뭐 그런 것을 우려한 것 같아요. 인문학자들은 지금 죽어나가고 있는데 지식 나눔이란 것이 현실적으로 맞는 건지에 대해 문제 제기를 했던 것 같아요.

근데 저는 그 나눔의 의미를 왜곡 내지는 오해하고 있는 게 아니냐는 생각을 했어요. 나눈다는 게 꼭 있는 자만이 나누는 게 아닌데 말이죠. 예를 들어서, 인문학자들은 지식을 가진 사람이기 때문에 지식을 나눈다, 이런 의미가 아닌 것 같습니다. 나눔의 문제를 조금 폄훼하고 있는 듯해요. 물론 다른 목적이 있는 글이기 때문에 그렇긴 하겠습니다마는 그런 부분은 조금 기회가 된다면 얘기해보고 싶고. 어찌 됐건 시민 인문학에 대해 이렇게도 저렇게도 다양하게 보려고 하는 시도를 접한 거여서 신선하고 반가웠고 그랬었습니다. 두 번째로 선생님께서 경험하셨던 미국에서의 자원봉사로 강의하는 강사들에 대한 교육 프로그램이 계속 같이 진행되더라는 얘기는 공감합니다. 선생님께서 직접 지도를 해주시면 어떨까라는 생각이 드네요.

사회자 : 네, 다양한 이야기가 나왔습니다. 혹시 마지막 질문 없으세요?

사회자는 말을 안 하는 거라고 하는데 저는 선생님들 말씀 들으면서 인문학에 대해서 좀 더 생각하게 되었습니다. 그런데 지금 노숙자를 위한 인문학이라고 할 때 그 경우는 인문학 이외에는 할 수가 없는 일이다, 라는 생각을 했는데. 음…. 예를 들면 경제를 강의할 수는 없을 것 같아요. 자연과학을 강의할 수 없을 것 같고요, 정치나 질서에 대한 것도 강의할 수 없을 것 같아요. 기본적으로 사람이 없는 사람들이란 말이 제게는 참 크게 와 닿았는데, 그런 분들에게 사람임을 찾아주고 주변에 사람이 있음을 생각게 해주는 그런 학문은 사실 인문학 외에는 할 수가 없다는 생각이 들었습니다. 그래서 지금 우리가 대학에서 직업교육으로서의 인문학을 생각하면서 계속해서 상대적 박탈감 내지는 허약감에 시달리는데 이런 그 극단의 상황에서 인문학이 할 수 있는 일을 다시 한 번 생각해봄으로써 그것이 강단 인문학이 되었든, 현실 인문학이 되었든 문제의식과 그것의 방법 자체를 다시 다지게 되어야 하는 것이 아닌가, 그런 생각을 했습니다. 선생님께서 만약 시민 인문학을 지금까지 펼쳐 오시지 않았다면 이렇게까지 우리에게 많은 가르침을 주실 수 있었을까 하는 생각도 해봅니다. 그래서 시민 인문학일 때에는 사실 소외계층에 대한 인문학인데 예술도 필요하고 또 지식도 필요하다고 생각이 들어요. 그런데 기본적으로 성찰하게 하는 것은 정말 우리가 자기 자신에 대해서 생각하게 하는 것, 그것은 또 다른 어떤 절박함의 문제가 아닌가 하는 생각을 합니다. 제가 많은 분의 논의를 좁히는 것이 아닌가 하는 생각이 듭니다만 제가 한 가지 질문을 드리겠습니다. 선생님께서는 기본적으로 사회적인 책무에 대한 혹은 공공의식 이런 것들에 대한 소양이 굉장히 잘 갖추어지셨던 분이신 것 같은데 책을 보니까 그

분들에게서 배운다는 말씀을 많이 하셨는데 이 일을 몇 년간 해오시면서 선생님 자신이 스스로 변한 것이라든가, 정말 이것이 도리어 내가 받은 선물이다 이런 생각이 있으시면 저희에게 한 말씀 들려주셨으면 좋겠습니다.

최준영 : 예, 제가 노숙인분들, 교도소에 있는 분들한테 배웠다는 말은 상투적으로 쓰는 건 아니고 실질적으로도 많이 배웠다고 생각을 하고요. 뭐 등단을 했다고 하지만 이렇다 할 책을 써본 적도 없고 작품을 써본 적도 없는 사람인데 여러분하고의 강의 기회가 주어져서 여러분하고 만나서 이야기하는 것, 그 자체가 제 인생의 대표작입니다, 대표작을 쓰고 있는 겁니다. 이렇게 얘기를 합니다. 그분들이 어찌 됐건 인문학을 공부했다는 것을 계기로 해서 사람이 변하는 건가? 하는 의문이 많았었는데 실제로 외형이나마 변화하는 모습들을 보면 참 가슴 뭉클해질 때가 많고. 제가 생긴 건 우락부락하게 생기고 별로 눈물이 없는 사람인데 그분들 때문에 많이 울었습니다, 사실. 제가 『책이 저를 살렸습니다』라는 책에서도 그런 얘기를 소개도 하고 그랬는데. 빅터 프랭클의 『죽음의 수용소에서』라는 책을 같이 읽고 나서 "삶의 의미를 알면 그 어떤 고통도 이겨낼 수 있다," 제가 했던 말을 어떤 분이 기억하고 있다가 운전면허증도 없는데, 운전직을 구하는 화물차 차주한테 찾아가서 일해 보겠다고 했습니다. 결국, 운전면허증을 딴 뒤 20t 대형 탱크차를 의정부에서 울산까지 20시간이 넘게 운행하는 생활을 하면서 한 달에 돈을 한 200만 원 이상 번다고 그 돈을 모아서 저에게 30만원을 보내는 거예요. 제가 '빅 이슈'라는 것을 한다고 아파트 대출금을 제1금융권에서 제2금융권으로 돌리면서 추가대출을 받아서 경비를 쓰고 있다는 걸 알고 있다며 보내온 겁니다. '빅 이슈' 만드는 데 쓰라고. 그분 생각하니

까 제가 갑자기 또 뭉클해지는데. 그런 돈을 저한테 갖다 주시는 분들을 보면서 여전히 빚에 허덕이고 정상적인 생활을 못하는 분인데도 자기는 어찌 됐건 일을 하니까 제 통장으로 돈을 넣어주고 혹시 나중에 자기가 직접 꿔주면 자존심 상해할지 모르니까 교수님이 꿔주는 걸로, 누가 돈 꿔달라고 전화 오면 이 돈으로 꿔주라고 말하더군요.

그건 뭐 말할 수가 없죠, 그걸 학문적으로 말할 수 있는 것도 아니고 제가 상투적으로 했던 말이었는데 정말 내 인생에 대표작을 쓰고 있구나. 이런 얘기를 누구한테 들려줄 때의 뭉클함이 그대로 느껴지고 그래서 행복한 것 같고, 정말 그분들한테 제가 많이 배우고 있구나, 이런 생각도 많이 하면서 삽니다.

혹자는 그래요, 참여하는 교수들이 몇 십 명이 되는데 아무도 책을 안 내는데 저만 책을 그것도 수준도 안 되는 책, 블로그에 썼던 걸 모아 가지고 대충 편집해서 책을 냈는데 그걸로 손가락질하는 사람들도 있더군요. 시민 인문학의 수준을 그렇게 저하시킬 수 있는 거냐. 근데 제가 그 말에 항변하기 위해서 그런 말을 했어요. '당신은 책 한 권을 쓸 만큼의 경험을 했느냐, 강의만 달랑하고 가고, 그랬던 거 아니냐. 나는 이 책 한 권이 아니라 책 10권 이상 쓸 경험을 가지고 있다, 이제 고작 한 권 낸 거다.' 이렇게 항변했던 적이 있었습니다. 그게 복이죠. 글 쓰는 것을 직업으로 했던 사람인데 글 쓸거리를 그렇게 많이 확보하고 얻고 깨닫고 느끼게 되었던 것들. 그것보다 더 큰 도움을 받은 게 없는 거죠. 감사한 마음으로 하고 있습니다.

사회자 : 네, 이런 얘기를 좀 더 많은 학생과 어른들이 들었으면 좋겠는데 아쉽습니다. 긴 시간 말씀해주신 최준영 선생님께 다시 한 번 박수를 부탁합니다. 이것으로 마치겠습니다. 감사합니다.

노하우로서의 윤리倫理
-프란시스코 바렐라의 인지과학과 동양철학 연구-

• 포럼 일시: 2010년 11월 23일
• 발표: 유권종(중앙대 철학과 교수)
사회: 이재성(계명대 교양교육대학 교수)
토론: 박상혁(계명대 윤리학과 교수)

사회자 : 오늘 발표를 해주실 분은 프란시스코 바렐라(Francisco J. Varela)의 저서 『윤리적 노하우(Ethical Know-How: Action, Wisdom and Cognition)』(1999)를 번역하신 유권종 교수님이십니다. 아마 참석하신 분들은 동양철학 하시는 분이 어떻게 서양철학 책을 번역했을까라고 생각하실 수도 있겠습니다. 하지만 오늘 발표를 듣고 나면 그러한 궁금증을 말끔하게 해결할 수 있을 것으로 생각합니다. 지금까지 동양철학의 방법론과는 다른 방법론, 즉 과학적 방법론을 통한 동양철학이 왜 중요한지를 한번 들어보시고, 이에 대해 여러분이 가지고 있는 궁금증들을 발표자 유권종 교수님과 함께 나누어 보시기 바랍니다. 자, 그러면 강연해 주실 유권종 교수님을 소개합니다. 큰 박수 부탁드립니다.

유권종 : 동양철학 전공자로서 프란시스코 바렐라의 『윤리적 노하우』라는 책을 번역 하게 된 이유는 제가 동양철학을 연구하면서 느낀 한계

때문입니다. 즉, 지금까지 많은 동양철학 연구자들이 의존하고 있는 방법들만으로는 동양철학을 현대 인문학의 담론에 필요한 소재나 주제로 활성화하기가 어렵다는 것이었습니다. 또 하나는 그런 문제의 극복을 현대담론으로 제기하는 것 자체가 중요하기도 하지만, 그것과 더불어 동양의 전통사상이 중요한 교훈을 준다든가, 혹은 현대인의 문제 해결에 중요한 기여를 하는지의 여부를 지금보다 더 진전된 학문적 방법을 통해 설명할 방법이 필요하지 않는가, 라는 게 저의 문제의식이었습니다. 그런데 기존의 방법은 대체로 한문 문헌을 정리하면서 전통적인 개념으로 해설한다든가, 혹은 서양철학 내지 서구 인문학의 용어를 사용하여 설명하는 것으로 그치고 맙니다. 그렇게 하는 것은 동양의 전통사상이 지닌 가치나 그것의 가능성을 설명, 입증하기보다는 그저 공허한 주장처럼 들릴 때가 잦습니다. 저는 그런 것보다는 동양 전통사상이 가진 실질적인 가치나 그것이 현대인들의 생활에 적용되었을 때의 의의, 미래적인 전망을 열어줄 수 있는 것이 무엇인가를 설명할 수 있는 부분들에 초점을 맞추고 있었습니다.

1990년대 말에 제가 인공지능을 전공하는 교수, 교육학 전공 교수와 함께 한국학술진흥재단에 지원한 공동연구과제를 신청해서 선정되었어요. 그때 목표했던 게, 유교 예절교육을 통한 인격의 변화와 그 이유에 대한 학문적 설명이었습니다. 그전까지 저는 예학 전공을 하면서 주로 문헌고찰의 방법을 통한 예서禮書 분석과 그 의미와 가치를 풀어내는 작업을 했습니다만, 어느 순간부터는 이것만으로는 부족하다는 생각이 들었습니다. 오늘날 우리에게는 현대인의 생활에 적절한 예절의 체계를 새롭게 구성해야 한다는, 더 나아가서는 예절교육이 필요한 이유를 제시하고 예에 부정적이거나 무관심인 사람들을 설득해야 한다는 요청도 있습니다. 그러한 요청들 때문인지, 저는 예절교육을 오랜 세월동안 지속했을 때 학습자의 변화가 과연 진실인가, 진실이라면 과연 그 실제는 어떠한가, 그렇게 변화되는 까닭이나 방법은 무엇인가에 대한 설명이 필요 있다고 생각했죠. 그리고 그것이 바로 예학 연구자의 의무라고도 생각했습니다. 사실 오늘날 사람들은 경제적으로는 부유하고 윤택해졌지만 삶의 윤리적 태도나 실천은 오히려 약화되거나 퇴화하는 매우 부정적인 상황으로 치닫고 있습니다. 이런 상황에서 우리 사회와 구성원들의 윤리적 실천 능력을 높이려고 할 때 필요한 것이 예절교육이며, 그리고 이러한 예절교육의 효과를 증명할 연구가 필요하다는 데 세 사람 모두 동감을 했죠. 물론 현대인에게 적합한 예절의 구성도 필요하다는 인식도 가졌고요.

본격적인 연구에 앞서 우리는 예절 교육의 모델이 되는 교과서를 찾았습니다. 『소학小學』도 있지만 그보다 더 기초적인 것은 조선 중기 유학자, 서애西厓 유성룡柳成龍의 문인 우복愚伏 정경세鄭經世의 「양정편養正篇」입니다. 이는 우복이 자신의 아들을 교육하기 위하여 만든 스물일곱가지 예절교육 항목으로 구성된 책입니다. 제가 이 책을 기본적인 자료로 제공하고, 교육학 교수가 이를 바탕으로 현대 아동들의 학교생활과 가정생활에 긴요한 예절로 다시 구성했습니다. 그렇게 해서 처음에는 6주짜리 교육 프로그램을 만들어서 교육 실험을 했고, 그 후에는 장기간 예절교육의 효과를 예측하는 시뮬레이션 프로그램도 만들었습니다. 연구가 끝난 후 한국학술진흥재단에서는 우리 연구를 다시 선정 했습니다. 그래서 초등학생을 대상으로 한 10주간에 걸친 교육실험 프로그램을 만들었습니다. 프로그램 운영을 위해 교사를 선정하여 교육프로그램에 관한 교육을 하였고, 변별력을 확보하기 위해 그 교사가 주도하는 교실과 그렇지 않은 교실을 비교하여 실험을 진행하였습니다. 우리는 관찰조사 및 설문지 조사를 통해서 의미가 있는 결과를 얻었습니다. 즉, 단기간의 실험이었지만, 이를 통해 얻은 의미있는 결과로 예절 교육을 적어도 10년 또는 20년 동안 지속한다면 어린이들이 매우 원만한 인격체가 된다는 점을 입증할 수 있었습니다. 우리는 이 같은 시뮬레이션을 통한 단기간의 실험교육으로 장기적인 예측을 가능케 하고, 그 예측을 통한 예절교육의 타당성을 주장하고자 한 것입니다.

이 연구를 포함하여 약 5년간 비슷한 연구를 하면서, 인격형성 혹은 인간발달을 설명하는 학문적 영역에 유교적 모델이 따로 있어야 한다고 생각했습니다. 다시 말하면 예절교육을 통한 인격의 변화를 설명하려면, 거기에는 유교식 심성론에 의한 설명의 틀이 필요했던 거죠. 실제로 우리는 오랜 세월에 걸친 예절의 실천 때문에 인격이 고양되고, 또 존재 자체가 변화하는 이유나 그 원리에 대한 해명을 서양의 심리철학으로부터는 구하기 어려웠습니다. 또 심리학이나 교육학 계통의 발달이론 종류는 유교의 예 교육과 맞지 않아 적절한 도구가 되기에 부족했습니다. 그리고 인지과학만 하더라도 수많은 마음에 관한 접근들이 있긴 하지만 실질적으로 마음이 어떻게 생겼다고 하는 모델이 없었습니다. 조선시대의 유교 심학적心學的 전통에서는 퇴계退溪 이황李滉과 추만秋

巒 정지운鄭之雲이 그린 천명도天命圖가 있죠. 천명도에는 심心과 성性 내지 정情의 관계가 있는데, 이는 유학자들이 바라보는 마음의 구조입니다. 이는 신체적 행위와 연결된 심心이 내부적으로 어떠한 변화가 생기느냐 하는 것을 설명할 수 있는 그런 구조입니다.

우리는 이를 인지과학적 방식으로 다듬어 마음모델을 만들고, 이를 바탕으로 장기간에 걸친 예절교육의 효과를 예측할 수 있는 시뮬레이션 프로그램을 제작하려고 했습니다. 그 과정에서 우리는 인지과학의 이론을 도움받아야 했는데, 그때 발견한 책이 바로 『윤리적 노하우』라는 책이었습니다.

사실 우리는 여태껏 동양철학에서 담론의 소재를 이끌어내려고 할 때, 항상 서양철학, 특히 근현대철학의 틀을 빌려서 이야기를 해왔습니다. 그런데 칸트, 헤겔 아니면 심리철학의 심신이론 등을 가지고 유교를 분석하거나 비교해도 유교의 특징이 무엇인지 설명되지 않는 것이 대부분이었습니다. 그래서 이런 걸 꼭 해야 하나, 라는 생각을 하던 참에 마침 메타포 이론을 만나게 되었고, 이를 통해 동양 전통사상의 이해를 위한 출발점은 '논리'가 아니라 '메타포'라는 것을 인식하게 되었습니다. 그뿐만 아니라 동양철학에 접근하는 방법에 상당히 폭이 넓어지고 설득력도 더 증대되는 것을 느꼈습니다. 동양식의 논리를 더욱 적합하게 설명해 낼 수 있는 이론이 될 것이라는 데 공감한 저희 연구진들은 곧바로 번역에 착수하였습니다. 그런데 번역을 하는 과정에서 굉장히 어려움을 겪었습니다. 여러분께서 보셔서 아시듯이 용어 자체가 상당히 생소한 게 많고 조어가 많아요. 그러니까 인지과학 쪽에서 만든 새로운 용어가 많아서 번역하기가 쉽지는 않았습니다. 나름대로 철저하게 노력해서 번역 했습니다. 번역하는 과정을 통해서 프란시스코 바렐라를 비롯한 Radical Constructivism, 우리나라에서 급진적 구성주의라고 번역을 하는데 이러한 계통 학자들의 학문에 많이 관심을 두고 보게 되었습니다. 래디컬 컨스트럭티비즘을 통해서 동양철학을 설명하는 방법을 찾는 것도 이제 중요한 과정이 될 것이라는 생각을 하게 되었습니다.

프란시스코 바렐라의 학문

이제 윤리적 노하우의 내용을 압축적으로 말씀드리겠습니다. 윤리적 행위의 본질은 무엇인가? 윤리 규범에 대한 정확한 판단과 더불어 올바른 행동을 실수없이 하도록 하는 능력은 어디서 비롯되는 것인지, 그리고 어떻게 해야 획득되는 것일까? 또한 인간의 여러 종류의 행위들과 윤리적 행위는 어떤 연관이나 차이가 있을까? 혹은 불교에서 강조한 수행은 인간으로 하여금 어떤 능력을 획득하거나 강화시키는 데 기여하는가? 동양의 전통 사상들의 교육방법은 서양의 도덕교육 방법과 어떠한 차이가 있는 것인가? 제가 볼 때, 이러한 무수한 의문에 대해 적절한 답을 할 수 있는 것은 동양철학이나 서양철학이 아닌, 인지과학인 것 같습니다. 물론 인지과학에도 많은 갈래가 있고, 또 여러 관심사가 있기 때문에 이를 좀 더 정확하게 지적해서 말하자면 급진적 구성주의 계열이라고 할 수 있습니다. 인간의 인지, 혹은 지능과 인식에 관한 연구분야로서 인지과학은 과거의 그 어느 학문이 접근했던 것보다도 더 심층적인 차원까지 접근해 인간의 인지 능력의 구조와 체계를 설명하고 있습니다. 그런 급진적 구성주의의 학문 연구를 주도했던 인물들 가운데 한 사람이 프란시스코 J. 바렐라입니다. 강연집인 『윤리적 노하우』는 동양의 전통적 가르침이 정립했던 것을 윤리적 노하우라는 관점으로 조명한 내용을 담고 있습니다. 여기서 주목하실 점은 지식의 종류를 노하우(Know-how)라는 개념으로 접근하고 있다는 것입니다. 바렐라는 부제이기도 한 행동(action), 지혜(wisdom), 인지(cognition)를 각각 분석하고 그에 관한 실험적 사례를 적실하게 제시하면서, 일상생활에서 비중이 큰 윤리적 행위의 본질은 노홧(Know-What)이 아니라 노하우(Know-How)임을 논합니다. 그의 이러한 관점에 따르면, 현대의 도덕교육이 도덕적 인간을 양성하지 못하는 근본 원인은 바로 윤리적 노하우를 소홀히 하는 데 있다는 것입니다. 그러나 그는 동양의 전통적 가르침들은 이러한 노하우를 획득하거나 지속시키는 방법을 적절하게 제시하는 것으로 보며, 특히 맹자에 집중합니다.

따라서 그의 저서는 동양철학 전공자에게 연구의 중요한 진전을 가져올 수 있는 계기를 마련해주고 있습니다. 바렐라의 학문이 발생하게 된 계통을 이야기하자면 먼저 인지과학에 대한 논의가 언급되어야 합니다. 인지과학이란 원래 인간의 인지현상에 관한 연구를 위해 다양한 분야의 연구자들이 느슨한 연합형태를 이루어 진행한 학제간 연구의 일종입니다. 인지란 행동이나 생각과 단절된 독립적 영역이 아니라 인간의 생각과 감정, 행동 및 가정과 학교 국가 등의 장에서 형성되는 사회, 문화적 흐름까지도 연결된 인간의 중요한 내면 활동입니다. 인지과학은 20세기 중반에 출범한 융합학문의 모델로서 거기에는 헥사콘(hexacorn)으로 불리는 학문 여섯 가지가 핵심적 영역을 구성하고 있습니다. 철학, 언어학, 심리학, 인류학, 생물학, 신경과학이 그것이고, 이외에도 참여하는 학문이 매우 다양합니다. 인지과학적 연구는 그 분야와 연구방법도 매우 다양하지만 프란시스코 J. 바렐라는 매우 근본적인 차원에서 접근하여 서구 혹은 인류 전체의 지적 전통에 도전하고 있습니다. 그는 인지라는 개념을 매우 넓게 사용하는 쪽으로 보이는데, 그에게 인지란 '살아가는 것' 자체, 혹은 전체를 의미하고 있습니다. 바렐라의 학문을 잘 소개한 것으로는 그와 공동 저술을 했던 에반 톰슨(Evan Thompson)이 쓴 「생명과 마음: 오토포이에시스로부터 신경현상학까지」라는 글입니다.

이 글에서는 바렐라의 학문을 오토포이에시스(autopoiesis)라는 개념의 구성으로부터 신경현상학(neurophenology)으로 나아가는 과정으로 설명하고 있습니다. 신경현상학의 연구방법은 아직 국내의 학계에서는 낯선 것이고, 외국의 학계에서도 급진적 구성주의 계열 외에는 잘 알려지지 않은 듯합니다. 그럴 수밖에 없는 이유는 신경과학 연구가 대체로 관찰자적 방법에 의존하는 경우가 대부분이지만, 바렐라의 경우, 당사자적 방법에 입각한 생명의 관찰자로서 인지를 연구하기 때문에 현상학적 방법을 중시할 수밖에 없는 거죠. 여기서 그는 최근의 서구철학적 방법론인 현상학이 인지과학과 결합하는 새로운 융합학문적 구도를 마련하고 그것을 인간의 생명과 두뇌 및 인지에 관한 연구의 방법론으로 체계화하는 중요한 업적을 남겼습니다. 그는 무엇보다도 생명에 대한 인지에서 가장 중요한 자료가 당사자의 경험 또는 느낌이라는 태도를 보입니다. 달리 말하면 생명은 그 어느 것으로도 환원될 수 없으며, 생명은 그 자체에 의해서만 인지될 수 있다는 사실입니다. 따라서 그에 의하면 경험은 환원불가능하며, 현재 생명이 있는 몸은 살아있는 '경험의 선험적 불변식不變式'(a priori invariant of lived experience)이라고 설명할 수 있습니다. 바로 여기에 서구의 심리철학에 대비되는 점이 있습니다. 심리철학은 인간의 마음에서 일어나는 현상과 작용들을 본질에 해당하는 것으로 환원시키려고 합니다. 그리고 여기서는 마음이 물질인가 아닌가, 마음과 몸의 관계를 보는 구도는 이원론적 구도가 옳으냐 아니냐, 하는 논의를 계속해야 합니다. 마음의 본질이 어떻게 정의되는가에 따라서 끝이 없는 논의가 이어져 그 구도에서 벗어날 수 있는 새로운 돌파구를 찾지 못하고 있습니다. 반면 바렐라의 주장은 서구의 학문적 전통, 특히 물질과 마음(비물질)의 이원적 구도에 입각한 존재론적 사고방식을 견지하는 것에 대한 근본적인 도전이라는 의미를 지니고 있습니다.

바렐라는 물질 또는 비물질이라는 본질을 찾아가는 형이상학적 접근 또는 환원적인 방법에 대해 문제점을 지적합니다. 그는 인간의 생명을 근본으로 삼아서 마음을 보아야 한다고 주장합니다. 생명을 근본으로 삼는다는 것은 생명의 작용 또는 그 현상에 대한 생명 당사자의 느낌이나 이해가 가장 최종적인 근본이라 보는 것입니다. 그의 이러한 주장은 서구의 학문적 전통, 특히 철학에서 과학에 이르기까지 근대가 시작된 이래로 여전히 확고한 자리를 차지하는 사고방식에 대한 근본적인 도전이라 할 수 있습니다.

이 때문에 우리는 그의 학문적 탐구의 방향과 방법에 관한 역사를 주목하게 됩니다. 오토포이에시스(Autopoiesis)는 바렐라의 학문을 이해하는 데 중요한 개념적 단서입니다. 오토포이에시스는 움베르토 마뚜라나(Humberto Maturana)와 바렐라가 공동저술한 『앎의 나무(The Tree of Knowledge)』(1987)라는 책에 자세히 설명 되어 있습니다. 인용문을 읽어보자면, "살아있는 시스템들은 내부적으로 조정되고 조직화되는 자율적 시스템들이고, 생물학적인 생명을 조건 짓는 데에 필요하고도 충분한 자율성의 최소한의 형태가 오토포이에시스이다." 생명체는 동작적으로 닫혀 있고, 동작적으로 닫혀 있다는 것은 폐쇄적으로 되어있다는 거죠. 마뚜라나와 바렐라는 생물학적 형태인 인지를 생명의 '의미 만들기' 능력으로 정의하고, 뉴런들의 오토포이에시스(자기생산)의 결과로 구성된 신경시스템은 입-출력 정보처리 시스템이라기보다는 자율적이고 일정한 활동 패턴들의 폐쇄적인 작동의 네트워크라고 주장합니다. 다시 말해 기본적인 기능 요소를 가진 뉴런들의 앙상블이 일정한 활동 패턴들을 발생, 정착시키면서 폐쇄적인 작동의 네트워크가 형성되는 것이라는 말입니다. 예를 들면, 우리가 어떤 외부적인 자극을 받으면 우리 내부의 신경계통들이 마치 오케스트라처럼 여러 군데서 동시적으로 작용 합니다. 사실 이것은 우리가 의식할 수 없는 그런 단계에 있는 내용입니다. 그런데 신경생물학 차원에서 이런 관찰과 분석을 하고 이를 설명할 수 있게 되었다는 겁니다. 70년대 초까지 거슬러 올라가는 이러한 생각은 90년대 과학계에 현저해진 생명의 기원, 최소 생명 시스템의 화학적 조합, 인공생명, 이론 면역학, 역동 신경과학, 체화된 인지와 같은 다양한 사상들을 예견하였고 그에 대한 기반작업이 되었습니다. 여기서 한 가지 더 덧붙여서 말씀드리자면 이 오토포에이시스라는 개념은 철학, 사회학, 법률 등의 굉장히 다양한 방향으로 나아가고 있습니다. 이러한 오토포에이시스를 종합적으로 소개하고 그 용도를 분석하는 책도 나와 있습니다.

바렐라의 연구 가운데 인지과학에서 획기적인 연구로 평가되는 것은 두뇌웹이라고 부르는 관점입니다. 이는 통합적 인지 순간의 창발이 대규모 두뇌 통합에 기반을 두고 있으며, 이를 가능케 하는 메카니즘은 다중 주파수 대역과의 동기화에 의하여 조정되는 역동적 연결에 의한 것이라는 관점입니다. 이는 아까 말씀드린 신경뉴런들의 앙상블이 좀 더 크게 확장되는 것으로 생각하시면 될 것입니다.

세 차례의 강연을 모은 『윤리적 노하우』의 체계와 주요관점을 정리하자면, 우선 이 저서는 인지생물학적 관점을 바탕으로 윤리적 행위의 심층적 구조와 작동의 체계를 다루고 있습니다. 사실 대부분의 인지과학자가 관심을 두고 있는 영역은 지각, 인지, 의식 등과 같은 가치중성적 영역에 머물러 있는 반면에 그의 연구는 이를 넘어서는 수준에 있습니다. 바렐라는 에반 톰슨과의 공저인 『인지과학의 철학적 이해(Embodied Mind)』(1991)이나 『앎의 나무(The Tree of Knowledge)』에서 사실상 윤리적 문제에 대한 접근을 이미 시작하고 있습니다. 그리고 그는 이 저서에서 오토포이에시스, 신경현상학, 당사자 방법론 등을 비롯해 그가 세상을 뜨기 전까지 고안하였던 두뇌웹의 모형을 과감하게 적용하면서 철학적 영역에 한정되어 있었던 윤리적 문제에 인지과학적으로 접근하는 방법을 모색했습니다. 즉 그가 저서에서 밝혔듯이 “철학적 성찰에 필수적인 준거점을 과학적 작업으로부터 이끌어내”는 것이 바로 그것입니다. 그뿐만 아니라 그는 이 강연에서 “철학적 지평을 넓혀 비서구적 전통을 포함”하는 태도를 보여줍니다. 그는 이미 1970년대 중반부터 티벳 불교의 명상과 심리학, 그리고 실천 수행을 직접 해온 터라 비서구적 전통을 철학적 지평에 포함하는 것이 오히려 당연하다고 봅니다. 또한 맹자의 사상이 그의 새로운 방법론에 따라 재해석되고 있는 점은 동양의 유교사상을 연구하는 사람들에게는 새로운 논의의 방식을 제공합니다. 단순히 유교 사상으로의 관심 확장도 중요하지만, 이를 불교의 금강승金剛乘 수행과 같은 유형 속에 넣어서 유교 사상의 방법론을 설명, 평가하는 방법은 한국의 학자들 혹은 아시아의 철학 연구자들에게는 매우 이질적이면서도 신선한 느낌을 줍니다. 한국이나 아시아의 모든 동양철학 연구자들은 유교와 불교의 차별성을 강조해요. 물론 공통점을 발견하고 이들을 소통시키려는 연구가 없었던 것은 아니지만, 대부분의 연구자들은 불교와 유교를 근본적으로 동일한 기반이 없는 것으로 봤습니다. 그런데 바렐라는 신경망의 기반에서 벌어지는 인지작용이라는 하나의 틀 속에서 양자의 공통점을 따져보고 있습니다.

『윤리적 노하우』의 체계와 주요 관점

그렇다면 『윤리적 노하우』의 체제는 어떻게 이루어졌는가? 이는 세 강의로 이루어졌는데요. 첫째 강의는 ‘노하우(Know-How)와 노홧(Know-

What)', 둘째 강의는 '윤리적 숙련에 대하여', 셋째 강의는 '비어있음의 체화'로 구성되어 있습니다. 그의 강연 내용은 윤리, 특히 윤리적 실천의 근본 내지는 실질적 토대에 대한 신경과학 및 신경현상학적 성찰을 통해 얻은 분석내용을 담고 있습니다. 바렐라가 윤리의 문제에 접근하려고 할 때 의존하는 학문적 맥락은 다소 복합적인데, 이는 최근의 서구 철학계의 윤리학 관련 논쟁의 대립구조 가운데 현상학과 프래그머티즘 분야에 의존하면서도, 비서구적 전통의 사상체계, 그리고 인지과학, 특히 신경현상학적 방법론 등을 도입합니다. 물론 프로이트의 정신분석이론이라든지 라깡의 이론들도 함께 언급하고 있어요.

그에 의하면 요즘의 윤리학적 논쟁의 초점은 메타 윤리적인 문제에서 실천적인 문제를 다루는 논쟁으로 옮겨온 상태인데, 이 논쟁이란 규범적 원리를 토대로 한 비참여적이고 비판적인 도덕성을 요구하는 사람들과 선한 것을 규정하는 특정 전통을 토대로 참여적이고 능동적인 윤리를 추구하는 사람들 간의 논쟁이라는 것입니다. 전자는 윤리의 실천이 근본적으로 인간의 도덕성에 의해 지배를 받는다는 입장입니다. 이는 타고난 선험적 능력의 개발 즉 주로 이성적인 판단능력을 추구하는 것이 필요하다는 입장이며 이 진영에는 도덕적 판단에 관한 칸트적 전통을 대표하는 위르겐 하버마스와 존 롤즈 같은 학자들이 있습니다. 그리고 후자는 이러한 전통을 편협한 관점이라고 비판하면서, 도덕철학이란 '무엇이 옳은 행동인가'라는 문제를 넘어 '무엇이 선한 삶인가'라는 문제로 관심을 넓혀야 한다고 주장합니다. 이러한 입장은 도덕적 의무내용을 규정하는 데 한정하기보다는 선한 삶의 본질이 무엇인가를 해명하는 데로 나아가야 한다는 찰스 테일러의 견해에서 잘 나타납니다. 바렐라는 찰스 테일러의 입장에 일단 동의하면서 강연을 시작합니다. 그러나 나중에 노하우(Know-How)를 이야기를 할 때는 좀 달라집니다.

그는 도덕적 선을 사랑 혹은 헌신의 대상으로서, 또는 주의나 의지를 집중시켜야 할 특별한 초점으로서 개념화하고, 이를 실천할 수 있는 능력을 향상시키려는 데 윤리학적 목적을 설정해야 한다고 봅니다. 즉 그는 첫째 강연 서두에서 "윤리학은 이성보다는 지혜에 가깝고, 특정 상황에 대해 정확한 판결을 내리기보다는 무엇이 선한 것인가를 이해하기에 가깝다"고 밝힙니다.

그는 이러한 자신의 윤리학적 견해를 전개하기 위해 적절한 모델을 설정하는데, 이는 무엇이 선한 것인가를 알고 그것을 자연스럽게 실천하는 사람, 즉 현자를 의미합니다. 그가 현자에 주목하는 이유는 그들의 지각과 행위의 즉각성(immediacy)을 비판적으로 검토함으로써 현대 윤리학의 한계를 넘어서는 새로운 윤리학적 전망을 구체화할 수 있다는 입장이 작용했기 때문입니다. 여기서 즉각성이란 개념에 먼저 주목할 필요가 있습니다. 즉각성이란 어떤 현상이나 상황에 대한 반응에 있어서, 주체가 이미 그것에 대한 반응 방식을 체득하고 있으므로 사고의 과정을 거치지 않고 즉각적으로 반응하는 것을 의미합니다. 다시 말씀드리면, 판단과 사고라는 과정이 생략된 채 바로 행동하는 것입니다. 이게 바로 바렐라가 강조하는 새로운 종류의 앎이며, 그의 논의의 초점입니다. 제목에서 이야기하는 윤리적 노하우도 바로 그것입니다. 이는 윤리학, 특히 윤리적 행위를 연구하는 일반적인 방법, 즉 행위의 의도를 분석하는 일에서 출발하여 특정한 도덕적 판단의 합리성을 평가하는 일로 마치는 것과는 사뭇 다른 것으로서, 새로운 윤리학적 논의의 방향을 제시하는 것입니다. 그는 윤리적 행위에는 항상 윤리적 판단이 선행한다고 보는 서구 철학계의 일반적인 경향에 대해 문제를 제기합니다. 왜냐하면 인지과학의 눈으로 보면 실상은 전혀 그렇지 않으며, 또 역사상 동양의 전통에 실재했던 인물나 교육의 모델로부터 확인하는 진실은 이와 사뭇 다르기 때문입니다.

윤리에 관한 지식의 본질

바렐라는 『윤리적 노하우』의 첫째 강연에서 노하우(Know-How)와 노왓(Know-What)을 구별하고 있는데, 그 구별을 통해 윤리적 앎의 본질에 대한 새로운 접근을 구체화시키고 있습니다. 그가 말하는 그 본질은 노하우이며, 이는 현재까지 성취한 인지과학의 새로운 지식, 즉 셀프(self)에 관한 새로운 관점과 결부됨으로써 더욱 선명하게 부각됩니다. 셀프의 문제는 철학이나 인지과학에서 중요한 문제인데, 이는 인지과학으로 넘어가면 그 정의가 조금 달라집니다. 마크 존슨과 조지 레이코프의 공저인 Philosophy in the Flesh, 즉 『몸의 철학』이라고 하는 책에서도 이런 문제를 제기합니다. 과연 우리의 일상적 행위는 '어떤 중심적 나'가 의도적인 의지를 지니고 행동함으로써 이루어지는 것인가? 현재의 인지과학적 성찰은 이를 부정하는 쪽으로 나아가고 있습니다. 즉 우리의 일상생활에서 다양하고 이질적인 행위들이 연속될 때, 우리는 그 행동들이 '우리 것' 또는 '나의 것'이라고 느끼지만, 사실은 그게 아닙니다. 오히려 인지과학에서는 내면에 존재하는 중심적 자아는 발견할 수 없다는 입장입니다. 중심적 자아의 실재를 부정하는 것은, 서구철학이 2000년 넘는 세월 동안 지켜온 이성 중심의 철학의 전통에 대한 중대한 도전이기도 합니다. 서구 철학에서 이성이 시대마다 그 용어의 이해를 달리했다고 하더라도, 이는 철학적 지식이 보편적 진실성을 확보할 수 있었던 절대적 근거였습니다. 그러나 바렐라는 실제 생활에서의 윤리적 행위가 설명할 수 없는 영역에 뿌리내리고 있다고 이야기합니다. 그에 의하면 윤리적 행위의 근원은 한 가지만은 아닙니다. 통념상 윤리적인 행위는 일련의 판단과 정당화에 기초하는 것 이라고 하지만, 그에 따르면 그것보다 더 일차적이고 더욱 흔한 방식은 즉각적 대응입니다. 그는 이것을 전자보다 더 일반적이라고 보면서, 이 두 가지의 차이를 다음과 같이 구도화하여 논의합니다. 전자를 이성적 판단 내지 노홧(Know-What), 후자를 자발적 대처 내지 노하우(Know-How)라고 보고, 양자 사이에 존재하는 차이점에 대한 이해를 분명히 하고자 노력합니다.

이와 관련해 바렐라는 "왜 우리는 윤리적 행위에다가 윤리적 판단을 무분별하게 결부시키려고 하는가?"에 대한 질문이 필요하다고 합니다. 이는 어떤 사람에게서 윤리적 행위가 발생할 때 그것을 반드시 일정한 윤리적 판단을 거쳐서 나온 결과로 보는 것이 과연 정당한가에 대한 질문입니다. 이러한 질문에 대해 대부분의 사람은 일상적 삶에서 실제로 행하고 있는 것을 기술하기보다는 이미 통념화한 서구식 견해를 반복하는데, 이것이 바로 결정적인 문제라는 겁니다. 그에 의하면 일상적인 행위는 판단과 추론으로부터 나오는 것이 아니라 오히려 우리가 직면하는 것들에 대한 즉각적 대응 내지는 대응능력으로부터 나오는 것입니다. 이는 판단과 추론 등의 사유작용을 거쳐서 나오는 것이 아니라 오히려 그 상황이 그 동작들을 우리 자신으로부터 끌어내기 때문에 그러한 행위들을 한다는 것입니다. 가령, 우리가 방에 들어올 때 아무도 없겠거니, 하고 들어왔는데 선생님께서 앉아 계신단 말이에요. 그럼 그 순간에 바로 인사를 하잖아요. 그런 것들은 별다른 생각없이 이루어지는 것입니다. 거기에 선생님께 인사를 어떻게 해야 되는가, 인사를 하는 게 옳은가, 어떻게 인사를 하면 잘하는 것인가 이런 생각을 하고 행하는 게 아닙니다. 이는 즉각적으로 이루어지며, 이런 게 우리 일상생활에 계속 이어집니다. 그러다가 그것이 잘 안 통하는 순간이 왔을 때, 바로 그때 가서 이제 이성적 판단을 동원한다는 이야깁니다. 그런데 그런 작용의 비율이 높지는 않습니다. 물론 우리가 익숙한 사회적 맥락

속에 있을 때는 즉각적 대응방식이 거의 80% 정도 되겠죠. 그런데 만일 타국으로 여행을 갔을 때는 담배나 과일 하나를 살 때도 일일이 지도를 보는 등의 이성적 판단을 거쳐서 가게를 찾습니다. 그 세계 안에서 우리는 초보자에 불과한데, 그 초보자라는 것이 바로 노하우가 아직 부족하다는 거지요. 다시 말해 즉각적 대응을 할 수 있는 노하우의 체계가 형성되지 않은 거예요. 그런데 거기서 일 년 정도 살다보면 타국의 글자 및 질서체계가 익숙해집니다. 그러면 이제 가게를 찾아가는 데 노하우가 생기는 거죠. 그런 면에서 보면 한국에 사는 우리도 한국문화에 대해서는 노하우를 숙달한 사람이라고 할 수 있는 것입니다.

그다음에 네 번째 줄을 읽겠습니다. "이러한 설명은 사실 그 행위가 상황을 만남으로써 자연스럽고 자동으로 방출된다는 의미입니다. 그는 이러한 동작이 진정한 윤리적 행위들이고, 사실 바로 이러한 동작이 우리의 일상에서 일어나는 가장 일반적인 종류의 윤리적 행동"임을 밝힙니다. 그리고 그것이 바로 그가 말하려는 윤리적 노하우입니다. 이러한 관점에 기초해서 그는 '윤리적 노하우를 어떻게 이해해야 하는가?', '인간에게 윤리적 노하우는 어떻게 발전하고 풍성해지는가?' 라는 질문을 던지면서 강연을 전개합니다. 그는 이 질문들에 대한 답을 즉각적인 대응, 미시적 주체와 미시적 세계, 구성된 지식, 감각 운동의 형태로부터 인지적 능력까지의 통합적 관점 등에서 구하고 있습니다. 이에 대해 설명해 드리자면, 우리가 어떤 상황의 맥락에 익숙해지면 즉각적 대응이 잘 이루어집니다. 이처럼 바로 그 순간에 어떤 행위를 적절하게 해줄 수 있는 게 바로 미시적 주체입니다. 그리고 미시적 세계라는 것은 미시적 주체에 대해 형성되어 있는 세계를 말하는 것입니다. 그리고 이러한 미시적 주체의 형성 정도에 따라 노하우의 순도가 결정되는 것이죠. 브레이크 다운은 이미 확보한 노하우가 잘 통하지 않는 상황을 일컫는데, 이는 기존에 확보된 미시적 주체와 미시적 세계가 통하지 않는 상황을 의미합니다. 이때, 우리에게는 그 상황에 맞는 노하우를 만들어 가는 노력이 필요합니다. 그런데 그 노하우는 단순한 의식의 작용이 아니라 우리 몸 자체에서, 엄밀히 이야기하자면 뉴런 자체에서 반응 하는 것입니다. 즉 자기의 신경체계의 작용 때문에 구성된 것입니다.

그는 첫째 강연의 말미에서 존 듀이의 관점을 소개하는데, 노하우는 습관에 의해서 형성된다고 하는 점, 그렇지만 이는 단순한 습관이 아닌, 성찰과 의식적 판단이 포함된 다른 종류의 지식이라는 것 등이 모두 듀이의 견해입니다. 바렐라는 이에 근거해 다음과 같은 결론을 내립니다. "요약하자면 나의 요점은 우리의 정신적, 육체적 삶의 대부분은 다양한 즉각적 대응으로부터 오는 것이며, 그것은 명확하고 안정되었으며 개인적 역사에 근거하고 있다는 것입니다. 그것은 매우 즉각적이기 때문에 우리는 그것을 알지 못할 뿐 아니라, 자신이 그것을 알지 못한다는 것조차도 우리는 알지 못합니다. 바로 그렇기 때문에 한편으로는 현상학과 실용주의가, 다른 한편으로는 인지과학의 새로운 경향들이 이것을 전면에 내세우기 전까지 이에 주목하는 사람이 거의 없습니다."

그의 둘째 강연에서 주목할 만한 것은 동양의 전통적 가르침인 유교와 도교, 불교에서 중시하는 지식을 윤리적 노하우에 연관 지어서 논의하는 내용입니다. 그는 유교에서의 맹자를 예로 들면서, 진정으로 덕이 있는 사람, 즉 오랜 수신을 통해 형성된 품성을 바탕으로 자연스럽게 행동이 이루어지는 사람을 거론합니다. 또한 그는 이러한 사람은 윤리를 연기하는 것이 아니라 마치 모든 전문가가 그의 노하우를 체화하는 것처럼 인과 의를 체화하고 있는 것이라고 설명합니다. 그의 설명을 그대로 옮기자면, 이러한 행위는 단순한 습관에서 비롯되는 것이 아니며 또는 어떠한 표준이나 규칙들을 맹종함으로써 나오는 것도 아니다, 또 진실로 숙달된 사람은 확장된 경향들을 따라서 행위를 하게 되는 것이지, 교훈을 따라서 행위를 하는 것이 아니다, 그리고 그렇게 해서 순전히 습관적인 대응의 방식들 속에 담긴 한계를 초월하는 것이다, 이것은 훈련되지 않는 사람에게는 진실한 윤리적 행위가 가끔 깊이를 잴 수 없는 듯이 보이는 이유이고, 금강승의 전통에서 '비범한 지혜'라고 불리는 것이 될 수 있는 이유이다, 이러한 유연성은 자신을 숙달시키기 위해 수행을 해 온 사람이 지닌 핵심 요소들을 시사한다는 것입니다. 그에 의하면 이 핵심적 요소는 지적 주의력이며, 이는 대승불교에서의 반야 지혜와도 통하는 것입니다. 비범한 지혜라는 것은 동양적 지혜의 본질이라고 할 수 있는데, 이는 윤리를 이성적 지식의 귀결이 아니라 지혜에 가까운 것이라고 인식하는 그의 태도를 보여주고 있습니다. 바렐라는 우리의 행위는 지성의 인도를 받아야 하지만 이것은 어떤 추상적인 규칙이나 절차에 따라 이루어지는 것이 아니라 그때그때 마주치는 구체적인 상황과 어울리는 가운데 이루어진다고 이야기합니다. 즉 진정한 윤리적 행위는 무의식적 자발성과 이성적인 계산 사이에 있는 중도를 취하는 것이기 때문에, 진실로 윤리적인 사람은 어떤 분야의 전문가처럼 자발적으로 행동한 후에 그 행위를 정당화해주는 지적 주의력을 재구성할 수 있는 것입니다. 그는 맹자가 윤리적 훈련을 위한 기반-우리 모두가 공유하는 매우 평범한 노하우-으로서 활용하는 사례와 이를 확장하는 방법의 핵심이 우리가 모든 기술에 적용하는 학습원리와 유사하다는 점을 강조합니다. 사람은 누구나 손쉽게 다룰 수 있는 상황으로부터 기술을 익히기 시작해서 그 기술을 더욱 더 복잡한 차원으로 확장해 갑니다. 그리고 이러한 과정들은 사람들이 지적 주의력을 발휘해야만 하는 일에 대하여 주의할 수 있으며 또 그렇게 하려고 한다는 사실을 미리 전제합니다. 즉 도덕적 정감들을 확장한다는 것은 하나의 상황이 또 다른 상황과 유사하다는 것을 알고, 이러한 정감들을 그 새로운 상황 속으로 전개시키는 것입니다. 그는 이러한 과정들을 가능하게 하는 마음의 독특한 능력을 '주의'라고 보는데 '주의'를 집중하는 능력이란 곧 구체적인 대상에 주의를 기울이는 능력을 의미합니다. 이를 유학적 용어로 이야기하면 '敬', 경건할 '경'자로 통합니다. 이에 따르면 맹자에게 윤리적 훈련이란 상황을 분명하게 지각하고 상황들 사이의 일치나 유사성을 깨닫는 과정을 의미합니다. 바렐라 주장의 핵심은 상황의 정확한 파악과 그에 대한 대응이 적절하게 이루어지는 것이 바로 윤리적 노하우의 본질이라는 것입니다.

바렐라는 인지과학을 대하는 기본적인 입장인 오토포이에시스를 바탕으로 해서 자신의 논의를 정립하였습니다. 그리고 그는 이후에 목적론적 논의를 하기 시작합니다. 또한 그는 더 나아가서 인지과학을 하면서도 결국은 비어 있음을 체화하는 쪽으로 가는 것이야말로 인간 삶의 나아갈 방향이라고 주장합니다. 이 목적론적인 테제에서 바렐라는 불교이론인 '공空의 체화' 즉 '비어 있음(emptiness)의 체화'라는 것을 강조합니다. 그에 따르면 결국 불교에서 이야기하는 '자비'나 유교에서 이야기하는 '인仁'의 본질은 같은 것입니다. 이 둘은 나, 즉 에고(ego)에 갇혀 있는 것으로부터 넘어선다는 의미가 있습니다. 그러면서 동시에 '비어 있음의 체화'에서의 '비어 있음', 즉 공空은 고정성의 부정이지, 어떤 존재나 작용의 부정은 아닙니다. 이 말은 수시로 그 내용이 변화하는 맥락을 따라가다 보면 나 역시 고정된 모습이나 존재는 없다는 것을 의미합니다. 그런 과정에서 자아에 대한 집착은 눈 녹듯 사라지고 자비의 감정이 충만해집니다. 이와 유사하게 유교의 인仁이라는 정서도 사적인 자아를 버림으로써 충만하게 된다는 것을 의미합니다. 그래서 일단 이 책 속에서 언급하는 여러 개념과 이론들은 상호 정합성을 가진 것으로 보입니다.

바렐라의 이러한 논의들이 동양철학, 특히 유교를 연구하는 사람들에게 과연 얼마나 수용될지 궁금합니다. 지금까지 생각해보지 않은 내용이 너무 많으며, 따라서 그 내용을 소화하기 쉽지는 않을 거라는 생각도 듭니다.

짧은 시간에 너무 많은 걸 이야기하다 보니 좀 복잡해지지 않았는지 걱정이 됩니다. 나머지 부분들에 대해서는 질의응답을 통해 말씀드리겠습니다.

사회자 : 예, 선생님 발표 잘 들었습니다. 『맹자』의 한 대목에 보면 어린아이가 우물에 빠질 상황에 부닥쳐있을 때 어떻게 할 것인가 라는 장면이 있습니다. 일반적으로 서양에서는 그러한 상황에서 판단을 내리는 방법은 두 가지 방식입니다. 우선 의무윤리적인 관점, 즉 칸트적인 입장에서 보면, 단순히 인간 자체가 목적이기 때문에 무조건 뛰어가서 구해야 한다고 봅니다. 하지만 공리주의적 관점에서 보면 내가 구할 수 있는지 없는지를 요모조모 따져서 어느 것이 결과론적으로 나에게 좋을지를 고려해서 행동합니다. 이렇듯 공리주의적 관점에서는 논리적인 추론을 통한 결과를 가지고 행위를 결정하는 방식인데, 맹자는 이에 반대합니다. 맹자는 단순한 즉각적인 대응을 통해서 행위를 해야 한다고 주장합니다. 넓은 의미에서는 칸트의 의무윤리적 관점도 이와 유사합니다. 이게 소위 인지과학이라고 하는 건데, 여기서 인지는 결국 우리 인간의 마음, 혹은 의식이 '안다'라고 하는 것입니다. 근대철학에서 데카르트는 자아가 '다 알아서 한다'라고 생각했는데, 인지과학에 오면 실제로 자아가 그런 문제를 해결하지 못한다고 인식합니다. 그 중 가장 대표적인 것이 두뇌와 관련된 부분입니다. 신경생리학이라든지, 신경과학이

발달하면서 '안다'라고 하는 것은 결국 뇌와 관련된 것임이 밝혀지고, 이것이 초기 인지과학의 출발점을 이루고 있습니다. 바렐라나 마뚜라나가 취했던 접근방식들은 1990년대 이후 현대 사회에서 많이 연구되고 있는 영역인 것 같습니다. 이와 관련해서 우선 논평자이신 윤리학과 박상혁 교수님의 논평을 들어보겠습니다.

박상혁 : 이번 학기 한국학 연구원 인문포럼의 전체적 주제가 로컬리티였는데, 그래서 바렐라의 논의에서 저의 토론이 미시주체와 미시환경, 미시의 세계 대한 이야기에 집중되어야 할텐데, 저는 그것과 약간 동떨어진 이야기를 하려고 합니다.

우선 저는 과학과 철학은 좀 다른 활동영역이라고 생각합니다. 철학과 과학이 다른 영역의 활동이라는 것을 설명하기 위해 우리나라에서 바렐라보다 더 많이 알려진 과학자인 도킨스 같은 사람을 잠깐 예로 들겠습니다. 도킨스가 썼던 유명한 책 중에 이기적 유전자라는 책이 있었습니다. 이 책은 1판과 2판이 있는데, 그 내용에 약간 차이가 있습니다. 도킨스는 1판에서 유전자가 이기적이라고 말했습니다. 그런데 유전자가 이기적이라는 도킨스의 언명은 문자 그대로 받아들일 수 없습니다. 오직 어떤 행위의 주체에게만 이기적이다 이기적이 아니다라는 표현을 적용할 수 있기 때문입니다. 그런데 유전자는 행위의 주체라고 볼 수 없기 때문에, 유전자가 이기적이라는 주장은 문자 그대로가 아니라 비유적인 표현이나 유비적인 표현으로 받아들여야 합니다. 그런데 도킨스 자신도 1판에서는 그런 주장을 문자 그대로 받아들여야 하는 것처럼 말했습니다. 그런데 1판이 나온 후에 철학자들이 유전자가 이기적이라는 주장은 문자 그대로가 아니라, 비유적인 표현이나 유비적인 표현으로 받아들여야 한다고 도킨스를 비판했습니다. 도킨스가 이 비판을 받아들여 2판에서 자신의 책의 제목은 비유적으로 받아들여야 한다고 보다 명시적으로 밝히고 있습니다. 제가 도킨스를 예로 든 것은 철학과 과학의 활동 중심이 다르다는 것을 강조하기 위해서입니다. 철학은 경험과학이 아닙니다. 그래서 경험과학은 세계란 어떤 것인지를 발견하려고 노력함에 반해, 철학자들은 세계에 관한 여러 가지 주장들의 논리적 함축 내지는 논리적 관계에 많이 집중합니다. 따라서 철학자들은 우리가 경험적으로 아는 세계에 대해 과학자들이 이야기해 줄 수 있는 만큼 얘기해 줄 수 없습니다. 그 반면에 과학자들은 자신들의 주장의 논리적 관계나, 그것들의 논리적 함축들을 잘 이해하지 못하는 경우들이 있어요. 도킨스의 예가 이럴 때 해당될 수 있다고 봅니다.

이런 철학과 과학의 차이점들을 염두에 둔다면, 철학적 논의에 과학을 끌어들일 때 상당히 조심 해야 합니다. 그런데 우리나라에서는 이런 주의들을 하지 않는 경우들이 많습니다. 예를 들자면 한 때 우리나라의 인문학적 담론에서 프리트초프 카프라의 저술(예를 들면, 현대물리학과 동양사상)이 많이 인용될 때가 있었습니다. 사실 카프라가 속했던 신과학운동이라는 것이 과연 과학적으로 근거가 있는지, 그리고 그 주장들이 논리적으로 타당했는지 상당히 의심스럽습니다. 근자에 서양에서 포스트모더니스트 주의자들이 현대 물리학의 많은 개념을 차용해 썼습니다. 그런데 포스트모더니스트들이 이런 과학의 개념들을 너무 왜곡해서 쓰고 있다고 비판받고 있습니다.

제가 이런 얘기를 하는 것은 과학적 논의를 철학에 끌어들일 때, 대단히 조심해야 한다는 것을 강조하고 싶어서입니다. 즉 철학하는 사람들이 과학의 용어나 개념을 끌어들일 때, 그런 용어나 개념을 왜곡해서도 안 되고, 또 과학자들의 경우에도 자신들의 주장의 논리적 관계나 논리적 함축에 보다 주의를 기울여야 한다는 것입니다.

바렐라는 자신의 전문분야인 인지과학을 넘어서 윤리학을 설명하려고 노력 하고 있습니다. 이런 바렐라식의 연구는 서양학문이나 서양 철학의 전통에서 아주 낯선 것은 아닙니다. 서양 철학의 전통에서는 데이비드 흄이 그의 저서 『인간오성론』에서 뉴턴의 과학적 방법을 윤리를 해명하기 위해서 사용한다고 선언하고 있습니다. 현대에도 철학과 인지과학 사이의 연구는 양방향으로 진행되고 있습니다. 즉 인지과학에서 윤리학으로, 혹은 윤리학에서 인지과학적 방향으로의 연구가 진행되고 있습니다. 바렐라가 인용한 제리 포더라던지 대니얼 데닛은 철학자이면서, 인지과학과 윤리학을 동시에 연구하는 대표적인 학자들입니다.

지금까지 말씀드린 것을 배경으로, 제가 이 토론에서 주장하고자 하는 것을 미리 말씀드리겠습니다. 저는 바렐라가 뛰어난 과학자이기는 하지만 철학자가 아니므로 바렐라가 자신의 인지과학의 성과로부터 논리적으로 보증되지 않는 함축을 너무 많이 끌어낸 것이 아닌가 하는 의구심을 완전히 지울 수는 없습니다.

그러면 이제 유교수님의 바렐라의 저서 소개에 대한 발표에 턱없이 부족하지만 토론자로 지정되었기에 토론을 위한 토론이나마 해 보겠습니다. 저의 무례한 질문과 언급은 저의 심각한 무지에 기인하는 것이므로 너그럽게 봐주시기 바랍니다.

유교수님의 논문에서 노왓과 노하우의 구별은 대단히 중요한 의미가 있는 듯합니다. 그러나 제가 보기에 이 구별은 두 가지로 읽힐 수 있는 것 같습니다. 첫째, 전체 서양윤리학, 혹은 서양 근대윤리학은 노왓에 중점을 두고, 동양철학은 노하우에 중점을 두었다. 둘째, 서양에서 도덕을 주장하는 칸트를 필두로 한 롤즈 같은 자유주의자들은 노왓을, 그리고 인륜을 강조하는 헤겔을 필두로 한 맥킨타이어 같은 공동체주의자들은 어느 정도 노하우를 강조하였다. 두 가지의 독해 가능성을 모두 염두에 두고 논의를 진행하겠습니다.

사실 서양철학에서 노왓과 노하우의 구별은 그리 새로운 것이 아닙니다. 이 전통용어는 노왓이 아니라 노댓인데요. 여기서는 번역을 할 때 아니 우리말 번역이 아니라 이 분이 한 스패니쉬에서 영어로 번역하는 과정에서 노왓으로 했던 것 같습니다. 전통적으로는 노댓과 노하우의 구별이 유명합니다. 노댓은 명제적 지식이고 노하우는 실행적 지식으로 받아들여집니다. 소크라테스는 노왓만을 논하지만, 소크라테스는 기본적으로 우리가 도덕적 잘못을 저지르는 것은 참된 윤리적 지식을 가지지 않았기 때문이라고 보기 때문에 그에게서 노왓과 노하우는 같은 것이었습니다. 아리스토텔레스는 노왓과 노하우의 구별을 잘 인식하고 있었으며, 노하우를 전제하지 않는 노왓의 교육은 소용이 없고, 노하우만을 알고 노왓이 없다면 윤리적으로 성숙하지 않다고 말합니다. 바렐라 자신 듀이가 이런 구별을 하고 있다고 하는데, 듀이 자신은 아리스토텔레스를 전거로 삼고 있습니다. 스토아학파는 노왓을 체화하기 위하여 즉 노왓이 노하우가 될 수 있는 수행방법을 제시하고 있습니다. 특히 스토아 학파는 이런 수행을 위해서 현자를 모델로 해야 한다고 말하고 있습니다. 유교수님은 바렐라가 현자의 모델을 동양철학에서 찾고 있다고 하셨는데, 사실 이런 현자를 모델로 삼으라는 것은 고대 서양, 특히 스토아학파에서 존재했던 윤리적 수행방법입니다.

그렇다면 바렐라의 비판은 도덕규칙의 중요성을 강조한 근대 윤리학, 특히 좋음에 대한 옳음의 선행성을 강조한, 칸트를 그 대표적인 이론가라 할 수 있는 의무론적 도덕이론에 초점을 맞춘 것 같습니다. 사실 근대 윤리학의 다른 대표적 이론인 공리주의도 규칙의 우선성을 강조하는 이론으로 볼 수 있습니다. 바렐라가 보기에 이렇게 보편적인 도덕 규칙과 판단을 선행한다는 것은 우리가 잘 알고 있는 도덕행위의 현상학과 잘 합치하지 않는다는 것입니다. 일반적으로 도덕경험의 현상학에 의하면 도덕적인 사람들은 보편적인 도덕규칙이나 도덕 판단을 의식표면에 올리지 않고, 아주 구체적인 상황에서 즉각적으로 즉 도덕 판단의 매개를 거치지 않고 도덕적으로 행동 한다는 것입니다. 그렇다면 바렐라의 근대 의무론 비판은 근대의무론이 우리의 도덕경험의 현상학을 잘 수용하지 않는다는 것입니다. 좀 더 일반화해보면 도덕 이론의 적합성을 따지는 기준의 하나로서 적절한 도덕이론은 우리의 도덕경험 현상을 잘 설명할 수 있어야 한다는 기준을 잘 수용하지 못한다는 것입니다. 그렇다면 바렐라의 비판이 적절하기 위해서는 칸트식의 의무론이 도덕현상을 설명하는 이론이어야 합니다. 칸트 자신이나 현대의 칸트학자들의 주장에 의하면 의무론은 도덕현상을 설명하는 이론이 아니라, 행위의 도덕성의 정당성 근거에 관한 이론일 뿐입니다. 도덕적 행위의 정당성과 그 도덕적 행위를 하는 즉각적 동기는 다를 수 있습니다. 따라서 의무론적 도덕이론 내에서도 도덕적 행위자들은 도덕법칙을 먼저 인식하여 판단한 후에 행위를 하는 것이 아니라 즉각적으로 행위를 한다는 설명이 가능할 수 있습니다. 그렇다면 칸트식의 의무주의가 우리의 도덕경험의 현상학과 심각하게 상충한다는 비판이 적절한지 의심스럽습니다.

바렐라에 의하면 서양철학의 핵심적인 주장은 중심적 자아 혹은 고정된 자아가 있다는 것입니다. 그런데 바렐라는 이런 중심적 자아가 인지과학적으로 봤을 때 없으며 이런 사실은 불교의 무아관과 유사한데 이런 중심적 자아의 부존재가 윤리적 노하우의 보편적 근거가 될 수 있다고 봅니다. 이와 관련해서 몇 가지 의문이 듭니다. 첫째, 서양철학이 언제나 중심적 자아를 가정하고 있다는 것은 사실이 아닙니다. 근대의 대표적 철학자 중 한명인 데이비드 흄은 우리는 고정된 자아를 찾을 수 없고 오직 지각의 다발만을 찾을 수 있다고 말합니다.

둘째, 과학이 중심적 자아를 찾을 수 없다면, 그것이 중심적 자아가 존재하지 않는다는 확실성을 보증하는가? 만일 과학이 고정된 자아 혹은 중심적 자아를 찾을 수 없다면, 중심적 자아가 없다는 확신은 과학이 발견하는 지식 외의 다른 형태의 지식은 있을 수 없다는 과학주의적인 발상입니다. 과학주의는 자명한 진리가 아니며 논증이 되어야 할 주장입니다. 중심적 자아가 없다는 흄의 주장에 응답하여 칸트는 순수통각의 형태로서 중심적 자아가 있을 수 있다는 가능성을 제기하는데, 이런 가능성을 원칙적으로 배제하기는 쉬운 일이 아닙니다. 셋째, 바렐라는 도덕에 관해서 보편성을 강조하는 자유주의자들이 아니라 특수성을 강조하는 공동체주의자들이 보다 적절한 설명을 제공한다고 보는데, 바렐라 자신은 중심적 자아의 부재 혹은 무아관이 보편적인 윤리의 근거가 될 수 있는 것처럼 논하고 있습니다. 넷째, 중심적 자아가 없다는 사실에 대한 인식이 모든 사람이 자기자신 만이 아니라 타인들의 이해관심까지도 배려하는 도덕적 관점을 채택하는 이유가 될 수 있을 것인가 무아로부터 무아관으로부터의 도덕적 관점의 채택으로의 이행은 자명하지 않으며 설명을 요구합니다. 흄은 중심적 자아를 찾을 수 없다는 사실이 도덕의 근거가 되리라고 보지는 않았는데, 바렐라는 왜 그렇게 생각했는지 궁금합니다. 이상입니다.

사회자 : 예, 박상혁 선생님 수고하셨습니다. 질문 자체가 상당히 논쟁적입니다. 철학적 입장에서 바라보고 계십니다. 그래서 논평자께서는 바렐라를 철학자가 아니라고 말씀하셨는데, 사실 바렐라가 학위논문을 생물학으로 받았기 때문에 생물학자라고 표현할 수 있는지는 모르겠습니다만 생물학자이면서 또한 의학자였고, 동시에 자신의 스승인 마뚜라니와 함께 철학자라고 표현을 하기도 합니다. 철학자라고 표현을 하는 것이 어떤 관점인지는 모르겠습니다만 오늘날 우리가 철학자를 말할 때 철학이라는 학문을 하는 사람과 다른 학문을 하는 사람들 사이에 엄격한 경계를 긋는 버릇이 있습니다. 우리 스스로도 그런 것 같습니다. 한마디로 전공주의의 비극이지요. 그런데 우리가 지금 철학자로서 아리스토텔레스를, 흄을, 칸트를 이야기하지만, 실제 이 사람들은 자연과학자였고 천체학자였으며 동시에 그 기반을 통해 세계를 사유했던 철학자들이었습니다. 그래서 우리는 이 지점에서 철학자 혹은 과학자 혹은 자연과학자를 엄격하게 나누기보다 기본적으로 전통적인 의미에서 철학을 했다고 하는 사람들을 생각해본다면 인지과학이라는 지금의 학문을 새롭게 볼 필요가 있습니다. 말하자면 인지과학은 융합적인 학문영역이기 때문에 그 지점에 들어가서 한 번 생각해 볼 필요가 있을 것 같습니다. 그리고 개인적으로 오늘 하나 안타까웠던 것은 로컬리티라는 주제와 관련해서 현대인의 윤리적 실천의 현실에 관한 바렐라의 문제의식이 무엇인지를 발표자로부터 듣지 못했다는 것입니다. 저는 바렐라의 문제의식이 오늘 우리 주제인 로컬리티와 밀접한 관련

을 맺고 있다고 생각합니다. 어쨌든 저는 그렇게 들었습니다. 다시 말하면 윤리전문가 혹은 윤리숙련자들의 문제 말이죠. 아마 우리 지역에서 이런 윤리숙련자들이야말로 특정 상황이나 맥락에서 즉각적인 대응을 할 수 있을 것입니다. 이것은 일상에서 우리가 먹고 마시고 하는 즉각적인 대응의 의미는 아닙니다. 진정 윤리적 행위로서의 즉각성을 의미합니다. 그러한 의미에서 우리 지역에서도 이 문제는 곰곰이 따져볼 필요가 있으며, 새롭게 생각해 볼 만한 주제가 아닌가 하는 생각을 했습니다. 이와 관련해서 이후에 시간이 되면 개인적으로 묻어 보고도 싶습니다. 어쨌든 논평자의 논평 내용과 관련해서 발표자께서 우선 답변을 해주시 바랍니다.

유권종 : 박상혁 교수님의 지적은 제가 대부분 다 수용할 수 있는 올바른 지적이라고 생각합니다. 그런데 선생님께서는 철학적인 개념을 과학자들이 확대하여 해석하거나 너무 자의적으로 끌어당기는 경향이 짙다는 비판을 하셨는데, 저도 그런 생각에 동의합니다. 실제로 지금 한국사회, 한국학계 특히 인문학 하는 사람들 사이에서 소통과 융합이 잘 안 됩니다. 협동연구, 융합공동연구도 막상 방식을 보면 각자 논문을 써서 모아 논문집 내는 것으로 끝납니다. 그러므로 서로 사용하고 있는 개념이나 이론 사이에 소통이 이루어지지 않습니다. 전부 다 각자 자기 기준에서 자기 이야기하다가 끝나는 거예요. 마뚜라나와 프란시스코 바렐라의 『앎의 나무』 첫 부분에는 이와 관련한 논의가 있는데, 사람은 누구나 blind spot, 즉 맹점이 있다는 거예요. 내가 볼 때 다른 사람도 보고 있을 수도 있지만, 내가 보지 못하는 것을 다른 사람은 보고 있고, 또 다른 사람이 보지 못하는 것을 내가 보고 있을 수도 있어요. 이는 각자의 맥락에 따라서 볼 수 있는 것과 보지 못하는 것이 다르다

는 의미입니다. 거기서 남을 이해하고 받아들이고, 또 내가 미처 생각하지 못하는 것을 다른 사람이 이야기할 때는 그걸 수용하는 태도가 필요합니다. 그래야만 이해의 폭이 넓어지고 대상에 대한 더 큰 이해가 마련됩니다. 이는 학문에서만이 아니라 공동체에서도 필요합니다. 요즘 동아시아 공동체 이야기를 많이 하잖아요. 문화공동체 등을 이야기하지만, 이를 만들기 위해서는 타인의 관점을 받아들일 필요가 있다는 거죠. 종교나 문화적 맥락이 서로 다른데 하나의 공동체가 성립되려면 그 문화적 차이를 이해하고 수용할 수 있는 태도가 필요합니다. 거기에 바로 인식의, 인지의 문제가 달려있으며, 진전된 상호소통이 일어날 수 있게 됩니다. 그런 의미에서 제가 철학하는 사람임에도 바렐라의 견해에도 도전 해본 것이며, 동양철학 하는 사람들에게도 자기 영역에만 갇히지 말고 주문을 했던 것입니다. 박교수님이 제시하신 문제로 다시 넘어가 보면, 노핫과 노하우의 구별이 서양철학에서 이미 있었다고 하는 부분에 대해 바렐라는 그러한 전통이 없었다기보다는 그런 전통 가운데서 현재까지의 윤리학자들의 논의가 주로 규범윤리, 이성적 판단을 바탕으로 한 윤리적 행위에 초점이 맞춰져 있었다는 것입니다. 헤겔과 테일러 계통의 학자들까지도 거기에 빠져 있었으며, 그들이 노홧에 해당한다면, 바렐라 자신은 그 반대편에 새로운 영역인 노하우를 설정하고 있다는 것입니다. 사실 바렐라는 불교에 경도된 측면이 있습니다. 그러다 보니까 그런 전통을 부각시키고 서양철학의 지적 전통에서 현대의 것만 가져다가 비판을 한 것 같습니다. 그런 면에서 보면 오늘 박교수님의 지적이 도움이 많이 될 것 같고, 또 앞으로 바렐라의 지적 맥락을 캐는데 유의할 점이 아닌가, 싶습니다.

그다음에 칸트에 대한 지적을 해주셨는데, 사실 칸트 자체에 대한 지적은 바렐라는 직접 하고 있지 않습니다. 그래서 지금 칸트에 대한 논의가 들어가면 좀 복잡해질 것 같아요. 그런데 칸트를 따르는 사람들이 의무론 쪽으로 가면서 규범윤리, 규범을 중심으로 해서 사고와 판단을 추구하는 것에 대해 바렐라가 지적한 게 아닌가, 하는 정도는 이야기할 수 있을 것 같습니다. 이것은 앞으로 더 자세한 논의가 필요할 것 같습니다. 다음으로 선생님께서는 자아에 대한 문제를 말씀해주셨는데, 일반적으로 서양철학에서는 이성적 자아를 전제로 출발합니다. 그러므로 중심적 자아를 인정하지 않는 흄의 경우는 예외의 학자라 볼 수 있겠고요. 그리고 중요한 것을 언급하자면, 바렐라는 데카르트, 로크, 라이프니츠, 흄, 칸트, 후설과 같은 철학자들을 원형적인 인지과학자로 보고 있습니다. 그러니까 바렐라도 그런 맥락을 계승하여 근대 철학자들의 전통 속에서 자신의 학문적 맥락을 이끌어내면서 입지를 다지고 있는 것 같습니다. 그리고 두 번째 문제, 즉 과학이 중심적 자아를 찾을 수 없다면, 과연 이것이 중심적 자아가 존재하지 않는다는 확실성을 보증하는가? 사실 여기에는 동양철학적인 추론이 들어가 있습니다. 그러므로 저는 단순히 과학적인 검증에 의해서만 자아가 없다는 논의를 하는 것이 아니라고 생각합니다. 따라서 이는 동양철학적인 논의가 결부되어 있다는 점 말씀드릴 수 있을 것 같고요. 세 번째로 바렐라의 논의에 대해서는 도덕에 관해 보편성을 강조하는 자유주의자들이 아니라 특수성을 강조하는 공동체주의자들이 보다 적절한 설명을 제공하는 것 같다고 하신 부분입니다. 이는 제가 볼 때, 자유주의자들이나 공동체주의자들이나 윤리적 노하우를 이야기를 할 때의 구별로 본다면 양측 모두 윤리적 실천에 관한 한 윤리적 노홧을 강조하는 쪽에 속합니다. 따라서 양측 다 바렐라의 관점으로 본다면, 윤리적 실천에 관한 한 비판의 여지가 있는 것 같습니다.

박상역 : 뒤편으로 가면 공동체 생활 속에 있을 때 윤리적 발달이

가능하다고 되어있는데….

유권종 : 예, 이것은 윤리적 노하우의 신체화, 즉 각 개인들은 문화마다 자신의 맥락에서 규정하고 설계해놓은 윤리 실천과 관련된 제반 장치를 숙달하는 것이 필요하다는 것입니다. 그리고 이는 개인이 숙달하려는 삶의 노하우를 개인의 사적 동기나 목적에 한정시키지 않고 공동체 전체의 동기나 목적으로 개방시키는 것이 필요하다는 것으로 이해할 수 있습니다. 노하우의 내용은 공동체마다 다르겠지만, 그 원리는 어느 공동체에서나 차별없이 적용될 수 있으며, 이는 보편적 윤리의 근거가 될 수 있는 것 같습니다. 그리고 바렐라는 그것이 가능하다는 입장인 것 같습니다.

그다음에 중심적 자아가 없다는 사실에 대한 인식이, 모든 사람으로 하여금 타인을 배려하는 도덕적 관점을 채택하게 하는 이유가 될 수 있을까, 라는 문제인데요. 무아를 체화하기 위해 계속 수양하게 되면, 이 과정에서 타인과 나 사이의 경계가 없어지면서 일체감이 형성됩니다. 여기서 불교식 자비심이라는 걸 갖게 되는데, 이는 상당히 불교지향적이라 할 수 있습니다. 바렐라에 따르면, 우리에게 중심적 자아의 실재는 없지만 실제로는 자아가 있다고 느낍니다. 실제로 우리가 하는 행동이 전부 논리적 일관성을 갖는 것은 아니거든요. 하다가 바뀌거나, 여러 가지 생각이 한꺼번에 일어나면서 병렬 분산적으로 진행됩니다. 그런데도 우리는 그 과정에 대해서 '이건 내가 한 거다'라는 의식을 가진다는 겁니다. 즉 내가 한 거다, '이게 나다'라는 의식을 가진다는 거죠. 이는 우리에게 당연한 것이라서 의식하지 않고 지나친 부분이지만 사실은 잘못된 것이라고 그는 생각합니다. 나의 작용이라고 의식하지 않는 부분이 오히려 나의 행위를 결정하는 데 더 큰 부분이기도 할 수 있으니까요. 바렐라가 무아라고 주장하는 것은 그 어느 부분도 나와 동일시할 수 없거나 나라는 실체를 입증하는 증거가 되지 못한다는 의미입니다. '비어 있음의 체화'는 바로 그 점을 깨닫고, 그 어느 작용이나 부분도 나라고 주장하지 못하는 것임을 깨닫는 것입니다. 제가 볼 때, 이는 결과적으로 나의 심신을 넘어 존재하는 모든 존재와 나를 동일시하는 것이 아니냐는 생각이 듭니다. 여기서 무아는 전체에 대한 사랑과 배려로 나아가는 근거가 됩니다. 즉 진정한 윤리적인 정감, 도덕적 태도를 발휘하는 근원이 바로 무아라는 논리입니다.

여하튼 박교수님의 지적과 관련한 논의들이 앞으로 많이 이루어져야 하는 것 같습니다. 그런 논의를 시작할 수 있도록 해주시고 또 많은 부분의 단서를 제공해 주신 박 교수님께 감사를 드립니다.

사회자 : 혹시 박상혁 선생님 더 보완하실 부분이 있습니까?

박상혁 : 보완한다기보다, 다시 강조하고 싶은 것이 있는데, 제가 저의 토론을 통해 주장하는 것은 바렐라가 용어를 잘못 썼다는 것이 아니라 그가 자기 주장의 논리적 함축을 정확하게 몰랐다는것 뿐입니다. 일반적으로 과학자들은 용어들을 정확하게 사용합니다. 용어들을 정확하게 사용하지 않는 사람들은, 특히 한국에서는 인문학도들입니다.

사회자 : 예, 다른 분들도 질문이 많으실 것 같은데, 바로 질문을 해주시 바랍니다.

이윤갑 : 질문이 있는 것은 아니고 발표하신 내용이 굉장히 홍미로워서… 실제 서구의 근대철학과 인문 사회과학이 관심이 있었던 영역은

인간의 이성이거든요. 사람에게는 발표자께서 말씀하신 대로 이성 영역이 있고, 인지영역이 있습니다. 우리 뇌 구조로 보더라도 전두엽과 후두엽이 나누어져 있듯이. 동양의 학문에서는 인지영역을 방금 말씀하셨듯이 '정'이라는 용어를 사용해 표현하고, 이성의 영역을 '성'이라는 용어로 표현합니다. 그런데 실제 사람을 움직이는 것은 인지영역만도 아니고 이성의 영역도 아닙니다. 이 두 영역이 만나는 평형점에서 사람이 행위를 하는 것인데 서양에서 이것을 설명할 수 있게 것이 바렐라의 연구라 생각됩니다. 서구의 사회과학에서 근래에 새로 대두한 진화경제학, 행동경제학이라는 학문이 이러한 관점에서 사회현상을 이해하려 하고 있지요. 진화경제학이나 행동경제학은 이런 연구가 나오면서 출현할 수 있게 된 거지요.

저는 바렐라의 연구나 진화경제학, 행동경제학 등에서 보이는 새로운 연구관점은 이성 중심의 근대 학문의 한계를 벗어날 가능성을 열었다는 점에서 굉장히 중요한 진전이라 생각합니다. 발표자께서 그 관점에 입각해 새로운 교육방법과 교육모델을 수립하려고 노력하시는 것을 보고 크게 감명받았습니다. 우리가 주의 깊게 관찰하면 생명체가 인지하고 행위를 하고 할 때 인지영역과 이성영역이 동시에 작용 하지 않습니까. 동양의 학문은 전통적으로 양쪽에 다 관심을 두고 그 평형점을 찾기 위해 노력해왔지만, 근대로 들어오면서 이성의 영역에 치우친 서양학문의 영향을 받아서 동양학조차 서양학문의 방법론에 매몰되는 경향을 보였지요. 이름만 동양학이지 근대의 동양학은 동양학의 전통 학문 방법을 거의 계승하지 못했지요. 서양학의 관점에서, 서양철학의 관점에서 동양을 연구한 것이지 제대로 된 동양학의 연구가 없었다고 해도 과언이 아니지요. 그 점에서 보면 발표자의 연구는 동양을 동양학답게 연구할 수 있는 새로운 길을 열었다고 저는 높이 평가합니다. 실천적으로는 보더라도 윤리교육은 많이 하지만 정말 윤리하고는 거리가 사회가 되었잖아요. 윤리교육을 해도 사람이 윤리적으로 되지 않더라는 것이 현실 아닙니까. 실제 우리 모두 윤리적 지식은 많이 가지고 있지요. 윤리적 지식이 모자라 윤리가 실현되지 않는 것이 아니잖아요. 윤리적 이성은 정말 많이 발달해있는데 이것이 행위에 영향을 미치지 않는 것이 문제입니다. 정작 판단을 할 때 작용하는 것은 윤리적 지식이 아니라 엉뚱한 놈이지요. 그러다가 문제가 생기면 윤리적 지식은 사후합리화의 기제로 발동됩니다. 이런 윤리학, 윤리교육의 한계를 극복하는 데는 이러한 새로운 관점의 접근법이 크게 기여할 것으로 생각됩니다.

다만 한 가지 고민해야 할 부분은 바렐라는 곤충 생물학에서 출발해 인간의 이해로 나아갔다는 점입니다. 달리 말하면 인지학, 인지과학에서 출발해 이성에 대한 이해로 연구를 확대해 간 것이라 상대적으로 이성의 영역에 대한 이해가 취약하다는 것입니다. 바렐라의 관점을 더욱 발전시키기 위해서는 이성에 대한 철학적 이해를 심화시키고, 그 위에서 인지와 이성의 평형점에 대해 고민을 해야 합니다.

유권종 : 고맙습니다.

사회자 : 혹시 더 첨부하시고 싶은 말씀이 더 있으십니까?

유권종 : 사실 제가 바렐라의 이론을 바탕으로 해서 동양철학 연구를 한다고 했을 때, 그동안 연구가 제대로 안 되었던 분야를 우리가 개발해 낼 수 있다는 그런 생각을 많이 했습니다. 그게 바로 수양론, 유교용어로 '위기지학爲己之學', 즉 자기를 만들어 가는 학문입니다

지금까지는 공부론을 연구하신 분들이 계시기는 했지만 공부론 그

본연의 방법이나 취지에 따라서 연구하는 것은 별로 없습니다. 그런데 제가 볼 때는 위기지학을 하면 사람이 왜 달라지는가, 변화하는 이치는 무엇인가, 그 방법은 어떤 것인가, 등의 본질에 대한 해명을 좀 더 적절한 용어로 설명 할 수 있을 것 같습니다. 『심경心經』이라는 책이 있습니다. 『심경』을 이제까지 우리나라에서 연구를 별로 안 했어요. 제가 논문을 쭉 뒤져보니까 중국도 마찬가지고 심경연구는 별로 안 했습니다. 심학心學이란 말은 많이 했는데 실제로 『심경』 연구조차 안 되어 있어요. 심경이 어떤 경전이다 이런 연구 안 되어 있습니다. 이와 관련해서 저는 『심경』이라는 책을 바렐라와 그레고리 베이트슨 이론을 엮어서 위기지학을 위한 과정과 방법에 대한 설계도의 관점에서 조명했습니다. 그래서 그동안 가려져 있던 부분들, 즉 위기지학이나 수양론을 적극 분석, 고찰하여 현대적 교육의 개선 방향이나 방법에까지 적용할 가능성이 생기지 않을까, 기대하고 있습니다.

이윤갑 : 발표자께서는 학술진흥재단의 지원을 받아 연구프로젝트를 수행하셨다 하셨는데 그 과제에 대해 구체적으로 소개해주시고, 그 연구가 교육적으로 어떤 의미가 있는지에 대해 말씀해주시기 바랍니다.

유권종 : 예, 그와 관련하여 발표한 논문들을 『유교적 마음모델과 예교육』이라는 타이틀로 묶어 책을 냈는데요. 그 내용은 퇴계 성학을 기본으로 삼아 예절교육의 효과를 측정하기 위한 심성모델을 만들었습니다. 퇴계성학은 예절교육을 바탕으로 해서 성인의 인격을 만드는 것입니다. 그리고 이를 통해 예절을 지속해서 실천했을 경우, 어떤 인격상의 변화가 나타나는지에 대한 설명방법이 필요합니다. 저희는 일단 인격변화의 시스템을 「천명도天命圖」와 『성학십도聖學十圖』에 나오는

「심통성정도心統性情圖」를 바탕으로 하여 인지과학으로 시뮬레이션 할 수 있는 모형을 만들었습니다. 그리고 그걸 만들 때 동원한 모델이 바로 '프린세스 만들기' 입니다. 그 게임은 좋은 행동을 하면 점수가 쌓여서 공주가 되는 것이죠. 그런데 반대로 나쁜 행동을 하면 점수가 깎입니다. 인지과학 시뮬레이션도 바로 그런 거예요. 이 시뮬레이션을 가능하게 하려면 내면적으로 어떤 구조가 그런 축적과 변화를 가능하게 하는가를 설명할 수 있어야 합니다. 그래서 유교식 심성모델을 만들었는데, 이는 일종의 순환적인 모델입니다. 즉 외부로부터 자극을 받아 마음에서 '정情'(사단 혹은 칠정)이 발생하면, 이는 곧바로 의意와 결합하여 행위로 표출됩니다. 이때, 행위는 환경(타인과 사회)를 향해서 표출되고 다시 자신에게 피드백 됩니다. 즉, 모종의 내용이 행위의 결과로 피드백 되어 내 마음의 어떤 성향이나 기질을 강화시키는 거죠. 예컨대 선행하면 자신이 떳떳하고 자랑스럽게 느껴지고, 또 비굴한 행동을 하면 부끄러워지는 것이 바로 피드백입니다. 인간은 장기간 그런 피드백들의 반복을 통해 변화할 수 있습니다. 우리는 이를 증명하기 위해 인공지능적 시뮬레이션을 하게 되었는데, 이때 피드백 내용은 점수로 환산할 수 있어야 합니다.

이에 대해서는 예를 들어 설명하겠습니다. 가령 길을 가다가 지갑을 발견했다고 칩시다. 이때 그걸 보는 순간에 즉각적으로 나오는 반응, 그 반응양식이 성리학에서 말하는 사단과 칠정에 해당하는 '정'이거든요. 그럴 때 희喜, 즉 기쁜 감정이 일어날 수도 있고 반대로 걱정하는 마음이 일어날 수도 있습니다. '희'든 '측은지심'이든 간에, 이러한 정이 나오면서 바로 이어지는 생각이 '의意'입니다. 이는 계산, 혹은 비교하는 작용입니다. 즉 '희'라는 감정이 일어나면 그 다음에 따라나오는 생각이 '이걸로 뭐 사지, 엠피쓰리를 살까' 이런 생각이 나오는 거지요. 그러다 바로 행동으로 실행할 수도 있고, 또 한 번 더 생각해보고 '아니다. 다른 걸 사야지' 하는 등, 내부에서 불리다가 행동으로 가는 수도 있습니다. 그러한 정과 의가 결합해서 행동하면 피드백이 되고, 그 피드백은 사적 욕망을 강화시켜서 그다음 번에도 그런 행동을 할 가능성을 높입니다. 그런데 이와 달리, 예전에 자기가 그런 걸 찾아 준 경험이 있는 사람, 즉 선한 행위의 결과로 피드백을 받은 사람은 측은지심이 즉각적으로 일어나 지갑을 주인에게 돌려줄 방도를 찾습니다. 이것이 바로 측은지심이라는 '정情'과 결합되는 '의意'입니다. 그러니까 '정'이 근본이고 그 위에 계산이 이루어지는 것입니다, 이는 퇴계 심성모델의 근본적 틀입니다. '정'에는 사단과 칠정이 있고, '의'의 종류는 여러 가지입니다. 이것을 퇴계의 개념에 따라서 정의를 하고, 이를 마음의 구성요소로 본 거죠. 그리고 그 요소 간의 상호 관계와 요소들의 작용 강도나 정도를 수치화하는 작업을 시뮬레이션 해야 하는거죠. 다시 지갑의 예를 들면, 지갑을 찾아줬더니 지갑주인이 고맙다고 인사하며 그 행동이 훌륭하다고 칭찬을 하면, 지갑을 찾아준 이의 마음에는 자신의 행위를 자랑스럽게 여기는 마음이 일어나죠. 바로 그것이 피드백인데, 이는 동시에 2차 자극이 됩니다. 이러한 2차 자극은 곧바로 정과 의로 표출될 수도 있지만, 마음 내부에 잠재되어서 선을 강화시키기도 합니다. 그리고 이것이 축적되었을 때, 진짜 참되고 흔들림 없는 덕德이 되는 것입니다. 시뮬레이션은 이런 과정을 장기적으로 지속할 경우의 결과를 예측하기 위해서 실행하는 것입니다. 그러나 우리는 연구비지원 사정상, 1년 단기로 시뮬레이션 할 수밖에 없었습니다. 여기에는 서라벌 대학교 유아교육과 강혜원 교수님도 함께 참여하여 유아들에게 맞는 교육프로그램을 만들고 6주간 교육실험을 하였습니다. 부모교육도 병행하였습니다. 그리고 비교를 위해 교육을 안 받는 그룹도 함께 운영 했습니다. 단기간에 축적된 것이기 때문에 그 변화가 미세하겠지만 이를 장기간 했을 때는 어떻게 변화할 것인가를 예측하는 것이 본 연구의 초점이었습니다. 우리는 그 결과를 통해 2차 연구과제 지원을 받을 수 있었습니다. 그래서 대략 10주 정도로 초등학생을 대상으로 다시 실험을 해봤습니다. 우리는 이를 통해 얻은 중요한 성과를 토대로 학교나 가정에서 적용될 수 있는 예절 교육프로그램을 만들었습니다.

이윤갑 : 퇴계의 심학의 '경敬'은 그 연구에서 어떻게 처리하셨는지?

유권종 : '경敬'은 심학에서 가장 핵심적인 문제입니다. 그래서 그때 우리가 실험에서 목표했던 것이 바로 경의 확보를 위한 방법을 제시하는 것이었습니다. 고정된 심리상태가 아닌 경은 여러 가지 예절을 습득, 실천해가는 과정을 지속해서 반복하면, 집중도나 응집력이 높아집니다. 우리는 예절 교육의 과정에서 그러한 집중도 혹은 응집력이 점차로 향상되는 걸 측정하려고 했던 거예요. 즉 '경'이라는 것은 따로 고정되거나 독립된 형태로 나타나는 게 아니라 행동의 집중도나 응집력으로 나타난다고 본 것입니다. 우리가 실험을 시작할 때만 하더라도 아이들의 행동이 상당히 들쭉날쭉했습니다. 가령 처음에는 선생님께서 '차렷'하면 차려자세를 하고 있다가 시간이 얼마 흐르지 않아 다시 흐트러지잖아요. 그런데 약 6주 정도 교육하고 나면 아이들 스스로 조용해집니다. 다시 말해 몸과 마음이 응집되는 거지요. 우리는 이런 걸 '경'이라고 보았습니다. 그런 과정을 제가 논문에서도 썼는데, 저는 이를 stochastic하다, 즉 확률적이다는 의미로 표현하고 있습니다. '경'은 먼저 몸의 여러 요소와 마음의 여러 요소가 분산적 상태에 있다는 것을 전제한 후, 그들 자체의 숙련도와 그들 상호 간의 관계를 통해 전체적인 응집도를 높여간 결과로

나타납니다. 즉 '경'은 일률적으로 마음먹는다고 되는 것이 아니라 각각의 요소들에 대한 통달의 노력을 기울이면서 전체적인 통달 확률을 높여가는 과정의 결과로 가능하게 되는 것입니다. 가령 아동들을 대상으로 했던 실험을 보면, 처음에는 학생들의 행동 차이의 진폭이 매우 컸습니다. 그러나 이러한 교육이 익숙해지면 점차 한 쪽으로 응집되어 가는 게 보입니다. 바로 이런 것을 경이라고 설명할 수 있으며, 또 그렇게 되어가는 과정이나 결과는 곧 확률적이라 할 수 있다는 것입니다.

이윤갑 : 불교로 이야기하면 일종의 노하우라고 하는 것은 혜慧에 해당하는 개념이고, 예에 해당하는 개념은 계戒에 해당하는 개념인데 경敬에 해당하는 게 있는지? 굳이 배정하자면 정定이라고 할 수 있겠지요. 계를 닦는 것이 실은 정을 닦는 필요조건이 되지만 충분조건은 아닙니다. 이 점에서 『심경』에 관심을 두고 연구하신다데 『심경』의 핵심인 경을 어떻게 교육론으로 구체화할 것이냐가 문제의 핵심이라 생각합니다. 바렐라의 경우에는 명상을 통해서 접근했는데 발표자께서는 그 부분을 교육방법론으로 어떻게 구체화할 것인가가 저에게는 굉장히 궁금합니다. 『소학』 등을 활용한 예절교육은 성인교육에서 문제가 있거든요. 유아교육에서는 그렇게 가더라도 기대할 수 있는 부분이 있는데 이미 청소년 단계를 넘어 대학생 단계, 그 이상으로 가면 그러한 반복만으로 효과를 거두기 어렵습니다. 이런 문제에 대해서는 어떻게 생각하고 계시는지 궁금합니다.

유권종 : 예, 일단 아동들을 상대로 할 때는 우리는 유교적 방법인 소학 교육을 통해 주로 습관들을 들이는 과정이 필요하며, 이를 바탕으로 지적 주의력을 조금씩 성장시키는 것을 생각합니다. 그런데 경이라는 원

리는 단순히 예절만으로 하는 게 아니라 늘 맥락에 주목하면서 항상 거기에 대처할 수 있는 그런 태도를 기른다는 것, 즉 '상성성常惺惺'을 강조하는 것입니다. 그뿐만 아니라 '정제엄숙整齊嚴肅', 즉 몸가짐을 단정하고 가지런하게 하고 엄숙하게 한다는 것, 그다음에 '주일무적主一無適' 즉 마음을 항상 한 곳에 집중하여서 흐트러지지 않게 한다는 것 등이 있습니다. 사실 이런 것들은 종합적으로 길러주는 방법은 상당히 복합적일 수밖에 없지 않느냐, 하는 생각을 하는데 저는 이것이 그다지 어렵지 않다고 생각합니다. 일상생활 자체를 퇴계의 『성학십도』에서 이야기하는 「경재잠도敬齋箴圖」나 「숙흥야매잠도夙興夜寐箴圖」에 제시된 방식을 기본으로 하여 생활하면, 자신의 삶의 내용이 경敬의 패턴을 형성할 것입니다. 물론 거기에는 자기 인생에 대한 깊이 있는 성찰도 포함되고, 또 자신의 행위에 엄숙하고도 정제된 자율이 늘 작용해야 할 것입니다.

이윤갑 선생님께서 좀 전에 불교에 대해 언급하셨는데, 불교에서 말하는 '계'라는 것도 이러한 의미에서 기본적으로 지켜져야 합니다. 계를 지켜 신체적 패턴을 조종함으로써 마음의 평안을 얻는 방법은 반드시 필요합니다. 실제로 바렐라가 이야기하는 노하우도 이와 유사합니다. 즉 일정한 패턴을 익히게 되면, 몸은 변화하는 상황에 맞춰 적절히 반응한다는 것입니다. 그런데 이런 능력은 단순한 습관만으로 형성될 수 있는 것이 아니라, 지적주의력이나 확장력이 필요합니다. 이런 게 바로 유교의 경敬이고, 이를 풀어서 말하면 '상성성常惺惺'입니다. 그리고 그렇게 하려면 단순한 습관화에서만 그치면 안 됩니다. 여기에는 항상 자기 행동에 대해 성찰을 하는 것이 중요합니다. 그리고 거기다 덧붙이자면, 깨달음을 추구하는 것, 이는 불교식으로 이야기하면 '혜慧', 유교식으로는 '격물치지格物致知'에 해당합니다. 저는 그 격물치지라는 게 상당히 중요한 기본적인 방법이라고 생각하는데, 이는 가까운 데서부터 시작하여 고상한 차원의 것들을 깨달아 간다는 것, 즉 깨달음의 확장입니다. 바렐라가 말하는 확장이란 인지능력이나 행위능력이 쉬운 것에서 어려운 것으로 향상, 발전하는 것을 의미합니다. 그렇게 확장되면 뇌의 뉴럴 네트워크, 즉 신경망이 아주 오밀조밀하게 형성됩니다. 신경망이 오밀조밀하게 된 사람은 그렇지 않은 사람과의 차이 때문에 상황에 따라 즉각적으로 반응할 수 있는 능력이 생기게 됩니다. 이를 위해 우리는 항상 내면이든 외면이든 자신의 마음을 관찰하고 통제하면서 일관된 방향을 유지하여 나아가야 합니다. 그래야만 상황에 대한 원만한 대응이나 대처할 수 있어집니다. 따라서 우리에게는 이러한 경을 현대인의 삶에서 실천해 보는 방법을 구체화하는 게 필요합니다. 과거 사람들은 이런 걸 많이 연구했지만, 오늘날은 문자적인 논의에만 치중하고 있는 것 같습니다. 이제는 구체적으로 이것을 실천하는 방법에 대한 논의가 필요하다고 생각합니다.

사회자 : 혹시 다른 분들 더 질문이 있으십니까? 예, 그렇다면 없는 걸로 하겠습니다. 지금 시간이 많이 지체되어 더는 진행을 할 수가 없군요. 저도 오늘 유권종 선생님의 발표와 마지막 답변에 이르기까지 많이 배웠습니다. 오늘 발표는 아마도 철학을 학문의 대상으로 삼고 있는 사람들, 특히 저 같은 사람한테 큰 깨달음을 주었다고 생각하는데, 그것은 바로 우리가 문자주의에 너무 빠져 있는 것은 아닌가 하는 것입니다. 사실 저도 하루라도 책을 읽지 않으면 뭔가 허전하고 불안한 증세가 있습니다. 일종의 문자중독증이라 해야 할지 정확히 알 수는 없습니다만, 어쨌거나 책을 안 읽으면 뭔가 이상해지는 그런 상황입니다. 예, 오늘 좋은 발표와 논평을 해주신 두 분 선생님께 큰 박수 부탁합니다. 다음 시간에는 유럽 중심주의 관련 주제가 진행됩니다. 다음 포럼에서도 여러분의 많은 참석을 당부합니다. 다시 한 번 감사 드립니다.

공공미술이라는 새로운 장르?

- 포럼 일시: 2010년 11월 9일
- 발표: 이영욱(전주대 도시환경미술학과 교수)
  사회: 박상혁(계명대 윤리학과 교수)
  토론: 손정수(계명대 문예창작학과 교수)

사회자 : 포럼을 시작하겠습니다. 그럼 오늘의 연사를 소개하겠습니다. 오늘의 연사는 전주대의 이영욱 선생님이십니다. 이영욱 선생님에 대해서 간략하게 소개하면 서울대 미학과를 졸업하시고 민중미술운동과 대안 공간 활동에 활발하게 참여하셨습니다. 노무현 행정부 때는 문화관광부 산하 문화관광연구원의 원장을 맡아 문화정책에도 깊이 관여하신 분입니다.

이영욱 : 네, 감사합니다. 요사이 여러분도 느끼시겠지만 공공미술이라는 말을 주변에서 많이 듣습니다. 시골 마을 같은 데서 미술가들과 주민이 힘을 합해 간판을 바꾸기도 하고, 재래시장에 들어가 미술가들이 시장 상인들과 함께 시장 공간을 고치기도 하고, 또 용산 철거 현장이나 평택 대추리 미군 부대 예정지 투쟁 현장에 미술가들이 결합하여 포스터를 만들기도 합니다. 그런 것들을 모두 공공미술이라고 부릅니다. 흔히 우리가 공공미술이라고 아는 것은 건물 옆에 흔히 건축물 장

식 법 곧 '1% 법'에 따라 만들어진 조각품 같은 것인데 요사이는 공공미술이라는 것이 훨씬 다양한 방식으로 이루어지는 것 같습니다. 하지만 이러한 현상이 전혀 새로운 것이라기보다는 서구에서는 공공미술이 오랫동안의 역사를 가지고 발전해 왔는데 그러한 과정이 우리의 경우 압축적으로 진행되는 것으로도 볼 수 있습니다. 오늘 제가 다룰 내용은 바로 이 서구에서의 공공미술의 변화 과정입니다. 이를 통해 공공미술의 다양한 양상들이 어떤 논의와 실천을 바탕으로 이루어졌는지 그리고 그것들이 지역의 문제와 어떻게 연결되어 있는지를 살펴보려 합니다.

우선 이 변화 과정과 관련해서는 세 가지 맥락이 있습니다. 무슨 말인가 하면, 조금 전에 말씀드린 이 공공미술이라는 것이 일종의 새로운 유형의 공공미술인데, 공공미술이 변화하여 이러한 유형의 공공미술이 나오는 데에는 크게 두 가지 문맥이 관련되어 있다는 것입니다. 하나는 우리가 건물 앞에 놓는 그런 공공미술들이 어떻게 변해서 이런 식으로까지 흘러왔는가 하는 맥락이 있고요. 또 하나는 미술계 자체가 어떻게 자기 발전을 거치면서 이런 미술들을 낳는 방향으로 진행됐는가 하는 겁니다. 그리고 또 하나 이야기할 수 있는 것은 공공미술을 가능케 하는 실질적 문맥, 다시 말해 이러한 미술을 가능케 하는 혹은 경제적 혹은 재정적 토대가 어떻게 가능해 왔는가 하는 문맥이 있습니다. 이 경우는 새로운 공공미술에 대한 재정적 지원이 대체로 국가나 지자체나 외국 같은 경우 기업이나 재단 같은 곳에서 많이 나오는데, 궁극적으로 이것이 도시 재생, 도시 재개발과 깊이 연관되어 있다는 것만 말씀드리고 이 문맥은 크게 앞의 두 문맥과 관련하여 통합해 설명하려 합니다. 어쨌든 앞의 큰 두 문맥을 새로운 유형의 공공미술 성립 배경으로 소개하고 구체적인 작업들을 예시한 후 이후 질의와 토론을 통해 여타 쟁점들을 살펴보는 식으로 진행할까 합니다.

일단 그림을 보아야 할 것 같습니다. 공공미술 자체의 변화 맥락과 관련해서는 우선 기념비가 이야기되어야 합니다. 우리가 공공미술이라고 말할 때 그 공공이 무엇을 의미하는가 하면 사실 프라이빗(private) 다시 말해 사적인 것과 대비되어 쓰이는 것이거든요. 하지만 미술의 본류가 이렇듯 사적이 된 것은 역사적으로 아주 최근의 현상입니다. 예술이라는 것이 자율성을 얻게 된건 최근 근대문명 속에서이지요. 이집트의 무덤 그것이 개인적이기만 한 것일까요? 또 마찬가지로 수많은 예전의 무슨 전승기념비 같은 것들도 개인적인 것인가요? 아닙니다. 사실상 역사상 근대 이전 오랫동안 미술은 공공적 성격을 갖고 지속되어 왔습니다. 그러다가 현대적인 의미의 공공미술이 본격적으로 시작되는 것은 서구에서도 2차 대전 이후, 1960년대에 와서입니다. 어쨌든 우선 기념

도판 1. 코시모 메디치 상. 이탈리아. 피렌체. 16세기

도판 2. 빅토리아 여왕 기념비, 영국 런던, 버킹검 궁전 앞, 1911년

도판 3. 레닌상, 러시아, 모스크바 10월 광장

도판 4. 강감찬 장군상, 서울, 낙성대, 1997.

비의 특성을 살펴보기로 하지요. 기념비는 흔히 역사 속의 눈부신 승리와 선조의 투쟁을 형상화해서 과거 시간을 되살려 내는 기능이 있고, 대체로 군사적 의지를 띠고, 광장 같은 넓은 장소를 활용하여 국가의 권력을 전시하는 공간을 조성하는가 하면, 높이와 좌대를 활용한 위계적 공간 구축을 해왔지요. 그리고 사실주의적 혹은 자연주의적 기법을 통해 해석보다는 인식을 도모해 왔으며, 헤게모니를 위해 과거를 현재화하는 특수한 방식을 써온 것이지요. 고대 이후 특히 서구의 근대 국가의 형성기에 큰 발전이 있었습니다.

그런데 이런 기념비 전통, 공원에 대포를 가져다 놓는다든가 하는 것이 낡은 방식이라는 것이 사회적 변화에 따라 여러 국면에서 확인되면서 현대적 의미의 공공미술에 대한 필요와 요구가 생겨납니다. 이 현대적 의미의 공공미술 변화는 미국에서 가장 전형적으로 엿볼 수 있는데요. 미국에서는 1960년대 국립예술기금(NEA)에서 처음 '장소 속의 미술(Art in the Public Place)' 프로그램이라는 명칭으로 이 공공미술의 새로운 패러다임을 지원하면서 본격적으로 시작됩니다. 그 배경이 무엇일까요? 미국 도시의 경우 대체로 평원에 도시가 덩그러니 서 있는 경우가 많습니다. 도심 한가운데만 고층 건물이 밀집해 있지요. 사실 삭막합니다. 그래서 도시 미관 문제가 큰 문제로 대두했었어요. 그래서 NEA에서 1967년에 기금을 마련해서 도시 미관을 살릴 겸, 또 선언하기에는 최고의 현대미술을 관객에게 소개하고 대중에게 미적 교육을 하고 도시환경을 미화한다고 해서 현대적 공공미술을 시작합니다. 물론 그 이전에 기업들이 먼저 시작한 경우도 있지요. 그림을 보지요. 이것은 67년 시카고 중심가에 설치된 피카소(Picaso)의 작업(도판 5)인데 멋있지요? 이 정도만 해도 괜찮습니다. 우리의 경우 건물 지나가다 구석에 보면 무슨 돌이나 철로 만든 조각품들이 서 있는 그런 사례가 너무 많

도판 5. 파블로 피카소, 무제, 1967, 시카고, 일리노이

습니다. 다음은 알렉산더 칼더(Alexander Calder)의 〈라 그랑 비테(La Grande Vitesse)〉(도판 6)입니다. (도판 7)은 이 작품을 보러 관중들이 모여든 모습이고요. 이 작업이 NEA 기금이 지원된 최초의 프로젝트이지요. 헨리 무어(Henry Moore)나 이사무 노구치(Isamu Noguchi) 등도 이런

도판 6. 알렉산더 칼더, La Grande Vitesse, 1969, 그랜드 래피즈, 미시간

도판 7. 알렉산더 칼더, La Grande Vitesse, 1969, 그랜드 래피즈, 미시간

유형의 작업 대표 주자이지요. 그런데 이런 작업들이 미국에서 곧 비판에 처하게 됩니다. 우선은 이것들이 도시 미관을 증진하고 대중들의 심미안 향상에 도움이 되느냐 하는 문제가 제기됩니다. 우리의 경우 차라리 서구미술에 대한 교육이 잘되어 이런 작업 보면 야 멋있다! 하지만 미국의 경우 예를 들어 흑인들이나 히스패닉이 볼 때면 이거 백인 미술 아냐? 하거든요. 게다가 그야말로 삭막한 도시에 이렇듯 미술관에서 크기만 키워 튀어나온 듯한 작업들이 섰다고 별로 미관에 도움이 안 된다는 것이지요. 결국 이것들은 건물주의 문패나 혹은 '광장의 똥덩어리' 같은 것 아니냐 하는 신랄한 비판이 이어집니다. 따라서 이런 추상적인 작품의 엘리트주의는 관객들에게 불가해하고 지루할 뿐이며 사실 위치만 광장이나 공원 같은 공공장소에 있을 뿐이지 공공적인 요소가 없다는 것이지요. 게다가 최악의 경우 지배계층의 부와 권력을 과시하는 공

허한 기념품이거나, 기업의 부동산 개발 확대와 연관된 프로젝트일 뿐이라는 비판을 받지요.

그러면서 패러다임의 전환이 시작됩니다. 이번 패러다임은 '공공공간으로서의 미술 (Art as the public space)'이라고 불립니다. 이들이 주목했던 것은 앞선 패러다임이 장소와 너무 무관하다는 점입니다. 예를 들어 피카소 작업은 전 세계에 똑같은 것들이 깔려 있으며, 칼더 같은 사람은 자기 작업을 설치할 때 한 번도 가본 일이 없다고 하지요. 때문에 NEA는 1974년 공공미술 작업이 "해당 장소에 적합(appropriate to the immediate site)"해야 한다는, 달리 말해 장소-특정적(site-specific)이어야 한다는 지침을 새로이 만듭니다. 그리고 70년대 중반부터 많은 "해당 장소에 적합"한 작업들이 주문되기 시작합니다. 하지만 이 작업들은 대부분 미술가들과 디자이너들이 결합한 디자인 팀들에 의해 진행되었지요. 그래서인지 대부분은 건축디자인이나 환경디자인과 구분되지 않았습니다. 요사이 보면 새로 지은 대형 건물이나 공공공간에 앉을 곳도 만들고 스트리트 퍼니처라고 해서 가로에 편안하게 쉴 장소도 만들고 하는 것을 자주 볼 수 있습니다. 이런 것들이 바로 공공공간으로서의 미술 패러다임의 실천 사례가 나타난 것들이지요. (도판 8, 9) 결국 "해당 장소에 적합"해야 한다는 지침의 의도가 미술작업을 장소의 환경 조건들과 직접 연계시켜 접근이 쉽고 사회적인 책임을 의식하는

도판 8. Scott Burton, 벤치와 가로등, 1985, Pearlstone Park, Baltimore, Maryland

도판 9. Siah Armajani, Scott Burton, World Financial Center Plaza

결과물을 만드는 데에 있었다면, 여기서는 '사회적 책임'이 미술품의 사용 가치와 기능주의적으로 동일시되었던 것입니다. 장소(site)가 물리적 장소의 개념에 머물러, 역사적 사회학적 생태학적 장소 개념(place)으로까지 확장되지 못했던 것이지요. 게다가 다른 문제점도 제기되었는데요, 배터리 공원(Battery Park)(도판 12, 13)이라고 뉴욕 맨해튼 남부의 간석지에 일종의 도시 개발 프로젝트가 있었습니다. 이 프로젝트는 이 패러다임의 가장 전형적인 사례였지요. 그런데 결국은 공공미술이 도시부동산개발을 위한 하수인이 되어 버렸다는 비판을 받았습니다. 이 패러다임에 내재한 한계가 드러난 것이지요.

도판 10, 11. 리차드 세라, 기울어진 호, 1981, 맨하탄, 뉴욕

도판 12. Battery Park 시티, Manhattan, New York

도판 13. Battery Park 시티, Manhattan, New York

이 와중에 결정적인 사건이 있었습니다. 리차드 세라(Richard Serra)라는 유명 조각가가 1981년 뉴욕시에 있는 연방빌딩 앞 광장에 강철 조각 〈기울어진 호Tilted Arc〉(도판 10, 11)를 설치했는데요. 이 분은 기존의 공공공간으로서의 미술 패러다임이 일상 삶의 공간에 내재한 긴장과 모순을 겉보기에만 그럴듯한 조화로움으로 가려버린다고 생각했습니다. 그래서 광장에 어찌 보면 삭막하고 엉뚱하기 그지없는 거대한 쇠철판을 설치했던 것이지요. 하지만 그 지역의 공무원들, 주민들이 크게 반발하여 그 작업을 철거해 달라고 요청했습니다. 지루한 재판이 이어지고 결국 1989년 그 작업은 광장에서 철거되어 버립니다. 여러 가지 쟁점 중에서 결국 그 작업이 그것이 놓인 장소 주변의 지역 주민과 충분한 소통 과정 없이 만들어졌다는 것이 핵심 문제가 되었지요. 이 과정에서 장소가 그 장소를 이용하는 지역 주민 공동체와의 의사소통 공간으로, 즉 공공영역(Public Sphere)으로 이해되어야 한다는 것이 확실해졌습니다. 결국 NEA는 1979년에 자신의 지침에서 "프로젝트에 대한 공동체의 풍부한 반응을 보증하는 방법"을 제시하도록 요구했으며, 1983년에는 "공동체를 교육하고 준비시키는" 계획 행위와 "공동체가 참여하고 준비하며, 대화할 수 있는 계획들"을 프로젝트에 포함하도록 권유했습니다. 이로써 '미술'과 '공공'의 결합은 이제 단순히 장소 그 자체가 아니라 관객 혹은 지역공동체로 이동하게 되었고, 공공미술 작업의 의미와 가치 또한 미술 오브제에서 찾을 수 있는 것이 아니라 미술가와 지역공동체의 상호작용 안에 존재하게 된 것입니다. '새로운 장르 공공미술(New Genre Public Art)'이라는 새로운 유형의 공공미술이 출현한 것은 이러한 배경에서였습니다.

하지만 '새로운 장르 공공미술'에 대해 본격적으로 알아보기 전에 앞서 이야기했듯이 먼저 확인할 것이 있습니다. 이러한 '새로운 장르 공공미술'의 형성이 공공미술 내부의 변화 문맥뿐만 아니라 미술계 전반의 변화와도 겹쳐져 있다는 것이지요. 간단히 요약한다면 이 변화란 이론과 실천 모두에서 모두 확인되는 모더니즘 미술의 자율성 이데올로기의 해체입니다. 클레멘트 그린버그(Clement Greenberg)는 모더니즘 미술은 문화산업의 위협에 맞서 문화를 보존하고 삶과 예술의 진정성에 이르려고 경계를 늦추지 않는 노력에서 나온 것이라고 말합니다. 그리고 모더니즘은 이러한 노력을 고유한 장르 영역 안에서 극도로 자기충족적인 기법상의 요구들을 추구하는 것, 곧 자체의 절대성을 추구해나가는 것을 통해 구현해낸다고 말합니다. 예를 들어 회화의 경우 이는 평면성의 추구로 나타난다는 것이지요. 그리고 모더니즘 미술이 당대의 사회와 정치에 대한 비판적일 수 있다면, 그것은 비판적 '내용' 때문이 아니라 바로 이러한 '순수함'을 통해서라는 겁니다. 이 같은 입론의 결과는 뚜렷하지요. 미술작품은 사회의 나머지 부분과는 철저히 고립된 채 존재하는, 자율적이며 자기충족적인 특별한 오브제가 되어 버리고, 창조성의 원천은 바로 이러한 자족적인 작품을 생산하는 미술가에게 부여되는 것입니다. 하지만 이후 연구들은 모더니즘 미술의 이론과 실천이 비판은커녕 순수하지도, 중립적이지도 못했음이 확인한 바 있습니다. 미국에서 모더니즘 미술은 정치적으로 냉전을 위한 문화적 첨병의 구실을 했으며, 자본주의 이데올로기 확산에 능동적으로 참여했다는 것, 또한 시장을 거부하기보다는 시장과 교묘하게 타협했으며, 미술을 기껏해야 또 다른 등급의 판매와 소비를 위한 물품으로 전환했을 뿐이었다는 것이 확인된 바 있습니다. 그리고 무엇보다도 스스로 보편적 가치를 지닌다고 주장했지만, 실상은 편협하기 이를 데 없었다는 것이 확인된 것이 중요하지요. 예를 들면 그것은 가부장적이고 엘리트주의적이었는가 하면, 백인 중심적이었고 서양 중심적이었으며, 또한 개인주의적이었고, 결국은 자본주의 세계의 지배문화로서의 역할을 수행할 뿐이었다는 것입니다.

이러한 자율성 이데올로기의 해체가 어떻게 진전되어 가는가를 확인하는 방법은 여러 가지가 있을 수 있겠지요. 하지만 공공미술의 전개와 관련해서는 동시대 미술 현장에서 다름 아닌 장소-특정성이 부각되고 변전하는 문맥을 통해 가장 분명하게 드러납니다. 즉 미술 작업이 장소와 연계되어 존립하는 것으로 변화되고 또 그 연계방식이 변전해가는 문맥 말입니다. 이 문맥은 현상학적 장소-특정성 모델에서 제도 비판적 장소-특정성 모델을 거쳐 담론적 장소-특정성 모델로 확장되는 궤적을 보입니다. 1960년대 후반 미니멀리즘과 그 뒤를 이은 다양한 작업들은, 순수한 관념 공간을 벗어나 관람 주체의 신체적 현존을 통해 고유하게 체험되는 실제 공간 즉 장소를 부각시켰습니다. 현상학에서 주체와 그 대상이 분리되지 않듯이, 작업은 장소와 분리된 오브제가 아니라 관람 주체에 의해 특정 장소에서 그것과 더불어 체험되는 무엇으로 전환된 것입니다.

도판 14. Donald Judd, Untitled [Six boxes], 1974

예를 들어 도판 14)는 도날드 저드(Donald Judd)의 〈무제, [6개의 박스]〉라는 작업입니다. 전형적인 미니멀리즘 작업이지요. 통상의 모더니즘 추상화나 통상의 조각 작품들에 익숙한 분들에게는 이 작업이 매우 특이하게 느껴질 것입니다. 왜일까요? 이 작업의 가장 큰 특징은 우선 작품의 표면이 주변을 반사한다는 것입니다. 무슨 이유에서 이런 작업을 했을까요? 그것은 작가가 관객들이 작품의 표면에서 혹은 내부에서 작품의 의미를 찾기를 원치 않았기 때문입니다. 작가가 이 작업으로 제시하고 싶었던 것은 작업 자체가 아니라 그 작업과 작가의 신체가 만나 이루어지는 체험입니다. 즉 구체적인 신체가 구체적인 대상과 만나 겪는 상호 물리적 연관의 체험 말이지요. 바로 이것이 현상학적인 체험이고, 이렇듯 어떤 관념 공간에서 느끼는 시각적 즉각성이 아닌 앞에 놓인 구체적 장소에 놓인 물질적 대상에 대한 신체적 경험을 제시하여 미술의 가능성을 확장하려는 작업이 현상학적 장소-특정성을 지닌 작업인 것입니다.

하지만 이후 장소-특정성은 갤러리를 단순히 물리적 장소로서가 아니라, 그것을 둘러싼 미술 제도의 제반 시스템이 작동하는 장소로 확인하는 제도 비판적인 성격을 띠는 작업들을 선보이기 시작합니다. 장소-특정성이 이제 미술 이데올로기 시스템을 틀 짓고 유지하는 상호 관련된 공간과 시스템으로 재규정되는 것이지요. 예를 들어 도판 15) 다니

도판 15. Daniel Buren, Within and Beyond the Frame, John Weber Gallery, New York, 1973

엘 뷔렝(Daniel Buren)의 작업 〈플레임의 안과 밖에서〉에서는 뷔렝 특유의 줄무늬 작업이 창문을 넘어 건물 밖의 공간으로 가로질러 나갑니다. 갤러리와 미술관이 혹은 그곳 하얀 방 안에서 이루어지는 미술작업과의 대면이 결국은 인위적으로 구성된 제도일 뿐이며, 그것을 넘어서서 밖으로 나가는 미술이 얼마든지 가능하다는 것이지요. 따라서 이제 삭막한 백색 공간, 인공조명, 통제된 분위기, 가장 기본적인 원형적 건축술을 갖춘 모던 갤러리/미술관 공간은 제도적 위장, 곧 이데올로기적 기능에 봉사하는 규범적인 전시 관습으로 이해됩니다. 달리 말하면 겉보기에는 온화한 갤러리/미술관의 건축적 모습은, 스스로를 그리고 스스로의 가치를 '객관적이고,' '공평무사하며,' '진실된' 것으로 만들라는 제도의 관념주의적 명령을 수행하는 공간으로, 따라서 그 공간을 밖의 세계로부터 능동적으로 분리시키는 코드화된 메커니즘들로 간주됩니다. 그리하여 제도적 관습들과 제도의 욕망을 거스르고, 시장에서의 미술 상품화 혹은 시장을 위한 미술 상품화에 대해 저항을 지속하면서, 정보적, 문서적, 설명적, 교훈적, 비물질적(제스처, 이벤트, 퍼포먼스) 성격의 전략을 취하는 새로운 작업들이 생겨나는 것이지요. 그리고 이를 통해 장소-특정성이라는 것 자체가 이전 현상학적 성격에서 미술작업과 장소 사이의 관계를 고정되지 않는 덧없는 것으로 나타내는 것으로 변화하는 것입니다.

하지만 최근에 와서 이러한 장소-특정성은 또 다른 변전을 보여줍니다. 한마디로 바깥세계 그리고 일상생활에로의 참여를 맹렬하게 추구하는 새로운 작업들이 생겨나고 있습니다. 이 모델은 공간, 제도, 쟁점과 관련하여 이제 미술적인 것을 넘어 비 미술적인 것을 포괄하는 문화비평을 시도합니다. 그리하여 생태학적 위기, 노숙, 에이즈, 동성애공포증, 인종주의, 그리고 성차별주의와 같은 긴급한 사회문제를 행동주의적으로 고쳐나가고 미술을 좀 더 직접적으로 사회적인 것의 영역 속으로 통합시키는 일에 관심을 갖게 됩니다. 당연히 미학적이고 미술사적인 관심을 부차적인 논점으로 다루는 경향을 보이며 미술의 생산과 수용이 가진 사회적 본성에 미술 내적으로 초점을 맞추는 일조차 너무 배타적이고 심지어 엘리트주의적이라고 생각합니다. 따라서 이 같은 문화에로의 참여의 전통적인 미술의 범위 바깥에 있는 공공장소를 선호하는 경향을 보입니다. 그리하여 동시대의 장소 지향적인 작업들은 미술을 미술관/갤러리 공간 시스템 밖으로 끌어내려는 이전의 노력을 진전시켜 호텔, 시내 거리, 주택 건설 프로젝트, 감옥, 학교, 병원, 교회, 공원, 슈퍼마켓을 점유하고, 라디오, 신문, 텔레비전, 그리고 인터넷과 같은 미디어 공간에 침투합니다. 이 공간 확장에 덧붙여 이 새로운 모델의 장소-특정적 미술은 또한 광범위한 학문 영역(인류학, 사회학, 문학비평, 심리학, 자연과 문화사, 건축과 도시학, 컴퓨터과학, 정치이론, 철학)으로부터 활기를 얻어내 문화대중 담론들(패션, 음악, 광고, 영화, 텔레비전)과 박자를 맞춥니다. 그리하여 오늘날의 장소-특정적 미술은 미술 작업이 한 입지(장소)의 실제성과 맺는 관계 그리고 제도적 틀(장소)이 갖는 사회적 조건과 맺는 관계 양쪽 모두가 일종의 인식, 지적 교환, 혹은 문화적 논쟁으로 되어버리는 담론적으로 규정된 장소에 종속됩니다. 더욱이 이전 모델들과는 달리, 이 장소는 선결조건으로 규정되지 않고, 작업에 의해 산출되며(종종 "내용"으로서), 따라서 그것이 현존 담론 구성체에 수렴됨으로써 검증됩니다.

'새로운 장르 공공미술'이 세 번째 장소-특정성의 모델 곧 담론적 장소-특정성 모델 작업과 겹쳐진다는 점을 알아차리기는 어렵지 않습니다. 그리고 이 장소-특정성의 변전이 모더니즘 미학의 해체 과정을 예시하는 한, '새로운 장르 공공미술'이 바로 이 같은 모더니즘 미학의 해체의 한 극점을 형성한다는 것은 명확해집니다. 즉 새로운 장르 공공미술이 공공미술 내부의 패러다임 변화와 미술계 자체의 탈모던 경향과 더불어 형성된 것이라는 점이 확인되는 것이지요. 따라서 이 미술은 기존의 모더니즘 미학과는 매우 다른 미학적 전제를 가지고 있습니다. 한마디로 미술 오브제와 작가를 절대시하던 미학이 이제 총체적인 관계의 미학에 자리를 내주게 된 것입니다. 자연히 이는 단순히 미술 오브제와 작가 개념뿐 아니라 관객 그리고 이들 모두를 둘러싸고 있는 미술제도에 이르기까지 미술을 이루는 구성 요소들 모두의 개념을 재구성합니다. 그리고 또한 이 미술은 이제까지 미술계 내에서 존중됐던 관행들 예를 들면 시장에서의 성공, 후원자의 역할을 잘 수행하는 갤러리, 좋은 전시평, 이 모든 관행들의 기반인 미술관 같은 것들에서 벗어나, 관객(공동체)을 중시하고 관객(공동체)과 협업 내지 상호작용하며 관객(공동체)의 사회, 정치, 문화적 필요에 부응하려는 강력한 지향을 보여줍니다. 핵심 사항은 창조성이 자율적이고 독립적인 개인으로부터, 단일한 개인의 산물이 아니라 협업과 상호의존 과정의 결과인 새로운 종류의 대화적 구조로 옮겨진다는 점입니다. 이러한 미학이 타자에로의 열림과 치유, 연대, 환경, 생태 등을 강조하는 관계론적 철학에 토대를 둔다는 것은 이해하기 어려운 일이 아니지요. 그리하여 수잔 레이시 (Suzzane Lacy)는 새로운 장르 공공미술을 "폭넓고 다양한 관객과 함께 그들의 삶과 직접 관계가 있는 쟁점에 관하여 대화하고 소통하기 위해서 전통적 또는 비전통적 매체를 사용하는 모든 시각 미술"로 정의합니다.

자 이제 새로운 장르 공공미술의 사례들을 본격적으로 살펴보기로 하지요. 우선 주디 시카코(Judy Chicago)의 〈디너 파티〉부터 살펴보지요. 이 작업은 74년도에 제작된 건데 각각 길이가 48피트인 정삼각형 연회 테이블 위에 39개의 세라믹 식기 한 벌을 통해 서구 문명 속에서 기억해야 할 여성들에 대해 존경을 표하는 작업입니다. 원래 혼자 하려던 작업이 결국은 모두 300여 명에 이르는 사람들이 직간접적으로 참여한 공동 작업이 되었지요. 식기들은 모두 여성 성기 모양을 하고 있고, 각 단위는 해당 여성의 삶을 해석하여 특색 있게 만들어졌습니다. 사포도 있고 버지니아 울프도 있습니다. 여성들 스스로 주체의식을 고양하려 했던 초기 페미니즘 단계의 특성이 잘 드러나는 작업입니다. 전시 과정 중에 저항이 있어 순회 전시가 중지되기도 했는데 모금을 통해 전시가 계속되었고 지금 작업은 브루클린 미술관에 영구 소장되어 있습니다. 작업 과정의 여러 연구 자료들과 연대기 같은 도표들도 전시되어 있지요.

도판 16, 17. Judy Chicago, The Dinner Party, 1974–1979, Brooklyn Museum, New York

다음은 주디스 바카(Judith baca)의 작업을 소개하려 합니다. 세계에서 제일 긴 벽화인데, 2400피트 정도 된다고 하고, 1976년에 시작하여 지금까지 지속되고 있습니다. 이 작업에서 중요한 점은 LA 지역의 청소년들, 학교 안 가고 그런 아이들을 400명이나 그려서 작업한 것이고요, 시 육군 공병대, 지역 정치인, 교사, 인류학자, 교도소 시스템 등의 협조를 얻어 공동 작업을 해나간 것입니다. 유사 이래 지금까지 토착민, 소수 이민자 그리고 여성들의 노동과 투쟁의 역사가 그 소재인데, 원래 이 지역이 멕시코의 땅이었던 것과 연관하여 히스패닉들의 역사가 주를 이룹니다.

도판 18, 19. Judith F. Baca & Social and Public Art Resource Center, The Great Wall of Los Angeles, 1976–present

도판 20. Krzysztof Wodiczko, Homeless Projection: A Proposal for the City of New York, 1986

다음은 크리츠도프 보디츠코 Krzysztof Wodiczko의 작업인데요, 80년 초부터 정치적 의미를 지닌 기념비들에 홈리스(homeless)와 같은 주변화된 사람들의 손이나 몸체 전부를 투사 시켜 공공건물이 표상하는 의미에 대한 우리의 기억을 어지럽히고 그 기억들이 조장하고 있는 현실에 대한 침묵을 고발하는 작업들을 해왔습니다. 좀 나중에는 〈홈리스 비클(homeless vehicle)〉이라는 것도 만들었는데요, 홈리스들이 여기서 자고 이동, 운반도 되고 심지어는 일종의 가두 판매도 가능한 기구입니다. 홈리스들을 위한 실질적인 생활도구였던 것이지요.

도판 21. Krzysztof Wodiczko, Homeless Vehicles, 1988-89

도판 22. Mierle Laderman Ukeles, Touch Sanitation, 1978–79, New York

도판 23. Mierle Laderman Ukeles, Touch Sanitation, 1978–79, New York

다음은 밀 레더맨 유켈레스(Mierle Laderman Ukeles)라는 여성 작가의 작업인데요, 이 분은 스스로 뉴욕의 청소국의 레지던스 아티스트로 들어갑니다. 거기에 무보수로 들어가서 11달이 넘는 동안 뉴욕시 청소부들이 입는 오렌지색 조끼를 입고 뉴욕의 5개의 자치구를 걸어 시 청소부 모두와 악수를 합니다. 악수할 때마다 '감사합니다' 라는 말을 통해 신뢰를 형성하고 존중을 표합니다. 원래 유켈레스는 페미니스트 아티스트였어요. 이런 관점에서 사회가 그 안에 내장하고 있는 다양한 시스템, 그러니까 여성의 역할 가사 노동 같은 시스템에 관심을 가지기 시작하여 쓰레기 처리라는 지점까지 주목하게 된 것이지요. 일종의 생태학적 관심에서 이 쓰레기라는 것이 우리의 생명 순환의 과정에 그렇게 중요한데도 우리한테 얼마나 무시되고 있는지를 느끼고, 청소 노동자들이 갖는 중요성을 자각할 수 있게끔 하는 활동을 하는 겁니다.

'하하와 플러드(Haha & Flood)'는 1993년 '스컵처 시카고'가 진행한 '컬처 인 액션'이라는 대규모 페스티벌에서 에이즈 걸린 사람들을 위한 음식물을 재배하고 공급하기 위해서 수경재배 정원을 만듭니다. 시카고 로저스 공원 근처의 한 상점을 빌려서 그렇게 하지요. 하하는 4명의 작가로 구성된 그룹인데 일반 시민과 더불어 '플러드'라는 자원봉사조직을 결성하여 이 일을 진행합니다. 또한 같이 모여서 전문가들에게 에이즈에 관련된 강연을 듣기로 하는 등 사회문제에 대해서 공감하는 여러 가지 작업을 지속합니다. 이 프로젝트

도판 24. Haha and Flood: A Volunteer Network for Active Participation in Healthcare, Flood, 1993, Chicago

도판 25. Haha and Flood: A Volunteer Network for Active Participation in Healthcare, Flood, 1993, Chicago

가 중요한 것은 나중에 프로젝트 기간이 끝난 뒤에도 주민에 의해 이 프로젝트가 계속되었다는 점입니다.

이니고 망글라노 오발(Iñigo Manglano-Ovalle)의 작업도 흥미롭습니다. 위의 '수경재배 정원 프로젝트'와 마찬가지로 1993년 시카고에서의 '컬처 인 액션' 프로젝트 중 하나인데요, 스트리트 레벨 비디오(steet level video) 프로젝트입니다. 이 프로젝트는 한마디로 동네 아이들에게 비디오카메라를 나눠주고 작동법을 가르친 다음 마음대로 찍고 싶은 것을 찍게 한 후 그것들을 동네 안에서 전시한 프로젝트입니다. 총 40개 정도의 비디오 작업이 70개 정도의 모니터를 통해 방영되었고, 축제

도판 26. In igo Manglano-Ovalle and Steet Level Video, Tele-Vecindario: Steet Level Video Project, 1993, Chicago

도판 27. In igo Manglano-Ovalle and Steet Level Video, Tele-Vecindario: Steet Level Video Project, 1993, Chicago

도 같이 열렸습니다. 마약, 폭력, 성차별, 매춘 등을 바라보는 청소년들의 자기 해석이 드러났을 뿐 아니라 지역공동체의 현실을 확인하는 수단이 되었지요. 특히 프로젝트에 참여 청소년들은 스스로를 작가로 인식하여 자부심을 느끼는가 하면, 공동체로서는 스스로 자신의 정체성을 확인하고 스스로 힘을 북돋을 수 있는 수단을 얻어낼 수 있게 된 것입니다.

우리나라 것은 딱 한 사례만 소개하도록 하겠습니다. 플라잉시티가 주도한 '청계천 프로젝트'라는 것이 있습니다. 이명박 대통령이 시장으로 있을 때 청계천 복원 사업이 있었지요. 그런데 그 사업으로 청계천 일대의 오래된 공구상가가 이전되었습니다. 공구상가 상인들은 이전을 좋아하지 않았는데 2003년부터 플라잉시티가 들어가 다양한 활동을 했습니다. 프로젝트의 내용은 공공적인 목적의 청계천 복원 사업 때문에 퇴출의 위협을 받고 있는 인근 지역의 노점상 공구상가에 대한 현지조사 결과물을 다이어그램, 사진이미지, 공상적 건축 모형으로 가공해서 제시하고요, 수많은 행사에 계속 참여하면서 이야기 천막, 만물 공원 등의 이벤트를 진행했습니다. 이 청계천 공구상가 골목이 겉보기는 더럽고 무질서한 것 같지만, 실제로는 매우 복합적인 사회적 생태계가 그 속에서 작동하고 있었으며, 또 복원 사업이 강조하는 유물만큼이나 청계천 지역의 근대적 생활사가 녹아있는 장소라는 점을 드러낸 점에 의의가 있습니다. 통상 이러한 유형의 작업들이 노스탤지어적인 시각을 보여주는 것과는 달리 물리적 공간을 넘어 사회경제적인 공간을 가시화시킨 것이 특징입니다. 무엇보다도 단순히 위협받는 이들의 활력을 드러내는 데 그치지 않고 상상적인 건축 모형을 제시함으로써 현재 공간의 재구조화의 대안을 제시한 것이 눈에 띕니다.

도판 28. 청계천의 힘. 100*447cm. 2003

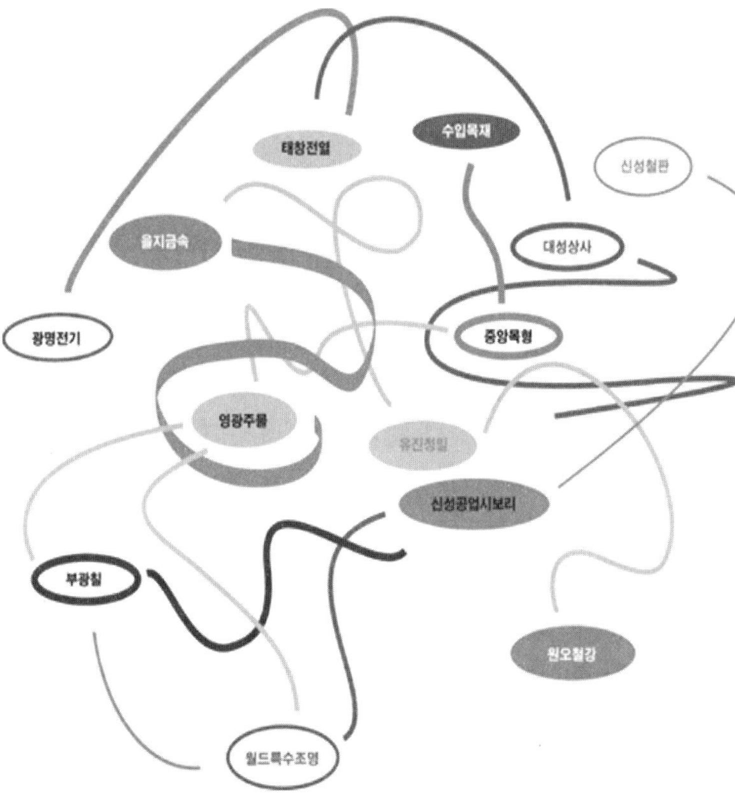

도판 29. 공구상가 네트웍 개념도

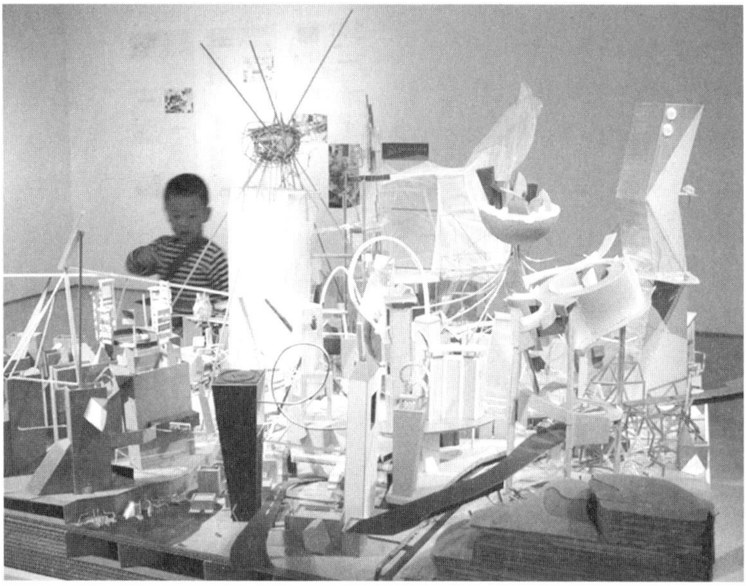

도판 30. A very welldone city, PKM Gallery Beijing, 2007

이제 강연을 마무리 할 시점이 다가오는 것 같습니다. 하지만 마지막으로 이러한 새로운 장르 공공미술에 대해 제기되고 있는 비판에 대해서도 좀 언급을 해야 할 듯싶습니다. 그간의 논의를 종합해 보면 비판은 크게 세 가지 정도로 집약되는 것으로 보입니다. 하나는 이러한 프로젝트들이 중시하는 공동체에 대한 것입니다. 간단히 말하면 이러한 공동체에 대한 지나친 이상화가 공동체를 또 하나의 이념 같은 것으로 만들어 공동체 내부의 차이를 무시할 수 있는 위험에 대한 것입니다. 게다가 이러한 공동체를 중시하는 경향이 근본적으로 이미 지나버린 과거의 소집단 공동체에 지나치게 집착하고 있는 것 아닌가 하는 문제도 제기됩니다. 또한 공동체 개념이 좌, 우파 모두 쓰는 용어인데 그만큼 불투명한 뜻을 가질 수 있다는 것입니다. 이 같은 작업들이 근본적으로 사회적 구조에 문제를 제기하기보다는 개인의 노력이나 개선에 초점을 두는 경향이 있는 것 아닌가 하는 불신이 있습니다. 다른 하나는 작가들이 자신의 목적을 위해 이 공동체를 이용할 가능성 문제입니다. 자신의 목적을 공동체에 투사하여 실제 공동체 주민의 필요와는 어긋난 작업을 한다든가 주민의 참여를 말로만 공표하고 제한할 우려가 제기됩니다. 그런가 하면 세 번째로는 이 같은 공공미술에 대한 공공적 지원이 불가피하게 관료와 자본의 필요에 종속되어 지역 문화의 물화物化 또는 상품화를 가져올 가능성이 있다는 것입니다. 지역 문화가 일종의 테마파크나 관광지를 만들기 위한 수단이 되어 개발을 유인하게 될 가능성이 농후하다는 것이지요. 이러한 위험들에 대해서는 우리도 경계를 늦추지 말아야 될 것 같습니다. 일단 이 정도로 강연은 마치기로 하겠습니다.

사회자 : 여러분 무척 재미있으셨죠? 시각적으로도 풍부하고 공공미술에 대한 개념적 정리, 공공미술의 연원과 발전에 대해서 이영욱 교수님께서 잘 발표해주셨습니다. 굉장히 재밌는 강연이었습니다. 그러면 토론자 선생님께서 토론을 시작해 주십시오.

손정수 : 저는 미술에 대한 전문가는 아니어서 다른 분들이 많이 오실 줄 알았으면 진작 미술에 전문적인 식견이 있는 분께 부탁해서 토론을 진행했어야 하는 게 옳은 게 아니었나 하는 생각을 했습니다. 저는 비전문가로서 들으면서 느꼈던 혹은 궁금한 거 몇 가지 질문을 하면서 논의를 이끌어가는 그런 정도의 역할을 해볼까 합니다. 저는 발표문만 보고 질문을 만들었는데, 첫 번째 질문이 발표문에 미국의 사례들이 많이 제시되어 있어 한국의 사례는 어떤지를 물어보려는 것이었습니다. 그런데 조금 전에 플라이시티의 청계천 프로젝트에 잠깐 소개를 해주셨

습니다. 플라잉시티의 작업은 저도 예전에 다큐멘터리에서 본 적이 있었는데 상당히 흥미로웠습니다. 근데 성격이 좀 애매했던 것 같아요. 어떤 경우에는 공구들이 쌓여 있는 모습에서 어떤 미적인 소재를 발견하고 또 미술을 전공하는 학생들이 투어를 하면서 교육을 하기도 하고. 예컨대 일상적 삶의 공간 속에서 미술적인 모티프들을 얻는 성격이 한편으로 있고 또 다른 한편으로는 낙후되고 사라져가는 공간들을 기억하고 또 미적으로 개선하는 이런 프로젝트, 지역적인 프로젝트 성격도 더불어 가지고 있고, 저는 잘 섞이지 않는 두 체계가 섞여 있는 게 아닌가 하는 생각을 좀 했습니다. 한편으로는 공공성이라는 목적과는 큰 관련이 없이 기존의 어떤 미적인 관념에서 탈피해서 전혀 미술적이지 않는 그런 삶의 공간에서 미적인 것을 발견하는 작업, 그래서 새로운 미술의 개념을 만들어 가는 범주가 있는가 하면, 다른 한편에는 정말 작업가로서 공공적인 목적을 전제로 해서 이루어지는, 어떤 예술에 대한 개념이라든가 이런 게 큰 의미를 가지지 않는 이런 범주가 있는 것 같다는 생각이 들었습니다. 꼭 엄밀하게 구분하고 제한할 필요는 없다고 생각을 합니다만 어쨌든 서로 다른 개념들이, 범주들이 공공미술이라는 이름 아래에서 어떻게 관련이 있고 이루어지고 있는지 그런 말씀을 좀 듣고 싶습니다.

더불어 아까 플라잉시티 이야기를 해주셨는데 제가 이 선생님 번역하신 책 날개에 소개된 것을 보니까 진안군 백운면 원촌마을의 간판 프로젝트, 아트 인 더 시티 프로젝트에서 감독을 하셨다고 하셨는데 실제로 그 일을 하시면서 겪었던 문제들 혹은 한국의 사회에서 특수하게 존재하는 문제들, 혹은 좋았던 점들 이런 사례들에 대해서 들어보고 싶습니다.

한 가지만 더 질문을 드리면, 사실은 저희는 이제 공공미술의 사례들이 없지는 않지만, 상당히 제한적인 것 같고 그래서 자꾸 서구의 사례들을 보게 되는데 한편으로는 주로 이제 미술 비평가들이나 이런 사람들에 논의를 보면 공공미술이 어떤 기존의 미술의 문제들을 넘어서는 새로운 미술의 개념, 이런 걸로 제시가 되어 있는 반면에 특히 유럽 쪽에 비판적인 이론가들의 논의에서는 이런 게 결국 자본주의의 한 기능을 하는 것에 지나지 않는 거 아니냐? 예컨대 지난 시간에 노숙자에게 인문학 강의를 하는 분인 최준영 선생님 오셔서 강연 하셨는데 그런 거에 대해서도 약간 비판적인 논의들이 있었어요. 그런 걸로 지금 인문학의 당면한 문제들을 은폐하는 게 아니냐, 이런 논지의 비판들도 있었습니다. 예컨대 다문화주의라든가 이런 거에 대해서도 웬디 브라운 같은 사람들은 제국주의의 어떤 전략이다, 이런 식으로 설명하는데 저는 이렇게 보면 약간 서로 다른 두 극이 양쪽에서 얘기하고 서로 대화가 중간에 없는 상태에서 어떤 얘기를 들어야 할지 약간 혼란스러운 면이 있는 것 같아요. 저는 한편으로는 수지 개블릭(Suzie Gablick)이나 그레고리 숄릿(Gregory Scholette) 같은 사람들의 논의를 굉장히 재미있게 듣는데 또 한 편으로는 지젝(Zizek)이나 이런 사람들이 이런 공공적인 실천 일체에 대해서 굉장히 비판적이고 또 이런 논의들이 들려와서, 과연 이런 문제에 대해서 실제로 연구를 하고 강의도 하는 또 그와 관계되는 사람들도 만나고 하는 입장에서는 어떤 생각을 하시는지 궁금합니다. 또 국가 정책상의 일도 맡으셔서 하셨다고 하셨는데 그런 입장에서는 어떤 생각을 하시는지 궁금합니다.

이영욱 : 네, 두 가지 질문을 해 주셨는데, 공공미술이 미학적 측면이나 혹은 사회학적 측면에서 자기모순이 있는 것 아닌가 하는 의문점을 지적해 주신 것으로 이해됩니다. 덧붙여 구체적인 저 자신의 경험을 통한 답변을 요구하는 것도 있었지요. 현재 우리나라에서 벌어지는 공

공미술 관련 현실과 관련하여 답변을 시도해 보겠습니다. 질문은 원론이지만 답변은 구체적인 현실에서 나올 수밖에 없는 지점이 있어서요. 아시다시피 우리나라 진짜 복잡한 나라 같습니다. 여러 가지 이유가 있겠죠. 압축 성장이라든가, 식민지를 거쳐 근대화했다든가… 어쨌든 사회적인 체계의 작동이 너무 복합적이고 역동적이어서 그런지 모든 사태가 현실에서는 너무 복잡하게 돌아갑니다. 원칙을 들이대기 어려울 정도지요. 저도 예술이라는 것에 대해서 연구도 하고 또 직간접적으로 실행에도 관여하는 사람으로서 또 예술이 가지고 있는 가능성에 대해서 항상 모색하는 사람으로서 새로운 어떤 흐름이 있을 때 그런 것들이 우리한테 어떻게 쓰일 수 있는지, 우리에게 어떻게 배울 점이 있는지 찾는다는 그런 입장을 항상 가지고 있고 그래서 공공미술에 관해 관심도 갖게 되었습니다. 그러다가 또 다시 현실로 들어가면 그야말로 곤경에 빠지곤 합니다.

새로운 장르 공공미술이 다루거나 연계된 문제가 여러 가지이지만 그 중 그 미술이 발생하는 장소, 지역공간이라든가 삶의 장소의 문제는 특히 중요합니다. 그래서 이 점에 초점을 맞추어 이야기를 진행하기로 하겠습니다. 사실 공간의 중요성과 관련한 우리의 인식 수준은 그야말로 열악하기 짝이 없는 것으로 보입니다. 한 건축가가 세상에 자기가 살던 집을 파괴하는데 그것을 축하하는 나라는 우리나라밖에 없다고 이야기한 적이 있지요. 아파트 재개발하는 곳에 가보면 주민이 현수막을 걸어 놓습니다. "경축 XX아파트 재건축 확정" 하는 식이지요. 그곳에서 자신이 살았던 기억이나 집에 대한 애정 같은 것은 눈곱만큼도 찾아볼 수 없는 거지요. 오직 돈이 들어오고 아파트가 커지고 편리하게 되고 그것만이 중요합니다. 사실은 저도 어쩌다가 '집값 좀 안 오르나?' 이런 생각을 가끔 합니다. 자신의 삶이 영위되고 일상의 행복감을 구성하는 터전으로서의 공간이 그야말로 자본의 논리 성장의 논리, 개발의 논리에 의해 장악된 것이지요. 가끔은 우리나라 사람들이 전체적으로 보면 거의 군대 막사나 공장의 기숙사와 같은 수준의 삭막한 공간 속에서의 삶을 유지하는 것 아닌가 생각할 때도 있습니다. 하지만 우리가 나날이 새로운 희망을 품고 새롭게 진취적인 시도를 할 때마다 결국 좌절하는 것은 우리 자체가 부정하는 비판하는 어떤 뭐랄까요? 자본의 힘이라든가, 개발의 힘이라든가, 승자 독식의 힘이라든가 이런 것에 침윤되어 있기 때문입니다. 하지만 이것이 윤리적으로 명령한다고 고쳐지는 것이 아니지요. 어떤 식으로든 간에 실질적으로 일상에서 그러한 부정적인 힘으로부터 자신 삶의 긍정을 확보하는 힘이 없으면 개인적 삶이나 사회적 삶이나 쳇바퀴처럼 돌게 마련입니다. 문제는 긍정을 통해 부정적인 것을 이겨내는 힘을 확보하는 것입니다.

요사이 공공미술이 우리나라에서 주목을 받게 된 데에는 이러한 문맥과 깊이 연관되어 있습니다. 이런 상황에서 미술이 가진 혹은 개발해 온 대화적 능력 혹은 시각적 효능 같은 것을 활용하여 공간과 삶의 문제를 해결해 보려는 시도들이 생겨난 것이지요. 그런데 이것 또한 원론이고 실제 상황에 들어가면 사정이 매우 복잡해집니다. 제가 전주의 한옥마을 추진위원회라는 곳에 위원으로 일한 적이 있었습니다. 한옥마을을 어떻게 하면 잘 만들어 나갈 수 있는가 모색하는 자문기구입니다. 뭐 심의 같은 것을 해서 한옥 개보수하는 것이나 마을 길 내는 문제 등도 다룹니다. 그런데 실제 들어가 일해 보니 힘들더군요. 지자체의 성과주의라든가 관련 주민의 개발 욕구, 제대로 만들 수 있는 시스템과 전문성의 부재 같은 것 때문에, 좀 쉽게 말해서 100년 200년 써먹을 수 있는 것을 한 20년 써먹고 폐기해 버릴 방식으로 일한다고 느꼈습니다. 길게 보고 원론대로 하자고 주장하다가 그냥 나왔습니다. 너무 많이 이의를 제기하게 되고 다른 분들에게 인간적인 결례를 너무 많이 하는 것 같아서요. 말이 좋아 공공디자인이고 공공미술이지 이렇듯 온갖 난관들이 둘러싸고 있는 것이 현실입니다. 하나 더 이야기하면 제가 전북 진안군 백운면 원촌 마을이라는 곳에서 간판 만들기 작업을 하러 간 적이 있습니다. 뭐 좋은 사례라고 전국적으로 많이들 방문도 하고 MBC 뉴스데스크에서 방영도 되고 했습니다. 공동체 기반 디자인Community-based Design이라고 해서 일일이 상점 주인들과 인터뷰하고 그들의 이야기를 듣고 개발해서 간판을 단순히 간판이 아니라 동네 이야기가 담긴 시각물처럼 만들려고 노력했습니다. 그런데 주민이 처음에는 공짜로 해준다니 그저 알아서 해라 하고 받아들이시더니 점차 주문이 많아졌습니다. 물론 나중에 좋아해 주신 분들도 많았습니다. 하지만 근본적으로 수동적이랄까 너희들도 나라 돈이나 이런 것으로 너희 하고 싶은 일 하는 것 아니냐 하는 시각도 있었습니다. 시골이나 농촌에 정부가 여러 명목으로 지원하고 그것을 주민들이 주체적으로 수용하는 것이 아니라 수동적으로 수용해 온 과정 때문에 생겨난 문제점이 적지 않았습니다. 한마디로 현재 우리의 경우 오늘 외국 사례에서 보았던 성공 사례들이 매우 적습니다. 작가들도 대부분 정부나 지자체 지원으로 겨우 실비 정도의 지원을 받고 일하고 있고(따라서 이런 공공미술로 최소한의 자기재생산을 할 수 있을지가 매우 불투명하고) 주민도 주체적인 준비가 안 되어 있는 경우가 대부분이고 공무원들도 아직은 성과주의와 환경미화 정도의 인식을 갖고 이 공공미술에 참여하는 것이 통상적입니다.

하지만 저는 이런 맥락에서 그럼에도 불구하고 이러한 새로운 유형의 공공미술이 어떻게든 진행되고 있는 것이 매우 유의미하다고 생각합니다. 아시다시피 우리나라가 아직도 신화화된 예술개념과 미술개념이 매우 강한 곳입니다. 미술 하면 아직도 풍경 그리는 회화를 생각하는 것이 대부분이지요. 하지만 어떤 식으로든 이 같은 새로운 시도들이 진행된다는 것은 예술에 대한 새로운 필요에 답하려는 시도입니다. 앞서 제가 동시대 미술사 문맥과 공공미술 자체의 변화 문맥에 대해 설명했지만 이러한 변화 자체가 미술이라는 영역에 대한 대중들의 요구 증대라든가 사회적 소통 체계의 변화와 민주주의 축적 등의 요인 등이 반영되어 이루어진 일입니다. 긍정적 가능성의 영역이 생겨나고 그 가능성을 실험하려는 시도들이 또 다른 부정적 요인들과 더불어 작동하는 것입니다. 물론 단순하지는 않습니다. 부정적인 필요와 욕구가 섞여 있고 많은 난맥상이 노출되고 있지만 저는 적어도 우리나라의 공간에 대한 인식이라든가 공간환경의 실상에 비추어 이러한 새로운 흐름의 가능성을 모색하는 일은 유의미하고 또 긍정적 가능성을 위해 노력을 투여할 필요는 확실하다고 생각합니다.

토론자께서 플라잉시티의 작업이 공공 미술적인 측면뿐 아니라 일종의 형식미학을 추구하는 측면 역시 가진 것 아니냐 혹은 미술관이나 기존 미술계 지향이 있는 것 아니냐 자체 모순이 있는 것 아니냐는 취지의 지적을 해 주셨는데요. 사실 이 문제는 좀 복잡합니다. 이미 설명을 한 서구의 새로운 유형의 공공미술 작업 중 어떤 유형의 작업들은 미술관에 수용되기도 하고 또 현장 작업이 이루어지기도 하고 심지어 기존 미술계에서 주목을 받아 시장에서 팔리기도 하고 합니다. 사실 미술관이나 기존 미술계 자체도 어떤 국면에서는 변화하기 때문이지요. 게다가 심지어 크리스토의 건물 포장 프로젝트 같은 것들은 스케치나 작업 과정 사진을 팔기도 하고요 혹은 심지어 판매를 위해 자료나 싸인 등을 넣은 작업들을 만들기도 합니다. 이런 작업들을 팔아서 새로운 프로젝트를 수행하기도 하고 혹은 기존 작업을 진행해 나가기도 합니다. 새로운 유형의 공공미술 작업이 기존 미술계에 대한 부정적 입장을 취하기는 하지만 실제로 기존 미술계와의 관계는 매우 복잡합니다. 양 극단에 미술관과 그것을 강력히 거부하는 미술과 관행이 있다면 그 사이에는 많은 양극의 요인들을 동시에 포함한 작업들이 있게 마련입니다. 그런데 선생님 질문 중 형식미학적인 추구가 아니냐 미적 소재를 발견하려는 수단으로 이러한 작업이 이루어지는 것 아니냐 하시는 부분이 있는데요, 그것은 원칙적으로 그렇지 않습니다. 뭐 그런 작업들도 있을 수는 있겠으나, 이 경우는 아닙니다. 그리고 새로운 유형의 공공미술이 당연히 미술적 요소가 있는 것이고 나름의 전달을 위해 형식적 간결함이나 미적 아름다움, 혹은 대상이나 과정들의 감각적 측면들을 고려하지 않을 수 없는 것이지요.

지젝이나 또 다른 사람들이 이 미술이 결국은 자본주의의 구조적 모순에 대해서는 침묵한 채 도시재개발이나 상업화에 활용되고 사람들로 하여금 모든 문제를 개인의 태도로 귀속시키게 하는 문제점이 있지 않나 지적하는 것은, 이미 제 발표에도 있었지만 그런 비판들이 적지 않게 제기된 바 있습니다. 뭐 그런 문제점이 있다고는 생각합니다. 하지만 현실에서는 이러한 비판이 구체적으로 제기될 필요가 있다고 봅니다. 앞서 이 새로운 유형의 공공미술에 대해 서구의 작업 중심으로 설명되는 과정에서 저는 왜 이러한 미술들이 나왔고 어떤 철학에 기초해 있으며, 어떤 가능성이 있으며, 또 어떤 성과들이 있는가를 나름 드러냈다고 봅니다. 저는 이 미술들이 역사적으로 미술이 자기반성하는 가운데 생겨난 충분히 가능성을 가진, 적어도 우리나라에서는, 그리고 현 단계에서는 긍정적인 기능을 해나갈 수 있는 작업 유형이라고 생각합니다. 저는 이러한 가능성을 어떻게 꽃피워 나갈 것인가 하는 것이 일단 선제적 비판(물론 염두에 두어야 하겠지만)보다 중요하다고 생각합니다.

김중효 : 궁금한 게 있습니다. 공공미술이라는 새로운 장르에 관해서 얘기 잘 들었습니다. 공공미술이라는 새로운 장르, 이걸 들으면서요. 제가 연극과에 있어서 그런지 이게 꼭 미술이어야 되는가? 라는 생각이 많이 들었어요. 특히 유켈레스 같은 사람은 연극성을 크게 강조하고 있기 때문에 퍼포먼스 혹은 연극 쪽도 중요하거든요. 최근 연극 쪽에서도 장소에 기반을 두어 공공성을 중시하는 작업들을 하고 있습니다. 좋게 얘기하면 공간 친화적인, 공간 특성에 맞춰서 하는 그런 연극들을 지금 하고 있는 상황입니다. 또 연극과 학생들도 최근에 졸업 공연하면서 이런 얘기들을 많이들 해요. 그래서 선생님께서 구분하시는 공공미술이라는 것의 범위가 어디까지 확장될 수 있을지, 또 이것이 과연 미술이라는 순수한 영역으로 주장할 수 있는지가 궁금합니다. 요즘 흔히 다원예술이라는 아주 이상한 용어로 쓰기도 하는데 유켈레스 등, 그런 사람

들의 작업들을 과연 어떤 식으로 분류 할 수 있을까 하는 점이 궁금합니다.

이영욱 : 공공미술이라는 새로운 장르, 이 말은 저도 이상한데요. 이렇게 저한테 요청이 와서 이렇게 사용한 겁니다.

김중효 : 그래서 뒤에다가 question 마크를 붙이셨나요?

이영욱 : 그거는 제가 붙였나? 제가 붙였네요. 이렇게 요청이 왔을 때 이거 아닌데 했는데 그냥 강연 제목으로는 말이 그럴듯하더라고요. 그래서 그냥 question 마크를 붙여서 보냈던 것 같고요. 새로운 장르 공공미술이라는 용어가 요사이 많이 등장하니 그 용어를 이런 식으로 강의 제목으로 활용한 것 아닌가 하는 그런 생각입니다. 그거는 잊으시고요.

퍼포먼스와 아트의 문제는 다른 문제이고, 오늘날 예술이나 장르라는 경계가 조금씩 무너지고 있지 않습니까? 그런 맥락에서 이거는 꼭 저는 뭐 그렇게 생각합니다. 언젠가는 이게 연극이냐, 미술이냐, 라는 질문 자체가 물어볼 필요가 없이 무의미해지는 순간이 오리라고 봐요. 사실은 아직은 그런 분류의 필요가 조금 있어서 이런 질문도 나온 것 같은데, 어쨌든 미술은 1960년대부터 존 케이지라든가 수많은 사람들 그리고 모더니즘이 끝날 때 그 때 모더니즘의 가장 대표적인 비평가로 미국에서 '그린버그'라는 사람이 있었고 그 사람 말고 누가 있었느냐 면은 '마이클 프리드'란 사람이 있었는데요. 이 사람의 책 제목이 뭔가 하면은 '연극성' 입니다. 새로 나온 미술들이 연극성을 가지고 있다, 이거는 미술 아니다, 이렇게 얘기를 한 거거든요. 제가 드리고 싶은 말씀의 핵심은 이겁니다. 하나는 이미 60년대부터 미술 영역에서는 퍼포먼스 자체가 미술 안에 한 영역으로 자리를 잡았고 최근에 와서 더 심해지고 있습니다. 오브제로부터의 탈피, 탈물질화하려는 모든 움직임 중에 제일 중요한 것이 퍼포먼스, 개념미술, 대지미술입니다. 이것들은 모두 탈오브제를 시도하거든요. 그래서 미술에서 퍼포먼스는 당연히 미술 영역으로 생각하고 있고 최근에 더 강해지고 있습니다. 요즘 잘 나가는 사람은 다 퍼포먼스를 합니다. 이번에도 광주 비엔날레에서 '키노 세갈'이라는 사람이 있었는데 누가 하나 누워 있다가 확 일어나는 것 못 보셨습니까? 안 가보셨나요? 일단 그런 측면이 있고요. 그다음에 모든 장르가 혼합 되면서, 날이 갈수록 장르 구분이 무의미해지는 그런 측면이 있습니다.

김중효 : 제 질문의 요지에는 또 이런 점이 있어요. 최근에 11월 17일부터 대구 문화회관 전시실에서 대구 청년 작가전이 약 11일 진행이 되었는데 거기에 초대받은 작가 중에 한 사람이 마이미스트에요. 빨간바지라고 유진규 선생님의 추천을 받았더라고요. 우리 입장에서 보면 그분은 연극인이에요. 공연예술인인데, 본인 스스로는 농담으로 자기는 박쥐라고 합니다. 한쪽에는 퍼포먼스 개념에서 미술가로 초대받아서 전시회에 가고, 또 한쪽에서는 공연 예술가로서 인정을 받아서 초대받는다고 합니다. 그래서 아까 말씀하신 대로 영역의 부분은 사실 그렇게 중요하지 않다고 저는 생각하고 있지만 그래도 현재까지는 우리가 구분을 하는 현실을 고려하자면 과연 이게 나중에 특히 국가에서 영역별로 나누어 예산을 받을 때, 심사를 받을 때는 이 점이 굉장히 복잡한 문제가 생겨나거든요. 그래서 누군가가 지금 현실에서는 구분을 시켜줘야 하지 않겠나 하는 생각이 듭니다. 박쥐 같은 사람들이 역차별받는 경우

가 생기더라고요. 연극 쪽에 가면 전시 쪽이라고 하고, 미술 쪽에 가면 공연 쪽이라고 해서 말입니다.

이영욱 : 지금 다원예술이라는 이상한 말이 생긴 사실 근본적인 이유가 사실 그런 맥락에서 나온 겁니다. 이게 어떻게 보면 다 연극이고, 어떻게 보면 다 미술인데 젊은 애들이 하는 거는 이것도 아니고 저것도 아니니까 당시에 문화정책 관련 일을 하고 있었는데 아마 그 맥락에서 그러면 우리 이 작업들에 이름을 하나 붙여 지원해 주자, 다원으로 하자. 그래서….

김중효 : 지금은 또 다원이 없어졌어요.

이영욱 : 네, 없어졌어요. 그러니까 지금으로서는 그때그때 현황에 따라 필요에 따라서 적절한 개념을 활용하는 수밖에 없을 것 같습니다. 근데 앞으로는 이런 식의 문제가 더 생길 건데요, 뭐. 계속해서 생기다 보면 또 다른 분류 체계가 만들어지지 않을까 생각합니다.

사회자 : 토론자께서 더 하실 말씀이 없으신가요?

서영옥 : 네, 발표 잘 들었습니다. 저는 미술을 전공합니다. 새로운 장르의 공공미술이 등장하면 과거의 그 파인아트가 갖고 있던 그런 성격이 많이 희석될 것 같은데요, 탈 장르화된 현대 미술의 시점에서 공공미술이 가지고 있는 의미가 미술사적으로 바라볼 때 어떻게 교정될 수 있을지, 이것을 특수성이라고 한다면 간단하게 결론을 지을 수 있을지, 이런 것들을 좀 들어보고 싶고요. 그다음에 공공미술이라고 하는

것이 공공디자인과 그런 개념이 구분 되어야 한다고 생각이 되는데 그렇게 되면 공공디자인과 공공미술의 개념이 어떤 식으로 구분 되어야 되는지 간판이라든가 아까 그런 말씀을 해주셨거든요? 그런 것과 미술이 가지고 있는 의미 속에서 바라보는 공공 미술을, 그것과 디자인과의 개념 차이 이런 것들을 조금 더 구체적으로 알고 싶습니다. 그런 것들을 선생님께서 설명해주시면 고맙겠습니다.

이영욱 : 공공미술의 미술사적 정의는 아까 제가 말씀드렸듯이 간단히 얘기해서 오브제 중심의 미술 개념이 이제는 넓은 의미의 커뮤니케이션 개념으로 실질적으로 확대되어간다, 이런 겁니다. 예술에 대한 이런 식의 규정은 이미 예전에도 있었지만, 실질적으로 오브제 미술도 결국 커뮤니케이션을 추구한 것이거든요. 예전에는 인간이 가지고 있는 예술적 능력이라는 것이 어떤 시스템을 통해서 교환되고 서로 이렇게 나누고 이러는 것인데 그것을 오브제라는 한 유형에 묶어서 예술을 봤던 것 같아요. 근데 이제는 오브제 중심 예술 제도 자체가 거의 깨져가면서 기본적으로 예술이 가지고 있는 커뮤니케이션의 본성, 그 본성을 더 주목하게 되고 따라서 거기에 맞게 예술 개념 자체도 변화해 나가는 거 아닌가? 일단 그렇게, 저는 그게 제일 중요하다고 생각을 하고요. 물론 좀 더 특수한 커뮤니케이션으로서의 예술적 커뮤니케이션에 대한 정의는 좀 더 세밀하게 규정되어야 하겠지만… 그러니까 예전에는 오브제 중심의 영역만이 역사적으로 부각된 거니까 그런 현실에 맞추어 개념들이 형성되었다면, 이제는 이제 여러 가지 매체들이 많아지면서 예술의 재현을 좀 더 폭넓게 볼 수 있게끔 된 것이 아닌가 생각합니다. 물론 저는 그렇다고 오브제 미술이 전부 없어진다는 것이 아니고요. 예전에는 오브제 미술이 거의 지배적인 위치를 차지했다면 이제는 또 나름대

로 특수한 위치를 차지하는 거겠지요. 두 번째 말씀하신 공공미술하고 공공디자인하고 뭐가 다르냐? 공공디자인이라는 개념이라는 것이 어디서 나왔느냐면 아까 말했던 두 번째, Art as the public space 패러다임 거기부터 나온 개념입니다. 하지만 요새는 워낙 변화 속도가 빨라 새로운 개념이 또 다른 개념들 혹은 관행들과 연결되어 그 뜻이 달라지기도 하고 그렇지요. 앞서 확인하셨듯이 공공미술 개념도 많이 변화하지 않았습니까? 이런 굉장히 유동적인 과정이 있는 것이지요. 요사이 우리나라에서 공공디자인은 대체로 뭐랄까요? 정부 발주의 또는 지자체 발주의 도시 미화와 경관, 이런 쪽으로 지금 많이 치우쳐 있지요. 따라서 이 두 개념은 서로 겹치기도 하고 또 달리 분리되기도 하고 하는 과정 중에 있는 것으로 봅니다.

사회자 : 마지막으로 한 분만 더 질문을 받도록 하겠습니다.

이재성 : 오늘 선생님 말씀 잘 들었습니다. 저는 교양교육대학에서 근무하는 이재성입니다. 저는 철학을 공부하고 있기 때문에 철학적으로 물음을 던져야 한다는 일종의 강박도 있습니다만, 오늘 주제가 로컬리티와 관련된 것이라서 철학적 물음이 가능하지는 않을 것 같습니다. 어쨌거나 로컬리티와 관련된 여러 주제 중에 오늘 선생님께서 말씀하신 미술 영역에 대해서 어리석은 질문을 드리고자 합니다. 일단 미술이라는 용어와 관련해서는 선생님께서 '파인아트'라고 표현하셨기 때문에, 저도 선생님을 따라 미술보다는 좀 더 포괄적인 의미에서 '예술'로 표현하겠습니다.

여담입니다만, 오늘 아침에 신문에서 수도권에 속하는 용인 지역은 대학이 많아서 서울 지역의 학생들이 많이 오는데 문제는 이 학생들이 수업만 마치면 다 서울에 있는 자기 집으로 가버려 학교나 도시는 텅텅 빈

공동화가 이루어져 학교와 도시 기능을 살리려는 방안으로 학교에서 생각해낸 것이 '용인학', 말하자면 대학에서 용인학을 학생들에게 가르쳐 필수적으로 2학점을 따게 하는 교육프로그램을 만들었다는 기사를 읽었습니다. 그 용인학의 내용에는 음악, 미술, 철학의 내용이 다 들어갈 수 있겠죠. 그래서 서울에서 다니고 있는 학생들이 그 학교를 중심으로 조금이나마 용인이라는 특정 지역을 알 수 있도록 하는 것이죠. 워낙 우리 사회가 중앙 중심으로 형성되어 있잖아요. 말하자면 서울집중 블랙홀이죠. 모든 것이 다 서울로 빨려 올라가는 것이 오늘날 우리 사회의 현주소 아닙니까. 조금 전에 선생님께서 말씀하신 이동이라는 것도 다 사실은 서울을 중심으로 한 그 주변의 수도권으로 이동하는 것이죠. 그 외의 다른 지역들은 거의 공동화되어 가고 있습니다. 그럼에도 불구하고 우리가 로컬리티와 관련해서 미술 혹은 예술이라는 영역과 결합된 지역을 말할 때 그 지역을 위해서 예술이 공공적인 의미가 있다는 것이 어떤 의미인지 말씀해 주시기 바랍니다. 선생님께서 조금 전에 전주를 예로 말씀하셨는데, 저의 개인적인 경험입니다만 2004년에 전주 시장이 개최하는 행사에 패널로 참석한 적이 있습니다. 당시 저는 전주의 한옥마을을 체험하고, 그 주변을 들러 볼 기회가 있었습니다. 개인적으로 잘 보존된 한옥마을을 보고 많이 놀랐습니다. 예전 한옥들을 그대로 유지하면서 그 공간을 이용해 막걸리나 파전을 파는 등의 장면들이 대구라는 도시에서는 전혀 느낄 수 없는 풍경이었습니다. 사실 대구는 콘크리트 덩어리라고 해도 놀라운 일이 아니잖아요. 그런데 전주에서 제가 2004년에 느꼈던 감흥은 대구나 혹은 서울과 같은 대도시에서 흔하게 볼 수 없었던 그런 모습이었습니다. 지금은 또 어떻게 바뀌었는지 잘 모르겠습니다만, 혹시 전주도 개발 혹은 성장주의에 따라서 바뀌고 있다면 개인적으로 참 불행이라고 생각합니다. 선생님께서는 전주에서 많은 경험을 하셨기 때문에 예술이 할 수 있는 공공성의 의미를 다시 한 번 되새겨 주시면 고맙겠습니다.

이영욱 : 일단 지금 공공성이라는 개념이요, 최근에 자주 언급되는 용어 중에 가장 혼란한 용어 중에 하나입니다. 아무 곳이나 붙는 게 공공성입니다. 거의 정의 불가능할 정도로 되어 있습니다. 예를 들면 청계천을 복개, 복원하고 이럴 때 공공성의 이름으로 했습니다. 근데 여기 뭐죠? 플라잉시티가 공공성의 이름으로 하거든요? 이런 점에서는 공공성의 개념은 혼란 되어서 얘기하기 어렵다고 할 수 있습니다. 어찌 되었건 공공성이라는 것이 처음에 미술에서 시작되는 프라이비트, 미술이라는 것이 너무 사적이니까 그런 어떤 사적이지 않은 공공성, 이 정도 개념 이상으로의 정의는 힘든 것 같고요.

공공미술이 지역을 위해서 뭔가 할 수 있는가 했을 때, 예를 들어 설명하면 이런 것이 있습니다. 앞서도 유켈레스니 보디츠코니 하는 사람들의 작업이 모두 다 해당 지역 혹은 해당 공동체들과 연관하여 이루어진 작업이지만, 에드가 힙 오브 버즈라는 작가의 작업은 매우 시사적입니다. 그는 미시시피 강을 따라 전형적인 도시 표지판을 닮은 상업적으로 인쇄된 표지판을 설치했는데요. 이제는 공장 지대가 되어 나름의 이름을 가진 구역마다 표지판을 설치한 것입니다. 예를 들어 한 표지판에는 "나페스니 Nappe'psni의 당당한 죽음에 경의를 표하며. 그는 1862년 12월 26일에 교수형에 처해졌다. 만카도 엠엔 MANKATO MN-사형집행명령은 미국대통령 아브라함 링컨에 의해 청구되었다"라고 적혀 있습니다. 이 문구는 1882년에 강둑 근처에서 벌어진 미국-다코타 Dakota 사이에서 벌어진 전투 때문에 사형당한 40명의 다코타 사람들을 추모하고 있는 것입니다. 그는 이 작업을 통해 해당 지역에서 잊혀져 버린 기억을 되살리는 것이지요. 그리고 이는 당시 인디언 원주민들의 땅에 대한 권리 투쟁과 연결되어 있었습니다. 기억을 되살리고 공동체의 역사의식과 연대의식을 키우고 해당 지역 주민의 주체적인 아이덴티티를 확보하는 것과 연결되었지요. 뭐 우리의 경우와는 좀 차이가 있지만 질문에서 말씀하신 '용인학' 같은 것과 연결된다고 봅니다. 뭐 이런 유의 작업이 공공성과 연관되는 것 아닐까요?

이재성 : 그것을 지역을 살리는 방식으로 봤을 때, 복원이라 해야 할까요? 보존이라고 해야 할까요?

이영욱 : 이 경우는 이미 잊혀진 기억을 다시 살리는 식이죠. 이런 유형의 작업이 무수히 많습니다. 어떤 지역의 기억 혹은 장소가 잊혀져 기억이 말살된 것들을 살린다는 점에서 이런 유형의 공공미술은 중요한 그런 역할을 하는 거죠.

이윤갑 : 방금 나온 질문과 같은 맥락입니다만, 발표에서 보면 "새로운 유형의 공공미술에 지역의 변화와 혁신, 재구성에 중요 동반자가 될 수 있으리라는 강력한 기대가 있다." 이렇게 하셨고 또 거기에 보면 지금 '희망제작소'의 새로운 유형의 지역 운동 시도를 주된 예를 들어놓으셨습니다. 더하여 논의가 지닐 수 있는 또 다른 부정적인 측면을 거기에 언급해 놓으셨습니다. 아마 선생님이 직접 진행하셨던 지난 프로젝트 같은 경우는 자료를 가져오셨다니 한 번 보여주셨으면 좋겠습니다. 현재 한국사회는 이동인구가 전체인구의 25%를 차지하고 있는 만큼 우리들은 삶의 현장과 터전으로서의 공간을 함께 생각하지 않는 풍토입니다. 지금 이런 풍토를 혁신하고 변화시키는 것이 중요하다고 봅니다. 그것과 관련해서 공공미술의 가능성, 또 공공미술과 지역 공동체의 형

성 전망으로서 진행하셨던 프로젝트를 경험하시면서 겪었던 설명들을 들어봤으면 좋겠습니다.

이영욱 : 사실 지금 여쭤보신 것은 앞서 질문한 내용과 마찬가지의 맥락인 듯합니다. 지역의 어떤 변화와 미술이 어떤 역할을 할 수 있는가. 조금 전에 제가 작게는 두 가지 얘기를 드렸던 것 같아요. 이 공공미술이 지역의 잊혀진 기억들을 살릴 수 있고, 문화적 기억들을 살리고 어떤 공동체 의식이랄까, 정체감을 갖게 하는 데 기여를 할 수 있다는 얘기를 결국은 한 거라고 할 수 있고요, 또 아까 그 플라잉 시티를 통해서 단순히 활력을 불러일으키는 것뿐만 아니라 사람들이 구체적인 어떤 미래에 조망을 가질 수 있게끔 할 수 있는 그런 역할도 한다는 얘기를 저는 했는데요. 저는 이것이 매우 중요한 수단이라고 생각을 합니다, 공공미술이 앞으로 훈련이 매우 잘 되고 그렇게 되면 그동안 단절되었던 전문가들과 주민, 예술가 이런 것들이 결합할 수 있고 상호 확인할 수 있는 좋은 커뮤니케이션이 생길 수 있는 거다, 저는 일단 그런 얘기까지만 하겠습니다. 그 이후는 예상하기가 힘들죠. 그 말씀만 드리겠습니다. 감사합니다.

사회자 : 네, 아주 훌륭한 강연 감사드립니다.

유럽중심주의 비판과 주변의 재인식 :

라틴아메리카로부터 라틴아메리카를 사유하기

- 포럼 일시: 2010년 12월 7일
- 발표: 김은중(서울대 라틴아메리카연구소 HK교수)
  사회: 손정수(계명대 문예창작학과 교수)
  토론: 서경석(계명대 스페인어중남미학과 교수)

사회자 : 9월부터 격주로 로컬리티 포럼을 진행하고 있는데, 사실 로컬리티 포럼이라는 제목을 붙였지만 특별히 지방, 지역 이런 것에 대

한 논의라기보다도 자본주의 세계체제에 대한 비판적 대안 논의들을 로컬리티라는 개념을 통해서 다양하게 살펴보고 있는 프로그램이라고 생각하면 될 것 같습니다. 이런 맥락에서 유럽중심적 근대체제에 대한 여러 비판들에 대해서도 살펴볼 필요가 있습니다. 특히 라틴아메리카에서 유럽중심주의에 대한 비판이 상당히 다양하게 전개된 바 있습니다. 근대성의 기원에 대해서도 다르게 생각하는 논의들이 많이 있고…. 이런 다양한 논의들에 대해서 들어보기 위해 김은중 선생님을 모시고 제7회 로컬리티 포럼을 맞이하고 있습니다. 오늘 발표를 해주실 김은중 선생님은 서울대 라틴아메리카연구소 HK교수이고 '유럽중심주의 비판과 주변의 재인식'이라는 발표문을 준비해오셨습니다. 이 문제에 관해서는 책을 쓰시기도 하셨고요. 우선 선생님으로부터 남미지역을 중심으로 유럽중심주의 비판에 대한 논의를 같이 들어본 다음에 토론하고 질문하고 이야기를 더 이어가보도록 하겠습니다. 그럼 발표해주실 김은중 선생님 박수로 맞아주시기 바랍니다.

김은중 : 예, 감사합니다. 방금 소개받은 김은중입니다. 9월 초에 연구원에서 제게 전화를 주셨습니다. 한국학연구원에서 로컬리티 포럼을 진행하고 있는데 남미 이야기를 듣고 싶다고 하시더군요. 보내주신 프로그램을 보고 로컬리티에 대해 다양한 논의가 진행되고 있는 걸 알 수 있었습니다. 오늘 말씀드릴 '유럽중심주의 비판과 주변의 재인식'이라는 문제의식은 서울대 라틴아메리카연구소에서 진행하고 있는 프로젝트와도 밀접한 관계가 있습니다. 그리고 부산대학교 한국민족문화연구소에서도 HK사업으로 로컬리티 인문학 연구를 진행하고 있습니다. 작년에 한국민족문화연구소 학술회의에 참여해서 논문을 발표하고 토론할 기회가 있었는데, 오늘 여기에 오게 된 것도 그 인연 때문인 듯합니다. 오늘

말씀드릴 주제가 부산대학교 연구소에서 출간된 책의 제목과 동일합니다. 그 책에 실린 제 논문은 이와 연관된 다른 글이고, 오늘 말씀드리고 싶은 주제는 부제로 달린 '라틴아메리카로부터 라틴아메리카를 사유하기'입니다. 라틴아메리카라는 주변부에서 제기되는 유럽중심주의에 대한 비판은 주변부에 대한 재인식의 문제이고, 이 문제는 지금 우리에게도 적용이 된다고 생각합니다. 우리나라에서는 일반적으로 라틴아메리카가 우리보다 훨씬 상황이 좋지 않다고 생각합니다. 그래서 "어, 라틴아메리카는 주변이지만 우리는 아닌데"라고 이야기할지 모르지만 저는 그렇지 않다고 생각합니다.

오늘 말씀드릴 내용은 중심이 아니라 주변에 속하는 라틴아메리카 대륙에 관한 이야기입니다. 아메리카 대륙은 콜럼버스가 발견하기 전부터 있었지만 역사책에서는 1492년 콜럼버스가 아메리카를 발견했다고 말합니다. 어쨌거나 간에 발견과 더불어 정복이 시작되었고, 그 후 500년 역사가 흘러왔는데, 역사에 등장한 순간부터 중심에 대한 주변으로 존재한 것이 아메리카의 역사입니다. 오늘날 유럽중심주의에 대한 비판은 아프리카 쪽에서도, 이슬람 쪽에서도, 그리고 아시아 쪽에서도 나오고 있지만 아메리카는 특별한 의미가 있습니다. 첫째는, 아메리카 대륙의 발견/정복의 관점에서 유럽중심주의를 언급해야 할 의미가 있습니다. 둘째는, 90년대 이후에, 그러니까 냉전체제가 붕괴되고 역사의 종말이 선언된 시점에서 라틴아메리카는 또 다른 의미를 갖게 됩니다. 다시 말해, 전지구적으로 자본주의의 승리가 선포되고, 모든 대륙에서 자본주의에 대한 저항이 미미해지고 모두 숨죽이고 있을 때 라틴아메리카에서는 사회운동이 본격적으로, 가열차게 일어났다는 겁니다. 멕시코에서 사파티스타(Zapatista) 봉기를 일으킨 원주민-농민들은 "우리는 500년 투쟁의 결과이다"로 시작하는 전쟁선언문을 발표했습니다. 사파티스타 봉기가 일어나게 된 첫 번째 이유는 멕시코의 국내 상황, 특히 신자유주의 경제개혁이 그들을 절벽 끝까지 몰아간 결과였지만, 그들이 전쟁선언문에서 "우리는 500년 투쟁의 결과이다"라고 주장한 것은 그들의 봉기가 단순히 신자유주의가 가져온 경제적인 문제 때문이 아니라는걸 보여줍니다. 즉 멕시코의 정치경제적 상황보다 훨씬 광범위한 역사적 문제를 짚고 있고, 그래서 자신들은 멕시코 정부에 대한 저항을 뛰어넘어 멕시코 역사 전체에 대한 저항이라고 주장한 것이지요. 사파티스타들은 자신들의 저항의 출발점을 500년 전으로 되돌림으로써, 브로델의 말을 빌리자면, 역사를 장기지속의 관점에서 보고 있는 셈입니다. 그리고 장기지속의 관점에서 중심과 주변이라는 문제를 제기하고 있고, 근대 역사에서 자신들은 주변부 중에서도 주변부였다는 사실을 일깨우고 있습니다. 이러한 문제의식이 90년대 이후에 다른 대륙보다 라틴아메리카 대륙에서, 특히 원주민들이 중심이 된 사회운동이 역동적으로 발생하는 토대가 되고 있다고 볼 수 있습니다.

그러면 라틴아메리카에서 로컬리티 문제로 넘어가 보지요. '왜 지금 로컬리티 인문학인가', '왜 지금 로컬리티에 대한 문제의식이 등장하게 되었는가'라고 묻는다면, 그건 글로벌리티(globality) 때문인 것 같아요. 글로벌리티, 즉 세계화라는 것이 로컬리티를 새롭게 구성하는 요인이 되고 있다는 겁니다. 로컬리티는 어느 지역의 문화적인 공동체로 이해할 수 있고, 크든 작든 역사 속에 존재해왔는데 지금 세계화 혹은 지구화라는 엄청난 세력이 로컬리티에 대해 새로운 문제의식을 던져주고 있습니다. 우리도 미국과의 FTA 문제가 걸려 있는데, 세계화라는 것이 과연 우리에게 이로운 것이냐, 그것이 정말 옳은 것이냐, 하는 의문이 생깁니다. 이런 맥락에서 보면, 로컬리티라는 문제는 글로벌리티로 인해 등장하고 있다고 볼 수 있습니다. 이 때문에 로컬리티를 논하기 위해서는 글로벌리티를 어떻게 이해할 것인가라는 문제의식이 선행되어야 합니다.

헤게모니 세계화 대 반-헤게모니(counter-hegemony)세계화

글로벌리티는 일반적으로 지구촌화, 생산수단의 이전, 금융자본의 무차별적인 이동, 전쟁조차도 생중계되는 통신 기술의 혁신적인 발달, 수많은 사람들의 이주와 이민 등의 현상으로 이해될 수 있습니다. 그런데 이주와 이민, 문화 간 접촉이라는 면에서 보면 지금보다 19세기에 더 세계화되었다고 말할 수 있고, 역사를 더 거슬러 올라가면 또 다른 관점도 있을 수 있습니다. 그런데 문제는 현재의 세계화라는 것, 특히 유럽과 미국이 선도하는 세계화라는 것이 총체적 보편주의를 앞세워 모든 지역적 문화들을 동질화하려고 시도하고 있는 점입니다. 그런데 글로벌리티의 다른 한편에서는 우리가 지금 논의하고 있는 로컬리티가 글로벌리티에 동질화되지 않고 자신의 개별성, 다양성, 종족적 정체성 등의 차이를 주장하고 있습니다. 글로벌리티가 강요하는 동일성으로 환원되지 않고, 그 대신 공동체적 가치로 회귀하려는 저항이 전 세계적으로 일어나고 있다는 겁니다.

그런데 글로벌리티에 대한 로컬리티의 저항은 단순히 차이만을 주장하기 위한 것이 아니고 글로벌리티가 부정적인 결과를 초래하고 있기 때문입니다. 몇 가지 예를 들자면, 국가 간 불평등, 국가 내 불평등, 돌이킬 수 없는 환경 파괴, 종족적 갈등, 국제적 대량 이주, 이주노동자 문제, 내전의 확산, 테러리즘, 미국 주도의 군국주의화 등입니다. 요약하자면, 제1세계와 제3세계를 가리지 않는 사회적 양극화와 생태계 파괴가 가장 큰 문제입니다. 그런데 이런 세계화가 필연이라는 겁니다. 세계화를 옹호하는 사람들은 '대안은 없다', 부르디외가 줄여서 말한 것처럼 TINA(There Is No Alternative)라고 주장합니다. 세계화는 역사의 필연적 과정이기 때문에 세계화 이외에 다른 대안은 없다는 것이지요. '이 길밖에 없다'는 주장은 저항을 모두 무력화시킬 정도로 강력한 힘을 발휘하고 있습니다. 그래서 지금 세계화를 거부하는 사람들은 마치 조선 시대 말에 쇄국정책을 주장했던 대원군처럼 시대착오적 인간으로 간주됩니다. 세계화가 역사적 필연적 과정이라면 앞에서 언급한 것 같은 수많은 부정적 결과들이 나타나면 안 되는 것이지요. 필연적 과정으로서의 세계화가 부정적 결과들조차 정당화할 수 없는 겁니다.

세계화가 역사적 필연이 아니고, 세계화의 대안이 존재한다는 것을 말하기 위해서는 세계화에 대한 접근 방식이 달라져야 합니다. 다시 말해, 글로벌리티와 로컬리티, 즉 세계화와 지역화를 단순히 객관적이고 가치중립적인 개념으로 접근해서는 안 된다는 것입니다. 그 대신에 헤게모니와 대항헤게모니의 관점에서 접근해야 합니다. 즉 세계화는 헤게모니를 잡은 지방주의(localism)가 다른 지방주의를 억압하고 있는 구조로 이해해야 합니다.[1] 이러한 구조에서 대립되는 두 개의 개념이 '세계화된 지

1) 이 글에서 사용하는 '지방-'(local-)과 관련된 용어들(지방주의[localism], 지방화

방주의'(globalized localism)와 '세계화에 종속된 지방주의'(localized globalism)입니다.[2] 세계화된 지방주의의 예로 헐리웃 영화나 맥도날드 햄버거를 들 수 있다면, 세계화에 종속된 지방주의는 국산 영화보다 헐리웃 영화를 더 좋아하고 김치보다 햄버거를 더 좋아하는 상황을 생각하면 될 것입니다. 여기서 중요한 것은 세계주의와 지방주의가 대립하고 있는 것이 아니라 지방주의와 지방주의가 대립하고 있다는 점입니다. 그런데 세계화를 논의하면서 저지르는 오류는 세계화와 지방화를 대결구도로 설정하고 있다는 것이지요. 혹은 세계화와 반세계화를 대결구도로 놓고 있다는 겁니다. 대결구도를 이렇게 설정할 때 생기는 난점은 세계화는 거역할 수 없는 대세이고 거기에 편입되지 않으려고 몸부림치는 사람들, 예를 들어 아마존 원주민들은 지방주의자가 된다는 겁니다. 다시 말해, 지방주의를 주장하는 사람들은 근대 문명의 수혜를

[localization], 지방성[locality])은 '세계-'(global)와 관련된 용어들(세계주의, 세계화, 세계성)과 대위법적 위치에 놓여 있다. '지방-'은 '지역-'이나 '국지-'로 번역되기도 한다. 그러나 지역이라는 용어가 갖는 모호성이나 지방이란 용어가 갖는 선입견을 피하기 위해 '로컬-'이라는 개념을 그냥 사용하기도 한다. 이에 대해서는 부산대학교 한국민족문화연구소 편, 『로컬리티, 인문학의 새로운 지평』(혜안, 2009)을 참조할 것.

2) '세계화된 지방주의'는 '지방까지 파고든 세계주의'라고 옮기는 것이 옳을 것이다. 그러나 이 글에서 주장하는 바처럼 본래 세계주의가 지방까지 파고든 것이 아니라 지방까지 파고든 지방주의가 세계주의 행사를 하고 있다는 맥락으로 이해하는 것이 옳다. 따라서 대구 관계를 살리기 위해 '세계화된 지방주의'와 '세계화에 종속된 지방주의'로 옮겼다. 이런 맥락에서 아르헨티나 출신으로 멕시코에서 활동하는 인류학자 네스토르 가르시아 칸클리니(Néstor García Canclini)가 지적한 "상상의 세계화"(globalización imaginada)라는 개념이 시사하는 바가 크다. 또한 지금의 전 지구적 자본주의를 '과잉-제국주의'(over-imperialism)로 규정하고 "그것은 단지 고전적 제국주의와 단일한 제국 사이의 중간 단계가 아니라, 지역적 국가연합의 전략과 전 지구적 도시들을 연결하는 네트워크를 통해 작동하는 전 지구적 흐름의 체제의 복합체를 바탕으로 경제적·군사적 및 정치적 등의 다양한 요인 속에서 과잉결정(overdetermination)되는 새로운 세계체제"로 보는 시각도 같은 맥락에서 이해될 수 있다.

받지 못한 불행한 사람들, 전근대적인 원시인들로 전락하게 됩니다. 지금 라틴아메리카에서는 특히 안데스 지역을 중심으로 원주민운동이 활발하게 일어나고 있습니다. 2006년에 볼리비아에서는 에보 모랄레스(Evo Morales)라는 원주민 출신이 대통령이 되었습니다. 저는 에보 모랄레스가 대통령이 된 것이 미국에서 버락 오바마가 흑인으로서 대통령이 된 것보다 더 역사적 사건이라고 생각합니다. 왜 그럴까요? 사회적 권력구조적 측면에서 미국에서 흑인이 대통령이 되는 것보다 라틴아메리카에서 원주민이 대통령이 되는 것이 훨씬 어려운 일이기 때문입니다. 그런 역사적인 사건이 일어나기는 했지만 세계화에 대항해서 원주민들이 할 수 있는 게 뭘까요? 원주민 문명을 다시 건설하는 걸까요? 맥도날드 햄버거 먹기 싫으니까 자신들의 전통 음식을 먹는 것일까요?

제가 오늘 말씀드리려고 하는 '주변의 재인식'은 '라틴아메리카로부터 라틴아메리카를 사유하기'와 연결되는데, 이러한 문제설정이 라틴아메리카 문화의 정수가 있다는 것을 전제하고, 그것이 무엇인지를 여러분께 말씀드리려고 하는 것으로 이해하시면 곤란합니다. 또 한 가지, 세계화의 결과를 부정적으로 판단한다면 그것을 대체하는 세계화, 즉 대안 세계화가 있는 것 아니냐? 그렇다면 그게 무엇이냐? 이렇게 물으시면 안 됩니다. 베네수엘라의 우고 차베스(Hugo Chavez) 대통령이 정권을 잡고 '21세기 사회주의'를 기치로 내세웠습니다. 그래서 사람들이 궁금해 합니다. 어, 21세기 사회주의가 뭐야? 유럽 태생의 사회주의는 무너졌는데 여기서 자본주의를 대체할 새로운 사회주의가 나왔나보다, 이렇게 생각했습니다. 그래서 우리나라에서도 학자들과 활동가들이 21세기 사회주의의 정체가 무엇인지 알기 위해 베네수엘라를 많이 방문했습니다. 하지만 세계화도, 21세기 사회주의도 실체적이고 총체적으로 생각해서는 안 됩니다. (실체적이고 총체적인) 세계화를 대체하는 (또 다른 실체적이고 총체적인) 사회주의 모델이 라틴아메리카에서 나온 것 아니냐, 이렇게 생각해서는 안 된다는 겁니다. 세계화와 지방화의 구도는 제가 앞에서 말씀드린 것처럼 승리한 지방주의와 패배한 지방주의의 구도로 생각해야 합니다. 여기서 그람시의 헤게모니 개념을 적용해 볼 수 있습니다. 헤게모니를 이해하는 핵심은 두 가지입니다. 한 가지는 헤게모니가 대항헤게모니와 관계론적으로 구성된다는 것이고, 다른 한 가지는 헤게모니가 동의에 의한 지배라는 것입니다. 지배는 피지배층의 동의를 통해 이루어지며 피지배자의 동의를 얻지 못할 때 헤게모니에 대항하는 헤게모니가 등장한다는 것이지요. 따라서 헤게모니는 총체적 개념이 아니라 관계적 개념이며, 존재론적 개념이 아니라 생성론적 개념입니다. 정리하자면, 세계화라는 실체는 존재하지 않으며 지방주의 간의 헤게모니 투쟁으로 생각해야 합니다. 또한 대안에 대한 개념도 변화되어야 하는데, 세계화에 대한 대안이 아니라 대안에 대한 대안적 사유가 필요합니다. 대안에 대한 대안적 사유가 의미하는 것은 대안이라는 개념을 다시 생각하는 것입니다. 즉 라틴아메리카 사회운동이 경제적 측면에서만 분석되어서도 안 되고, 라틴아메리카 사회운동에서 총체적 대안을 찾으려고 해서도 안 된다는 것입니다.

지금의 세계화는 신자유주의적 자본주의 세계화로 요약될 수 있고, 이러한 세계화에 대해 피지배자들이 동의를 철회하고 있는데, 가장 중요한 원인은 사회적 양극화라고 할 수 있습니다. 제4세계라는 용어는 신자유주의 세계화가 초래한 양극화를 지칭하기 위해 생겼습니다. 제1세계와 제3세계를 가리지 않고 빈곤층이라는 제4세계가 등장하고 있는 겁니다. 지금 종속된 지방주의 혹은 패배한 지방주의가 추구하는 대안이 있다면 '세계시민적 지방주의'(cosmopolitan localism)라고 부르는 게 좋다고 봅니다. 세계시민적 지방주의란 세계화에 종속된 지방주의가 종속에서 벗어나 지배적 패권을 잡으려는 시도가 아니라, 세계화에 대한 비판을 통해 다양한 지방주의가 등장하고, 지방주의들 간의 대화를 시도하는, 그래서 인류 전체의 문제를 토론할 수 있는 세계를 만드는 겁니다. 라틴아메리카에서 등장한 "또 다른 세계는 가능하다"(An-other World is possible)이라는 구호의 '또 다른' 세계가 세계시민적 지방주의와 비슷하지 않을까 생각합니다. 세계시민적 지방주의라는 개념은 '다-보편적 지방주의'(pluri-versal localism)라는 개념으로도 통용되기 시작했는데, 유니버설(uni-versal)이 하나의 중심만을 전제하는 것이라면 플루리버설은 여러 개의 중심을 전제하는 것이지요.[3] 파스칼의 구체球體가 상징하는 것처럼 내가 서 있는 곳이 세계의 중심이라는 생각입니다.

세계체제와 유럽중심적 근대성

이제 세계체제와 유럽중심적 근대성에 대해 말해보겠습니다. 듀크대학교의 월터 미뇰로(Walter Mignolo) 교수가 지난 5월에 한국을 다녀갔습니다. 서울대 라틴아메리카연구소와 부산대 한국민족문화연구소 공동 초청으로 한국에 온 미뇰로 교수는 그와 연관된 주제로 두 번의 강연을 했습니다. 그는 현재의 세계화를 '전지구적 식민성'(global coloniality)으로 규정했습니다. 지금의 세계화는 정치권력은 뒤에 숨어 있고, 경제나 문화만 앞에 나와 있기 때문에 혼란이 생기고 있는데 단적으로 규정하면 전지구적 식민성이라는 것입니다. 따라서 전지구적 식민성으로부터

3) '다-보편적'이라는 개념은 설명하기 어렵다. 2011년 『창작과비평』 봄호 특집 "다시 동아시아를 말한다"에 실린 「민중시각과 민중연대」라는 글에서 쑨꺼는 "개방적 결집점"이라는 용어를 사용하고 있다. 그는 이 용어를 "여러 방면의 역량을 결집시키되 동시에 개방성을 가져 패권적 중심이 되지 않는다"는 뜻을 담기 위해 만든 용어라고 설명한다. 한마디로 "비非패권적 중심"을 의미하는데 '다-보편적 지방주의'도 같은 맥락으로 이해할 수 있다.

해방되는 것이 중요한데, 이를 위해서는 '인식적 불복종'(epistemic disobedience)이 필요하다고 강조합니다. 세계화는 대부분 경제환원주의로 설명됩니다. 경제라는 측면에서 종속되어 있고, 그 종속에서 벗어나기 위해서는 자본주의와의 대결구도를 해결해야 된다는 식이지요. 물론, 자본주의 체제의 종속에서 벗어나는 것도 중요하지만 인식론적 측면의 해방도 중요합니다. 인식의 식민성을 언급하면서 미뇰로는 '포스트식민적'(postcolonial)이라는 용어 대신에 '탈식민적'(decolonial)이라는 용어를 사용합니다. '포스트식민적'이 제2차 세계대전 이후에 식민지로부터 독립한 아시아와 아프리카 국가들에 적용된다면, '탈식민적'은 앞에서 언급한 사파티스타의 주장처럼 500년 전으로 거슬러 올라갑니다. 또한 '포스트식민적'이 근대성을 부정하지 않는다면, '탈식민적'은 근대적 틀 자체를 비판한다는 점에서 큰 차이가 있습니다. '탈식민적'은 지금의 세계화를 전지구적 식민성의 상태로 인식하고, 그 시작은 500년 전에 시작된 세계체제라고 보는 인식에서 나옵니다.

정리해보면, 세계화는 전지구적 식민성의 다른 이름이고, 전지구적 식민성으로부터 벗어나는 것이 탈식민성(decoloniality)이라는 것인데, 탈식민성은 근대성의 틀 자체를 비판하는 것입니다. 여기서 근대성의 틀이 무엇인지를 알아야 하는데, 크게 두 가지로 요약할 수 있습니다. 첫째, 근대성은 지금-여기의 현실을 서술하는 것이 아니라 나아가야 할 미래까지 규정합니다. 어떤 미래일까요? 바로 직선적 시간 개념에 바탕을 둔 미래입니다. 근대성이 규정하는 미래는 진보와 발전입니다. 지금보다 나은 미래를 향해 끝없이 전진하는 겁니다. 뒤를 돌아보면 후퇴고, 옆을 돌아보면 시간 낭비입니다. 동질적이고 불가역적인 시간 개념을 바탕으로 하는 진보와 발전이 직선적 시간 개념이지요. 그래서 "아마존의 눈물"을 이야기하면서도 아마존의 원주민들이 가야 할 길은 정해져 있습니다. 그들도 빨리 뉴요커가 되는 것입니다. 둘째, 진보와 발전에 깔려 있는 경제환원주의입니다. 무한한 진보란 경제적 풍요와 동일시됩니다. 그런데 지금 현실은 어떤가요? 빈곤, 식량주권의 상실, 20:80의 사회가 상징하는 양극화, 돌이킬 수 없는 생태계의 파괴가 만연되고 있는 게 지금의 현실입니다. 이런 현실이 보여주는 것은 세계화가 상상의 세계화이며 전지구적 식민성의 세계화라는 사실입니다.

근대/식민 세계체제와 지-문화(geo-culture)

전지구적 식민성의 세계화를 500년 전에 시작된 세계체제의 정점으로 이해한다면, 세계화에 대한 비판은 세계체제에 대한 비판으로부터 시작되어야 합니다. 여기서 우리가 주목해야 할 사실이 있는데, 흔히 사용되는 근대성과 근대세계체제가 다르다는 것입니다. 18세기 계몽주의로 상징되는 근대성은 스스로의 이성으로 해방을 추구함을 뜻하는데, 그러한 근대성의 뿌리가 인류문명의 근원인 그리스-로마에 뿌리를 두고 있다는 주장이 바로 유럽중심주의적 근대성입니다. 18세기 말에 프랑스와 영국의 계몽주의자와 독일의 낭만주의자들에 의해 처음으로 등장한 유럽중심적 근대성은 그리스-로마에 기원을 둔 유럽이 지난 500년 동안 보편화된 가치와 제도를 '내재적으로'(from within) 만들어냈다는 주장입니다. 헤겔의 역사서술이 대표적인 경우지요. 헤겔에 따르면 세계사는 동양에서 시작해 서양에서 완성되고, 아메리카는 '역사 없는 대륙'이 됩니다. 여러분이 잘 아시는 것처럼 월러스틴은 근대세계체제분석으로 굉장히 유명해졌습니다. 월러스틴은 아프리카 전공자였는데, 아프리카를 연구하면서 왜 아프리카에 이렇게 많은 문제가 발생하는가, 왜 아프리카는 이렇게 낙후되었는가, 라는 문제의식을 갖게 되었습니다. 그런데 그 대답은 아프리카가 전근대적인 사회이기 때문이 아니라 오히려 근대화된 사회이기 때문이라는 겁니다. 즉 아프리카에서 일어나고 있는 수많은 문제는 아프리카만의 문제가 아니라 아프리카가 근대세계체제로 편입되면서 발생했다는 것이지요. 마치 아메리카가 그랬던 것처럼 말입니다. 따라서 아프리카 대륙을 고립적으로 보면 안 되고 근대세계체제라는 관계 속에서 파악해야 한다는 것입니다.

월러스틴은 근대세계체제분석을 통해서 그리스-로마에 기원을 둔 유럽 내재적 관점의 세계사를 비판했습니다.[4] 근대세계체제의 관점에서 볼 때 유럽이 패권을 잡기 시작한 것은 길어봐야 500년 전, 즉 15세기 말이라는 것입니다. 이러한 관점은 페르낭 브로델이 지중해 세계를 중심으로 '물질문명과 자본주의'를 연구하면서 만들어낸 장기지속이라는 개념과도 상통합니다. 자본주의라는 경제체제는 아메리카가 발견/정복된 15세기 말에 시작되어 장기적으로 지속되고 있는데 이게 근대세계체제라는 것입니다. 브로델의 장기지속 개념 이외에 월러스틴의 근대세계체제에 영향을 준 이론이 있는데 그게 라틴아메리카의 '종속이론'(Dependence Theory)입니다. 근대세계체제는 중심과 주변으로 나눠지는데 주변부 국가들이 못사는 이유는 중심부 국가는 우등하고 주변부는 열등하기 때문이 아니라, 장하준 교수가 적절하게 표현했듯이, 착취를 통해 자본주의를 먼저 발전시킨 중심부가 사다리를 걷어차 주변부가 올라오지 못하게 만들었기 때문이라는 겁니다. 다시 말해, 주변부는 역사적이고 인종적으로 후진적이기 때문이 아니라 근대세계체제의 관계 속에서 희생당한 것이지요. 여기서 다시 논의를 정리할 필요가 있습니

---

4) 월러스틴은 근대세계체제를 네 개의 시기로 구분하는데, 유럽에서 처음 자본주의가 등장했던 장기 16세기(1450~1640년), 자본주의가 중상주의라는 민족국가적 토대를 갖게 된 시기(1650~1730년), 영국이 헤게모니를 갖게 되는 산업자본주의시기(1730~1914년), 그리고 자본주의 생산방식이 주변부로 확산되면서 현실 사회주의 체제가 등장하고 산업자본주의 세계경제가 공고화되는 시기(1914년 이후)이다.

다. 아메리카 발견이라는 역사적 사건은 근대세계체제, 자본주의의 탄생과 일치합니다. 페루 사회학자 아니발 키하노(Anibal Quijano)가 비유적으로 말했듯이 15세기 말에 세쌍둥이가 탄생했습니다. 월러스틴이 첫 번째 근대의 시작을 자본주의 세계체제를 가능하게 한 아메리카 발견 시점으로 보았다면, 두 번째 근대성은 프랑스 대혁명이 일어난 1789년으로 봅니다. 우리가 우리 역사는 몰라도 "자유, 평등, 박애"라는 프랑스 대혁명의 슬로건은 잘 알고 있는 것처럼 프랑스 대혁명은 매우 중요한 역사적 사건입니다.

여기서 아르헨티나 출신이면서 멕시코에서 활동하는 철학자 엔리케 두셀(Enrique Dussel)을 언급할 필요가 있습니다. 두셀은 "근대성이란 마치 내재적인 체제를 이루고 있던 유럽에 대해서 서술하는 현상이 아니라 유럽을 세계의 중심인 것처럼 가정하고 서술하는 현상"이라고 말합니다. 이게 무슨 말인가 하면 계몽주의, 프랑스 대혁명, 영국의 산업혁명 등 유럽의 우월성을 주장하는 역사적 사건들이 18세기 말부터 일어날 수 있었던 것은 유럽이 본래부터 우월하고 그러한 우월성을 독자적으로 축적해서가 아니고, 아메리카를 발견/정복하고 식민화를 통해 지배할 수 있었기 때문이라는 겁니다. 안드레 군더 프랑크가 『리오리엔트』에서 역사에 대해 면밀한 분석을 통해 보여준 것처럼 유럽이 중국, 오스만 터키, 인도보다 상대적으로 우위를 차지할 수 있었던 것은 아메리카를 발견하고 정복하고 식민지화했기 때문이라는 것이지요.[5] 다시

5) 아메리카의 발견은 유럽이 주변부에서 중심으로 이동하는데 결정적인 역할을 했다. "다른 식으로 비유하자면 유럽인은 아메리카에서 잡은 한밑천으로 아시아 경제의 카지노에 뛰어들 수 있었다. 그 카지노에서 유럽은 어떻게 이길 수 있었을까? 아메리카에서 금과 은을 무한정 끌어다 쓸 수 있었기 때문이다. 그것이 유일한 이유다. 아시아가 갖지 못했던 유럽의 유일한 경쟁력은 아메리카라는 돈 나무에서 나왔다. 하지만 그런 든든한 배경이 있었음에도 불구하고 유럽은 오랫동안 아시아 경제, 실제로는 세계경제라는 카지노 테이블에서 푼돈이나 조금씩 거는 꼽

말해, 원인과 결과를 뒤바꿔서는 안 된다는 것입니다. 한마디로 아메리카 대륙을 식민지화하고 착취하지 않았다면 18세기 유럽은 존재하지 않았을 것이라는 주장입니다. 이렇게 뒤바뀐 원인과 결과를 가지고 18세기부터 칸트, 헤겔, 베버 등이 인류 전 역사를 관통해 세계사를 서술하기 시작한 것입니다. 이렇게 본다면 월러스틴의 근대세계체제에는 굉장히 중요한 것이 누락되어 있는데, 그것은 바로 식민주의입니다. 사실상 근대세계체제는 근대/식민세계체제입니다. 즉 첫 번째 근대의 시작은 식민주의가 출발한 시기이고 그 식민지가 바로 아메리카였습니다.

근대세계체제의 정점인 세계화가 모든 지방주의가 따라가야 할 모범이라고 주장한다고 하더라도 그것은 두 번째 근대성의 시기에 해당되는 것이지 첫 번째 근대성의 시기는 아닙니다. 월러스틴은 첫 번째 근대성의 시기에서 식민주의를 누락시키면서 16~17세기를 누락시켰습니다. 그리고 프랑스 대혁명이 일어난 18세기를 강조하는데, 그 이유는 자유주의(liberalism)가 전 세계적으로 확산되어서 모든 문화와 집단이 공유하는 패턴으로 등장했기 때문이라고 설명합니다. 즉 지구문화(geoculture)가 최초로 탄생했다는 것이지요. 아메리카에서 저질러진 끔찍한 억압과 착취는 자유주의라는 이념이 전 인류에게 확산되기 전에 저질러진 역사적 오류쯤으로 취급하고 있는 셈입니다. 따라서 근대세계체제를 근대/식민세계체제로 수정한다는 것은 첫 번째 근대성의 시기에서 누락된 식

사리 도박꾼에 불과했다. 유럽인은 아메리카에서 가져온 화폐를 현명하게 저축하면서 3세기를 보냈다. 유럽인은 또 아시아에서 번 돈을 재투자해서 차츰 아시아 경제의 더 좋은 카지노 테이블에 앉았지만, 그렇게 할 수 있었던 것은 뭐니 뭐니 해도 아메리카에서 돈을 줄기차게 끌어다 쓸 수 있었기 때문이다. 멀리 갈 것도 없이, 18세기에 들어서까지도 유럽인은 아시아인에게 팔아먹을 만한 변변한 물건이 없었다. 유럽의 제품은 경쟁력을 갖추지 못했다. 애덤 스미스는 유럽이 전 세계적으로 '어느 정도' 제품을 판매했다고 말했는데, '어느 정도'가 거의 전무한 수준을 뜻하는 것이 아니라면 이는 턱없는 과장이다"(군더 프랑크. 2003. 『리오리엔트』. 이산. p. 442).

민주의를 역사에 기록해야 한다는 것이고, 식민주의 없이는 두 번째 계몽주의 근대성도 없다는 것을 뜻합니다. 더 나아가 지구문화로서 자유주의가 헤게모니를 장악했던 19~20세기에 세계체제의 주변부에서는 무슨 일이 일어났는지 질문해야 합니다. 다시 말해, 외부자, 타자, 소수자로서 라틴아메리카, 아시아, 아프리카는 근대성을 어떻게 받아들였고, 자신들의 전통과 어떤 방식으로 관계 맺었는지 되돌아봐야 합니다. 그리고 미뇰로가 지금의 세계화를 전지구적 식민성으로 규정한 것처럼 식민주의는 여전히 지속되고 있는 것이 아닌지 질문해야 합니다.

미뇰로가 강조하듯이 세계사는 근대성의 관점에서 여러 가지 방식으로 서술되지만 식민성의 관점에서는 결코 서술되지 않습니다. 식민성은 근대성의 서사에서는 부재不在로 존재하기 때문입니다. 아메리카의 발견/정복의 역사가 보여주듯이 식민성과 근대성은 샴쌍둥이처럼 한 몸이기 때문에 식민성 없이는 근대성도 존재할 수 없습니다. 이런 역사적 과정 속에서 라틴아메리카라는 개념이 생겨났기 때문에 라틴아메리카는 고립적으로 다뤄질 수 없으며, 근대/식민세계의 관점은 세계체제에 소용돌이를 일으킬 수 있습니다. 원주민과 아프리카 노예 학살은 프랑스 혁명이나 산업혁명보다 더 확실한 근대성의 토대라는 사실을 깨닫게 하기 때문입니다. 한마디로, 식민성은 근대성이 숨겨 놓은 어두운 면입니다. 따라서 라틴아메리카라는 개념을 발굴하는 것은 서구가 어떻게 탄생했으며 근대세계질서가 어떻게 세워졌는지 이해하는 데 첫 출발점이 됩니다. 맨 앞에서 언급했던 것처럼, 유럽중심주의에 대한 비판에서 라틴아메리카가 특별한 위치를 차지하는 이유가 바로 여기에 있습니다. 다시 한 번 강조하지만 근대성이 등장하고 난 다음에 식민성이 등장한 것이 아니라 근대성은 식민성과 동시에 등장했습니다. 식민성은 근대성으로부터 파생된 것이 아니라 근대성의 구성적 요소라는 겁니다. 그래서 근대/식민세계체제로 표현합니다. 또 한 가지 지적해야 할 것은 월러스틴이 식민성을 누락시켰던 16~17세기는 옥시덴탈리즘이 형성된 시기라는 점입니다. 옥시덴탈리즘은 16세기 르네상스 시기에 등장한 식민주의 이데올로기이며 영국과 프랑스가 제국주의적 팽창을 정당화하기 위해 만들어낸 오리엔탈리즘의 토대입니다. 에드워드 사이드는 서양의 시각에서 묘사된 동양을 비판하기 위해 오리엔탈리즘을 저술했지만 옥시덴탈리즘을 비판하지는 못했습니다. 다들 잘 알고 계실 거라고 생각하고, 또 시간이 없어서 자세히 이야기할 수는 없지만 오리엔탈리즘의 핵심은 동양이 독립적인 지리적 개념을 갖지 못하고 단지 이데올로기적으로 유럽에 대립되는 개념으로만 존재해 왔다는 사실을 밝힌 것입니다. 이 점은 옥시덴탈리즘에도 적용되는데 옥시덴탈리즘 역시 독립적인 지리적 개념이 아니라 독단적으로 세계를 분류하고 계서화하는 인식적 위치(epistemic location)로 작용합니다.[6]

주변의 재인식-라틴아메리카 해방철학의 경우

지금까지 말씀드린 부분이 유럽중심주의에 대한 비판에 해당합니다. 이제 주변의 재인식에 대해 말씀드릴 차례입니다. 이 글의 부제인 '라틴아메리카로부터 라틴아메리카를 사유하기'라는 문제의식과 연결되는 내용입니다. 이 문제에 대해서는 라틴아메리카 해방철학을 통해 말씀드리도록 하겠습니다. 프랑스혁명이 내걸었던 자유와 평등이라는 개념은 참 중요하죠. 그러나 그때 등장했던 자유는 자본주의 체제의 부르주와 시민의 자유일 뿐입니다. 따라서 부르주아 시민의 권리라는 개념으로 유럽에

---

6) 옥시덴탈리즘에 대해서는 다음의 책을 참조. 월터 미뇰로. 2010. 『라틴아메리카, 만들어진 대륙: 식민적 상처와 탈식민적 전환』. 그린비. pp. 82-96; 쑨 꺼. 2003. 『아시아라는 사유공간』. 창비. pp. 59-62.

등장했던 자유가 인류 사회에 굉장히 중요한 한 획을 그었지만 아무데나 마구잡이로 적용되어서는 곤란합니다. 봉건 체제로부터의 해방, 즉 신분으로부터의 해방을 이야기할 때 emancipation이라는 단어를 사용하지만 1970년대 등장한 라틴아메리카 해방철학에서는 liberation이라는 단어를 사용합니다. 두 개의 단어는 모두 해방을 뜻하지만 emancipation이 중심부에 적용되는 개념이라면 liberation은 여전히 내적 · 외적인 식민성의 상태에 머물러 있는 주변부의 현실에 적용되는 개념이기 때문이지요. 식민지 확보를 위해 19세기부터 20세기 중반까지 저질러진 제국주의 전쟁은 해방을 부르짖은 사람들이 다른 사람들을 억압하고 착취하는 이율배반적 행위였습니다. 그럼에도 불구하고, 유럽중심적 근대성을 모두가 본받아야 할 모범으로 인식하는 것은, 앞에서 언급한 것처럼 정치경제학적 측면의 근대/식민세계체제와 인문학적 측면의 계몽주의적 근대성을 별개의 영역으로 취급하기 때문입니다. 그 결과, 계몽주의적 근대성의 휘황찬란한 수사학에 가려진 식민성을 보지 못하기 때문입니다.

라틴아메리카 해방철학에서의 '해방'은 자본주의 근대세계체제로부터 (물질적) 해방이면서 동시에 계몽주의 근대성으로부터 (인식론적) 해방을 뜻합니다. 앞에서 말했던 '인식적 불복종'은 특히 후자를 지향하는 것인데 계몽주의를 해방으로 해석한 칸트가 강조했던 것처럼 '스스로의 오성悟性을 사용하는 용기를 갖는 것'입니다. 그렇지만 라틴아메리카 해방철학은 유럽문화를 배척하고 라틴아메리카 고유의 문화를 주장하는 것이 아닙니다. 라틴아메리카의 아즈텍, 마야, 잉카 문명을 단순히 이국취향적 관점에서 접근하는 것도 문제지만, 거기에서 근대유럽문명과는 전혀 관계없는 독자적이고 독보적인 성취를 과장하는 것도 문제입니다. 해방철학은 유럽중심주의가 주장하는 보편주의를 비판하고, 인식적 불복종을 통해 라틴아메리카로부터 라틴아메리카를 사유하는 것입니다.

70년대 초에 태동한 라틴아메리카 해방철학은 지금까지 크게 주목받지 못했습니다. 해방철학의 대표적 철학자인 엔리케 두셀의 목소리에도 별로 귀를 기울이지 않았습니다. 자유주의 철학의 입장에서도, 정통 마르크스주의 입장에서도 환영받지 못했습니다. 이러한 비우호적인 상황에서 해방철학은 두 가지를 인식했습니다. 하나는 해방철학이 주류가 아니라 비주류에 속하는 타자와 소수의 철학이라는 것이고, 다른 하나는 유럽중심적 '즉자대자적 역사'(History an-und-für-sich)에 의해 어둠 속으로 밀려나고 지워진 외부/타자의 역사를 복원하는 것입니다.[7] 따라서 해방철학은 라틴아메리카에만 국한되지 않고 중심에서 주변으로 밀려난 모든 사람에게 적용될 수 있습니다.

엔리케 두셀이 고백하듯이 20세기 전반까지 라틴아메리카 지식인들은 라틴아메리카가 서구 역사와 문화의 일부분이라는 것을 당연하게 받아들였습니다. 그러나 68혁명과 종속이론의 영향으로 이러한 인식에 균열이 발생하기 시작했고, 문명 · 야만, 선진 · 후진, 개발 · 저개발이라는 선형적 역사관에서 벗어나 라틴아메리카로부터 라틴아메리카를 사유하기 시작했습니다. 그리고 이를 위해서 유럽중심주의적 근대성을 떠받치고 있는 보편주의와 정면으로 대결해야만 했습니다. '중심'과 '주변'의 구도를 비패권적 중심으로 대체하기 위해서는 '상호문화적 해석'(intercultural traduction)의 과정이 필요했기 때문입니다. 제일 먼저 두셀의 해방철학에 영향을 준 것은 하이데거와 리쾨르였습니다. 리쾨르는 두셀이 프랑스에서 유학할 때 스승이기도 했습니다. 하이데거의 현상학은 존재자가 존재를 규정하는 오류를 지적했고, 리쾨르의 해석학은 세계에 대한 모

7) 세계는 즉자와 대자로 구성되는데 유럽중심주의 철학은 대자를 포함하는 즉자라는 개념에서 즉자대자적이라고 말할 수 있다. 즉 철저히 자기중심적 인식이라고 말할 수 있다. 라인하르트 코젤렉. 1998. 『지나간 미래』. 문학동네. p. 57.

든 개념은 인간의 해석이라는 사실을 가르쳐주었습니다. 하이데거의 현상학과 리쾨르의 해석학은 단일한 역사 혹은 즉자대자적 역사에 균열을 일으키고 틈새를 만들어 본질주의의 외부를, 억압당한 타자의 이야기를 망각에서 건져낼 수 있는 단서를 제공해준 것이지요.

하이데거의 현상학과 리쾨르의 해석학을 거쳐 두셀은 레비나스의 타자의 윤리학으로 넘어갑니다. 레비나스의 윤리학은 두셀의 해방철학에 커다란 영향을 미쳤습니다. 주체의 동일성으로 환원되지 않는 타자(의 차이)를 인정할 수 있는 돌파구를 마련해주었기 때문입니다. 레비나스의 윤리학에 따르면, 타자는 동일자나 주체의 그림자도 아니고 불완전한 이미지도 아닙니다. 타자는 주체가 경험하고 이해한 것 너머에 존재합니다. 한마디로 말하면, 주체는 결코 타자를 완전히 복속시킬 수 없다는 것이지요. 레비나스의 타자의 윤리학은 라틴아메리카 해방철학에 커다란 울림을 주었습니다. 하지만 라틴아메리카 해방철학은 레비나스와 '더불어', 레비나스를 '비판'합니다. 왜냐하면 레비나스의 타자가 절대적 초월성으로 넘어가버리기 때문입니다. 레비나스의 타자는 피와 살을 가진 존재가 아니라 '절대적 타자성' 혹은 '전혀 · 다른 · 타자'(Tout-Autre)로 비약한다는 것이지요. 그리고 절대적 타자성은 종국에는 신과 동일시됩니다. 두셀은 레비나스의 신학적 윤리학의 한계를 지적하면서 "가난한 타자의 해방을 희망하는 사람만이, 총체성의 관점이 아니라 가난한 타자의 관점에서 자유를 희망하는 사람만이 진정으로 정의의 정치를 회복할 수 있는 사람"이라고 말합니다. 레비나스의 윤리학은 주체의 폭력으로부터 타자를 해방시키려고 노력하지만 또 다시 타자를 추상화시킴으로써 역사 속의 구체적 타자들을 보지 않는 겁니다. 이런 맥락에서 레비나스의 윤리학은 '타자의' 윤리학이 아니라 '타자에 대한' 윤리학이라는 비판을 받습니다. 타자를 바라보는 주체의 윤리학일 뿐 진정한 타자의 윤리학이 아니라는 거지요. 앞의 논의와 연결시키면 레비나스의 신학적 윤리학은 다보편적 지방주의나 비패권적 중심이 될 수 없습니다.

타자를 인정한다는 것은 나와 다른 타자의 차이를 인정한다는 것입니다. 그런데 차이에 대해 말할 때 주목해야 할 것은 중심에서 주변을 바라보는 차이는 '식민적 차이'(colonial difference)라는 사실입니다.[8] 식민적 차이로 보는 타자는 존재론적이고 인식론적으로 열등한 타자입니다. 전근대의 신분이나 근대로 들어온 이후에도 여전히 권력으로 작동하는 인종차별, 성차별 등도 식민적 차이라고 말할 수 있습니다. 세계화 시대에 '다문화주의'(multiculturalism)의 필요성을 강조하고 있지만 다문화주의가 인정하는 차이가 식민적 차이라면 거기에는 여전히 패권적 중심이 존재합니다. '차이를 인정하지만 너는 열등해!'라고 생각한다면 그건 차이에 대한 단순한 수사에 불과한 거지요. 라틴아메리카 해방철학이 레비나스의 타자의 윤리학에 대한 비판을 통해 마르크스주의로 넘어가는 것은 이 때문입니다. 마르크스가 말했듯이 단지 세계를 해석하는 것이 아니라 세계를 변화시키기 위해서 말입니다. 그러나 또 다시 마르크스와 '더불어', 마르크스를 '비판하는' 방식으로 마르크스주의를 받아들입니다. 인간의 사회적 공동체는 화해할 수 없는 적대적인 (계급적) 분열로 구성된다는 점에서는 마르크스와 더불어, 그러나 공산주의가 모든 현재와 과거가 귀착되는 귀결점이라는 역사법칙을 주장한다는 점에서는 마르크스를 비판합니다. 또한 근대/식민 자본주의 세계체제에 대한 비판이라는 점에서는 마르크스와 더불어, 그러나 거대한 잉여가치

8) 역사적 '식민주의(colonialism)'를 여전히 진행 중인 '식민성(coloniality)' 개념으로 확장한 인물이 페루의 사회학자 아니발 키하노(Aníbal Quijano)라면 포스트모더니즘의 '문화적 차이' 개념을 권력의 식민성이 작동하는 '식민적 차이'로 심화시킨 사람은 월터 미뇰로다. 이와 연관시켜 미뇰로는 '정체성 정치(Identity Politics)'를 '정치적 정체성(Identity in Politics)' 개념으로 전환해야 한다고 주장한다.

의 착취가 경제적인 것만으로 환원될 수 없다는 점에서는 마르크스를 비판합니다. 여기에는 또 다시 존재론적이고 인식론적인 지배와 착취가 간과되고 있기 때문이지요.

마르크스와 더불어, 마르크스를 비판하면서 해방철학은 마르크스를 윤리적으로 재해석합니다. 즉 마르크스주의는 역사법칙을 내세우며 모든 것을 그것으로 포섭하려는 역사 전체와 맞서서, 그 역사 안에서 잉여가치의 착취의 대상이 되는 타자들의 다양한 삶을, 역사의 외부를 드러내야 한다는 것입니다. 1930년대에 이미 마리아테기(José Mariátegui)가 페루의 현실에서 맑스주의는 일정한 한계를 갖는다는 점을 지적한 것처럼 사회적 적대를 계급의 관점에서만 파악하는 것은 프롤레타리아트 이외의 사회적 주체들을 배제하는 또 다른 보편주의일 뿐이라는 것을 깨달은 것이지요.[9] 서구 안에서 단순한 자유주의자와 단순한 맑스주의자가 민중 위에 서 있는 외부의 시각이듯이, 유럽중심주의를 벗어나지 못하는 유럽의 사유들은 식민성을 외면하는 외부의 시선으로 존재할 뿐입니다.

---

9) 랑시에르는 프롤레타리아를 다음과 같이 정의한다. "프롤레타리아는 **아무나**의 이름, **내쫓긴 자들**의 이름으로서, 노동자들에게 어울리는 고유한 이름이었다. 우리는 그 단어를 천민들로 이해할 것이 아니라, 계급 질서에 속하지 않는 자들, 따라서 이 질서의 잠재적인 **소멸인 자들**(마르크스가 말했던 것처럼 모든 계급의 소멸인 계급)로 이해해야 한다"(자크 랑시에르. 2008. 『정치적인 것의 가장자리에서』. 길. pp. 140-141). 같은 맥락에서 이진경은 프롤레타리아트를 비非계급으로 부르자고 제안한다. "맑스에 따르면 자본주의는 부르주아지만으로 시작되지 못한다. 자본의 '본원적 축적'에 대한 부분에서 맑스는 '사전에 축적된 본원적 자본'의 신화를 해체하면서, '본원적 축적과정'이란 무엇보다도 생산수단으로부터 생산자를 분리하여 프롤레타리아트로 만드는 과정이었다…. 프롤레타리아트는 이처럼 토지로부터 분리됨으로써 부랑자가 되어 사회를 떠돌거나, 걸식하는 거지가 되거나, 날품을 팔며 하루하루 생계를 잇는 다양하고 이질적인 사람들을 통칭하는 개념이다. 즉 프롤레타리아트는 하나의 적극적 규정에 의해 '계급'으로 정의될 수 있는 그런 개념이 아니다"(이진경. 2006. 『미-래의 맑스주의』. 그린비. pp. 235-236).

라틴아메리카 해방철학은 윤리학을 비판적 정치학의 관점에서 재해석했듯이, 마르크스주의를 윤리학의 관점에서 재해석함으로써 노동자계급 외부에 존재하는 모든 소수자의 문제를 새로운 정치학의 화두로 삼습니다. 두셀은 이를 '21세기 맑스주의'로 부릅니다.[10] 해방철학은 우리 주변의 가난한 사람을 타자로 부르지만 그들은 레비나스의 윤리학에서처럼 '고통스런 얼굴'로 정의되거나, 경제환원주의에서처럼 물질적 결핍으로 정의되는 존재가 아니라, 역설적으로 충만함과 넘쳐흐름(excess)으로 정의되는 존재라는 사실을 강조할 필요가 있습니다. 다시 말해, 타자란 무력하고 타인의 배려가 필요한 존재가 아니라 고통으로 인해 자신의 고통만이 아니라 타자들의 고통에 마음을 열고 이해하는 존재이고, 무한한 가능성을 촉발하는 존재인 것이지요. 전기 낭만주의자 윌리엄 블레이크는 『천국과 지옥의 결혼』에서 "아름다움은 넘쳐흐름이다"라고 말했습니다. 비슷한 맥락에서 쿠바 시인 호세 레사마 리마(José Lezama Lima)는 "넘쳐흐름을 다스리는 것은 은유적 정의(justice)다. 마치 사생아를 생산하여 왕위를 물리고, 얼굴을 가린 채 종족 살해를 즐기는 군주처럼"이라고 노래했습니다. 멋지지 않나요? 사생아에게 왕위를 물리고 종족 살해를 한다는 표현은 주체와 타자의 관계를 완전히 역전시키는 것이지요. 역사에서 이런 일이 가능할까요?

---

10) 이진경의 '미-래의 맑스주의'의 내포적 의미도 유사한 맥락에서 이해할 수 있다. "미-래未-來의 맑스주의란 블로흐 식의 어법으로 말하면 '아직-오지-않은' 맑스주의다. 그것은 아직 오지 않았지만 이미 충분히 다가온 맑스주의, 그렇기에 현재 주어진 것을 이미 변형시키고 이탈시키기 시작한 맑스주의다. 기존의 사유로 결여된 자리를 메우며 이동하는 빈곤한 맑스주의가 아니라, 불온성의 감응을 동반하는, 새로운 이탈의 포텐셜로 충만한 맑스주의일 것이다. 맑스주의에 풍요의 요소를 추가하는. 따라서 그것은 단지 지금까지 없었던 맑스주의, 그저 새로운 것을 찾는 맑스주의, 부재하던 맑스주의를 뜻하지 않는다. 그것은 맑스주의에서 아직 사유되지 않은 것을 사유하는 맑스주의고, 그런 방식으로 '도래할 맑스주의'다."(위의 책, p.13).

주변의 재인식에 대한 한 가지 예로 라틴아메리카 해방철학에 대해 말씀드렸습니다. 그런데 라틴아메리카 해방철학이 유럽중심주의적 보편주의를 대체하는 제3세계주의적 보편주의가 아니라는 것을 강조할 필요가 있습니다. 라틴아메리카 해방철학은 유럽중심주의적 근대성에 대한 탈근대적 비판이 여전히 유럽적 관점이라는 것과 라틴아메리카에서 '탈근대'라고 불렀던 것과 1980년대 유럽의 탈근대는 다르다는 것을 깨달았습니다. 식민지 주변부의 관점에서 근대를 해석하고 라틴아메리카를 위치시키려는 작업을 통해서 근대성에 대한 다른 정의가 가능하다는 것을 알게 된 것이지요. 이 때문에 '외부'의 관점에서 유럽중심적 '근대성'의 개념을 새롭게 정의해야 할 필요성을 느꼈습니다. 중요한 것은 여기서 '외부'는 유럽인들처럼 주변이 아니라 세계를 의미한다는 것입니다. 새로운 것이 외부성으로부터 분출될 수 있는 것은 외부성이 체계에 의해 억압당함에도 불구하고 체계에 전적으로 낯선 것으로 존재한다는 역설적인 이유 때문입니다. 시간이 많이 초과되어서 제 말씀은 여기서 그치겠습니다. 인내심을 가지고 들어주셔서 감사드립니다.

사회자 : 잘 들으셨나요? 강연을 들으면서 유럽중심주의 비판이 유럽에 맞서서 유럽과 대결하는 차원이기보다는 유럽중심적 근대성을 좇아서 구축된 우리의 근대, 근대성 이런 것들을 복수화하고 또 다르게 바라보고, 다르게 설명하는 방식을 모색하는 것이라는 사실을 새삼 확인할 수 있었습니다. 이런 맥락에서 라틴아메리카의 상황이 상당히 참조가 되는 것 같습니다. 우리가 라틴아메리카에서 생산된 주장들에 관심을 가졌던 것도 이런 이유 때문인 것 같고 선생님 설명을 들어보니까 유럽중심주의 비판이 유럽의 근대성을 완전히 폐기하고 도외시하는 것이 아니라 그것들을 참조해 나가면서 근대에 대한 새로운 모델들을 만

들어가는 것이라는 생각이 듭니다. 그렇게 보면 우리의 경우에 서구에서 나온 서구에 대한 비판적 논의를 참 많이 참조했지만 우리와 같은 입장에서 고민하는 다른 논의들에 대해서는 관심을 기울이지 못했던 것 같습니다. 그런 맥락에서 근대성에 대한 라틴아메리카적 시각을 라틴아메리카의 내적 맥락을 토대로 아주 자세하게 설명을 해주신 것 같습니다. 잘 들었습니다. 이제부터 토론을 진행할텐데 토론은 지금까지 해온 것처럼 두 가지 방식으로 진행됩니다. 우선 발표자와 같은 지역을 연구하시는 선생님께 토론을 부탁드려서 논의를 좀 더 확장시키고, 이것을 토대로 참석하신 다른 분들의 질문을 듣고 대답하는 시간을 갖겠습니다. 오늘 토론을 맡아주실 분은 계명대학교 스페인어-중남미학과의 서경석 선생님입니다. 선생님 토론 부탁드리겠습니다.

서경석 : 안녕하세요. 김은중 선생님과 심도 있는 토론을 위해서는 같은 분야 전문가가 되어야 되는데 사실 저는 그렇지 못합니다. 원래 김은중 선생님께서 스페인중남미 문화의 전문가이시고 워낙 연구를 깊이 하시는 분이기 때문에 사실 제가 거기에 대해서 토론할 수 있는 입장은 못 되는 것

같습니다. 아시다시피 저는 언어학자이고 스페인어를 연구하고 있습니다. 오늘 주제가 라틴아메리카에 관한 것이어서 저를 불러주신 것 같군요. 어쨌든 이 자리에 불러주셔서 감사드립니다.

여러분이 한 시간 정도 강연을 들으셨는데 강연 내용이 단순하게 생각할 주제가 아닌 듯 합니다. 특히 아까 선생님께서 말씀하신 것처럼 유럽중심주의 문제의 경우 전문적으로 연구를 하지 않더라도 현대 학문을 하는 사람들에 있어서는 늘 화두가 되고 있습니다. 선생님이 말씀하신 것처럼 헤게모니 변동이 발생하고 있다는 시각에서 유럽중심주의에 대해 의문을 가지고 있다고 생각합니다. 쉽게 생각한다면 유럽문명이 원래 우월했고 유럽 문명의 주위의 문명들이 고립되어 있다가 세계사 속에 편입된 것이 사실은 아니다, 이미 문명끼리 상호연결 되어있었고 유럽이 더 우월한 문명의 자원과 기술을 가져갔는데 유럽이 헤게모니를 잡으면서 전 세계 역사를 유럽중심적으로 해석하지 않았나, 이런 생각을 해봅니다. 그런데 이런 생각을 한다는 것 자체가 우리 자신이 오리엔탈리즘에 빠져있기 때문이 아닌 가하는 우려가 듭니다. 이런 맥락에서 오늘 김은중 선생님께서 말씀해주신 것처럼 근대성과 근대세계체제를 구별해서 분석하고 식민성이 누락된 근대세계체제를 근대/식민세계체제로 재해석해야 할 필요성이 있다고 생각됩니다. 왜소했던 유럽이 다른 문명들을 제치고 헤게모니를 장악하는 과정을 라틴아메리카 역사를 통해 좀 더 쉽게 이해할 수 있을 것 같습니다.

세계시민적 지방주의는 전지구가 하나의 지구촌으로 네트워크 되어가는 현실을 부정하지 않으면서 단 하나의 이상적인 표준을 거부하는 다-보편적 지방주의를 지향한다고 말씀하셨는데 사실 이것이 "전지구적 차원에서 사유하고 지방적 차원에서 실천하자!"는 말이고 이런 방식으로 상상의 세계화에 대한 대안을 모색해야 된다는 말로 이해할 수 있을 것 같습니다. 그래서 세계시민적 지방주의는 인식적 불복종을 통해 가능하다는 게 결론이라고 생각되는군요. 인식적 불복종을 통해서 끊임없이 탈식민적 선택을 할 때 세계시민적 지방주의가 가능할 텐데 세계화와 세계시민적 지방주의가 어떻게 균형을 맞출 수 있는지 의문이 생깁니다. 김은중 선생님께 제가 가지고 있는 의문점들에 대한 대답을 많이 해주셨는데 다시 질문을 해본다면, 나중에 해방철학 문제에서도 다시 나오겠지만 지난 500년 동안 지속되어온 문제에 대해서 어떤 방식으로 인식적 불복종을 할 수 있는지 궁금합니다. 그 다음에, 옥시덴탈리즘과 오리엔탈리즘에 대해서 말씀하셨는데 처음에 제가 잘못 이해했던 것 같습니다. 저는 옥시덴탈리즘이 오리엔탈리즘 이후라고 생각했는데 옥시덴탈리즘과 오리엔탈리즘에 대해 다시 한 번 설명해주시기 바랍니다. 그리고 마르크스주의에 대한 해방철학의 비판에 대해서도 다시 한 번 간단하게 설명해주시기 바랍니다. 마지막으로, 인식적 불복종과 탈식민적 선택이 누차 말씀하신 것처럼 간단한 문제가 아닌데 한국적인 입장에서 어떻게 해석할 수 있을까요?

김은중 : 시간이 많이 지나가서 간단하게 말씀드리겠습니다. 인식적 불복종이 주장이나 외침만으로 되는 게 아닐 텐데, 그게 어떻게 가능할까? 라는 문제입니다. 라틴아메리카에서 발생하고 있는 사회운동은 주장이나 외침에 그치지 않고 정치 지형을 완전히 변화시켰습니다. 특히 남미의 경우가 그렇습니다. 멕시코는 1994년에 미국, 캐나다와의 자유무역협정(NAFTA)을 체결했고 미국의 충실한 신자유주의 파트너였는데 그 결과는 참혹한 실패로 나타났습니다. 지금 멕시코에서 벌어지고 있는 마약전쟁은 이러한 상황과 결코 무관하지 않습니다. 이러한 결과를 미리 예견하는 것처럼 1994년 1월 1일 사파티스타 봉기가 일어났습니다. 그들

은 자신들의 저항이 500년 투쟁의 결과이며 신자유주의를 반대한다고 전쟁선언문을 발표했습니다. 라틴아메리카 사회운동들 중에서 원주민운동이 특별히 중요한데, 원주민운동이 시사하는 것이 근대세계체제와 근대성의 틀 자체에 대한 재해석이기 때문입니다. 근대세계체제를 근대/식민세계체제로 재해석하고 근대성을 근대성과 식민성의 구성적 원리로 재해석할 수 있는 가능성을 열었기 때문입니다. 다시 말해, 근대세계체제와 근대성의 체제와 원리를 인정하고 자기 몫을 주장하는 것과 "다른 세계는 가능하다"는 주장은 큰 차이가 있습니다. 앞에서 말씀드린 것처럼, 이런 맥락에서 다문화주의는 상호문화주의(interculturalism)로 바뀌어야 한다는 주장이 설득력이 있습니다. 다문화주의는 척도(중심)가 존재하는 상황에서 차이를 인정하는 것이고, 상호문화주의는 척도가 사라진 상황에서 차이끼리 소통하는 것입니다. 여기서 중요한 것은 인식적 불복종의 내용이 지역마다 다르다는 겁니다. 다시 말해, 다른 세계는 가능하다고 말할 때 '다른 세계'가 무엇이냐는 질문에 대한 대답은 다를 수 있다는 겁니다. 대답이 다를 수 있다고 인정하는 것 자체가 바로 인식적 불복종입니다. 'One No, Many Yeses'라는 말처럼 인간을 억압하는 '무엇'에 대해서는 모두 No라고 말하지만, 억압을 해결하는 해결책은 다양하다는 것입니다. 이게 앞에서 말씀드린 다보편적 지방주의 혹은 비패권적 중심이라는 말의 뜻이라고 생각합니다. 따라서 인식적 불복종은 내용이 아니라 방법이라고 생각해야 됩니다.

두 번째 질문은 옥시덴탈리즘과 오리엔탈리즘인데요, 오리엔탈리즘이 서구의 관점으로 동양을 자기 멋대로 재단한 것에 대한 비판이라면 옥시덴탈리즘은 유럽 문명이 정말 위대하다는 암묵적인 인정에 대한 비판이라고 생각할 수 있습니다. 예를 들어, 중국 사람들은 아편이나 피우고 아랍 사람들은 테러리스트라는 시각을 바로 잡아야 한다는 게 오리엔탈리즘의 주장인데, 이러한 생각에는 서양 문명이 모든 것의 척도라는 사실 자체에 대한 비판은 누락되어 있습니다. 옥시덴탈리즘은 유럽이 인종적 · 종교적 · 철학적 · 과학적인 면에서 가치 판단의 척도라는 이데올로기적 신념인데 오리엔탈리즘은 옥시덴탈리즘을 인정할 때 가능한 것이기 때문에 옥시덴탈리즘은 오리엔탈리즘의 토대가 되는 것이지요.

세 번째 질문은 마르크스주의에 대한 것이었죠? 마르크스주의는 자유주의에 대한 안티테제로 등장했습니다. 따라서 서구에는 잘 들어맞는데 라틴아메리카에는 그대로 적용되지 않습니다. 사회구성체 이론에서 보면 라틴아메리카는 노동자 조직보다 농민과 원주민을 우선 생각해야 합니다. 멕시코혁명의 주체도 원주민-농민이었습니다. 텍스트를 적용할 수 있는 컨텍스트가 다른 겁니다. 유럽의 신사회운동을 통해서 노동운동 중심에서 다양한 사회적 주체로 이동했지만, 라틴아메리카는 여기서 한 걸음 더 나아가 인종이나 종족 문제까지 복합적으로 얽혀 있습니다. 이런 맥락에서 해방철학은 마르크스주의와 더불어 마르크스주의를 비판합니다. 마르크스주의는 폐기의 대상이 아니라 끊임없이 재해석되어야 할 대상입니다.

마지막으로, 한국적 상황에서 인식적 불복종과 탈식민적 선택은 어떤 방식이어야 할까요? 이것에 대한 대답으로 라틴아메리카 상황을 이해하는 우리의 수준을 말씀드리겠습니다. 앞에서 베네수엘라의 21세기 사회주의를 말씀드렸는데 베네수엘라의 개혁을 주도하는 우고 차베스에 대한 언론의 보도를 보면 우고 차베스는 '무식한 포퓰리스트' 정도로 간단히 매도됩니다. 베네수엘라와 라틴아메리카 역사적 맥락에서 차베스의 정치적 실험을 신중하고 객관적으로 봐야 하는데 미국의 관점을 그냥 무비판적으로 받아들여 여과 없이 그대로 보도하는 경향이 압도적으로 많습니다. 한동안은 노무현 전 대통령을 비판하기 위해 차베스를 이용하기도 했습니다. 지도자 잘못 뽑으면 나라가 거덜난다고 말입니다. 정말 마구잡이식 보도고 편향된 인식입니다. 이런 인식은 라틴아메리카를 보잘 것 없는 제3세계로 폄하하기 때문에 가능하다고 봅니다. 미국이나 유럽에 대해서도 이렇게 막가파식 보도를 할까요? 우리를 사로잡고 있는 인식의 왜곡과 편향성이 정말 심각하다고 생각합니다. 한 가지 더 말씀드리면 우리나라는 유교문화권에 속하지만 유교문화권에서 이방인으로 느껴지는 것이 우리나라입니다. 너무나 미국화되어 있기 때문이지요.

사회자 : 예, 저도 라틴아메리카에서 출현하고 있는 근대성에 대한 새로운 해석들, 세계시민적 지방주의, 인식적 불복종 등이 정말 매력적인 개념이지만, 그것이 과연 어떻게 실천될 수 있을까 하는 의문을 가졌던 게 사실입니다. 그런데 선생님 말씀 듣고 보니까 이런 것들이 라틴아메리카에서 진행되고 있는 문제에 국한되는 게 아닌 것 같습니다. 우리 역시 새로운 대안의 추구를 가능하게 하는 그것이 과연 우리의 현실적인 근거가 무엇인지 되돌아봐야 할 시점이 아닌가 생각됩니다.

시간이 많이 경과되기는 했지만 참석한 분들의 질문을 받아보도록 하겠습니다.

이재성 : 저는 교양교육대학에서 재직하고 있는 이재성입니다. 오늘 선생님의 강의 인상 깊게 아주 잘 들었습니다. 그리고 많이 배웠습니다. 동시에 선생님의 답변에도 대부분 공감합니다. 기본적으로는 공감을 하는데도 불구하고 제가 철학을 공부했고, 학위는 헤겔로 했기 때문인지는 모르겠습니다만 글을 쓰실 때 좀 다르게 볼 수도 있겠다는 생각이 들어서 제 생각을 세 가지 정도의 물음으로 말씀드리려고 합니다.

우선, 유럽 중심주의를 비판할 때 그 비판의 대상이 되는 서구 유럽의 경우 기본적으로 철학 영역에서 등장하는 사람들은 시기적으로 보면 계몽주의와 낭만주의 시대를 살았던 사람들입니다. 그 중에서도 대표적으로 헤겔과 같은 철학자는, 제가 이해하고 있는 바에 따르면, 당대의 동양 사회에 대해 상당히 무지했거나 아니며 무시했던 면이 적지 않은 것 같습니다. 반면에 동시대의 쇼펜하우어와 같은 철학자는 동양 사상에 상당히 조예가 있었던 것 같습니다. 실제로 헤겔은 의도적으로 동양사회를 무시했음을 그의 저서들, 예컨대 철학사 서술을 통해서도 확인할 수 있습니다.

이것을 조금은 다른 문제에서 접근해 볼 수 있을 것 같습니다. 일반적으로 영어로 히스토리(History)라고 표현하면 그것은 '사실을 바탕으로 한 역사의 이야기'에 제한되는데, 독일어인 게쉬히테(Geschichte)는 '정신의 발전'을 역사로 기술하는 것으로도 이해된다는 점에서 언어적 표현 혹은 어감의 차이가 있는 것 같습니다. 예컨대 헤겔의 전문용어인 독일어 'an und für sich'를 우리 학계에서는 '즉자대자'로 번역해서 사용하고 있습니다. 그런데 이 일본식 번역은 오해의 소지가 상당히 많습니다. 물론 독일 학계에서도 그 용어에 대해서 아직까지 논쟁이 진행되고 있습니다. 저는 독일 유학 시절 독일 지도교수로부터 'an und für sich'를, 물론 헤겔의 저서에서는 문맥에 따라 그 용법의 차이가 있지만, 일반적으로 우리 학계에서 사용하고 있는 '즉자대자'라는 용어로 이해하기보다는 'Absoulte', 즉 절대적인 혹은 보편적인 의미에서의 정신적 역사의 발전단계로 이해하는 것이 보다 적절하다는 지적을 받았습니다. 당시 저는 그러한 이해방식에 깜짝 놀랐습니다. 유학 전에는 임석진 선생님의 일본식 번역을 따라 'an und für sich'를 '즉자대자'로 표현하는 것이 제대로 이해가 되지 않았었는데, 그때서야 헤겔의 이 전문용어가 이해가 되었고 헤겔의 철학적 의도를 이해할 수 있었습니다. 그리고 'List der Vernunft'라는 헤겔의 전문용어도 '이성의 간지' 혹은 간계 등으로 번역되어 통용되고 있습니다만, 이것도 제가 생각할 때는, 정확한 번역은 아닌 것 같아요. 이것 역시 아담 스미스가 당대 시장의 자율성 확보와 관련해서 '보이지 않는 손'이라는 표현으로 시대정신을 말했던 것을 헤겔이 철학적 용어로 재사용한 것에 불과합니다. 역사에서도 그런 보이지 않는 손이 있다는 것이지요. 이러한 용어를 통해 보편성을 말하지만 그 보편적인 역사의 진행과정이라는 것이 서양에서는 결국 특정한 절대자를 요청하는 것에 불과하거든요. 그런 맥락에서 보편성과 관련해서는 계몽주의자 칸트가 액션을 취했던 철학자였다면 헤겔은 리액션을 취했던 반동철학자라고 불리기도 합니다. 그래서 헤겔의 시각을 가지고 유럽중심주의를 철학적으로 근거짓는 것에 대해서 저는 개인적으로 글쎄요, 과연 그럴까요? 라는 의문부호를 가지고 있습니다. 그리고 두 번째로, 월러스틴의 세계체제론을 통해 유럽중심주의를 표현할 때 과연 그 유럽의 근대성은 어떤 의미를 갖는지, 월러스틴의 세계체제론의 한계는 없는지, 그리고 지금 선생님께서 월러스틴의 세계체제론을 유럽중심주의 비판의 중심에 두고 말씀하셨기 때문에 그 시각과 관점에서 말씀을 해주셨으면 합니다. 그리고 개인적으로 상당히 반가운 부분은 세 번째 물음과 관련되어 있습니다. 바로 남미의 해방철학자 엔리케 두셀과 관련된 내용입니다. 제가 기억하기로, 1995년에 독일에서 처음으로 그 분을 만났던 것 같습니다. 제가 공부하고 있던 아헨에서 만났습니다. 조금 전에 선생님께서 발표하실 때 엔리케 두셀의 해방철학은 멕시코뿐만 아니라 당대 유럽에서도 큰 환영을 받지 못했다고 하셨는데, 저의 착각일 수도 있지만 제 경험으로는 당시 독일에서 상당한 환영을 받고 있다는 인상을 받았습니다. 특히 칼 오로 아펠과 그 제자들,

특히 볼프강 쿨만이 엔리케 두셀의 해방철학을 상당히 설득력 있는 철학적 방법론으로 받아들였던 것 같고, 1995년 당시 아헨에서 개최된 국제학술대회에서 엔리케 두셀과 아펠이 함께 발표하고 토론하는 과정에서도 그러한 인상을 받았습니다. 당시 두셀이 이런 얘기를 했던 것으로 기억하고 있습니다. 자기 철학을 내놨는데도 지금 나의 모국에서는 전혀 받아들여지지 않는다고. 그럼에도 아펠 제자인 볼프강 쿨만이 아헨대학에 재직하고 있었고, 두셀의 멕시코 제자가 또 저하고 같이 공부를 하면서 쿨만 지도하에 박사논문을 준비하고 있어서 저는 개인적으로 두셀의 해방철학에 대해서 많은 부분을 쿨만의 세미나와 그 친구를 통해서 배웠고 경험을 했던 적이 있습니다. 당시에는 저도 한국에 돌아가면 꼭 해방철학을 소개해야겠다고 생각을 했었고, 아주 매력적이었던 것으로 받아들였습니다. 오늘 선생님께서 이 자리에서 소개를 해주셨기 때문에 저에게는 또 새로운 철학적 물음이 된 것 같아요. 무엇보다 해방철학의 근본적 물음과 관련해서 오늘 선생님께서 '저항' 혹은 '인식적 불복종'이라는 표현을 하셨는데, 실제로 멕시코라든지 아니면 중남미의 특정한 니카라과(Nicaragua)나 볼리비아(Bolivia)와 같은 여러 나라들의 로컬리티 문제나 신자유주의적 글로벌리제이션과정에서의 저항 혹은 인식적 불복종이라는 구체적인 상황을 소개를 해주셨다면 저희들에게 더 큰 도움이 되지 않았을까 라는 생각을 해봅니다.

김은중 : 이재성 선생님의 말씀 첫 번째 부분은 헤겔 철학의 정합성이나 유럽 철학의 정합성, 총체성과 보편성 등에 관한 것이라고 생각합니다. 저는 전공이 문학이고 박사학위 논문을 쓰는 과정에서 근대성에 관한 논의를 접하게 되었습니다. 라틴아메리카에서는 1920년대 이후부터 문인들을 외교관으로 발탁하는 전통이 생겼는데 그들은 여러 개의

언어를 자유롭게 구사하고 인문학적 토양도 굉장히 두터웠죠. 1990년에 노벨문학상을 받았던 멕시코 시인 옥타비오 파스(Octavio Paz)에 대한 논문을 쓰면서 파스의 근대성에 대한 글들이 저에게 많은 것을 가르쳐 주었습니다. 옥타비오 파스는 시인이었지만 근대적 시간 개념을 통한 그의 근대성에 대한 분석은 탁월하다는 인정을 받았습니다. 저는 헤겔 철학의 깊숙한 부분에 대해서 아는 것이 별로 없습니다. 그렇지만 헤겔이든 마르크스든 보편주의와 총체성에 대한 서술에서 역사적으로 벌어진 식민주의를 간과했고, 특히 시간의 식민화라는 문제를 간과했다는 점을 지적해야 된다고 생각합니다. 옥타비오 파스는 근대성의 시간 개념을 분석하면서 "미래의 식민지화"라는 말을 했습니다. 그리고 근대 문명을 점점 더 좁아지는 길을 점점 더 빠른 속도로 걸어가는 거인으로 묘사했습니다. 공간을 식민지로 만들었던 제국주의 침탈 이후에 근대문명은 시간을 식민지로 만들어가고 있는데, 그게 흔히 말하는 진보와 발전입니다. 그리고 그 결과는 오늘날 실감하고 있는 여러 가지 문제로 드러나고 있습니다. 헤겔과 마르크스를 직선적 시간과 연관시키면 역사의 방향성에 대한 목적론적 철학이라고 말할 수 있는데 여기에 대한 비판이 필요하다고 봅니다. 근래 근대성에 대한 논의들은 이런 문제에 집중되고 있다고 생각합니다. 선생님 말씀에 대한 즉답은 아니지만 이 정도로만 말씀드리겠습니다.

이재성 : 선생님께서 말씀하셨던 것처럼 하버마스가 근대성을 '미완의 기획'이라고 했을 때, 결국은 이성이 완성된 이성이 아니라는 것이거든요. 그런 의미에서 헤겔이 말하는 정신의 발전적 단계를 하버마스 입장에서 보면 완성된 이성의 표현이라고 볼 수 있지 않을까요? 혹시 그런 부분에 대해서는 어떻게 생각하십니까?

김은중 : 두셀은 하버마스와 달리 미완의 근대성을 완성하는 것보다 미완의 탈식민성을 완성하는 것이 더 중요하다고 주장합니다. 탈식민성의 관점에서 새롭게 철학하기 위해 두셀은 하이데거로부터 시작해서 아펠, 하버마스, 리차드 로티 같은 철학자들을 연구하고 그들과 토론했습니다. 그에 관한 책들이 많이 있는데 부끄럽지만 아직 세밀하게 읽어보지 못했습니다. 해방철학에 관한 책도 아직 한 권도 우리말로 번역되지 못한 상황입니다. 라틴아메리카를 공부하는 사람으로서 부끄럽고 죄송하게 생각합니다.

이재성 : 두셀 책이 아직 한 권도 번역되지 않았나요?

김은중 : 네, 아직 번역되지 않았습니다.[11]

이재성 : 제가 1990년대 후반에 두셀 책 번역된 것을 본 것 같은데요. 혹시 착각일 수도 있습니다.

김은중 : 그건 아마 해방신학 분야의 책일 겁니다. 라틴아메리카를 알기 위해서는 가톨릭에 대한 것도 많이 소개가 되어야 하는데 그쪽 분야 책도 아직은 많이 소개되지 않았지요. 두셀의 저작이 3~40권이 넘고 몇 권의 책을 제외하면 자신의 홈페이지에서 무료로 다운받도록 해 놓았습니다. 한국을 방문했을 때도 전자책을 주고 가셨습니다. 두셀의 해방철학이 마르크스주의에서 담론으로 넘어가는 시점에서 아펠이나 하버마스와 철학적 논쟁을 갖게 됩니다. 두셀이 근대성에 대한 새로운 해

11) 엔리케 두셀 책은 2011년 5월 그린비에서 『1492년, 타자의 은폐: 근대성 신화의 기원』이라는 제목으로 출판되었다.

석을 시도하면서 트랜스모더니티(trans-modernity)라는 용어를 사용했습니다. 트랜스모더니티라는 용어는 앞에서 말씀드린 것처럼 유럽중심적 근대성을 극복하고 여러 개의 근대성이 다보편적이고 비패권적으로 상호문화적 소통을 이루어야 한다는 의미로 이해될 수 있습니다. 이정우 선생님이 쓴 『가로지르기. 문화적 모순과 반담론』이라는 책의 문제의식이 그와 유사하다고 생각합니다. 다만 두셀의 문제의식이 더 확장되었을 뿐입니다. 담론학은 보편주의나 선험주의 혹은 본질주의에 대한 비판이고 이러한 비판을 통해 담론의 공간에서 해석과 소통을 강조하는 것입니다. 두셀과 유럽 철학자 간의 철학적 논쟁에 대해 자세히 말씀드리지 못해서 죄송하지만, 저는 해방철학의 전개 과정에서 이런 담론 공간에서의 해석과 소통도 중요하지만 정치철학으로의 이동이 더 중요하다고 생각합니다.

월러스틴에 대해 말씀하신 부분은 앞에서도 말씀드렸지만 첫 번째 근대성의 근대/식민세계체제와 두 번째 계몽주의 근대성을 명료하게 구분하지 않음으로써 식민주의와 식민성을 누락시킨 것은 대단히 중대한 오류입니다. 자유주의라는 18세기 말의 지구문화 이전에 식민주의도 지구문화로 자리 잡았고 오늘날에도 세계화라는 이름의 전지구적 식민성으로 작용하고 있습니다. 이런 관점은 유럽중심적 근대성과는 상반되는 것이지요. 봄베이(뭄바이) 출신으로 미국에서 활동하는 아르준 아파두라이(Arjun Appadurai)는 『고삐 풀린 현대성』(Modernity at Large)에서 세계화를 긍정적으로 평가하고 세계화가 중심에서 주변으로 일방적으로 이행되는 것이 아니라 중심 문화와 주변 문화가 상호작용한다는 것을 강조했습니다. 멕시코 인류학자인 네스토르 가르시아 칸클리니(Néstor García Canclini)도 『혼종문화: 근대성 넘나들기 전략』이라는 책에서 같은 주장을 했습니다. 세계화를 바라보는 또 다른 시각으로 중요한 책들이지만 자본주의 근대/식민세계체제에 대한 근본적인 재성찰이라는 측면에서는 월러스틴과 마찬가지의 한계를 가지고 있습니다.

사회자 : 제가 처음에 사회자와 토론자를 정할 때 토론은 스페인어 중남미학과의 서경석 선생님께 부탁을 드리고, 유럽중심주의에 대한 비판에 대해서는 유럽학과나 미국학과의 선생님이 맡아주시면 좋겠다고 생각했었는데 독일에서 철학을 전공하신 이재성 선생님이 그 역할을 해주신 것 같습니다. 토론을 더 진행하고 싶지만 시간 관계 상 학생들에게 질문할 기회를 드리겠습니다. 학생들 중 누가 질문하시겠습니까?

김은중 : 제 강연은 부족한 점이 많았지만 질문은 정곡을 찌르는 쉬운 질문으로 부탁드릴께요.

박정은 : 스페인어 중남미학과 3학년 박정은입니다. 교수님 말씀을 들으면서 굉장히 많은 부분을 공감하였고, 새로운 것을 많이 알게 된 좋은 기회였습니다. 감사합니다. 저는 무엇보다도 한국에서 라틴아메리카에 대한 인식이 전환되어야 한다는 점이 굉장히 중요하다고 생각해요. 한국과 라틴아메리카가 여러 가지 면에서 많은 공통점을 가지고 있고 그 점에 대해서 많은 연구나 노력이 필요한데 정부도 그렇고 공부를 하는 저희들의 노력도 많이 부족하다고 생각합니다. 이런 인식의 전환을 위해서 저희가 어떤 노력을 앞으로 해나가야 할지, 어떻게 실천할 수 있을지에 대해 쉽게 말씀해주세요.

김은중 : 쉽지만 대답하기는 굉장히 어렵네요. 라틴아메리카에 대해 많이 보고 생각하고 연구해야겠지요. 문화적인 측면에서 우리와 비슷한

측면이 있다고 생각하고, 특히 식민지를 겪은 것도 비슷하다고 생각하는데요, 그런데 사실 많이 달라요. 예를 들어, 식민지 경험에 대해서 말하면 라틴아메리카의 경우와 우리의 경우는 전혀 다릅니다. 우리가 20세기에 겪었던 식민지 경험과 16~17세기 아메리카의 식민지 경험은 완전히 다르고, 미국의 경우와 비슷하지만 미국과 라틴아메리카의 경우가 또 다릅니다. 미국의 경우 본토인 영국과 결별하고 이주한 사람들이 영국으로부터 독립했고, 라틴아메리카의 경우는 스페인 본토에서 파견된 부왕들이 식민지를 경영한 것이지요. 또 누구를 중심으로 보느냐에 따라 식민의 개념이 완전히 달라집니다. 원주민들의 입장은 완전히 배제되어 있으니까요. 이 문제는 이 정도로 말씀드리지요.

문화적인 접촉의 관점에서 한국 문화는 엄청나게 배타적입니다. 왜냐하면 우리는 최근까지 단일민족, 단일문화라는 것을 학교에서 계속 가르치고 배웠기 때문입니다. 그런데 라틴아메리카는 정치적 · 경제적으로는 낙후되어 있다고 생각하면서도 문화적으로 풍요롭다고 생각합니다. 그게 현실입니다. 그래서 라틴아메리카 문화의 특징을 한 마디로 문화적 혼종성으로 정의합니다. 세계의 거의 모든 문화가 복합적으로 어우러진 풍요로운 혼종문화를 이루고 있다는 것이지요. 그런 생각이 지금 조금씩 비판받기 시작했습니다. 첫째는 라틴아메리카 내부적인 문제점들, 즉 독재라든지 사회적 불평등이라든지 부패라든지 이런 것들을 감추기 위해 문화적 풍요로움을 내세우는 측면이 있습니다. 둘째는 아까 말씀드린 다문화주의와 상호문화주의 차이입니다. 근본적으로 식민적 차이를 극복하지 않으면 안 된다는 것입니다. 국가적으로도 라틴아메리카는 교역의 대상에서 우리가 흑자를 많이 내는 대륙이라는 점을 강조합니다. 요즘 유행하는 자원외교라는 것도 사실상 천연자원을 확보하기 위한 전쟁입니다. 라틴아메리카 대륙은 예전부터 자원수탈 대륙이었습니다. 에두아르도 갈레아노(Eduardo Galeano)의 유명한 책 『수탈된 대지』의 핵심적인 문제도 그것입니다. 경제적인 교류의 문제도 중요하지만 이제는 라틴아메리카 사람들의 역사, 그들의 삶에 대한 인문학적인 접근이 필요할 때라고 생각합니다. 좀 더 성숙된 관점이 필요하다는 것이지요. 더 나아가 그들의 삶이 우리를 비추는 거울의 역할을 해야 합니다. 그게 상호문화주의의 기본입니다. 그렇게 하려면 많은 공부가 필요할 것 같아요. 앞에서 근대세계체제를 이야기하면서 월러스틴에 대해 많이 이야기했는데요, 근대/식민세계체제라는 문제는 인류의 역사를 거시적으로, 그리고 관계론적으로 사유해야 된다는 점에서 중요한 문제이기 때문입니다. 그리고 이점에서 라틴아메리카 역사가 매우 중요한 위치에 있습니다. 박정은 학생이 지적한 것처럼 라틴아메리카에 대한 인식의 전환을 위해서 이런 점들이 중요하다고 생각합니다.

사회자 : 이번에는 답변의 내용도 궁금했지만 얼마나 쉽게 이야기하실까도 저는 좀 궁금했었는데요. 오늘 하신 말씀 중에서 비교적 쉽게 설명해주신 것 같습니다. 이해가 잘 됐습니다. 혹시 더 질문 없으세요?

이윤갑 : 세계화 공세에 대해서 라틴아메리카 쪽에서 일종의 새로운 대안으로 이에 대처하고 있고 독자적인 자립발전 노선을 만드는 노력들이 진행되고 있습니다. 지금 그런 노력들의 성과나 전망을 얘기하기는 조금 이르겠지요? 거기에 대해서는 어떻게 생각하시는지요?

김은중 : 간단하게 몇 가지만 말씀드리겠습니다. 앞에서 말씀드린 것처럼, 90년대 후반 이후에 라틴아메리카의 정치지형에 커다란 변화가 일어났습니다. 그것도 80년대 방식의 혁명을 통해서가 아니라 완전히

민주적인 선거를 통한 정권교체가 계속 이루어지고 있습니다. 그걸 언론에서는 좌파 도미노, 좌파 휘몰이 등으로 보도했는데, 냉전 이데올로기가 끝난 상황에서 라틴아메리카의 상황을 무시한 무책임한 표현이라고 생각합니다. 진보성향의 '르몽드 디플로마티크'에서는 에보 모랄레스가 대통령이 되었을 때 드디어 라틴아메리카의 원주민들도 마르크스주의에 합류했다고 보도했습니다. 그러나 라틴아메리카 지식인과 연구자들은 인식론적 불복종과 탈식민적 전환의 시각으로 보았습니다. 다른 대륙과 달리 라틴아메리카에서 일어나고 있는 사회운동을 서구의 자유주의 사상에서 보면 80년대 유럽의 신사회운동과 크게 다르지 않은데 사회운동을 사회권력에 대한 저항의 차원에서만 생각하기 때문에 그렇습니다. 사회운동을 인식의 차원에서 생각하면 대안의 모색도 가능해집니다. 또한 사회운동의 주체를 그저 민중, 시민 이런 정도로 부르고 있는데 민중이든 시민이든 정당정치나 민주적 제도의 관점에서 보면 형체가 없는 애매모한 집단이 됩니다. 그래서 라틴아메리카를 언급할 때 포퓰리즘이라는 용어가 많이 사용되고 있습니다.

구체적인 성과 몇 가지를 말씀드리면 브라질의 경우 '무토지농민운동'은 사회적으로 큰 영향력을 가진 집단이 되었고, 자율과 자치라는 측면에서도 상당한 성과를 거두고 있습니다. 수많은 억압에 저항하면서 사회적 영향력을 행사하고 있는데, 예를 들어 룰라 대통령이 세 번 실패한 끝에 대통령이 되는 데 결정적인 역할을 한 것도 이들입니다. 원주민운동의 관점에서 보면 에콰도르와 볼리비아는 정권을 바꿨고 헌법을 고치기도 했습니다. 원주민의 권리를 제헌헌법을 통해 인정한 것이지요. 경우는 다르지만 베네수엘라의 경우도 제헌의회가 소집되었고 제헌헌법이 만들어졌습니다. 민주적인 합법적 지배에 대해 똑같이 합법적인 방법으로 민중의 권리를 주장한 것입니다. 앞에서도 말씀드렸지만 우고 차베스 베네수엘라 대통령의 개혁에 대해서도 보수 진영의 일방적인 비판을 수정할 필요가 있습니다. 특히 차베스를 반미의 우두머리로 배척하는데 미국과 라틴아메리카 역사를 조금만 아는 사람이라면 반미가 곧 공산주의라는 이분법적이고 편협한 해석은 벗어날 수 있습니다. 차베스가 추진하는 라틴아메리카 지역통합은 지금까지와는 차원이 다른 방식으로 추진되고 있습니다. 남미은행을 창설해서 IMF로부터 자율성을 확보하고, 가스-석유 파이프를 연결해서 에너지를 싼 값에 남미 대륙에 공급하며, 텔레수르(Tele-Sur)를 만들어서 독자적인 언로를 개척하는 일 등은 인식적 불복종과 탈식민적 선택을 위한 필수적인 과정이라고 생각됩니다. 라틴아메리카 지역 전체를 통합하는 남미국가연합(UNASUR)도 창설되었고, 소규모로는 '미주민중을 위한 볼리바르 대안'(ALBA)을 결성해 독자적인 화폐인 '수크레'(Sucre)로 무역결제를 하고 있습니다. 이런 시도들은 외채 문제로 시달렸던 라틴아메리카가 진정으로 독자적인 행보를 하는 데 결정적인 사항들입니다.

이윤갑 : 답변하신 것과 관련해 궁금한 것은 지금 라틴아메리카에서 단순히 민주화라고만 이해하기 어려운 변화가 일어나고 있는데, 이 변화를 추구하는 힘이 어디서 나오는 것입니까? 그것은 서구의 자유민주주의론으로도 설명이 안 되고, 사회주의 급류를 탔다라고 하기에도 곤란하고, 그렇다고 근대적인 교육체계가 확립되어 있는 것도 아닌데, 그 힘, 문화, 사상이라는 것을 발표자께서는 '충만함'과 '넘쳐흐름'이라는 용어로 표현하셨는데 서로 어떤 관계가 있는지요?

김은중 : 두셀이 해방철학에서 해방정치학으로 이동하는 것과 관계가 있다고 생각합니다. 요즘 우리나라에서도 많이 읽히고 있는 아감벤,

랑시에르, 슬라보예 지젝 등이 정치보다 '정치적인 것'을 이야기하고 있습니다. 특히 랑시에르는 정치철학의 문제를 미학과 연결시킵니다. 미학 안에서 불편함, 문학 정치 또는 감성의 분할 등에 대한 분석을 통해서 이성에 밀려 있던 감성의 문제를 현실 파악의 근거로 제시합니다. 현실은 아름다움과 추함으로 이루어지는데 추함을 싫어하고 아름다움만을 이야기하는 것과 같습니다. 아름다움은 절제된 균형미로 생각하기 쉽지만 블레이크가 말했듯이 넘쳐흐름이거든요. 질서에 대한 무질서의 문제도 같은데, 무질서는 질서가 없는 것이 아니라 질서로 포착되지 않은 수많은 질서가 무질서라고 이해하면 상황은 달라집니다. 지동설은 천동설보다 더 많은 천체의 움직임을 설명해줍니다. 현실에서 지구가 돌아간다고 느낄 수는 없지만요. 제가 박사학위 논문를 썼던 옥타비오 파스는 세속화된 근대 세계에서 현실을 설명하는 원리로 아날로지와 아이러니를 말합니다. 아날로지는 현실의 모든 것이 유비적으로 얽혀 있는 세계의 원리이고 아이러니는 이런 아날로지적 현실이 붕괴되는 원리입니다. 아이러니를 인간의 관점에서 말하면 죽음입니다. 내가 죽으면 이 세계가 무슨 소용이 있는가, 이런 인식입니다. 그래서 현실은 공空이고 허虛라고 생각하는 것이지요. 시詩의 본질은 메타포(metaphor)입니다. 메타포는 '너머로'(meta-) '데려가다'(-phora)는 뜻인데 관계가 없는 것처럼 보이는 두 개의 사실을 연결시키는 것입니다. 이게 시적 비유지요. 앞에서 인용했던 레사마 리마의 시처럼 사생아에게 왕위를 물려주고 동족을 살해하는, 언뜻 생각하기에 말이 되지 않는 연결, 이게 시의 비유입니다. 김광균 시인이 "낙엽은 폴란드 망명 정부의 지폐"라고 노래한 것처럼. 낯설고 이상하고 엉뚱한 시적 비유를 보고 '아, 맞어, 바로 그거야!'라고 탄성을 지르는 것이지요. 라틴아메리카 사회운동이 보여주는 넘쳐흐름과 충만함은 엄청난 이론이나 발견이 아니라 그들의 삶에서 얻은 일리一理일 뿐입니다. 다만 그것이 유럽중심적 근대성에 의해 억압되고 무시되고 있던 것을 드러내고 복권시키는 것입니다. 즉 비패권적 중심으로 이동하는 것입니다.

사회자 : 예전에 프랑크 모레티라는 이탈리아 학자가 『근대의서사시』라는 책을 써서 읽어본 적이 있습니다. 거기에 보면 유럽이 전 세계를 식민지화하기 전에는 각 지역마다 전통적인 이야기가 다 있었는데, 한국도 있었고 아시아에도 아프리카에도 다 있었는데, 유럽이 전 세계를 식민지화 하면서 그 이야기가 다 없어지고 근대의 이야기들이 그것을 대체했잖습니까? 그래서 우리도 전통적으로 써오던 옛날 소설들 다 버리고 이광수 시대 이래로 근대적인 서양소설을 썼었는데 특이하게 남미 지역은 그 과정이 바로 일어나지 않고 이전 시기의 문학적 전통이 굉장히 오랫동안 남아 있고, 그래서 마술적 리얼리즘이라든가, 지금도 굉장히 활발하게 전통적인 이야기의 영향이 강하게 남아 있다는 이야기가 나옵니다. 그만큼 문화적인 유산들이 많이 살아남아 있는 지역이기 때문에 그런 게 정치적인 어떤 에너지와 연관이 되지 않았는가, 이런 생각도 들었습니다. 벌써 시간이 6시 45분인데 이제는 마쳐야 될 것 같습니다. 강연해주신 김은중 선생님, 토론해주신 선생님들, 그리고 참석해서 열심히 들어준 모든 분들께 감사드립니다.

김은중 : 마지막으로 감사의 말씀을 드려야겠네요. 학술대회에서도 이런 열기 있는 토론이 쉬운 일이 아니거든요. 학술회의에서는 시간을 엄수하는 것이 중요한데, 오늘은 제가 30분이나 초과해도 아무도 제지하지 않으시고 열심히 들어주셔서 정말 행복한 시간이었습니다. 감사합니다.

대안공동체로서의 마을

- 포럼 일시: 2010년 12월 14일
- 발표: 강수돌(고려대 경영학부 교수)
  사회: 정혜숙(계명대 한국학연구원 전임 연구원)
  토론: 임성무(공간앞산달빛 대표활동가)

사회자 : 한국학연구원에서는 한국학 연구와 지역에서의 생태, 교육적 실천을 어떻게 결합할 수 있겠느냐는 목적하에 로컬리티 포럼을 진행해 오고 있습니다. 오늘은 여덟 번째로 강수돌 선생님의 '대안적 공동체로서의 마을'이라는 주제 발표와 토론이 있을 예정입니다. 오늘 발표하실 강수돌 선생님을 잠깐 소개해 드리겠습니다. 마침 발표문 제일 뒤편에 보면 선생님께서 주신 짧은 자기소개 글이 있습니다. 거기에 이렇게 나옵니다. "아침마다 부 돌 잿간에 똥을 누고 "똥아, 잘 나와 고마워"라고 인사하며 하루를 시작한다." 재미있기도 하고 참 인상적이었습니다. 강수돌 선생님은 현재 고려대학교 세종캠퍼스 경영학부 교수로 재직 중인데, 그간 많은 책과 논문들을 써오셨죠. 그 중 몇 가지를 살펴보면, 『노동의 희망』, 『작은 풍요』, 『노사관계와 삶의 질』, 『나부터 교육혁명』, 『살림의 경제학』 등이 있고요. 그리고 선생님은 지난 2005년 5월부터 2010년 6월까지 고려대 세종캠퍼스가 있는 충남 연기군 조치원 신안1리에서 마을이장을 하시면서 고층아파트 반대 투쟁도 해오셨지

요. 그리고 이 경험을 토대로 『나부터 마을혁명』이라는 제목의 책을 내셨습니다. 강수돌 선생님의 발표문을 미리 읽으면서 '왜 우리가 마을에 주목해야 하는가'라는 데 대한 답이 거기에 아주 구체적으로 잘 나와 있다는 생각을 했습니다. 구체적인 실천운동의 사례들을 들어서 풀뿌리 운동에 희망이 있다는 결론을 내리고 있는 것 같았습니다. 이런 맥락에서 오늘 강수돌 선생님의 발표를 들어주시면 감사하겠습니다. 오늘 토론을 맡아주신 임성무 선생님에 대해서도 간단히 말씀드리겠습니다. 우리 지역에도 풀뿌리 운동들이 다양한데 임성무 선생님은 여기 계신 분들이 많이 아시는 것처럼 다양한 풀뿌리 운동들을 해오셨습니다. 대구에서 '공간앞산달빛'의 대표로 계시기도 하고 '앞산 터널 반대운동'도 굉장히 오랫동안 해오셨지요. 현직 교사로서 '전교조 운동'부터 '로컬푸드 운동'에 이르기까지 너무나 다양한 활동을 해오시고 계십니다. 초등학교의 교사로 재직하시면서 아이들 교육에서부터 먹는 것, 마을, 나아가 마을과 마을을 잇는 것에 이르기까지 운동 공간에 계셨기 때문에 오늘 발표에 대해 궁금한 점이 다른 사람들에 비해 더 많으실 테고 또 털어놓고 싶은 이야기도 많을 것으로 생각합니다. 좋은 발표와 좋은 토론이 되지 않을까 생각이 듭니다.

강수돌 : 계명대 한국학 연구원에서 추진하는 이 소중한 '로컬리티 포럼' 행사에 참여하게 되어 대단히 영광이고 기쁘게 생각합니다. 저는 사실 보잘것없는데 굳이 이렇게 불러 주셔서 부끄러울 따름입니다. 제 기억으로 벌써 작년 같은데 부산대에서 '로컬리티 인문학' 관계로 다른 여러 선생님과 함께 대담을 한 번 한 적이 있었고요. 그리고 우연하게 한두 달 전에 경북대 후문 쪽, 대학 자체는 아니고 대학 근처에서 지역 운동을 하시는 분들이 (물론 경북대나 다른 대학 교수님도 계시고요)

일정한 공간을 만들어 마을과 지역이라는 화두로 만남을 주선하셨는데 거기서 발표와 토론을 한 적도 있습니다. 저도 모르는 사이에 마치 제가 이쪽 전문가인 것처럼 되어 버렸는데, 사실은 문외한입니다. 물론 이론적으로 지역과 마을의 중요성을 많이 느끼고 있지만, 사실은 실천 과정에서 그 중요성을 몸으로 실감하게 된 것 같습니다.

굳이 내세울 것이 있다면 시골 마을에서 좋은 마을을 지키고자 몸으로 투쟁하는 과정에서 비로소 저 스스로 온전한 '마을 사람'이 되었다는 것입니다. 특히 지금 소개해주신 대로 5년 정도 마을 이장을 하면서 고층아파트 반대 운동뿐만 아니라 마을과 지역에 대해 좀 더 많이 고심하게 되었죠. 그러면서 그 이전부터 계속된 세계화, 지금도 진행 중인 신자유주의적인 사회경제 변화의 물결에 대한 대안은 무엇일까를 점점 많이 고민하게 되었죠. 다른 한편, 많은 사람이 얘기하는 복지국가 사회가 현재 우리가 직면한 시장의 논리에 대한 대안일 수 있을지, 이런 고민도 하게 되고요. 결국, 시장의 논리도, 국가의 논리도 넘을 수 있는, 그래서 그 둘의 모순이나 오류를 모두 넘을 수 있는 제3의 논리 또는 원리가 무엇일까 고심하다 보니, 마침내 지역, 마을, 자율, 자치 등 이런 방향성이 아니겠는가, 하는 데 확신을 많이 갖게 되었습니다. 지금부터 제가 발제문에 나와 있는 주요 내용을 중심으로 약 45분 정도 말씀을 드리고, 나머지 시간에 질의토론을 하도록 하지요.

지역사회와 마을에 주목한다.

우선 지역사회와 마을의 중요성에 관한 얘기부터 시작해보겠습니다.

잘 아시다시피 지역 또는 마을공동체의 어원이 커뮤니티(community)죠. 이 커뮤니티를 어원적으로 따져본 이는 더글러스 러미스(Douglas Lummis)라는 분인데, 그가 쓴 『경제성장을 않으면 우리는 풍요롭지 못할 것인가』(녹색평론사)에 그 설명이 나오지요. 그가 말한 바로는 커뮤니티는 컴(com, 더불어) 더하기 무누스(munus, 선물)의 합성어죠. 결국, 커뮤니티란 '더불어 선물을 나누는 관계'라고 정의된다는 말입니다. 저는 이 정의가 설득력이 있다고 봅니다. 사실, 우리는 초 · 중 · 고교 시절 사회 시간에 공동체라 하면 교과서적으로 '같은 지역에서 같은 문화와 언어를 가지고 형성된 동질적 집단'이라는 식으로 배웠지요. 결국은 일종의 '집단'이란 규정인데, 이 집단 개념으로 공동체를 정의하는 것은 그 집단을 정의하는 순간 곧 안과 밖이 구분되어 버리죠. 그래서 내부적으로는 결집하고 뭉칠 수 있는 근거가 되지만 외부적으로는 배타성을 가질 수 있는 그런 문제가 생깁니다. 사실, 민족, 국가, 인종 등이 내포한 문제들도 바로 그런 부분에 기초한 것이라 봅니다. 지역이나 마을조차도 그렇죠. 반면에 공동체를 '서로 선물을 나누는 관계'라고 정의하게 되면 이제 우리는 인종과 지역과 문화와 언어를 초월해 서로 따뜻하고 우애로운 관계, 호혜적인 관계, 또는 협조하고 지지하는 관계, 이런 관계를 맺을 수 있지요. 그렇게 되면 지역, 인종, 국가, 언어, 문화를 초월해 잠재적으로 모든 이들과 공동체를 형성할 수 있게 되죠. 이런 개념이기 때문에 커뮤니티 또는 공동체를 집단이 아니라 '관계'로 정의하자고 제안합니다. 이렇게 되면 이 개념은 상당히 진보적이고 개방적으로 되지요. 작은 개념 하나가 상당한 정치성을 띠는 셈입니다. 그 뿐만 아니라 이렇게 정의된 개념은 대안적이기도 하죠. 집단 중심으로 구획하는 기존의 개념, 민족과 국가, 심지어 기존의 마을이나 농촌 공동체가 가진 배타성의 문제를 넘어설 수 있다고 보기 때문이죠. 그래서 사실 우리가 오늘 발표 제목을 '대안공동체로서의 마을 내지 지역'이라고 했지만, 이것조차 지나치게 집단 개념에 초점을 맞추게 될 때는 심각한 모순이나 문제가 발생할 수 있다는 것을 염두에 두어야 할 것 같습니다.

아! 그 점 하나를 강조한 위에서, 이제 두 번째로 강조하고 싶은 것은, 인도의 마하트마 간디 선생이 이미 『마을이 세계를 구한다』라는 책에서도 이야기하고 다른 데서도 얘기했습니다만, 인도라는 (수억이 살고 중국 다음으로 두 번째로 인구규모가 큰 이 나라, 하지만 우리가 보통 사회 · 경제적으로 이야기할 때 대단히 가난한 나라죠) "나라에 미래가 있으려 한다면 70만 개의 마을 공화국을 만들어 이 자율자치의 작은 공동체들을 활성화하는 것이 희망"이라고 했던 그 통찰, 그 통찰이야말로 좀 전에 말씀드린 '관계로서의 공동체' 규정과 결합되면, 마침내 시장이나 국가를 넘어 진정으로 살맛이 나는 새로운 삶의 공간이 창조되지 않을까, 이런 생각을 해보게 됩니다.

우선 저는 '갈수록 삶의 뿌리가 중요하지 않겠는가,' 이렇게 생각합니다. 영미 중심으로 지난 30년간 진행된 신자유주의 세계화 물결은 일차적으로는 자본의 세계화죠. 이차적으로는 그 자본의 세계화의 맥락을 따라서 (통제를 당하고 규제받기는 하지만) 노동의 세계화로 이어지죠. 경향적으로 말입니다. 사실, 유럽이나 북미 사회를 보면, 예전에는 백인들이 제국주의나 식민주의, 노예제도 속에서 아프리카, 아시아, 남미 등 가난한 나라 사람들이나 원주민들을 맘대로 부려 먹고 억압했습니다. 지금도 마찬가지긴 하지만 자세히 보면, 역으로 그들이 서서히 역으로 백인의 공간을 잠식하고 있기도 해요. 규제를 받고 차별을 당하면서도 이민의 물결이 끊임없이 이어지고 있거든요. 그럴수록 지배층의 통제는 더욱 가혹해지겠지만 그럼에도 부단한 이민 물결 자체를 막을 순 없단 말입니다. 그런데 이민이란 부단히 자신의 원래 삶의 뿌리를 박탈당하고 새로운 뿌리를 찾는 과정이지요. 저는 이 이탈과 새로운 정착이 반복되는 와중에 우리 인간들에게는 인간인 이상 찾으려 할 수밖에 없는 뿌리가 있다, 그것은 인간성(humanity)이란 뿌리이며 자연과 더불어 하나가 되고자[oneness] 하는 뿌리다, 그리고 그 인간성이란 게 무엇이냐, 결국, 좀 전에 말씀드린 '서로 선물을 나누는 관계'가 아니냐, 이런 생각을 하게 됩니다. 결국, 시장과 국가의 모순을 모두 넘을 수 있는 새로운 원리가 바로 이러한 공동체, 커뮤니티에 있다, 이런 점을 강조하고 싶은 것이죠.

한번 자세히 볼까요? 사실, 자본의 세계화 과정은 사람들을 휘발성이 강하게 유동화하고 뿌리를 해체하고, 자연생태계를 파괴할 뿐 아니라 수백 년, 수천 년 이어온 마을 공동체적인 관계망을 해체하는 경향이 있습니다. 이는 이미 많은 책이나 논문들에서 지적되는 바인데 그런 의미에서 이제 '삶의 뿌리'라고 하는 것의 의미를 좀 깊이 생각해봐야 하지요. 물론 제가 삶의 뿌리를 강조한다고 해서 이것을 굳이 '내가 한 곳에 태어났다면 오로지 그곳에서만 영원히 살아야 한다'는 뜻은 아니고요. 세계화건 아니건 우리가 더는 고착 적으로 살기가 어렵다 한다면, 우리가 어디 가서 살건 근원적인 관계, 즉 땅과 자연과 이웃과 맺는 친밀하고 토착적인 관계, 이런 것들을 잊지 말아야 한다고 봅니다. 그런 자세에서 이사를 하고 이동을 하더라도 항상 그런 근원적인 무엇을 간직하면서 살 수 있는 관계, 바로 이게 중요하다고 봅니다. 이런 근원적인 체험이나 관계망이 없는 상태에서 그냥 유동적으로 떠돌이 신세처럼 다니는 것은 결국은 좀 더 깊이 있는 사람-사람 간 관계나 건강한 사람-자연 간 관계를 맺기 어렵지 않은가, 이런 생각을 하게 됩니다.

둘째로 제가 생각하는 것은 규모 문제인데요, 비교적 작은 규모 안에서 자율적인 인간들이 살아 움직이는 시스템, 이것이 중요하지 않겠는가, 이런 겁니다. 사실, 시장에서는 우리가 대개 소외를 많이 이야기하죠? 그런데 비교적 규모가 작은 기존의 재래시장에서는 사람들이 서로 얼굴을 알고 내가 파는 것에 대해 어떤 책임감과 같은 그 무엇이 있기 때문에 채소를 팔더라도 함부로 약을 치거나 나쁜 것을 섞은 음식을 팔기는 어렵죠. 그런데 대형상점 매장을 한 번 생각해 보시면 그 속에 교묘하게 과학적으로 포장은 잘되어 있지만 환경 호르몬, 방부제 그 외에 온갖 농약잔류물, 이런 것들이 굉장히 많이 들어 있죠. 이런 부분들을 비교해보면 시장이라고 하는 거대한 익명성 속에는 책임성이 사라지게 하는 효과가 있다고 볼 수 있죠.

그다음에 이제 거대한 국가 시스템을 보면, 이것은 민주성이나 자율성의 상실, 그러니까 관료주의 시스템이라든지, 규모가 커짐으로 말미암아 이것을 효과적으로 관리하기 위해 통제의 필요성이 증가한다든지 이런 부분들로 말미암아 결국은 시장은 시장대로 소외시키는 측면이 있고 국가는 국가대로 소외시키는 측면이 있죠. 근원적인 인간성의 관점에서 보면 이 모두 인간을 소외시키는 면이 있기 때문에 저는 상대적으로 규모가 작은 지역공동체, 자율성이 살아있는 생태공동체, 이런 부분이 중요하다고 생각합니다.

셋째로는 지역 공동체야말로 '참여 민주주의'가 가능한 단위라 강조하고 싶습니다. 지금의 의회 민주주의는 엘리트 민주주의이고 형식적 민주주의에 불과하지요. 돈과 권력이 무대 뒤에서 조종하고 있고요. 이런 상태에서 사람들은 정치 · 사회적 소외감에 시달리고 점차 정치에 무관심해져서 사회는 더욱 절망적으로 되어 갑니다. 그래서 중요한 게 풀뿌리 민주주의, 참여 민주주의라고 봅니다. 이를 실현하는 방법은 결국 마을 사람들끼리 인간적 관계를 맺을 수 있고 책임성 있게 행동할 수 있는 단위를 만드는 것이겠지요. 사실 동네나 지역이라면 내가 내 마을의 주인으로 주체성을 발휘할 수 있고 동시에 어떤 결정에 참여하여 함께 결정을 내림으로써 주인의식을 갖게 되죠. 물론 똑똑한 일부가 주도하지 않고 모두가 존중되는 그런 분위기도 만들어야 하죠. 이러한 자율적 참여는 결국 책임성도 함께 공유한다는 뜻이기 때문에 그런 의미에서 실질적인 민주주의가 구현된다고 봅니다. 그래서 나 혼자만 이 지역에서 돈을 벌거나 출세하거나 이런 것이 아니라, 내가 오랫동안 다른 사람들과 어울려 살아가기 위한 토대가 마련된 마을이기 때문에 (이사를 할 수도 있고 지역을 옮길 수도 있습니다만) 어디를 가든 이런 생각를 간직하고 살아가게 된다면 바로 이것이 세상을 제대로 바꾸는 길이 아닐까, 합니다. 나 자신도 그렇게 살아가야 하고 마을이나 지역의 운영도 그런 원리에 따른다면 사실 어떤 사람들이 새로 이사를 오건, 그런 우호적인 관계망으로서의 공동체, 이런 것들이 지속할 수 있지 않겠는가, 이런 생각을 해보게 됩니다.

'태초에 말씀이 있었다'는 성경 말씀에 빗대어 저는 '태초에 마을이 있었다'고 생각합니다. 물론, 그것은 원시부족사회처럼 엉성한 마을일 수도 있고요. 요즘 시골처럼 띄엄띄엄 살아가는 그런 마을일 수도 있겠지요. 그럼에도 거기서는 사람과 사람, 사람과 자연이 소박하게 더불어 살았다는 것이죠. (실제로는 사람들이 무섭고 거대한 자연에 될 수 있으면 순응하며 살아온 과정이었죠.) 그런 부분들이 소위 말하는 경제가 발전하고 사회가 발전하면서 해체되고 해체될 대로 되어, 이제 완전한 자본주의사회라고 하는 것은 사실상 개인으로 파편화한 사회 아니겠습니까?

여기서 이 개인(individual)이라는 말의 어원도 참 재미있습니다. 여러분 모두 아시는 것처럼 개인은 영어로 인디비쥬얼(individual)이죠? 이 인디비쥬얼(in-dividu-al)을 따져보면 인(in)이라는 말은 더 이상 할 수 없다, 못한다, 이런 의미의 부정을 뜻하는 접두사고요. 디비쥬얼에 디바이드(divid)가 들어있습니다. 디바이드는 쪼갠다는 뜻이죠. 종합하면, 뭔가 큰 것을 나누고 나누는데 더는 나누지 못하는 존재가 바로 '개인'이라고 하는 거죠. 결국은 '개인'의 정의 자체가 그 속에 보다 큰 것, 즉 공동체(community)를 내포하고 있는 겁니다. 공동체로부터 단위를 쪼개고 쪼갰는데 맨 마지막 단위에서 더 이상 쪼갤 수 없는 존재가 곧 개인이라는 거죠. 그렇죠. 결국은 그 개인이라는 말 안에 공동체가 지양止揚되어 녹아있는 거죠. 그래서 우리가 개인이라 하는 것은 각자 매우 소중한 존재, 모든 것(everything)이면서 동시에 공동체 일부분에 불과한, 대부분 큰 그물망의 한 부분이기 때문에 아무것도 아닌(nothing) 먼지 같은 존재일 수도 있는, 그런 양면성을 동시에 갖고 있지요. 그래서 제가 생각해 보기에 집집이 태어나는 모든 아이는 굉장히 소중한 보배로서의 '에브리씽(everything)'이 될 수 있지만, 이 거대한 우주의 생명 공간, 큰 우주적 그물망에 비하면 '낫씽(nothing)'입니다. 그래서 우리는 각 개체의 존귀함과 더불어서 또 전체적으로 봤을 때 우리는 각자가 겸손함을 가져야 한다, 바로 이런 생각을 하게 됩니다. '존중과 겸손'이 개인과 공동체를 조화시키는 데 핵심이란 것이죠. 결국은 공동체, 우주적인 그물망의 큰 공동체로부터 작은 지역이나 마을의 공동체에 이르기까지 그 공동체의 일원의 책임이라든지 상호 간 우애로운 관계를 맺어야 한다든지 이런 부분들이 거기서 다 도출되지 않겠나, 이런 생각을 해봤습니다.

넷째가 조금 전에 말씀드린 그 책임, 자기 책임성(self-responsibility)이라고 하는 것입니다. 내가 여기서 두고두고 살아왔고, 또 살아가야 하고, 설사 내가 이사를 한다 하더라도 지구 전체 공동체로 보면 또 다른 나의 고향 내지 이웃, 얼마든지 나의 새로운 고향이 될 수 있다는 것이죠. 또 길게 보면 우리의 후손들이 이어받아 끊임없이 살아가야 할 그런 곳이기 때문에 항상 소중하게 대해야죠. 물론 우리 인간이 살아가면서 자연 생태계에 피해를 줄 수밖에 없는 측면이 분명 있지만, 될 수 있으면 덜 피해를 주고 또 가능하면 좀 더 보존하고 다듬고 새롭게 해서 후손들에게 물려 줄 수 있어야 한다는 점에서 보아도 자기 책임성이 드러납니다. 이런 의미에서 지역, 마을, 자율, 자치 이런 부분들이 새로운 의미가 있게 되겠다, 이런 생각을 해봤습니다.

다섯 번째가 시장패러다임이나 국가패러다임을 넘어설 수 있는 새로운 대안논리로 마을이나 지역이 중요하다는 것입니다. 사실, 대구에서 시작한 『녹색평론』 중심의 필진, 김종철 선생님뿐만 아니라 거기에 소개된 저자들이나 글을 싣는 필자들, 이런 분들이 거의 한결같이 기존의 시장의 논리나 국가의 논리를 지양하기 위한 제3의 논리로 지역, 자율, 자치의 원리를 강조하고 있는 것과 맥락이 같습니다. 그러니까 이제 저는 이런 시도를 위해 뒤에도 좀 이야기가 나오지만, 우리가 지금의 시장이나 국가에 뭘 기대하기가 어렵지 않겠는가, 그 누가 대안적인 부분을 던져주겠는가, 이런 생각을 하죠. 결국은 우리 자신이 스스로 삶의 전망을 새롭게 열어나가는 시도들을 할 수밖에 없다, 사회변화에 위로부터의 변화와 아래로부터의 변화가 있다면 일차적으로는 아래로부터의 변화를 우선시할 수밖에 없다는 생각을 합니다. 물론, 궁극적으로는 위로부터의 변화와 맞물리면서 제대로 된 변화가 완성되어야 하지만, 위로부터의 변화가 제대로 되기 위해서라도 아래로부터의 이런 풀뿌리운동이 활성화되고 그 기저가 변하는, 삶의 과정들이 변하는 이런 것들이 쌓이고 쌓여야 하고, 그래서 자연스럽게 위로부터의 변화를 유도해야 하겠지요. 아래로부터의 변화가 흘러넘쳐 위로부터의 변화를 자연스럽게 가져오는 그런 식의 변화가 되어야지만 비로소 건강하고 오래갈 수 있는 변화가 될 수 있지 않을까, 라는 생각을 해봅니다.

그럼에도 현재 존재하고 있는 질서에 대해서 아무 말 안 하고 그냥 우리만 각자 잔뜩 모여서 열심히 노력하면 되겠느냐, 그것은 아니라고 봅니다. 이런 차원에서 추가로 이야기하고 싶은 건데요. 이것은 아래의 그림을 중심으로 말씀을 드리죠.

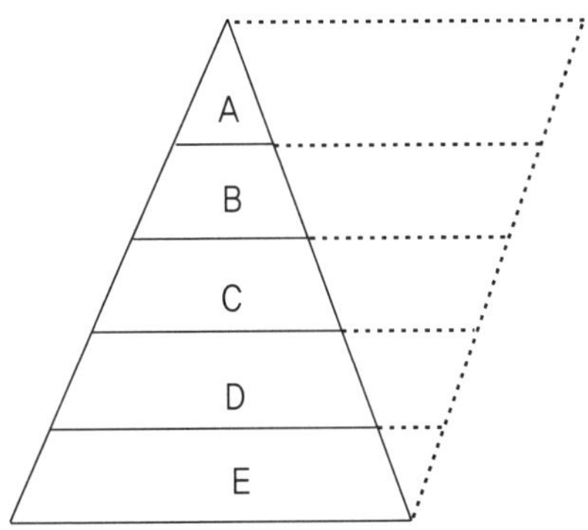

그림 1. 사다리 질서(점선은 기득권의 크기)

이 '사다리 질서' 그림은 지금 우리 사회를 조직하고 통제하고 이끌어가는 기본구도라고 볼 수 있습니다. 많이 무너지고 있지만 우선 가정부터 보자면, 밥상머리에서 발언권이 아버지, 어머니, 큰아이, 작은아이 이런 식으로 순서 지워져 있고, 그 다음에 이제 학교로 가면 사다리질서가 여전히 굳건하죠. 공부 잘하는 A와 B그룹, 그리고 중간에 C와 D그룹이 있죠. 가장 아래에 E그룹이 있고요. 이제 A, B 그룹은 '셀프(self) 스트레스'를 받으면서, 즉 자기가 자기를 채찍질하면서 공부를 잘하겠다고 아주 아등바등 살죠. 계속 1등 하다가 5등 하면 하늘이 무너지는 줄 알고 아파트 옥상에 올라갈까 말까 하는 아이들이죠. (사실, 저도 그랬습니다만.) C와 D 아이들은 끊임없이 사랑의 매질을 당하면서 매 한 대 때리면 오점, 십 점씩 올라가는 그 구조 속에서 고통당하는 아이들이죠. E는 시험을 치고 나서 선생님께서 '앞으로 나오라.' 그러긴 하는데, '그냥 들어가라'고 하는 아이들이죠. 농담으로, '인건비도 나오지 않는' 아이들이라 때리지도 않죠. 이 아이들은 들어가면서도 안 맞아서 기분은 좋은데 가방 메고 집에 갈 때 가만히 생각해 보면, '아, 나는 선생님마저 포기한 놈이구나!' 하면서 마음의 상처가 생기는 거죠.

그다음 직장에서는 사다리 질서가 이제 노골적으로 지위, 권력관계로 배치되어 있죠. 직장이나 사회적으로 상층, 중층, 하류층, 이런 식으로 배치되어 있고 그러면서 A, B에 속하는 소수들은 오른쪽에 커다란 가장 큰 떡고물들을 누릴 수 있고 C, D로 내려갈수록 작은 부분만 먹고 살아야 하니까 인생이 각박해지고 비참해지는 거죠. 이런 질서 속에서 대부분 사람들은 자기 자녀가 A, B 클래스에 올라가기를 바라죠. 여기서 잘 보시면, A, B 클래스에 있는 사람들은 자기가 누리는 게 많아서 그것을 적극 누리면서 중독이 되어갑니다(저는 이를 '향유 중독'이라 합니다). 그런데 C, D, E는 이 구조가 잘못되었다는 것을 모르거나, 알더라도 패배주의에 젖어 아무리 노력해도 바뀌지 않는다고 생각하고 전체 구도를 바꾸기보다는 내가 노력하거나 내 자식이라도 (내가 헐벗고 굶주리더라도 자식을 뒷받침해서) A, B 클래스에 올려놓고 싶은 욕망을 갖게 되는 겁니다. 이렇게 C. D, E는 A나 B가 누리는 떡고물을 대부분 누리지 못하는 가운데 내심 절실히 동경하면서 중독이 되는 거죠(저는 이를 '동경 중독'이라 합니다). 저는 아직 이 공인된 개념은 아니지만 이렇게 중독엔 향유중독과 동경 중독이 있다, 라고 생각을 하고 바로 이런 향유중독과 동경중독이라는 메커니즘으로 말미암아 비인간적인 사다리 질서가 변하기는커녕 더욱더 굳건하게 가고 있고 아마 이건 더 가파르게 변할 것 같다는 생각이 듭니다.

그래서 대안이 필요합니다. 제가 생각하는 대안은 일차적으로는 A, B가 누리고 있는 엄청난 떡고물 중에 최소한 일부라도 D, E에서 정말로 힘들게 살아가는 이들에게 지식이나 돈이나 자원봉사 등 어떤 형태로든 나누어 주는 운동을 하는 것이죠. 현존 질서 안에서의 '나눔,' 이게 일차적인 대안이 될 수 있고요. 이차적으로는, 이것이 더 중요한데, 아래에 나와 있는 그림처럼 새로운 대안을 상상하고 생각하고 만들어가는 거로 생각해요. 질서 자체를 바꾸는 '변화'이지요.

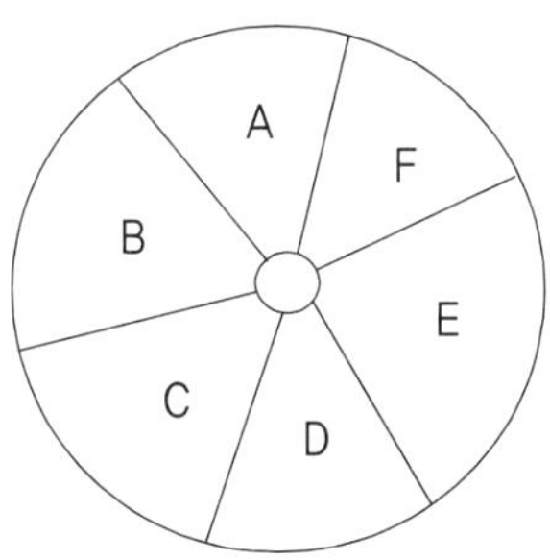

그림 2. 원탁 형 구조(A~F는 개성)

이것은 우리가 모두 둥그렇게 둘러앉아서 밥도 같이 먹고 학교에서도 이런 어울림 속에서 같이 공부하는 겁니다. 직장도 마찬가집니다.

협동하면서 공동의 과제를 해결하는 것이지요. 경쟁이나 차별, 억압과 착취가 없는 그런 시스템을 상상하는 것이죠. 이제 '사다리 질서'가 아닌 '원탁형 구조'를 상상하는 겁니다. 여기서 A, B, C, D, E, F는 각자 나름의 개성을 가진 이들이 됩니다. 점수나 권력관계로 상하질서로 이루어진 게 아니라 각자가 가지고 있는 개성과 특색을 존중하는 이런 시스템으로 가야 하겠다, 라는 거죠. 그리고 이 아이들이 어느 정도 실력을 쌓아서 나왔을 적에 사회적으로 대우가 비슷해져야 한다는 겁니다. 그래서 시를 쓰는 아이, 유기농법으로 농산물을 만들어 내는 사람, 집을 짓는 사람, 연극 · 영화를 만드는 사람, 공부하는 사람 또는 의사가 되어서 사람을 고치는 사람 또는 예방하는 사람 등등 누구든지 자기가 하고 싶은 일을 해서 사회에 나왔을 때 비슷하게 대접받는 사회, 바로 이런 구조라면 우리가 대학 갈 때도 아무 고민을 할 필요가 없다는 거죠. 어릴 때부터 영어발음 잘하라고 아이들 혀 밑을 자를 필요가 없는 거죠. 그런데 그렇지 않고 사다리 질서 속에 굳건하게 갇힌 사고를 하다 보니 자기는 비참하게 살고 있더라도 자식만큼은 혀 밑을 잘라서라도 영어 잘하는 아이가 되어 출세할 수 있도록 해야겠다고 강박적으로 생각하는 놀라운 사태까지 발생하는 겁니다.

그래서 저는 바로 이런 구조가 마을, 지역, 전 사회에 걸쳐 기본적인 삶의 구도가 될 때 비로소 우리가 호혜적인 관계를 맺을 수 있는 사회적 조건이 되고 이제 공동체 안에서 우리끼리는 따뜻하게 살아갈 수 있지만, 전체 사회구조도 이런 식으로 변해가지 않으면 안 되지 않겠는가, 하는 생각을 해보기도 했습니다.

그리고 그런 사회를 만들기 위한 가장 절실한 실천 과제들을 정리해 보았습니다. 밑줄 그은 것만 보시더라도 이런 몇 가지 정도라도 제대로 바꿀 수 있어야 함을 알 수 있죠. 이것을 바꾸는 것은 결국은 집단적 실천이지요. "나 혼자 꿈꾸면 꿈으로 남지만, 모두가 함께 꿈꾸면 현실이 된다"는 말에 힌트를 얻을 필요가 있죠. 최근 2010년 6월 2일 지방자치제 선거에서도 무상급식 구호가 처음에는 '미친놈의 이상한 소리'라고 많은 비난을 받았지만, 여론이 형성되고 많은 사람이 무상급식이 당연하고 아이들에게 상처 주지 않고 공교육 시스템에서 행복하게 식사할 수 있어야 하지 않느냐, 이런 여론이 많이 형성되면서 (최소한 실천으로 이어지는가 하는 부분에서는 요즘 와서 좀 많이 거꾸로 가고 있지만) 후보자들이 너도나도 무상급식하겠다고 나섰지요. 이런 것도 결국은 이런 풀뿌리의 마음들이 결과적으로는 60% 이상 통일되어야 하겠지만, 우선은 30% 정도만 공유되어도 분위기가 확확 바뀐다는 확신을 하게 되는 거죠. 하여간 이런 부분은 우리가 같이 꿈꾸고 '매일 같이 함께 꿈꾼다면' 분명히 바뀌는 날이 온다, 이것이 희망이죠.

풀뿌리 운동의 역할

그러면 시민 풀뿌리 모임이나 우리 개인이 참여할 수 있는 일들이 무엇일까, 우리가 사회를 만들어 나가고 추동하기 위한 실천이 무엇일까요. 그런 의미에서 첫째 밥상 살림운동을 할 필요가 있지 않겠는가. 생협 운동, 유기농 직거래, 대구 쪽에서도 많이 하셨죠? 『녹색평론』에 소개되기도 했고, 상징적으로나 전국적으로 한살림을 비롯한 온갖 생협의 운동들, 그리고 유기농 운동들, 이런 부분들이 결국에는 밥상을 살려내는 운동이 아닌가, 생각합니다. 그리고 그 과정에 참여하는 사람들이 새로운 공동체적인 관계망을 형성하는 중요한 과정이라고 보고요. 우리가 사회경제발전을 이야기할 때에 농업을 '저부가가치 산업'이라 취급하여 팽개치고 대신에 고부가가치산업인 첨단과학기술, 우주항공, 생명공학 이런 이야기하는데, 저는 FTA(자유무역협정) 같은 것을 이야기하면서 '농업을 버려도 좋다'고 이야기하는 사람들 밥상에다가 (농담이긴 하지만) 컴퓨터 칩을 한 사발 갖다 주고 싶어요. 잘 먹고 잘 살아보시라고요. 가정마다 따뜻한 밥상을 차려주는 어머니의 손길이 있다면, 사회적으로 밥상을 차리는 사람은 유기농 농민들입니다. 이 농민을 무시하는 정치, 사회, 경제 이것은 다 거짓말이다, 잘못된 것이라 봅니다. 그런 점에서 이런 부분에 가치를 부여하고 내가 할 수 있는 한 참여하는 것이 중요한 우리의 과제라 생각합니다.

두 번째로 말하고 싶은 건 현지 지역 경제를 보호하는 것, 일종의 로컬이코노미(local economy), 지역 경제죠. 현지경제라 할 수도 있고요. '공정무역'도 중요하고요. 대구 한살림의 천규석 선생님은 이걸 신랄히 비판하시죠. 저도 이런 비판이 바르다고 봅니다. 그런데 제가 좀 더 방점을 찍고 싶은 것은 이런 공정무역 운동 같은 과정을 통해 우리가 무의식적으로 맹목적으로 남들 따라 장에 가듯 하고 있던 행동들에 대해 멈추어 서서 생각해 볼 수 있는 계기란 점에서 굉장히 중요하다고 봅니다. 이런 발상들이 더욱 발전하면 중남미의 볼리비아, 베네수엘라, 쿠바가 하는 '민중무역'처럼 서로 호혜적인 우애로운 교환이라고 그럴까, 상업적인 교환이 아니라 이런 것까지 하면 서로 좋겠죠. 그러니까 이제 각 사회는 기본적으로 70% 정도의 자급률을 갖추되 부족한 부분은 분명 서로 교류를 해야 하겠다, 이런 생각을 합니다. 이런 기본적인 구도하에 거래나 무역이나 이런 게 이뤄졌으면 좋겠다는 거죠. 지역 화폐 운동도 상당히 문제도 있고 제한점도 있지만 대단한 발상의 전환이지요. 가라타니 코진 선생 같은 분은 이것을 "굉장히 혁명적인 아이디어"라고 칭송할 정도입니다. 여기서도 제가 또 방점을 찍고 싶은 것은 우리가 한사코 좋은 학교 나와서 좋은 직장 취업해서 돈 많이 벌어야 잘 사는 것이다, 라고 생각하는 것이 결코 보편적인 삶의 방향이 되어선 곤란하다는 생각에서, 돈을 적게 들이거나 완전히 다른 방식으로도 살 수 있다는 것을 보여준다는 점이 중요하다는 것이죠. 대안 화폐를 종이로 만들어서 돌릴 수도 있고, 또는 컴퓨터나 장부에 개정으로 숫자로만 기록할 수도 있는데 구체적인 방법은 다양하죠. 그러나 기본적 핵심논리는 중앙은행권 화폐가 없이도 내가 가지고 있는 시간, 지식, 또는 어떤 행위 능력, 따뜻한 마음 등등, 이 모든 것이 우리 삶을 해결할 수 있는 자원이 된다, 그래서 그것을 서로 필요에 따라 마음으로 교류하면 훨씬 인간적으로 살 수 있다, 이런 아이디어죠. 내가 어떤 강의를 해주면 그 강의 대신에 돈을 받는 게 아니라 다른 사람은 나에게 책을 선물할 수 있고 또 어떤 경우에는 내가 타인으로부터 머리 깎는 서비스를 받을 수 있고, 아이도 봐줄 수 있고, 나는 정말 가진 게 시간밖에 없다 그러면 집을 봐주고 관리할 수도 있죠. 하여튼 이런 식으로 돈을 직접 매개로 하지 않고, 돈의 흉내만 낸다는 거죠. 그러니까 중요한 것은 우리가 삶의 문제를 서로 함께 품앗이처럼 협동으로 해내겠다 하는 이런 철학이죠. 이렇게 지역 화폐 운동도 새로운 공동체를 만들어 내는 데 중요한 한 부분이 되겠다, 이런 생각을 하고요.

그다음에 교육도 마찬가지죠. 마을과 교육이 함께 어우러지는, 사실 가장 좋은 것은 마을 자체가 학교가 되는 그런 것이 가장 좋겠죠. 그래서 지금과 같이 학교에서 아이들이 시험점수 때문에 줄을 서고 석차로 서열화되고 개성을 상실하게 되고 오로지 국·영·수만 중요시하고 이런 식으로 살아가는 게 아니라, 내가 가진 꿈이 무엇이고 재주나 관심사가 무엇인지 발견하면서 동시에 사회구성원으로서 민주시민으로서의 소양을 함께 기를 수 있는 그런 공간이 되고자 한다면 이런 마을과 학교 또는 교육이 함께 가야 한다고 봅니다. 이런 차원에서 이제 각종 부모 모임이나 대안적인 학교, 교육 이런 프로그램들, 이런 게 결국은 새로운 대안을 열어나가는 중요한 계기가 된다는 생각을 합니다.

다섯째로 축제이야기를 했는데 저도 마을에서 '골목축제'를 몇 차례 기획해봤는데 돈을 많이 들여서 가수나 이벤트회사 사람을 부르고 주민들은 박수부대로만 동원하는 그런 축제가 아니라 스스로 만들고 기획하고 평소에 해왔던 것을 자연스럽게 발표하면서 즐기는 이런 의미의 살아있는 축제, 이런 부분들이 결국은 또 흩어져 있던 사람들을 하나로 모아낼 수 있는 계기, 공동체적인 관계망을 구축해낼 수 있는 매개물이 되지 않겠나, 이런 생각을 해 봤고요.

제가 1997년도 이후에 신안리 마을에 와서 아내랑 아이 셋과 함께 아예 새로운 뿌리를 내리기로 하고 1999년에 작은 집을 짓고 살고 있었죠. 그랬는데 2003년에 '행정 수도 이전' 이야기가 나왔죠. 노무현 대통령 때. 그러다가 2004년 10월에 위헌결정이 났습니다. 그래서 행정수도가 못 오게 되었죠. 그러자 수도권 건설 자본들이 대거 조치원으로 몰려들기 시작했어요. 조치원에 모두 수천 세대가 들어섰는데 실수요자는 몇 명 안 되고 비어있는데도 많은 상황입니다. 어떤 곳은 반값으로 헐값에 넘기기도 하고요. 어쨌든 우리 마을에도 아파트를 짓겠다고 물밑작업을 2004년도에 이미 했던 거예요. 이 사람들 뭐 온갖 노력을 다했겠죠. 행정 수도 위헌이 되는 바람에 중도 포기하는 듯했어요. 그러다가 다시 2005년 3월 2일에 아시다시피 행정도시특별법이 통과되면서 '행정도시'가 추진이 됩니다. 바로 그날 당시 이장 부부가 저희 집에 오더니 "마을에 아파트가 설 것 같다"고 하더군요. 그때부터 저 자신이 나서는 투쟁이 시작된 것이죠.

이 사진(사진 1-1)은 기존의 마을 모습이에요. 저희 집 올라가기 전 논밭의 전원적인 모습인데 복숭아꽃, 살구꽃, 진짜 아름답게 피어있던 마을인데요. (사진 1-2, 사진 1-3. 사진 1-4)금세 다 파괴되고 말지요.

거대한 시멘트 덩어리 복합체(사진 2), 생동하는 자연은 어디론가 사라지고 말입니다.

사진 1-1

사진 1-2

사진 1-3

사진 1-4

사진 2

사진 3

사진 4

이건 우리가 데모하러 가는 과정이에요(사진 3). 이런 현수막을 걸면서 고층아파트 물러나가라고 저항 운동하는 과정이고(사진 4), 우리가 겨우 이런 거 힘겹게 몇 장 걸면 이 사람들은 수 십장을 한꺼번에 겁니다. 자본가들은 역시 돈으로 때우더라고요.

사진 5

사진 6

이것은 제가 1인 시위에 나갔던 장면이고(사진 5), 뭐 지역 언론에 나오기도 하고, 국회 앞에 가서(사진 6) 제가, 청와대 앞에 가서 1인시위도 하고 군청에서 싸우기도 하고….

그럼에도 불구하고 계속 업자들과 행정 당국은 아파트 사업을 추진해요. 군수가 우리 앞에서… 업자들에게 아파트 못 짓게 하겠다고 약속을 했지요. 그러나 수십 명 주민들 앞에서 약속한 걸 무대 뒤에선 쓰레

기통 속으로 넣고 말죠.

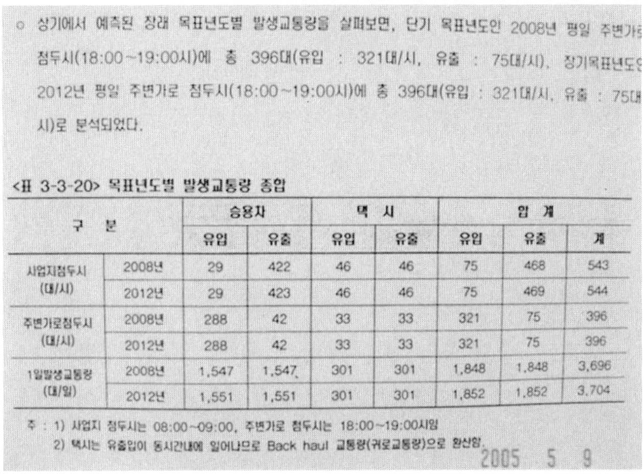

○ 상기에서 예측된 장래 목표년도별 발생교통량을 살펴보면, 단기 목표년도인 2008년 평일 주변가로 첨두시(18:00~19:00시)에 총 396대(유입 : 321대/시, 유출 : 75대/시). 장기목표년도인 2012년 평일 주변가로 첨두시(18:00~19:00시)에 총 396대(유입 : 321대/시, 유출 : 75대/시)로 분석되었다.

<표 3-3-20> 목표년도별 발생교통량 종합

구 분		승용차		택 시		합 계		
		유입	유출	유입	유출	유입	유출	계
사업지첨두시 (대/시)	2008년	29	422	46	46	75	468	543
	2012년	29	423	46	46	75	469	544
주변가로첨두시 (대/시)	2008년	288	42	33	33	321	75	396
	2012년	288	42	33	33	321	75	396
1일발생교통량 (대/일)	2008년	1,547	1,547	301	301	1,848	1,848	3,696
	2012년	1,551	1,551	301	301	1,852	1,852	3,704

주 : 1) 사업지 첨두시는 08:00~09:00, 주변가로 첨두시는 18:00~19:00시임
2) 택시는 유출입이 동시간내에 일어나므로 Back haul 교통량(귀로교통량)으로 환산함.

2005 5 9

사진 7

그리고 이것은 교통영향평가의 일부 문건인데요(사진 7). 여기 숫자를 보시면 하루 승용차량이 나오죠. 일일발생교통량이 나오는데요. 1,547대가, 1,000가구 정도가 들어선 아파트단지에 입주가 완료된 이후를 상정하는 거예요. 1,547대의 승용차가 왔다갔다 한다는 것이죠. 이런 건데 그 뒤로 4년 동안에 얼마나 증가한다고 되어 있나요? 단 4대가 증가하죠. 1,000가구 단지가 완성된 뒤 1년에 차가 단 1대씩 증가한다? 그런 계산으로 도로를 개설한다? 이것은 저희가 상식적으로 교통량에 대해 전혀 문외한이라도 말이 안 되죠. 근데 이 표를 보고 이것을 들고 충청남도 건설교통국장을 찾아가 "국장님, 제가 아무리 무식하지만 이것은 잘못된 것 같습니다"라고 했지요. 이렇게 엉터리로 교통영향평가를 받아놓고 그것도 토지용도도 아파트를 지을 수 있는 땅이 아직 아닌데도 벌써 자기들은 서류처리 다 해놓고 통과시켜 놓고 있어요. 그래

놓고 이게 잘못되었다고 지적하니까 뭐라고 하는지 아세요? "강 교수, 오타가 났네요." 이거 큰일 난 거죠. "오타가 났다"고 그럽디다. 그 박사나 교수들이 대거 참여하는 교통영향평가 심의위원회에서 검토하고 다 통과시킨 서류가 '오타가 난 것'을 통과시켰다는 것이 말이 되겠습니까? 하여간 그 뒤로 제가 끝까지 추적하니까 이 사람 옷 벗고 나가버렸더라고요. 책임지기 싫어가지고요. 벌써 무슨 냄새가 나는 것이죠. 사실, 국장만이 아니라 이미 그 심의위원들, 모두 냄새가 나는 것이죠. 교통영향 평가니, 도시계획위원회니, 이런 것들이 모두 그런 것인 줄 그 이전엔 정말 몰랐더랬습니다.

이 사진은 그 좋던 꽃나무, 자연 경치 같은 것들, 논, 밭 과수원들이 다 뭉개지는 과정입니다(사진 8). 그리고 이 아파트가 올라 간 거예요(사진 9). 바로 주민들 집 옆에 붙어 가지고 올라가요. 그리고 아까 저수지가 보였고, 이것은 이제 겨울에 얼었을 땐데, 경치가 좋고 바람길이 확 통하고 이랬는데 여기가 꽉 막히게 되는 이런 것이죠. 지금 이 상태

사진 8

사진 9

에서 1,000가구 가까이 지었는데 팡파레 불고 분양 난리를 피우면서 분양했는데 단지 15가구 분양이 되었어요. 2%도 안 되는 것이죠.

그러니까 사업타당성 검토, 법적인 하자는 물론이고 완전 엉터리 사업이었던 셈이죠. 사실, 결정적인 하자는 토지용도 변경 과정에서 주민들의 민원도 없었는데 전 이장이 앞장서서 가짜 민원서류를 올려 아파트 지을 수 없는 땅을 아파트 지을 수 있는 땅으로 바꿔버린 거예요. 그것도 행정당국은 민원 접수 기간도 이미 끝난 지 9개월인 시점인데 그걸 받으면서 도청에 올라간 서류를 거꾸로 내려 달라고 요청한 뒤 새롭게 아파트 짓는 땅으로 둔갑시킨 것이죠. 이것, 완전 재수사 감입니다. 그런데 감사원 감사를 청구해도 '아무 문제없다'로 끝나요. 로비가 엄청 심한 것이죠. 이렇게 썩은 부패 공화국에 살고 있어요, 우리가. 그 가짜 서류를 제가 찾아냈습니다. 그리고 이제 그것이 탄로나는 바람에 성난 주민들이 그 이전 이장을 끌어 내리고 저를 새 이장으로 추대하는 바람에 제가 졸지에 마을 이장이 되어 버린 거죠. 이것을 저는 '5.18 신안리 마을 혁명'이라 부릅니다. 2005년이었죠.

하여간 아파트는 그렇고, 제가 이제 이장으로서 마을도서관을 만드는 게 숙원 사업이었습니다. 아이들 마을 공부방을 열기도 하고 골목축제를 열기도 했는데, 골목축제를 하면서 동남아시아 이주여성들까지 초청해서, 자기나라 고유의 옷을 저희가 빌려주었죠. 또 재료를 사는 비용은 전부 대어 드리고 그래서 인도네시아, 필리핀 등 자기 나라의 음식을 요리해서 같이 나누어먹는 시간을 가졌습니다(사진 10). 사실, 시골 마을에도 이주민들이 꽤 들어와 있는데, 한국 사회엔 아주 소박한 수준이지만 은근히 인종차별적 의식이 있어요. 우리 모두는 더불어 살아야 하는 공동 구성원이란 의식이 필요하죠. 그런 걸 생각하면서 일부러 이런 분들과 어울리는 시간도 마련했지요. 마을 사람들도 많이 좋아했어요.

사진 10

사진 11

주민들과 함께 전설적인 마을 이야기를 소재로 마당극을 같이 해보기도 했고요(사진 11). 또 서울 하자센터에서 활동하는 그 '노리단' 친구들을 불러가지고 공연도 했지요.

사진 12

이것은 저녁에 했던 마을공부방 글쓰기교실의 한 장면입니다(사진 12). 마지막 숙원사업으로 마을복지회관 2층에다가 마을도서관을 만들어서 온 마을 사람들의 문화 센터를 만들어보고자 했습니다. 한 어린아이가 태어나서 이 마을에 살면서 마을도서관을 중심으로 커가면 참 좋겠다, 공동체 형성에 도움이 되겠다, 이런 생각을 했구요. 또 지방캠퍼스의 고려대, 홍익대 학생들이 왔다 갔다 하니까 자원봉사로 나와서 아이들도 돌봐주기도 하고, 자기들도 책을 읽을 수 있는 공간을 만들었습니다.

하여간 제 나름대로 논리적으로 생각했던 것과, 이장생활 5년 동안 하면서 해왔던 것을, 간략하게 발제했습니다. 토론하실 선생님 말씀 듣고, 질문도 듣고 보충하도록 하겠습니다. 고맙습니다.

사회자 : 예, 강수돌 선생님 글은 간결하면서도 주장이 명확합니다. 발표도 들어보니까 굉장히 재미있어서 다들 쉽게 이해했으리라 생각이 듭니다. 글의 내용은 간결하고 쉬우나 글이 안고 있는 무게만큼은 특히 그것이 실천과 연결될 때에는 얼마나 무거운지 다시 한 번 생각해 볼 수 있게 하는 시간이었던 것 같습니다. 토론은 임성무 선생님께서 해주시겠습니다.

임성무 : 저의 소개를 공간앞산달빛의 대표활동가라고 해 놨는데, 이렇게 소개한 것은 대표가 아니라서 대표활동가라고 써놓았습니다. 공간앞산달빛은 올해 11월 1일부터 공간이 없어졌어요. 있던 곳의 주인이 나가라고 해서 현재 대안적 공간을 구하고 있는 중인데, 공간을 구하기가 어렵네요. 주인이 왜 나가라고 했는지 잘 모르겠습니다만 아마도 주인이 도교육청이나 지방정부의 조경 사업을 맡아서 하시는 분이라서 제

가 앞산터널반대사업을 싸움을 계속 하고 있으니까 부담이 되셨던 게 아닐까 추측합니다. 또 4대강 친수공간에 친수구역법이 통과되었기 때문에 내년에는 조경과 관련한 것이 많이 나오지 않겠습니까? 주인이 그런 사업을 하고 있는데, 제가 대구에서 앞장서서 4대강 사업을 반대하는 싸움을 하는 활동가니, 그런 사람에게 공간을 내어주고 있다는 게 아무래도 부담이었을 겁니다.

어떻든 2003년부터 저희들 동네에서도 신안1리와 같이 비슷하게 골프장이 들어오려고 했습니다. 그 골프장이 처음 들어올 때 즈음 제가 김해동교수님을 만났던 것 같아요. 그곳은 김해동 교수님 연구하시는 '바람길'이 있던 곳입니다. 이제는 바람길에 아파트가 절반쯤 들어오고 그 후에 골프연습장이 들어왔습니다. 그곳이 못 둑 아래입니다. 그곳에 골프연습장을 지으려고 해서, 그때부터 동네운동을 시작했습니다. 그 성과로 저희들이 대구최초의 구립도서관을 만들어 냈습니다. 당시 저희들이 구립도서관 만들기 위해 구청과 엄청나게 싸워서 만들었더니 구청 직원들이 저희들을 굉장히 좋아하지 않아요. 그래서 도서관 이용을 저희들이 거의 못하고 있습니다. 그 다음에 들어선 도서관이 성서 도서관입니다. '성서와룡도서관' 여기는 주민들이 주인노릇을 잘하고 있죠. 주민들이 운영을 상당부분 하고 있어요. 지금도 도서관은 계속 만들어지고 있습니다. 대구시내에 지금도 구립도서관이 만들어지고 있는데 처음 만들어질 때 저희들이 말했죠. 하나만 만들어보면 다음에는 구의원들이 가만히 안 있을거다. 왜 우리 동네에는 안 만드냐는 목소리가 현실적으로 나타나서 지금 모든 지자체장들이 도서관을 만드는 게 공략이 되었습니다. 지금 대구에 구립도서관이 일곱 여덟 개 정도 들어선 것 같아요. 그래서 이제 저는 어디 가서 이야기 할 때 작은 도서관 만들지 말고 한 30억씩 들여서 구립도서관을 만드는 운동을 하는 게 훨씬 더 좋겠다고 합니다. 우리가 직접 힘들여서 책 모으지 말자고 했는데, 강수돌 선생님의 말씀을 들으면서 저의 생각이 잘못되었구나 하는 생각이 들었습니다. 저의 생각이 위로부터이고 아래에서부터 해야 한다는 생각이 아니구라는 생각이 들었습니다. 하여튼 눈에 보이는 성과로 구립도서관이 만들어져서 좋습니다.

제가 2005년도에 앞산에 터널을 만든다고 해서 본격적 싸움을 한 5년 습니다만 그럼에도 2009년부터 앞산터널공사는 잘 진행되고 있습니다. 온갖 수단과 방법을 총 동원해서 싸워도 이 권력과 자본이 하는 일들은 막아내기가 정말로 힘이 든다는 생각이 들었어요. 이 싸움을 하면서도 저희들 의견이 받아들여지지 않을 것을 알았습니다. 그래서 싸우면서도 왜 싸워야 되는 지에 대해서 고민을 꽤 했죠. 부산에 가면 김곰치라고 하는 분이 계십니다. 처절하게 싸웠지만 한 번도 이기지 못한 싸움으로, 새만금부터 천성산 터널사업까지 운동한 기록들을 『발바닥 내 발바닥』이라고 하는 책에 기록되어 있습니다. 전 그것을 읽고 김곰치 소설가를 불러서 우리가 왜 싸워야 하는 가에 대해 물었던 적이 있어요. 그분 하시는 말씀이, '이길려고 싸우지마라 분명히 질테니까' 하시더군요. 그러면 왜 싸워야 되나? 그래서 저희는 싸워야 되는 이유를 분명히 하고 싸웠습니다. 그런데 시간이 지날수록 반드시 이겨야 된다고 믿는 사람들이 많아져요. 저희는 질 줄 알면서 싸우는데도 또 저희 의견이 받아들여지지 않으면 그것을 참지 못하는 우리 활동가들이 아주 많습니다. 이러한 의견차이로 나타나는 태도들은 내부의 분열로 이어집니다. 그 이야기를 제가 글에 써 뒀는데 한 번 살펴보면서 이야기 해보겠습니다.

저는 강수돌 선생님의 글이 아주 명쾌하게 받아들여졌습니다. 제가 학교 선생이지만 나의 가르침을 받는 아이들에게 자본과 권련이 판치고, 또 그것이 삶의 뿌리마저 허물어뜨리는 이 사회에서 희망을 찾으라고 말하기가 어렵습니다. 저는 우리 달서구에서 제일 가난한 학교, 가난한 아이들이 다니는 학교의 교사입니다. 제 아이들에게 희망이 뭘까? 이 아이들이 공부를 열심히 하면 희망이 생길까? 라는 의문이 듭니다. 이 학교출신 중에 사법고시 통과한 친구가 한 명이 있습니다. 그 친구가 사법고시 통과했을 때 온 동네 현수막이 걸렸었죠. 제가 아이들한테, "이런 선배가 있는데 열심히 하면 너희도 그렇게 될 거야."라고 말한다면, 그게 희망이 될까요? 제가 가난한 학교 선생을 오래해서 아마 그런 생각이 들었던 것 같아요. 아무튼 제가 보기에는 희망이 보이지 않습니다. 그래서 저는 제가 비록 초등학교 선생이지만, 애들을 혁명가로 길러내야 되는 건 아닌가. 또는 세상 뒤집는 법과 세상에 적응하는 방법을 가르쳐줘야 하는 게 아닌가? 그것이 지금 필요한 교육적 내용이 아닐까? 이런 생각을 했습니다. 89년대처럼 의식화 교사로 몰면 저는 지금 바로 학교를 더 이상 나갈수 없을지도 모릅니다.

강수돌 선생님 글에 보면 뒷부분에 이렇게 써놓으셨잖아요. '대안적 시스템'이다. 자본주의도 아니고 사회주의도 아닌 자율적 생태공동체라고 하는 대안적 시스템이라고 말하시는 거지요. 저는 이 부분이 상당히 진보적이라는 생각이 듭니다. 나름대로 세상에 변화가 필요하다고 생각하는 사람들이 이 부분에 주목하지 않으면 어떤 운동도 다 실패로 끝이 날 거라는 생각이 개인적으로 듭니다. 그래서 저는 현재의 성찰이 절대적으로 필요하며, 근본적이라고 봅니다. 강수돌 선생님께서 말씀하신 것처럼 단기적으로 어떻게 나눌 것인가 이야기를 하는 것도 의미 있지만, 근본적인 이야기를 하지 않고 나누는 것만 이야기해서는 안 된다고 봅니다. 나눌 사람들이 전혀 나눌 생각이 없는 데 나눔을 계속해서 강조하면 결국에는 혁명으로 뺏어야 됩니다. 그런데 총체적인 권력을 상당부분 지닌 저들이 혁명가들을 그냥 둘 리가 없잖아요. 저는 한국사회가 자본주의가 심화되어서 이런 문제가 극복되기 어렵지 않겠나 하는 생각이 듭니다. 그래서 근본적인 성찰이 필요하다는 겁니다. 저는 옛날에 근본주의자들을 굉장히 싫어했어요. 강수돌 선생님처럼 근본적으로 말하는 것을 상당히 싫어했는데 저도 이제 나이가 들어서인지 생각이 바뀌었습니다. 이제 좌파적 상상력을 가진 근본주의가 절대적으로 필요하다고 여겨집니다. 그래서 저는 여기에서 출발해야 된다는 점에 전적으로 동의를 합니다.

그리고 두 번째로 운동에 참석하시는 분들의 수가 너무 적어 현실이 어렵다는 말씀을 드리겠습니다. 보통 마을 사람들은 어떤 방법에 대한 생각들을 제시하면서 이것이 우리 마을의 대안이다라는 생각을 많이 하긴 해요. 그런데 머리로는 하는데, 실천적으로 하지 않습니다. 그렇게 실천으로 이어질 수 없는 이유 중에 하나가 자기 마을에는 아무 문제가 없기 때문에 일겁니다. 자기가 사는 마을이 난리가 나면 그때서야 '어이구! 이거 큰일났다.'고 생각하는 거죠. 저는 고향이 청송 주왕산 너머 주산지 있는 곳, 영화의 배경이 된 아름다운 곳이 제 고향입니다. 그래서 고등학교부터 대구에 나와서 살아왔습니다. 어느 날 제 동네가 조금 전에 말한 것처럼 제 아이가 다녀야 될 고등학교에 골프장이 들어서고,

마을사람들의 생활의 터전인 그 숲을 계발하려고 하데요. 제가 사회 운동가이고 활동가인데도 할 수 있는 게 아무것도 없는 거예요. 그 당시에 저희 마을에 노동운동, 시민운동, 환경운동, 무슨 농민운동, 여성운동을 하는 활동가들의 목록을 뽑아봤더니 약 삼백 명 정도가 되더라고요. 그런데 마을의 문제를 직접적으로 해결하기 위해서 모인 사람은 정작 10명도 채 되지 않습니다. 그 많은 활동가들은 자기 마을의 문제에 대해서는 관심조차 없어요. 강선생님의 말씀 중에 "삶터와 일터가 하나가 되어야 한다."가 있었잖아요. 그런데 노동운동은 공장에서만 하고요 집에 오면 잠만 자지요. 저도 똑같아요. 학교 가서 일하고 집에 돌아오면 자고. 또 아침 일찍 나가고. 다들 우리 삶 전체가 삶터중심으로 움직여지지 않고 많은 부분 일터중심이거나 과업중심으로 움직여지고 있어요. 삶이 없는 거죠. 농촌에 가도 농촌공동체가 파괴되고 있다고 하는데, 이것도 비슷한 것 같아요. 어떻든 선생님께서 말씀하신 삶의 뿌리가 완전히 흔들리고 있다는 겁니다. 우리는 어느 날 노동으로부터 소외될 뿐만 아니라 교육, 모든 것으로부터 소외되고 부속품에 불과한 삶을 그대로 사는 겁니다. 그래서 이제 문제가 있어도 그게 문제인 줄 모르고 있다는 거죠.

저는 제 아들을 저희 동네에서 만든 마을학교에서 3년 동안 사교육은 일체 시키지 않으면서 인문학강의를 들으면서 공부하게 했어요. 그런데 수학능력시험을 쳤는데 큰일이 났습니다. 대학을 가야 되는데 갈 때가 없더라구요. 제 아들은 경쟁구조가 없는 데서는 참 잘 키웠다고 생각했거든요. 그런데 이 애가 경쟁구조에 들어가니, 무척 힘들어하죠. 그래서 제가 권유하는 게 있어요. 어디로 봉사활동가면 어떨까, 외국으로 가는 게 좋지 않을까, 이렇게 이야기를 하고 있는데 대안이 없습니다. 대안적 삶을 살아도 결국은 이 자본주의 시스템에 딱 들어오는 순간부터 자기부정이 막 일어나는 거죠. 그래서 제 아들은 지금 저를 제일 싫어합니다. 그 전에는 저를 참 존경한다고, 아버지 멋있다고 그랬는데, 이제는 제일 멋 없고 형편없는 부모가 된 거죠. 그런데, 자기 아버지를 부정하면 자기가 살아 온 삶을 부정하는 것이 되는데, 삶이 흔들리는 상황, 이걸 어떻게 할 것인가 하는 겁니다. 이런 점은 대구라서 더 심한 것이 아닐까? 라는 생각도 듭니다. 대구가 특히 어려운 것은 대안적인 삶을 살려고 하는 사람들이 뿌리내리기가 정말로 힘들다는 겁니다. 모든 운동이 결국엔 정치로 귀결 되는데, 그럼에도 정치적 문제는 하나도 해결하지 못해요.

그리고 저처럼 밥줄 튼튼하게 갖고 운동하는 사람은 걱정이 없습니다. 굶어 죽지는 않잖아요. 월급이 꼬박꼬박 중산층을 유지할 수 있게 하는데, 전업운동가들은 경제사정이 심각합니다. 나이는 계속 들어가는데 계속 환경운동 참가만 할 수는 없잖아요. 그러면 어떻게 해야 되죠? 그런 것들이 이제 풀뿌리 자치나 시의회나 아니면 국회 등 대표성을 가지고 정치로 진출해야 되는데 그 운동이 대구사회에서는 불가능하다는 겁니다. 대구사회가 키워놓은 사람들이 몇 있어요. 부총리, 노동부장관, 환경부장관 등, 장관이 되도록 대구에서 밀어졌는데, 이번 6.2선거에는 한 명도 나오지 않아요. 나오면 떨어지거든요. 그러니까 불명예를 더 이상 감당할 수 없게 되는 거예요. 사회적으로 국가적으로 성공한 사람들조차도 지역사회에 대해서는 등한시 할 수 밖에 없는 구조예요. 그러니까 젊은 시민운동가들이 활동을 계속하기가 굉장히 어렵습니다. 그래서 시민사회진영을 만나면 굉장히 위기라는 생각이 듭니다. 대구지역사회가 4대강 문제에 대해서는 아주 처참할 정도로 대응을 하지 않고 있습니다.

그 다음으로 강수돌 선생님께서 말씀하신 것들을 들으면 많은 분들이 동의를 합니다. 그런데 자기비전을 가지고 움직이는 활동가는 적습니다. 제가 시민단체에 가서 재편하자는 이야기를 했었습니다. 현재 참여연대, 환경운동연합 등 대부분 대구시내 한 가운데 있는 시청가까이에 위치하고 있습니다. 정당들도 시청가까이에 있어요. 이것은 시정, 시권력을 쟁취하고, 시정을 감시하고 싶은 생각이 있어서 일겁니다. 그런데 정작 자기가 살고 있는 동네에는 다 허물어지고 있거든요. 그러다 보니까 마을에는 활동가가 적습니다. 조금 전에 말한 것처럼 많은 활동가가 있고 이제 공감까지는 하는데 이것을 실천으로 이어 재편하지 않으면, 특히 대구서는 2011년 내년 선거 또 2012년 대선 그 이후에 다시 다가올 총선, 그 지방선거까지 변화시키기가 어려울 것 같습니다. 그래서 지금 전체적으로 재편되어야 한다는 거죠. 이 이야기는 제가 지금 말씀드린 것이 아니고 벌써 6.2선거 이전 지난 4년 전 선거 때 평가서에 나와 있는 것입니다. '이것은 풀뿌리밖에 없다.' 이렇게 말해놓고선 풀뿌리로 움직이지 않는 겁니다. 재편하질 않거든요. 그래서 저는 우리가 지금 이 각성, 이 성찰이 실천적으로 나타나야 하는데, 나타나지 않으면 그 다음 운동들이 다 실패한다고 생각합니다.

그 다음은 공간에 대한 이야기를 하겠습니다. 공간은 굉장히 중요한 역할을 합니다. 그래서 저는 마을회관을 만드는 운동을 해야 한다는 생각을 했습니다. 대구에서 가톨릭 신부들과 1년 동안 4대강과 관련한 미사를 드렸습니다. 드디어 전국에서 대구에만 없던 가톨릭정의평화위원회(이하 정평위)를 만들어 졌습니다. 제가 정평위에서 간사역할을 하고 있는데요. 다음주 27일에 첫모임을 합니다. 이런 다양한 사회의제에 대해서 종교도 합세하여 움직이게 될 거라는 기대를 하고 있는데요. 특히 대구 같은 경우는 더욱이 공간이 부족한데, 이것을 교회나 절 등의 공간이 채워줄 수 있지 않을까하는 생각입니다. 그래서 종교와 사회운동이 결합할 필요가 있다는 거죠.

현재 교회는 사정이 심각합니다. 교회가 계속 유지되고 성장하려면 주일학교가 활발히 이뤄져야 합니다. 그런데 아이들이 입시경쟁 때문에 교회를 나오질 않습니다. 그 분포율을 그림으로 그려보면 초등학교 1학년부터 대학생까지 피라미드구조로 나타낼 수 있습니다. 대학생들이 아주 적고요, 청년들은 더더욱 적습니다. 직장 때문에. 그래서 교회의 위기라고 합니다. 교회의 위기. 이것은 가톨릭이든 불교든 모두 해당됩니다. 모든 종교가 위기입니다. 대부분이 노인들이 많아요. 이런 상황에서, 교회로 성장시키기 위해서도 그리고 지역운동의 공간 마련을 위해서도 서로 결합할 필요가 있겠다는 생각이 든겁니다.

그리고 언급할 수 있는 것이 돈입니다. 자립해서 움직여야 하는데 그렇지 못하는 어려운 상황입니다. 강선생님께서 지역화폐를 말씀하셨지만 여전히 의문스럽습니다. 활동가는 적어도 돈이 있으면 시작할 수 있습니다. 제가 3년 사회운동을 하면서도 든 돈이 약 천만 원 정도인 것 같습니다. 자산이 있어야 사회운동도 할 수 있다는 것이죠. 이것은 여러분들이 후원금으로 마련해 주시면 해결이 될 것 같은데 저처럼 밥줄이 튼튼한 사람들이 내면 될 것 같아요. 그러면 백만 원 또는 이백만 원 정도를 만들면 상근활동가 한 명은 둘 수 있어요. 저는 대학원생이 이 일을 하면 참 좋겠다라는 생각을 합니다. 그 다음에 다양한 자립경제방식 즉, 직거래나 대안학원 좀 만들고요, 그 다음에 평생교육강좌도 하고. 그 다음에 저 같은 교사들이나 대학교에 있는 선생님들이나 또는 전문가그룹들이 각각 품앗이 강좌를 하는 겁니다. 수강료를 받고 강사료를 안 주고 그렇게 해서 돈을 모으는 방법, 아이들로부터 최소한의 수업료는 받지만 지출은 최대한 적게 하는 방식입니다. 이런 방식으로 돈을 만들어 나가야 됩니다. 그 다음에 꼭 필요하면 정부프로젝트를 좀 받아서 활동을 한다면 빠르게 자립이 가능할거라 생각합니다. 사람들은 프로그램을 통해서 모으고, 그 분들에게 비전을 제시해주는 거죠.

네 번째는 앞에서 이미 말씀을 드렸습니다만, 활동가들이 한 3, 4년 지나면 지쳐갑니다. 그리고 내부에 갈등이 일어나서 대립이 생기고 분열이 일어나기도 합니다. 제가 살고 있는 동네가 지금 그렇습니다. 그래서 저는 다시 처음으로 되돌아가서 근본에 대한 성찰을 하지 않은 채 프로그램이 좋아서 진행하면 약 3, 4년 지나면 문을 닫아야 되는 상태에 이르게 된다는 생각이 들어서 근본에 대한 성찰을 다시 한 번 더 말씀드립니다.

그 다음은 농업, 우리가 농사를 지어야 되겠다는 생각을 했습니다. 단순히 생협에서 좋은 물건을 사먹는 것으로 그쳐서는 여전히 이기주의적 모습이라 여겨집니다. 제가 볼 때 도시사람들은 좋은 것을 갖고, 좋은 음식을 먹으려고 해요. 이것은 또한 이기주의, 착한 이기주의, 이기주의가 착하다고 하니 이상하긴 한데, 굳이 붙이자면 착한 이기주의 할 수 있을 듯 합니다. 그러나 여전히 농민들을 살리지는 못합니다. 그래서 저는 이 물류를 지역물류로 줄여야 된다고 생각합니다. 농약 친 거 좀 먹더라도 우리는 경북 가까운 창녕, 밀양 이 정도까지 대구를 컴퍼스로 그려서 어느 범주 안에 들어오는 이 푸드마일리지를 실천하는 로컬푸드가 되지 않으면 좀 어렵겠다 하는 생각이 듭니다. 그래서 대구는 그저 경북농민을 살리면 되고요, 우리가 전라남도 농민까지 안 살려도 됩니다. 그것은 광주가 할 일이고요. 저는 그 부분을 좀 분명히 해야되겠다는 생각이 듭니다.

그 다음으로 중요한 것이 노는 것입니다. 그래서 도서관 소극장 운동이 정말 중요하다고 생각합니다. 예술영역 활용이 자유롭지 못하니 조금전 강선생님께서도 말씀하신 것처럼 끝도 없이 전문예술가를 불러와야 되요. 그러면 돈이 많이 들어요. 그래서 공연 한번 하려 하면 돈이 최소한 이백만 원이 듭니다. 그래서 공연 일 년에 몇 번 못합니다. 그래서 차라리 소극장이 있으면 여기서 다양한 문화패들이 일어날텐데라는 생각이 들더라고요. 그런 의미에서 칠곡의 대구민예총 대표하시는 최수환 화백이 화가가 하는 '옷골' 같은 것은 굉장히 중요한 사례라고 생각합니다. 예술가들이 하니까 잘하더라구요. 저는 이 준예술가라서 잘 안 되는 것 같습니다. 철 따라 하시면 좋을 것 같고요. 잔치를 벌이면 재미있겠다는 생각입니다. 제비가 올 때부터 시작해서요 팥죽 먹는 날까지 뭐 설날은 바빠서 안 될 것 같고요. 정월대보름부터 시작하면은 더 좋을 것 같고요.

그 다음은 다양한 성인들의 소모임을 만들어 가야 합니다. 마을에서는 아줌마들이 주력부대입니다. 아줌마들을 끌어내는 게 중요하고 그 다음에 초등학생들이 굉장히 중요합니다. 초등학생들이 오면 아줌마들이 자연스럽게 딸려 옵니다. 다른 명분으로는 잘 딸려오지 않아요. 아무튼 이 아줌마부대들을 잘 활용하는 것이 대부분의 마을운동을 살리는 방법이라 여겨집니다.

그 다음에으로 저는 공교육개편, 아까 대학 평준화 실시, 즉 입시를 폐지하지 않으면 어떤 전교조 운동도 실패한다고 봅니다. 그래서 올해 전교조가 이 화두를 던지지 않으면 저는 총선, 대선까지 이 입시폐지, 대학평준화를 만들지 않고는 정말 어렵다는 생각이 듭니다.

그 다음으로 언급할 수 있는 것은 마을은 동사무소, 구청, 시청하고 친해져야 된다는 겁니다. 우리가 마을행사를 준비하면서 마을자치회장과 구의원들을 만났어요. 어떻든 이런 분들 이런 분들과 만나서 소통해야한다는 생각이 듭니다. 마을에서는 정치 색깔이 달라도 가치나 방향이 같으면 상관이 없습니다. 사실 동네라서 이념으로 인한 갈등은 그렇게 많지 않아요. 그리고 이 다음선거에 나오려면 싸우면 안 되잖아요. 그래서 전 마을이 이념적 대립을 최소화시키는 단위라고 생각합니다. 그리고 지식인들의 참여가 굉장히 중요합니다. 제가 마을운동을 했을 때 저희 마을 운동을 처음 시작했던 사람이 누구냐 하면 민변 변호사, 회계사, 저 같은 초등학교 선생 등이었습니다. 그것이 현재 우리 사회 구조가 가지고 있는 사회적 지위입니다. 이게 이제 공공성이죠. 만약 노동운동가가 했으면 잘 안되었을 거예요. 4대강 때문에 일본의 사례를 들었는데, 일본에서는 대부분 교수님들께서 현장에 다 나가계시고 그 분들을 뒤따라서 많은 사람들이 동참하는데, 우리나라는 교수님들 찾기가 어렵습니다. 김해동 선생님께서는 몇 년 동안 앞장서서 고생고생 운동하셨지만 욕이란 욕은 다 들으셨습니다. 전 저러시다가 프로젝트 하나라도 제대로 받으실 수 있을까 늘 걱정을 했어요. 그 밑에 있는 대학원생들 이제 뭐 먹고 살게 할까 생각했는데…. 어쨌든 과거의 우리 운동은 대학교수님들이 앞장서서 진행해 왔거든요. 그래서 저는 교수사회의 운동이 절실하다고 봅니다. 그러면 금세 지역사회 대안운동이 나름대로 굉장한 사회적 지위를 갖고 운동을 펼쳐갈 수 있을 거라고 생각을 합니다.

그 다음으로 짧게 십 분만 이야기 하겠습니다. 최근에 삼성도 3대 세습하구요. 김정일도 3대 세습을 하더라고요. 그래서 저도 생각 했습니다. 저도 3대 세습을, 최소한 3대는 해야 되겠다. 그래서 우리의 가치를 세습하면 좋겠다하는 생각이 들었습니다. 그래서 저는 제 아들한테 세습하려고 했는데, 입시경쟁 대학구조에 딱 막혀서 현재 위기에 처해 있습니다. 제 둘째 아이가 초등학교 4학년인데, 제가 이 운동을 10년하면 이 아이에게 세습되지 않겠나 이런 생각이 듭니다. 강수돌 선생님께서도 세습하신다고 고생하고 계시는 걸로 알고 있습니다. 강수돌 선생님

사례를 우리 전교조에서 발표했더니 전교조 선생들이 굉장히 걱정을 하더라고요. 그래서 저는 전교조 선생들이나 활동가들이 이런 말은 안 했으면 좋겠다고 생각을 합니다. 최근에 대구지역에 교육시민단체 대표가 대표의 아들, 딸들이 사법고시 합격했다, 의사고시 합격했다, 라는 문자를 회원들에게 보냈어요. 그래서 저는 이번에 제 아들이 자기가 원하는 전공을 선택해서 가면 문자 보내라고 이야기를 해보려고 하는데, 보내지 않을 것 같아요. 교육운동을 하는 시민사회단체조차도 아이가 사법고시 합격했냐 서울대 갔냐 라는 문자는 보내면서 "아이가 소신껏 살고 있다," "우리 아들은 대학 포기했어, 박수 좀 쳐줘, 격려 해줘." 이런 문자는 보내지 않는데, 이런 태도는 진보가 아니라고 생각합니다. 이상입니다.

사회자 : 임성무 선생님께서 많은 운동영역에서 활동을 하시다보니까 하실 말씀이 많으셨던 것 같습니다. 전체적인 토론의 내용은 질문이라기보다는 마을 활동을 하시면서 느꼈던 점 혹은 문제점 등을 포괄하여 대안에 관한 내용도 포함되어 있었습니다. 시민운동도 마을을 중심으로 재편하자라는 이야기를 하셨는데 시민운동과 마을운동 즉 풀뿌리운동 이 둘 사이의 관계를 어떻게 조정할 것인지 혹은 마을운동 중심으로 재편해야 될 것인지 이 둘 간의 관계를 어떻게 생각하시는지를 먼저 정리해서 말씀해주시면 감사하겠습니다. 다음으로 토론문을 들으면서 느낀 점이었는데 마을운동이라는 것이 다양한 사람들이 참여하는 운동이기 때문에 다양한 갈등들이 충분히 있을 수 있다는 생각이 들었습니다. 마을운동을 오래하셨기 때문에 혹시 마을운동을 하시면서 겼었던 문제들은 어떤 것이 있었고 또 그 문제들을 어떤 식으로 극복하셨는지 하는 경험들도 같이 말씀해 주시면 감사하겠습니다.

강수돌 : 예, 그런데 제 생각엔 다른 참여자 선생님들이나 학생들의 질문과 의견까지 모아서 한꺼번에 답변을 하는 것이 좋겠습니다.

사회자 : 아 모아서 할까요? 혹시 질문 있으시면 참석해주신 분 들 중 자유롭게 질문해 주십시오.

안솔뫼 : 계명대학교 한국어문학과 3학년 재학중인 안솔뫼입니다. 제가 이렇게 좋은 시간을 함께 할 수 있어서 참으로 영광이라 생각합니다. 교수님께서 말씀해주신 내용 가운데 한 가지 의문이 들어 질문을 드리고자 합니다.

아래로부터의 개혁 또는 운동이 이루어져야 된다는 내용에서 저도 동감하는 바입니다. 정부의 개혁 정책만 앞서는 것이 아니라 의식도 같이 가야 된다는 것에 깊이 동의를 하는 바입니다. 하지만 현실적으로 볼 때 한국에서는 앞서 말씀하신 대로 향유 중독이나 동경 중독 같은 그런 의식 같은 것이 강해서, 아래로부터의 운동이 이뤄질 수 없다고 봅니다.

결론적으로 저는 한 가지 여쭈어 보겠습니다. 만약에 위에서부터 방안이 있을 시에, 또는 교수님께서 만약에 위에서 방안을 집행하시는 입장에 계시게 된다면 혹시 따로 생각해놓으신 제도적 혁신 방안이 있는지 들어보고 싶습니다.

사회자 : 일단 정리해서 말씀을 먼저 주시고 다음 질문을 또 받도록 하겠습니다.

강수돌 : 감사합니다. 임성무 선생님께서는 포괄적으로 좋은 말씀을

해주셔서 모든 부분을 말씀 드리기는 어려울 것 같습니다. 선생님이 이야기하신 내용들은 대부분 공감합니다. 그런데 좀 보충하고 싶은 부분도 있습니다.

첫 번째로, 사회자께서 질문하신 것 중 시민운동과 마을운동이 만나기 어려운데 어떻게 결합할 수 있을까, 이 부분에 좀 답이 필요하지 않을까라는 내용이 있습니다. 선생님 말씀하신 대로 마을회관을 중심으로 모임을 꾸린다든지, 서울 마포 같은 경우에는 '민중의 집'과 같은 일종의 생활-문화 센터 같은 것은 사실 크게 보면 시골의 전통적인 '마을회관'과 비슷하지 않겠습니까? 그러니까 사람들이 모일 수 있는 일정한 구심점(공간)이 필요합니다. 지금까지 동네마다, 지자체 기관이 만들긴 했지만, 시민센터 또는 주민자치센터 같은 형태들이 많이 만들어지기도 했습니다. 기본적으로는 풀뿌리의 힘으로 아래서부터 만드는 게 중요하지만, 지자체에서 만든다 할지라도 그런 것들을 좀 적극적으로 뚫고 들어가서 새롭게 활용할 수도 있지 않을까 싶습니다.

일단 그런 공간적인 매개를 구심 삼아, 그 속에 기존의 노동운동, 농민운동, 여성운동, 환경운동, 학생운동 등 다양한 분야에서 그 지역의 구성원들이나 활동가들이 자유롭게 만날 수 있으면 좋겠죠. 그냥 얼굴만 보는 게 아니라 같이 내적인 공간을 만들면서 여러 가지 공동 프로그램 등 프로젝트를 진행할 수 있겠죠. 예컨대, 아이들과 관련해 어떤 교육 프로그램도 좋고 또 아까 말씀 드린 식생활 관련, 건강한 먹을 거리를 중심으로 재미있는 내용을 만들어 낼 수도 있죠. 또 지금 4대강 문제가 우리 사회적인 공동의 이슈로 대두되어 있으니까 이 부분에서도 여러 기록이나 보고 같은 걸 조직하고 이해를 심화하고 직접 행동을 조직하는 활동도 가능하겠지요. 아까 "기록이나 모니터링이 부족하다," 그러셨는데, 우선 그런 이슈를 가지고 활동들에 참여하고 함께 하면서 이슈도 같이 모아보고 공론을 확장하는 이런 활동들이 얼마든지 가능할 거라 보고요. 그런 점에서 마을을 구심으로 삼아 모일 수 있는 여지는 얼마든지 있겠다 싶죠. '민중의 집' 프로젝트 이런 건 상징적인 거고 기존의 마을회관이나 최근의 시민센터나 주민자치센터도 좋은 토대가 될 것 같습니다.

그런데 사실, 저 같은 경우, 마을 중심으로 한다고 해도 과연 이런 게 얼마 정도 되느냐, 아까 말씀하신 대로 현실은 우리의 좋은 생각과는 달리 척박하죠. 질문한 학생 이야기도 크게 보면 궁극적으로 돈과 권력이라고 하는 틀 속에 대부분 빠져 있고 이 틀을 벗어나는 사람들이 적기 때문에 현실이 더욱 척박하다는 것이죠. 그래도 아이디어는 현실적으로 향유하면서 중독이 되어 있건 동경하면서 중독되어 있건, 이 대부분의 사람들이 돈과 권력의 달콤함에 상당히 중독이 되어 있다 하더라도, 완전히 그런 건 아니란 사실이 중요하죠. 게다가 별로 그렇지 않는 사람도 제법 있어요, 바로 이것이 돌파구를 열 수 있다는 이야기입니다. 예를 들면 저 같은 경우는 많은 걸 향유하면서 중독이 되는 부분도 있지만 제 스스로 이게 문제가 있다는 걸 스스로도 알고 있지요. 이런 식으로 그 문제점을 아는 사람들이 있기 때문에, 또 그런 사람들이 지식인 사회나 사회적 활동가들이 제법 있기 때문에 일단 그런 사람들끼리 뭉치는 일을 하면서 힘도 키우고 분위기도 바꿔나가야 합니다. 또 동경하면서 중독되어 간다고 했지만, 완벽하게 그 틀을 옹호하거나 또 완전 통합되어 있는 건 아니거든요. 분명히 현실은 모순적이고 그래서 사람들은 늘 흔들리고 왔다 갔다 하기 때문에 먼저 깬 사람들이 이런 사람들과도 끊임없이 긍정적이고 새롭고 바람직한 가치들을 나누고 이야기하고 실천하는 과정 속에 새로운 돌파구가 열릴 수도 있지요. 새로운 시도를 하다 보면, "어? 이게 더 좋은 건데…." 한다는 것이죠. 그렇게 새로운 보람이나 가치들을 발견하는 사람들이 종종 나옵니다. 이런 게 희망이죠. 하여간 그런 부분들을 넓혀나가는 작업들이 꾸준히 되어야 하죠. 좌절하거나 포기하는 것이 가장 큰 적입니다.

우리가 흔히 바닷물이 짜다고 할 때 그 짠 바닷물조차도 소금이 3% 내지 3.5%라고 하지 않습니까? 아주 적은 양이 전체 바다를 짜게 한단 말입니다. 우리 인간 사회도 백 명이 있다면 백 명 중에 3, 4명만 향기로운 사람이 있어도 향기로운 조직이나 모임이 가능하지 않겠냐는 거죠. (물론, 현실에서는 거꾸로 분위기 흐리는 3, 4명이 전체 모임이나 조직을 이상하게 만들기도 하죠.) 물론 어디서나 출발점은 '나부터'입니다. 그런데 제도적으로 보면, 뭔가 규정을 바꾸거나 새로운 정책을 만들 때는 대개 절반 이상이 힘을 실어야 하기 때문에, 나부터 출발해서 3%가 되고, 또 이 3%가 30%가 되고, 그 30%가 조금씩만 힘을 더 써서 마침내 60%를 만들어 내는 운동, 이것을 목표로 가져갈 필요는 있겠죠.

이제 질문하신 부분에 굳이 답변하자면, 제 자신은 당연히 '아래로부터의' 운동이 중요하다고 생각하지만, 위로부터의 어떤 변화가 가능하다고 할 때 어떤 정책이 필요 하겠느냐에 대해서는 다음 네 가지 정도는 시급하게 구축할 필요가 있다, 라는 이야기로 답변드릴 수 있을 것 같네요.

첫째, 마음이 급하다 보면 풀뿌리 사이의 충분한 토론이나 공감의 과정이 없이 일종의 '민주적 독재'를 통해 만들 수도 있겠죠. 그러나 이것도 독재는 독재죠. 그래서 저는 그렇게 하는 것보다 시간이 좀 걸리더라도 이런 마인드를 우리 풀뿌리 민중의 60% 이상이 공유하는 분위기로 가야 된다, 라는 겁니다. 쉽지는 않겠지만 제가 보기에는 장기적으로 그게 더 튼실한 기초가 될 것 같습니다.

두 번째는 학교나 직장이 공부시간 내지 노동시간을 급격하게 단축해야 된다는 점입니다. 저는 오전만 일하거나 오전만 공부해도 된다고 생각하고 그럴 때 비로소 청년실업을 비롯해서 지금 우리가 당면하고 있는 삶의 질 저하 문제라든지 과로사라든지 아이들의 창의력 부재라든지 이런 문제들을 한꺼번에 극복할 수 있다고 봅니다. 노동시간 단축이 중요한 만큼 공부시간 단축도 중요하죠. 자기 개성을 찾아내고 사회적인 소양을 기르기 위해서 하루에 4시간씩 꼬박 꼬박 공부하는 것으로도 충분하다고 생각해요. 지금처럼 하루 종일 하고도 저녁 내내 또 해야 소양이 쌓인다고 생각하지 않거든요. 현재 교육은 시간과 에너지와 돈을 엄청 낭비하는 시스템이라고 보고 노동시간 역시 마찬가지죠.

세 번째는 주거, 교육, 의료 문제를 사회적으로 풀어내는 일이죠. 그러니까 최근의 기본소득 논의하고도 이어지는데 한 아이가 이 사회 구성원으로 태어났다면 기본적으로 누려야 할 것을 그 사회 전체가 책임을 지고 공동으로 풀자, 이런 취지인 거죠. 그런 면에서 주거문제도 지금과 같이 상품화되어 있는 것을, 가면 갈수록 상품화 되고 있는 교육이나 의료문제를 '탈상품화' 해야 된다, 라고 저는 생각합니다. 위로부터의 변화를 굳이 이야기한다고 해도 '탈상품화'가 필요하다는 것이죠. 그런데 제 이야기는 이런 마인드를 아래로부터 공유해서, 이런 것들을 요구하고 만들고 하는 부분들이 충분히 성숙되었을 때, 그때 좀 훌륭한 사람들이 앞장서서 이런 것들을 추진하면 자연스럽게 변화가 올 것이라 봅니다. 그러나 기층 민중들은 전혀 그런 생각을 않고 그저 기존의 사다리질서 속의 생각에 젖어 있는 데 몇 사람만 올라가서 이런 거 추진한다면 제 생각엔 분명히 '제 2의 부엉이바위사태'가 난다고 여겨집니다. 그런 식의 개혁은 실패한다, 저는 그렇게 생각하고요.

그리고 네 번째는 유기농 농민을 공무원 대접하자, 이게 제가 가지고 있는 구상이에요. 교사나 소방관이나 경찰 못지않게 유기농 농민을 최

우선적으로 공무원 대우하자는 것이죠. 저는 그렇게 생각하고 이런 유기농 농민과 같은 분들을 사회적으로 살려내야 된다, 이렇게 되면 아까 노동시간 단축을 통한 일자리 나누기와 더불어 유기농 농민의 공무원 대우는 소위 말하는 고용위기 내지 청년실업 문제에 아주 생산적인 대안이 될 거다, 라고 저는 생각해요. 하여간 새로운 사회를 만들기 위한 프로그램이 무엇이냐 라고 했을 때 굳이 말한다면 이런 정도가 시급하지 않느냐 하는 차원에서 말씀 드린 겁니다.

그 다음에 제가 한두 달 전에 경북대 후문에서 개최된 '인문학 카페' 모임에 다녀왔는데 거기에 공간을 마련해가지고 끊임없이 이런 차원의 토론을 해나가시더라고요. 그런 분들과 함께 연대하셔서 그런 공간을 함께 만들어가면서 더 생산적으로 발전시키면 좋을 것 같아요.

그리고 아까 돈 가지고 하는 이 부분은 참 좋은 아이디어 같아요. 실은 이것도 쉽지는 않은데 사실 뭐 돈 자체만 문제라면 누구든 큰마음을 먹고 까짓것 한번 돈 천 만원 낼 수 있거든요. 그런데 문제는 그 돈만 있다고 문제해결이 되는 게 아니라 그것을 매개로 해서 운동이 지속적으로 살아가야죠. 그렇게 되려면 한 사람이 천만 원 내는 것보다 천 명이 만 원 씩 내는 것이 낫지 않을까 해요. 아니면 천 원씩 더 많은 사람들이 내는 이런 식의 풀뿌리 운동 방식이 되어야 비로소 그것이 생명력을 가지고 훨씬 지속적일 것 같아요. 물론 그렇게 생명력을 갖고 가면서도 당연히 부분적으로는 마음을 더 내어 거금을 내는 사람들도 추가된다면 이게 금상첨화겠죠. 하여튼 기본은 소액이지만 여러 사람들이 동참하는 형태가 기본이고 거기에다가 추가로 좀 뭉칫돈을 내는 사람이 나온다면 좋겠다는 생각입니다. 경우에 따라서 또 공간을 선뜻 저렴하게 또는 무료로 내어 놓을 수 있는 사람이 있다면 더 좋고요. 하여간 그런 부분은 저도 적극 동의합니다.

다음에, 아까 마을에는 이념이 존재하지만 이념으로 인한 대립과 갈등을 최소화해야 되고 또 할 수 있는 단위가 아니겠는가, 하는 부분에도 상당히 동의를 합니다. 그러니까 정당을 떠나 마을 중심으로, 공동체 중심으로 생각한다면 너도 나도 지지하고 도와주기도 하거든요. 근데 이제 그러면서도 지역주민들이 주체성과 어떤 주도권, 이런 것을 꼭 견지해야 되는 것이, 잘못하면 특히 보수적 정치가들은 그것을 표밭으로만 이용하려고 하거든요. 자기 업적을 낸 걸로 말입니다. 말씀 안 드려도 이미 아시겠지만. 그렇기 때문에 주민들의 어떤 주체적인 역량, 주도권, 이런 것들이 좀 확고히 서 있어야 되고 그런 면에서도 공적인 지원을 받는 것보다는 소액의 회원들이 더 많이 뭉치는 게 중요하다고 봅니다.

최근에 저희 아이들이 다니는 제천 간디학교 근처에 있는 마을에서 일종의 사회적 기업프로젝트들이 좀 진행되고 있었는데 그곳에서 사고가 터졌어요. 재정 문제죠. 사실, 사회적 기업 지원이라는 게 인건비만 지원을 하고 운영비는 지원이 안 된다고 해요. 그러다 보니까 인건비를 좀 유연하게 돌려가지고 운영비로 쓰다 보니까, 누군가 문제를 제기하면 다 걸린단 말이죠. 그거 때문에 문제가 되어가지고 사업이 중단되고 이런 사태가 발생하는데, 사회적 기업, 법 내지는 그걸 운영하는 데 자체에도 문제가 있지만, 이런 데서도 보듯이 외부 프로젝트에 의존해가지고 자꾸 거기에 어떤 재정적인 의존성이 커지다 보면 자생력이 점점 줄어들고 지속성이 떨어지는 것이죠. 가장 좋은 것은 자원봉사 내지는 회원들이 십시일반 모아서 소박하더라도 스스로 만들어 나가는 것이, 더디겠지만 그렇게 만들어 나가는 것이 훨씬 더 지속가능 차원에서 오래갈 수 있다고 생각을 해봅니다.

또, 아까 지식인들이 더 일차적으로 나서야 되지 않는가 하는 부분에는 저도 책임을 통감하고 적극적으로 동의하구요. 사실 저도 그런 면에서 사다리질서 안에서 공부를 열심히 잘해서 기득권이 된 측면도 있지만 이런 모습들이 보편적인 가능성이라기보다 예외적인 가능성에 불과하죠. 게다가 저 같은 지식인들은 사회적으로 눈에 보이지 않는 혜택들을 많이 받은 부분이 있기 때문에 저희가 그것을 일부라도 돌려주면서 새로운 사회를 꿈꾸어야 된다고 봅니다. 그런 의미에서 따지더라도 주변의 사회 문제에도 열심히 참여해야겠지요. 사실, 4대강으로 상징되는 이런 운동에도 무언가 참여할 수 있는 길을 많이 찾아야 되겠죠. 부끄럽게도 저는 마음은 굴뚝이지만 제 발등의 불이 너무 많아 물리적으로 시간이 안 되어 우리 대전, 충남 지역에 금강이라든지 하는 문제에 생각만큼 참여를 못하고 있는데 다시 한 번 반성하게 되고요.

아까 임 선생님께서 그 아드님 관계해 말씀하신 부분, 분명히 이야기해야 될 것 같은데… 저는 아이들이 고등학교 졸업하고 바로 대학을 가야 되는가, 라는 부분에서 '진로탐색기간' 같은 걸 가지는 게 중요하다고 생각해요. 그래서 아이들마다 각자 내가 무슨 공부를 하고 내가 앞으로 무엇을 하고 살까, 하는 생각들을 잘 정리하는 기간이 필요하다는 거죠. 사실, 고등학교까지의 공부가 그냥 해야 되니까 쭉 딸려가는 공부였다면 최소한 그 다음에는 달라져야죠. 즉, 대학 이후 공부는 뭔가 자기가 중심을 세우는… 내발적인 동기, 내재적인 동기, 다시 말해, 내 속으로부터 우러나오는 자발적인 어떤 것, 나의 끼라든지 아니면 관심사라든지 아니면 사명감이라든지, 뭐라도 좋은데 그런 것에 초점을 맞추어서 그것을 살려내는 방향으로 가는 것이 옳다고 봐요. 대학을 선택하거나 또는 대학을 선택하지 않고 다른 길을 선택하거나 하는 주체적 선택은 자기 인생의 중요하면서도 아름다운 부분이라 생각해요. 저도 대학생을 가르치는 선생이고 여기 여러 선생님들도 많이 계시지만 대학에 온 아이들 중에는 상당히 많이 그런 중심성이 없이 돈 낭비, 시간낭비, 열정낭비를 하는 경우가 있습니다. 그런 면에서 오히려 고등학교를 졸업하자마자 바로 대학을 못 간 것이 진로를 탐색하고 인생을 좀 생각해 볼 수 있는 기간이라 생각하면 마음이 한결 가벼울 것 같습니다. 한편, 그런 기간을 '워킹 홀리데이'라든지 그냥 일반적인 여행도 좋고요, 아니면 '인턴쉽'이라든지 다양한 '알바' 같은 체험을 하면서 자기 진로를 좀 깊이 있게 생각해보는 시간을 가지면 훨씬 더 나은 결과가 나올 수도 있죠.

이런 과정은 사실, 처음부터 계획할 필요도 있어요. 특히 서양아이들이 그런 거를 많이 해요. 고등학교 졸업하고 아프리카 여행이나 아시아나 남미 여행을 하면서 인생을 걸고 무슨 공부나 일을 할까, 탐색하는 시간을 가지고 그 다음에 뭔가 정해지면 진학을 하는 사람들이 참 많거든요. 이렇게 진학한 사람들은 자기 목표의식을 가지고 가기 때문에 대학이건 어디건 진학해서 정말 열심히 하게 되요. 내가 실제 사회의 어떤 문제의식과 실상을 보고 거기서 어떤 힌트를 얻어 나의 재주나 적성을 반영해 공부를 시작하니까 누가 뭐라든 목표의식을 가지고 열심히 하게 되는 거죠. 그래서 그 과정을 즐기면서 행복하게 진척시킬 수 있고 또 그렇게 가다 보면 뜻밖에 좋은 성과가 나올 수도 있죠. 그러니까 저는 그런 과정들이 소중하다고 보고 그래서 아까 "안 좋은 아빠"라 하셨는데 전혀 낙담하시지 마시고 그런 의미에서 더 좋은 아빠로 가기 위한 과정, '이보 전진을 위한 일보 후퇴'라고 생각하시면 좋겠죠.

한편, 자기 마을이 막상 문제가 안 되면 잘 절감하지 못한다, 라고 하는 것은 제가 제 마을에서도 느꼈던 부분입니다. 사람들이 남의 일을 자기 일처럼 보기가 참 어렵죠. 심지어 자기 일도 남의 일처럼 느끼는 판국이니까요. 그러니까 사람들은 일차적으로 돈이 된다 그러면 막 불나방처럼 뛰어드는 경향이 있지요. (실은 이 모두가 자본주의 구조 속에서 수십 년, 또는 수백 년 동안 서서히 형성된 '사회적 디엔에이(DNA)'라고 봅니다.) 그래서 우리에겐 당장 눈에 보이는 그게 가장 큰 것 같아요. 그래서 저희 마을 같은 경우에도, 농사짓는 땅을 (더 이상 돈 안 되는 농사보다) 그냥 비싼 값에 팔아버리고 싶은 지주들이나 또는 그 아파트가 오는 경우에 뭐 호프집에 술이라도 더 팔 수 있을 것 같다는 상상을 하는 사람은 목숨 걸고 그 시행사를 좇아다니면서 "아파트를 유치해야 마을이 발전한다"는 팻말까지 들고 돌아다녔던 거지요. 그런데 아까 마지막 그림에도 나왔지만 이제는 그 사람들 할 말이 없는 거예요. 그분들은 저만 보면 슬슬 피해요. 무안해가지고.

그 다음에 사람들의 어떤 패배주의도 있습니다. 아까 김곰치 선생님 이야기를 하셨는데, 해도 해도 안 된다, 싸워봐야 뭐 우리가 이길 수 있느냐, 하는 패배주의도 분명히 있죠. 그런데 김곰치 선생님처럼 그 패배주의를 좀 더 달관주의로 바라보는 분들, 즉 뻔히 우리가 질 줄 안다, 그러나 가만히 당할 수는 없기 때문에 우리가 악 소리라도 낸다, 이런 어떤 주체성을 보여 줄 필요가 있다는 것이죠. 이런 자세를 가진 사람들이 3%가 되고 30%가 되면 세상은 바뀝니다. 누군가의 말처럼, 당장 내가 세상을 다 바꾸지는 못할지언정 "세상이 나를 바꿀 수는 없다. 나는 이런 고집을 가지고 있다"라는 이 건강한 주체성, 바로 이것이야말로 '나부터 주체성'이란 것이고, 이것이 또 김상봉 선생님이 말하는 '서로 주체성'의 기초가 되겠죠. 이런 건강한 주체성들이 모이면 결국 집단적 주체성으로 승화하여 즐겁고 행복한 변화를 이룰 수 있겠죠.

이렇게 적극적으로 생각한다면, 우리가 비록 열패감을 맛본다 할지라도 그것이 두려워 주저앉기보다는 그런 점에서 단순한 패배주의가 아니라 그 패배주의를 넘어 일종의 달관주의 또는 초연함 같은 것에 기초한

'올곧은 주체성'이 대단히 중요하다고 봅니다. 바로 그런 주체성들이 각자의 경계선을 넘어 서로 소통하고 연대할 때 진짜 큰 힘이 되어 세상도 제대로 바꿀 수 있다는 것이죠. 당연하게도 그 과정은 참 멀고 험하고 여러 가지 우여곡절이 많겠지만 그럼에도 불구하고 꿋꿋이 나아가는 그런 부분이 중요할 것이라 봅니다.

사실, 저도 뭐 그 싸움이 아주 길 것이라 생각한 것은 아니죠. 그러나 갈수록 길어지면서 다른 한편으로 "질긴 놈이 이긴다"라는 생각을 하면서 고통의 과정을 잘 견딘 것 같아요. 또 함께 싸우는 주민들에게도 그렇게 이야기 하면서 "질긴 놈이 이기게 되어 있으니까 지든 이기든 우리가 이렇게 나서는 과정이 아름다운 과정이니까 끝까지 가보자"라고 이야기했고 사람들도 공감했지요. 정말 생전 데모 같은 건 할 줄 몰랐던 마을 노인들, 아주머니들, 아저씨들이 함께 나설 수 있었던 힘은 바로 그런 옹고집 같지만 '올곧은 주체성'에 있었던 것 같아요. 마을 사람들이 '우리 조상 대대로 살아왔던 마을이 한꺼번에 망가지는 것을 눈뜨고는 볼 수 없다, 그래도 악 소리라도 쳐야 된다'라고 하는 호소에 공감을 가졌던 것 같습니다. 물론 다른 한편, 그 이전에 믿고 뽑아주었던 전 이장 놈이 마을 사람들을 속인 것(주민들 몰래 위조 서류를 만들어 아파트가 서지 못할 땅을 아파트가 가능한 땅으로 둔갑시킨 것)에 대한 깊은 배신감, 이런 것까지 겹쳐서 저를 중심으로 뭉칠 수 있었던 것 같고요.

그래도 끊임없이 저쪽 시행사 쪽에서는 이간질이 대단히 심했어요. 그들이 퍼뜨린 것으로 보이는 소문들, 일례로, 그 사람들의 소문에 따르면 저는 벌써 집 팔고 딴 데로 이사를 가버린 사람으로 되어 있어요. 그러니까 계속 그런 식으로 이간질 시키는 겁니다. "강 교수, 싸움 포기하고 도망갔다," 뭐 심한 경우에는 "그 사람, 돈 몇 푼 받고 싸움 접었다"는 식이죠. 계속 한창 싸우고 있는 데도 그런 악성 소문을 퍼뜨리는 거예요. 미칠 노릇이죠. 그럼에도 불구하고 태연하게 저는 초지일관 싸워 나가면서 계속 주민들을 만나 싸움의 과정도 설명하고 우리가 싸우는 가운데 어떤 점이 잘못한 것이고 또 그 소문들은 결국 이간질의 일종이라는 점을 이야기하면서 제 소신을 변함없는 실천으로 보여주니까 그런 게 저절로 다 헛소문이라는 게 밝혀지는 것이죠. 이제는 웬만한 소문에도 이제 주민들이 다 헛소문임을 알고 오히려 다른 사람들에게 무엇이 엉터린지 무엇이 진짠지 모두 조목조목 구분할 정도로 의식이 올라가더라고요.

그것도 지금 이래 보면, 보통 지식인들이 체계적으로, 논리적으로 싸우는 거랑 다른 것 같아요. 그러니까 보통의 마을 주민들은 우선적으로 논리가 분명한 건 아닌 것 같아요. 처음엔 느낌과 감성으로 움직입니다. 그러나 갈수록 논리와 체계가 필요해요. 그래서 처음에는 모순 구조와의 관계나 두려움 때문에 시작하기는 어려워도 그래도 좀 일관성 있는 논리가 보태어지면서 싸움에 불이 한 번 붙으면 그래도 그 논리를 가지고 끈기 있게 가는 것 같아요. 그렇지 않고 완전히 감정적으로, 욱~ 하는 걸로 덤빈 사람은 좀 지나면 빨리 꺼지는 거 같아요. 회유나 협박에도 잘 넘어가고요. 그래서 느낌과 감성의 차원과 논리와 체계의 차원이 적절히 결합되어야 긴 싸움도 잘 버틸 수 있다고 봅니다.

참, 이것도 말이 쉽지, 우리 마을 현실에서도 그게 이제 참 아쉬운 점 중 하나였죠. 사실, 저 하나만으로 긴 싸움을 이끈다는 게 쉽지 않죠. 같이 할 만한 사람들과 소통을 해도 길게 이어지지 못하고요. 그런 점에서 저도 마을 도서관이나 골목 축제 등 이런 걸 매개로 해서 이어보려고는 하는데 생각처럼 쉬운 건 아니죠. 특히 사람들이 끊임없이 생계압박이나 돈벌이 같은 것에 급급해 살다 보니 마을이나 공동체, 지역사회 같은 큰 차원, 사실은 내가 행복하게 살기 위해서라도 꼭 필요한 구조와 문화들을 놓치기 쉽죠. 사실, 이런 인생은 크게 보면 의미 없고 심지어 인생 자체가 불쌍하고 안타깝죠.

결국 이것은 어릴 적부터 살아가는 태도와 연관이 되는 부분입니다. 그러니까 그 어떤 자기 자신의 꿈(사회적 꿈을 포함해서)을 가지고 좀 일관성 있게, 남이 뭐라고 하든, 사실 굶주리지 않는 상태라면 내 꿈을 중심으로 주체적으로 살아가는 사람들이 많았으면 좋겠어요. 그러나 여전히 우리 마을이나 온 세상, 우리 사회 전체적으로 보면 늘 생계 걱정이다, 자식이 사다리 질서에서 한 단계 더 올라가도록 뒷바라지 한다, 이런 것에 목매면서 사는 게 대부분 인생이기 때문에 안타깝고 불쌍하기도 하고 그렇습니다. 하지만 이게 현실이기 때문에 그 잘못된 현실을 바꾸고자 하는 것이죠. 그런 점에서 구조와 주체가 분리된 게 아니라 바로 우리 주체 안에서도 잘못된 구조가 각인되어 있다는 것을 바로 보아야 할 것 같아요. 그래서 늘 우리가 변화를 말할 때는 외부의 구조도 바뀌어야 하지만 그것을 위해서라도, 또 그것과 함께 우리 주체도 근원적으로 변해야 한다, 싸움은 (내가 주체가 된다는 의미뿐 아니라, 나를 대상으로 해서라는 의미에서도) '나부터'다, 이런 말씀입니다.

그렇고 아까 '세습' 이야기를 하셨는데 바로 그런 점에서 세습이라기보다 저는 '계승'이라고 하고 싶군요. 용어 자체가 중요한 건 아니지만... 내용적으로 바른 가치를 사회적으로 확장할 뿐만 아니라 정말 대를 이어가면서 계승하고 발전시켜 내자는 주장에 저는 전적으로 공감하고요. 그리고 그것은 부모들이 자녀에게 실천적으로 그렇게 온몸으로, 삶으로 보여줌으로써 귀감이 되는 모형이 가장 바람직한 것 같아요. 말이나 교과서로 지시하기보다 몸으로 보여주는 것 말이죠. 그러니까 자기 자신의 개인적인 삶이나 또는 자녀와의 교육적인 대화, 또는 어떤 사회적인 실천 운동 과정 속에서 자연스럽게 학습이 되는 그런 과정이 아이들에게 교육 상 가장 바람직하다고 생각합니다. 또 그렇게 하는 것이 자본이나 권력의 세습과 또 다를 수 있는 우리의 강점이 되지 않을까 생각합니다. 예, 일단 그 정도만 하겠습니다.

사회자 : 꼼꼼하게 하나하나 답변을 해주셨습니다. 한 분 정도 더 질문을 받도록 하겠습니다.

김해동 : 예, 오늘 로컬리티 마지막 시간이네요. 처음에 강수돌 선생님 강의 얘기를 들었을 땐 좀 뻔한 이야기 듣지 않을까, 그런 생각이 좀 들었어요. 왜냐하면 녹색평론을 통해서도 많이 봤고, 녹색평론에 글 적는 분은 사실 소재가 다를 뿐이지 하고자 하는 주제는 똑같기 때문에 또 그 이야기 하지 않을까, 싶었는데 역시나 기대를 저버리시지 않으셨습니다.

예…. 저는 이게 그 참 좋은 이야기인데, 그 녹색평론의 정신하면 공생공락 이런 이야기를 하잖아요. 그 안에 사실 안 적어 놨지만 더 중요한 이야기가 '가난 속에' 라는 말이 있어야 되거든요. 김종철선생님께서는 가난 속에 공생공락 이런 이야기를 하신다고요. '왜 가난이라는 게 중요할까?' 그런 생각을 저도 많이 해보거든요. 그러면 지금 녹색평론에서 이야기하는 이런 사회 아까 말한 지역, 자율, 자치라던가 공생공락이라든가 우리가 가야 될 세상이 있는데, 지금 자본주의 사회하면 일반적으로 그냥 사회라 이야기합니다만은 여기에서 소위 돈맛을 본 사람들이 그런 가난한 사회로 돌아가고 싶어하느냐 하는 겁니다. 거기에 문제가 있는 것 같아요. 그래서 이걸 우리가 가치적으로는 좋다고 생각을 하는 데 이걸 어떻게 실천할 것인가. 이 문제가 중요한데 김종철 선생님도 이 문제에서 이렇게 이야기를 하더라고요. 어떤 기자가 김종철 선생님께 이런 이야기를 하더래요. 선생님 참 좋은 이야기하셨는데 이게 전 세계의 사람들이 다 함께 약속을 해가지고 '어느 날 몇 년 몇 월 몇 일부터 우리 이렇게 실천합시다'라고 똑같이 약속을 하고 같이 실천해야 만이 그게 실현 가능한 것이라고 말이죠. 그렇지 않으면 고양이 목에 방울 못 다는 게 핸드캡이다, 김종철 선생님 본인도 그런 생각을 한다, 이런 이야기를 하더라고요. 그래서 이 문제에 대해서 저도 참 생각을 많이 하는데 조금전 그 아래로부터의 그 변화, 이런 이야기를 하셨는데 저도 그게 답이라고 생각합니다. 임성무 선생님 이야기 하셨던 것 중에 기억에 남는 게 사회에 있는 모든 사람들이 우리 같이 갈 필요가 있냐, 한 5%라도 있으면 5%끼리 모여 살면 되지 왜 같이 살아야 되지? 라는 그런 이야기를 한 번 술자리에서 한 적이 있어서 저는 참 감명 깊게 들었고 저런 생각을 가지고 살면은 일부분에서라도 실천 가능하겠다, 라는 생각을 했습니다. 그래서 이게 어떻게 하면 우리가 이런 좋은 생각을 실천해갈 것인가에 있어가지고 대부분의 사람들과 함께 해야 한다 된다는 생각을 하면은 이 답이 없을 것 같아요.

강수돌 선생님도 조치원에 가있으니까 일정한 사회운동이 가능했지 않았을까 싶어요. 임성무 선생님도 가난한 동네에 가난한 학교 선생님으로 계시기 때문에 이 마을 운동이 가능했을 것 같고, 저도 이 마을에 보면 와룡배움터라든가 이런 게 옆에 있는 데 지난 주 잠깐 가서 아이들한테 환경이야를 하고 온 적이 있는 데 이런 것들이 가난한 사람들이 있기 때문에 가능한 게 아닌가 해요. 그래서 가난한 사람들과 함께하는 어떤 공동체건설 이게 답이 아닌가. 그러니까 예수님 생각을 하면 예수님이 우리나라에서는 마치 부자들의 예수님인 것처럼 생각을..그렇게 되고 있잖아요. 소망교회다 무슨 교회다 이렇게 나오는 데 사실 제가 잘못 읽었는가 모르지만 저도 그 신약성서를 여러 번 읽었는데 저는 예수님이 부자를 긍정하는 이야기를 한 번도 찾아 본 적이 없어요. 그렇지 않나요? 어느 구절에 예수님이 부자를 긍정한 게 있는지, 제가 잘못 읽었는가 모르겠는데 꼼꼼하게 한 번 읽어봐도 부자를 긍정하는 경우는 없었다는 겁니다. 가난한 사람들과 함께 했고 그리고 예수님 생전에 예수님이 세상을 얼마나 바꾸었느냐 혀면 그게 공동체생활이었잖아요. 별로 바꾼 게 없어요. 그 당시로는. 나중에는 유럽쯤 가가지고 제자들이 나가서 키웠지 그 당대로 보면은 잘 키웠으면 그 십자가에 달려죽었겠어요 그죠? 그래서 우리가 너무 같이 가야 된다라든가, 많이 가야 된다라든가 이 생각을 하면은 참 서글플 것 같다는 생각이 들어요. 그리고 임성무선생님이 와가지고 저보고 좀 원망할 줄 알았는데..그런 이야기를 안 해서 참 고맙군요.

임성무 : 술자리가서 하려구요(웃음).

김해동 : 네, 저도 이 문제에 대해 고민이 많습니다. 또 제가 비겁한

것 아닌가라는 생각이 들어서, 나름대로 준비는 하고 있는데 지금 세상에서 보면 저 같은 사람은 한 주먹거리밖에 안되니까 제일 중요한 가치는 쓰러지지 않고 살아있는 게 중요하다는 겁니다. 그 다음에 세상 변화에 대한 정보라든가 이것에 뒤처지지 않고 어느 정도 수준을 유지하면서 가는 게 나중에 남들 같이 가는 길에 굉장히 소중하다고 생각을 많이 해요. 그리고 임성무 선생님께서 조금전 지식인의 역할 하셨는데 그래서 아까 가난한 사람들과 같이 가는 게 중요하다고 이야기 했잖아요 그죠. 이때 그 실질적으로 재산이 많고 배운 게 많다 라고 하더라도 가난한 사람과 함께 하겠다는 생각이 있는 사람들은 가난한 사람이 아닌가. 요즘 세상에 그런 이야기하잖아요 강남좌파, 하꼬방우파(?) 이런 이야기를 하는 데 하꼬방우파가 뭔가라는 것은 강수돌선생님 이야기에서 나온 것 같고 그 다음에 강남좌파 이것도 멋으로 하는 거니까 그것도 별 재미가 없는 거라 봅니다. 그래서 가난한 사람이 주인이 되고 그 자체로서 주인이 되는 게 중요하죠. 이번에 박경리 선생님께서 말했듯이 가난한 사람 그 자체가 중요하고 그분들이 따뜻하게 살 수 있는 세상 그게 하늘나라인 것 같아요. 또 현재 한 지식인이라면 그분들하고 같이 가겠다는 생각을 갖고 그렇게 가면은 승리자의 길이 아닐까 그렇게 생각을 해봤습니다.

임성무 : 제가 강수돌 선생님 말씀 들으면서 이 말을 해야 되겠다고 한 가지 생각이 드는 것이 무엇이냐면 그 '강원도의 힘'에 저는 주목하고 있습니다. 요즘 저도 강원도로 갈까라는 생각을 굉장히 많이 합니다. 강원도 진보교육감들이 이제 여섯 명이 있잖아요. 그 중에 다른 교육감들은 별로 신뢰를 못하겠어요. 그런데 강원도 교육감들은 이제 좀 신뢰를 합니다. 이 양반이 워낙 자기 생각이 뚜렷하고, 살아 온 삶도 실

천적이기도 하죠, 전교조 지부장도 하시고 해직교사 출신이시기도 하지요. 근데 이 양반이 생각은 아주 좌파적 상상력을 가지고 실천하지만 실천은 굉장히 아주 치밀하게 하는 거죠. 예를 들어서 무상급식 이런 거 있으면 서울에는 먼저 탁 치고 가잖아요. 그런데 이 양반은 먼저 치지 않고 갑니다. 먼저 치면 반대세력들이 엄청나게 몰려 올 거라는 것을 알고 계시는 거죠. 일을 추진할 수 있는 힘(권력)을 가지고 계시면서도 그러면서 선불리 행동하시지 않으세요. 예를 들어 학생인권 조례제정을 벌써 할 수 있었음에도 안하고 계세요. 왜 안 하냐고 물었더니 이미 학교에 있는 학생자치조례에는 체벌을 못하게 다 되어 있다는 거죠. 그래서 이제 어떻게 할거냐 물었더니 '조례를 실천해라. 학생들이 학교규칙을 실천하라.' 그러면서 계속해서 감시하겠다는 겁니다. 그러다 보면 현장 밑에서부터 학생인권이 보장되어 가다가 그게 조례로 탁 나타나게 하신다는 거죠. 그걸 4년 안에 하시겠다는 생각이더라고요. 그런 생각도 있는 것 같고요, 어떻든 조금 전 선생님께서 말씀하신 이런 상상력들을 도민들에게 불어 넣겠다, 도지사들에게 도지사와 함께 이렇게 불어 넣겠다고 해서 모처럼 지자체장과 교육수장 두 사람이 잘 맞추어 갈 거라는 기대를 하고 있습니다. 그런데 대구는 정 반대잖아요. 대구하고 완전히 정 반대의 가치를 가진 분들이 일들을 어떻게 하시는가를 한 번 보시면 좋겠다라는 생각이 듭니다. 조금 전 시민운동재편과 관련해 질문하셨는데 이제 대구는 어떻든 취약합니다.

저는 지금 선생님께서 말씀하시는 이런 상상력을 불어넣어야 한다고 생각합니다. 저는 그것이 대구를 살리는 길이라고 생각합니다. 얼마 전 이재용 환경부 장관이 정치를 재계하시려고 하시는 지 공부모임을 만드시더라고요. 그래서 한 10가지 정도 의제를 내 놓았는데, 그 중 하나인 4대강에 대해서, 저보고 이야기를 하라고 하셔서 제가 4대강과 관련하여 말씀드린 적이 있습니다. 얼마 전엔 경북대학에 김형기 교수님께서 술 한 잔 하자고 해서 거의 술 취해 가면서 했던 이야기도 그런 이야기입니다. 어떻든 저는 대구사회 전체가 지금 오늘 같은 모임의 이야기가 대구전체 시민사회운동과 지식인 사회에서 일 년 내내 지속되어야 된다고 생각합니다. 지금 대구가 작년에 시작했던 운동 중에 하나인 시민센터 운동을 하고 있습니다. 유럽처럼 시민기금을 많이 만들어 내자는 하고 있습니다. 그걸 만들어서 시민활동가들을 지원하고 또 국가 돈으로 하지 말고 우리 돈으로 하자는 운동들이 지속되는 데, 굉장히 좋은 것 같습니다. 그런데 힘이 모이지를 않습니다. 그래서 저는 대구에서는 모든 운동이 바닥수준에 와 있어, 그 바닥부터 다시 시작해야 한다고 생각합니다. 이때 오늘 선생님께서 말씀하신 이런 상상력이 필요한 거죠. 제 경험으로 봐도 그렇고, 그걸 아주 즐겁게 할 수 있을 거라는 생각이 들거든요. 운동가들이 왜 많이 지치냐 하면 저처럼 자기가 주장했던 것들을 자식들에게 물려주지 못하는 시스템 때문이라고 생각이 듭니다. 예를 들면, 말은 자기가 페미니스트라고 하면서 집에 가면 여전히 가부장적 태도로 사는 것을 들 수 있어요. 좋은 아버지의 모습을 말해 놓고, 정작 집에 가보면 나쁜 아버지 노릇은 전부 자신이 하고 있는, 뭐 그런 겁니다. 그러니까 머리속 생각과 삶이 전혀 일치하지 않는 거죠. 그래서 저는 이 둘이 일치되면 좋겠다. 일치되는 과정에서 중앙권력이나 대구지방권력을 바꾸자는 운동으로는 그것이 힘들다고 생각합니다.

저는 마을이 그것을 해 내는 공간이라고 생각합니다. 마을은 재미가 있거든요. 그래서 저는 저희 동네 사람들보고 시작할 때 술은 무조건 동네에서 먹자라고 주장합니다. 우리 동네 경제를 살리자고 말하면서 우리 동네 술집을 돌아가면서 이용했습니다. 오늘은 이 집, 내일은 저

집, 그랬더니 나중엔 술집 주인을 다 알게 되었어요. 이제 거기서부터 시작하면 좋겠습니다. 식당도 우리 동네 식당가고요 그렇게 해서 자꾸 동네사람들하고 자꾸 어울리다 보면 이제 동네일을 할 때 안티도 적어지고 참여하지는 않지만 박수치는 사람도 많아지고 등. 그래서 저는 그런 의미에서 시민운동가들이 성찰하고 그것을 마을로 재편해야 한다고 봅니다. 그렇다고 해서 시민운동이 없어지는 것은 아니지 않습니까. 여전히 그 시민운동이라는 것이 다 의제중심으로 움직여지는 건데, 마을은 의제중심은 아니잖아요. 삶 중심이니까. 그래서 제가 마을 안에 서는 것처럼 환경소모임, 지방 풀뿌리 자치, 구정 감시하는 소모임, 이렇데 다 교육을 걱정하는 소모임. 이런 모임들이 계속 일어나는 거죠. 그분들이 환경운동연합을 중심으로 환경운동을 하면 되는 거고, 참여 연대를 중심으로 시정이나 구정을 감시해 나가면 된다고 생각을 하거든요. 그래서 그런 방식으로 운동이 연대되고, 전문화되고 저는 그랬으면 좋겠다라는 생각이 듭니다.

강수돌 : 선생님 말씀에 두 가지만 짧게 말씀 드리면, 우선, 아까 그 "적은 사람이라도 함께 하는 사람들끼리 가는 게 전체를 다 끌고 가려고 하는 것 보다 낫지 않느냐" 하는 말씀에 저도 완전 공감합니다. 물론 비전은 일단 크게, 우리 사회 전체의 변화나 온 세상의 변화를 꿈꾸는 것으로 가져야 하지만, 실천 운동에 들어가면 처음부터 모두가 같이 못 하니까 우선 당장 마음이 맞고 뜻이 맞아서 함께 할 수 있는 사람들끼리 즐겁고 행복하게 가는 게 좋을 것 같습니다. 그렇게 하면서 그렇지 않은 사람들도 가만히 보니, 자연스럽게 "저래 해도 되네, 저래 하니까 더 좋네"라는 느낌이 들도록 보여주면서 서서히 소통과 연대를 통해 단결을 하는 게 방법론적으로 더 낫지 않을까, 생각하고요. 사실, 이 부

분과 관련해서 지금까지 운동가들은 너무 비장하고 선구자적인 모습으로, 그래서 결국 자기 몸이나 마음이 많이 상하기도 하고 경우에 따라서는 가정이 깨지기도 하는 안타까운 모습들이 많았는데 이제 그런 모습은 지양할 필요가 있지요. 사실, 그런 분들의 영웅적인 모습은 그런 모습대로 필요한 부분도 있지만, 모든 사람이 그렇게 갈 필요는 없죠. 보다 많은 사람들은, 우리가 만들려고 하는 대안적인 삶의 모습이 좀 편안하고 행복한 사회이고 행복한 마을이고 행복한 지역이라면, 그 실천의 과정도 하루하루 즐겁고 행복하고 느긋하게 가자, 이것이죠. 그러니까 "우리도 좀 즐기면서 가자" 이 모토가 우리 실천운동에 필요하다고 봅니다.

그 다음에 생각해볼 것은, '가난 속에 공생공락'하는 것이죠. 저는 아주 적극 지지합니다. 제가 최근에 그런 생각을 합니다. 아까 그 자료에…. 그 사다리 형과 원탁 형이 있지 않았습니까? 그래서 이제 사다리 속에서 본다면 우리의 바람직한 수준을 A, B. C. D, E 중에 대략 C 정도로 잡자, 라는 거죠. C 정도 수준에서, 즉 좀 소박하지만 나의 생계문제나 이런 거에 걱정 안하고, 작고 소박한 문화적인 욕구도 해결할 수 있는 수준, 그래서 C 정도로 상정하자는 것이죠. 그러면 이 원탁 형에 해당하는 개성을 가진 모든 사람들은 그 앞부분의 C급 정도의 어떤 생활수준, 소득수준 이런 속에서 (가난이라는 말이 굳이 부담스럽다면 저는 소박하다는 말도 좋다고 봅니다) 소박한 수준의 공생공락이랄까, 그런 정도를 우리는 충분히 상상할 수 있다고 보죠. 특히 에너지 문제라든지 지구 자원을 생각해 보면 정말 절실하지요. 사실 "모두 부자 되세요" - 이거는 말 자체가 이미 우리 자체를 파괴하는 것이기 때문에, 즉 사람과 사람, 사람과 자연을 공생하지 못하게 하기 때문에 정말로 소박한 수준으로 생각을 하면서, 또 생태적으로 건강하게 지속될 수 있는 이런 차원으로 우리 그 삶의 수준을 이렇게 잡는다면 좋겠어요.

모두가 C로 '동일'하게 되는 게 좀 부담스럽다면 C 안에서도 약간의 차이, 즉 플러스, 제로, 마이너스 정도의 차이는 있을 수 있다고 봅니다. 차별감을 느끼지 않을 정도의 차이는 인정할 수 있다는 것이죠. 그러나 모두 C 정도에서 고만고만하게 살아가는 사회, 이런 고르게 가난한 사회를 충분히 상상할 수 있거든요. 이제 이런 부분들이 좀 잘 되면 가장 이상적인 것에 가까운 사회가 되겠죠. 모두가 지금 가진 거 다 내놓아서 골고루 나눠 가지는 이런 게 가장 이상적이겠죠. 급하게 생각하기로는 '민주적인 독재'라도 해서 바로 만들면 좋겠지만 방법론이 문제라 부작용이 더 클 것이고요. 그래서 현실적으로는 최소한 함께 할 수 있는 사람들끼리라도 그런 마인드를 가지고 서로 나눌 수 있다면 굉장히 힘을 가질 수 있을 것이라 생각합니다. 이제, 원장님도 한 말씀 하셔야죠.

이윤갑 : 발표자의 생각에 동감합니다. 저는 역사학을 전공했는데 지금 필요한 것은 삶의 방식을 근본적으로 전환하는 것이고, 또 그 삶에 부합하는 사회구성으로 세상을 변혁하는 것인데 인류역사상 이런 혁신은 단시간에 이루어진 예가 없습니다. 상당히 오랜 시간이 걸립니다. 그리고 처음에는 사상운동, 교육운동으로 시작 되어서 사회를 변화시키는 사회운동으로 발전해가는 것인데, 그 점을 감안하고 보면 지금 우리 사회에서 새로운 삶의 방식과 사회구성의 혁신을 본격적으로 고민하기 시작한 것은 미처 10년이 안됩니다. 따라서 그 사이에 드러내어 놓을 만한 성과가 있으리라 기대하는 것은 지나치게 성급한 것입니다. 당장은 새로운 사회구성을 위해 필요한 분야에서 진일보한 삶의 방식으로의 전환을 즐겁게 실천하는 분들이 많이 나와야 하고, 그런 분들 사이에

네트워킹이 이루어져야겠지요. 그렇게 사람들의 인식을 변화시키고, 삶의 방식을 전환해 갈 수 있는 교육프로그램을 만들고 체계화하는 일이 필요하겠지요. 지금은 당장은 새로운 사회를 만드는 것보다 삶의 방식을 비판적으로 되돌아보며 인식의 전환을 이루는 일이, 그런 분들이 많이 나오도록 하는 일이 우선 고민되어져야 합니다. 그래서 교육이 참 중요합니다. 역사를 되돌아보면 아버지가 했던 일을 아들이 물려받아서 하는 경우가 많지 않습니다. 위대한 학자들 경우도 그 아들이 그 학문을 계승하는 경우가 많지 않고 위대한 실천가도 그렇게 되는 경우가 드뭅니다. 그런 면에서는 자녀들이 그렇게 뒤를 이어가면 좋겠지만 그렇게 되지 못하면 다른 사람이라도 그것을 이어가야 하겠지요. 우리 당대에 실천하고 이루는 것 못지않게 이것을 어떻게 전승해 갈 것인가를 고민해야 합니다. 그렇게 해야만 의미 있는 변화가 일어날 수 있습니다. 종교를 보더라도 그렇지요. 석가나 예수가 위대한 것은 삶을 자유롭게 진보시킬 새로운 삶의 방식을 설파하고 가르치신 것이지요. 그러나 성인도 그 당대에는 아무것도 이룬 게 없어요. 그냥 열 명 혹은 열두 명의 제자를 길러 놓고 갔거든요. 그런데 그 제자들을 잘 길러 놓으니까 이게 스물이 되고 오십이 되고 시간이 지나니 그 가르침이 마침내 세상을 바꾸더라는 거지요. 우리도 아마 지금 그런 시점에 있지 않을까 하는 생각이 듭니다.

다음으로 말씀드릴 것은 기존의 시민운동과 자율, 자치, 생태, 공동체 운동이 근본적으로 다르다는 점입니다. 기존의 시민운동이 자본주의체제라는 이른바 피라미드형의 시스템 속에서 그 체제가 안고 있는 모순이나 문제점들을 어떻게 좀 개혁하고 수정, 보완 할까하는 차원에서 이루어지는 것이 시민운동이라면 후자는 체제 자체를 변혁하는 운동입니다. 비유하자면 피라미드형 시스템을 해체하고 대신 원탁형 또는 원형 사회로 이행하는 운동이지요. 따라서 차원이 다른 운동입니다. 그런 까닭에 기존의 시민운동의 마인드로는 결코 도달할 수 없는 운동이기도 하고요. 임성무 선생님께 이 점을 말씀드리고 싶습니다. 자기 아들이 사법고시 합격했다고 자랑스럽게 메시지 보내는 마인드로는 이런 운동을 하기 어려울 것입니다. 불가능할 지도 모르지요. 우리가 로컬리티를 고민할 때 제일 중요하게 생각해야 하는 문제는 단순한 사유의 전환, 생각의 변화가 아니라 삶의 방식의 전환, 사회구성방식의 전환을 고민하고 실천하는 사람들을 어떻게 길러낼 것인가 하는 것입니다. 앞서 토론하신 분들 가운데 어느 분도 이런 말씀을 하지 않으셔서 제가 이 문제를 제기해 봅니다. 발표자께서는 이 문제에 대해 어떤 견해를 갖고 계시는지요?

강수돌 : 제 기억에 한국지역재단에서 '지역리더쉽 양성과정'인가 하는 그런 프로그램이 돌아가는 것으로 알고 있습니다. 그런 프로그램이 조금 힌트는 될 수 있을 것 같아요. 제가 그런 프로그램에 강의를 다녀온 적도 있는데 얼마 전에 충북 옥천에서 전국 지역활동가 대회를 가지기도 했습니다. 그러니까 전국 곳곳에는 이런 지역운동에 관심을 가진 리더들, 각 조직의 대표들이 많다는 것이죠. 이런 분들이 함께 모여 경험을 교류하고 공동의 과제를 논의하는 이런 과정이 있는데 대단히 중요하다고 봅니다. 제가 연락처를 갖고 있지요. 아마도 허헌중 선생님이 간사를 하시는데, 자료나 프로그램 등 필요한 도움을 받을 수 있을 것 같아요. 연결해 드리겠습니다. 그런 식으로, 지역 리더쉽 양성과정을 프로그램으로 해서 꾸준하게 하는 것, 저도 공감합니다. 그러니까 이제 변화를 생각할 때도 직접적으로 변화를 위한 실천운동도 꾸준히 천천히 해야 되지만, 다른 편에서 이런 일꾼을 꾸준히 재생산하는 작업들도 필요하지요.

사실 학계도 그렇고 실천운동도 그렇고 이런 후진양성이 위기에 봉착해 있는 것 같습니다. 그래서 그런 것이 더욱 절실하다고 생각하죠. 그런 걸 착실히 진행해서 세속적인 출세를 위한 무슨 이런 것이 아니라 청년들에게 정말로 어떤 소신을 가지고 살아갈 수 있는 길을 안내하는 프로그램, 그런 걸 가져야 오늘 이야기한 내용들도 현실화할 가능성이 더욱 커지겠죠. 저도 힘닿는 대로 그런 부분을 연결해드리고, 할 수 있는 역할도 하겠습니다.

사회자 : 거의 두 시간 반 정도 열띤 발표와 토론이 있었습니다. 멀리 발표를 위해 와주신 강수돌 선생님과 토론을 맡아주셨던 임성무 선생님께 다시 한 번 감사하다는 말씀드립니다. 그리고 이 자리에 참석해 주신 많은 참석자 여러분들께도 감사의 인사를 드립니다. 한국학 연구원에서 이번 학기 내내 격주로 로컬리티 포럼을 진행해왔습니다. 진행을 주관하신 원장님과 이 일을 계속 준비해주셨던 연구원 식구들에게도 감사와 수고의 인사를 드립니다. 감사합니다.

2부

- 로컬리티 연구동향과 인문학 연구의 새로운 방향 이재성
- 지역의 로컬리티 실천 현황과 네트워킹 방안 정혜숙

로컬리티 연구동향과 인문학 연구의 새로운 방향

- 포럼 일시: 2011년 2월 21일
- 발표: 이재성(계명대 교양교육대학 교수)
  사회: 손정수(계명대 문예창작학과 교수)

사회자 : 오늘은 이재성 선생님과 정혜숙 선생님의 발표가 있겠습니다. 먼저 차례대로 발표하고 토론하도록 하겠습니다. 이재성 선생님 발표해 주십시오.

이재성 : 예, 먼저 이 주제와 관련된 결과물은 좀 더 진지한 고민을 통해서 나와야 할 부분인데, 시간적인 압박 때문에 급하게 요약, 정리하는 방식으로 준비할 수밖에 없었음을 유감스럽게 생각합니다. 어쨌거나 '대학에서 로컬리티 연구동향과 인문학 연구의 새로운 방향'이라는 제목을 손정수 한국학연구원 연구부장님께서 제안하셨는데, 주어진 제목과 관련해서 일반론적으로 글을 정리하면서 대학은 빼고 '로컬리티의 연구동향과 인문학 연구의 새로운 방향'이라고 자유롭게 정했습니다. 어쨌거나 '로컬리티의 연구동향'이라고 하는 것 자체가 이 연구회의 전체 주제가 되고, 또 어떻게 보면 '로컬리티'와 관련해서 진지한 고민이 있어야

했는데, 이 고민을 결합해 내기가 쉽지 않았습니다. 그래서 지난 1년 동안 연구회를 통해 진행되었던 내용과 연관 지어서 전체적으로 요약, 정리하는 방식으로 말씀드리도록 하겠습니다. 물론 정혜숙 박사의 발표 내용도 제가 다루는 주제와 유사한 논의를 통해서 이뤄지지 않을까 하는 생각이 듭니다. 아마 조금 다른 부분이 있다면 인문학적 사유를 통한 '로컬리티'의 이해와 사회학적 사유를 통한 '로컬리티' 이해가 아닐까 생각합니다. 우선 글의 머리말에 들어간 두 문장은 존 메이너드 케인스와 얼 쇼리스의 글을 인용한 것입니다. 두 사람의 문장을 인용한 이유는 로컬리티와 관련해서 이 글의 전체 내용을 총괄한다는 의미를 드러내고자 했기 때문입니다. 전자는 1936-37년 사이에 출판된 케인스의 『일반 경제학 이론』에 나오는 문구이고, 후자는 얼 쇼리스의 『희망의 인문학』에 등장하는 문장입니다. 이하의 전체적인 글 내용은 부분적으로 읽어가면서 설명하도록 하겠습니다.

"'불확실한 지식'을 논하면서 나는 우리에게 확실하다고 알려진 것과 단지 개연적인 것을 구분하고 싶지 않다. 이런 의미에서 룰렛 게임은 불확실성에 종속되어 있지 않다. 내가 그 개념을 사용하는 의미는 유럽에서 전쟁이 일어날 전망이나 구리 가격과 이자율이 20년 후에는 어떻게 될지 불확실하다고 말할 때의 의미와 같다. 계산 가능한 확률을 정립할 수 있는 과학적 토대가 이런 경우에는 없다. 우리는 그것을 알지 못한다!" 실제로 케인스가 이런 글을 썼을 당시만 하더라도 소위 경제 대공황의 광풍이 전 세계를 휩쓸고 있었고, 20세기 초반 당시의 전 세계는 기본적으로 '불확실성'에 놓였던 시대였으며, 또 이 불확실성의 시대라는 것은 지금도 여전히 우리 시대에 유효하다는 생각을 해서 케인스의 문제의식을 차용하여 말씀드리려고 합니다.

그리고 인문학과 관련해서 "인문학은 세상과 잘 지내기 위해서, 제대로 생각할 수 있기 위해서, 그리고 외부의 어떤 '무력적인 힘'이 여러분에게 영향을 끼칠 때 무조건 반응하기보다는 심사숙고해서 잘 대처해나갈 방법을 배우기 위해서 반드시 해야 할 공부입니다."라는 얼 쇼리스의 생각을 인용한 것은 어떤 의미에서 얼 쇼리스가 인문학이라고 하는 학문의 성질을 가장 잘 특징짓고 있다고 생각했기 때문입니다. 사실은 제가 가정해서 사용합니다만 '지금 여기'라고 하는 시간과 공간, 즉 현재를 살아가는 우리들의 삶의 방식 자체가 어떻게 보면 무조건적 반응에 너무 익숙한 게 아닌가 하는 생각을 해봅니다. 그리고 우리에게는 심사숙고하는 마음의 여유와, 인간이 시간과 공간의 현재에 끌려가기보다는 시간과 공간을 극복하는 것이 사유를 통해서 가능한 것은 아닐까 하는 생각을 해봅니다. 그래서 케인스와 얼 쇼리스의 글을 인용해 보았던 것입니다.

자, 그렇다면 왜 지금 로컬리티 인문학을 말하는 것일까요? 이 글 전체는 논문의 기본적인 형식적 틀이라 할 수 있는 서론, 본론, 결론의 구조보다는 전체적으로 네 가지 주제로 엮어 논의의 진행 상황을 좀 편의적으로 구성했고, 수평적으로 진행된다는 것을 먼저 말씀드리겠습니다. 때문에 논문의 성격을 가진 형식적인 글이기보다는 수평적이고 평이한 논의 전개로 이어져 조금은 논문의 성격을 가지기 어렵지 않을까 생각합니다. 그럼에도 단락단락 자체를 그 주장과 논거제시 그리고 그것에 대한 결론으로 논리화하려고 노력했습니다.

왜 로컬리티 인문학인가?

세계는 지난 1980년대 후반을 기점으로 '거대한 전환'을 경험했습니다. 소련 및 동유럽 현실사회주의의 몰락은 유럽과 세계 질서의 광범위한 변형을 불러일으켰습니다. 미국은 세계 유일 초강대국의 지위로

격상되었고, 동 · 서 냉전이라는 이념 대결의 해체로 미국의 패권주의가 가능하게 되었습니다.[1] 이러한 미국의 패권주의는 국가의 경계를 자유롭게 넘나드는 초국적 자본가들을 낳았고, 바로 그들이 시장의 글로벌화를 주도하고 있습니다. 그리고 이들이 주창하는 이데올로기는 신자유주의로 덧칠되었고, 이 신자유주의적 시장경제는 승자독식의 원리에 따른 경쟁체제 속에서 자본의 축적 및 최대 이윤 창출을 최상의 가치로 여기는 자본의 글로벌화를 이끌고 있습니다. 이러한 세계적 환경은 우리에게 이전과는 전혀 다른 사고와 대응방식을 요구하고 있습니다.

이처럼 21세기 벽두에 우리가 대면하고 있는 '지금 여기'의 현재성은, 그 형체가 매우 불확실하고 불분명한 형상을 하고 있습니다. 그럼에도 한 가지 분명한 것은 모든 국가, 모든 인종, 모든 종교, 모든 계급과 모든 개인의 상황이 인류가 처한 상황의 원인이며 결과가 된다는 사실입니다. 근대가 낳은 진보 → 발전 → 혁신의 단선적이고 균일한 진행은 오직 시장의 성장과 지배를 통한 인간 삶의 질적 향상이라는 가치만 지향하고 있습니다. 그것은 국적 없는 자본의 무한 운동과 근대적 식민주의의 다른 이름일 뿐입니다. 그렇지만 우리는 보편을 가장한 시장 제국주의의 내부에서 무엇이 텅 비어있는지, 그래서 무엇이 결여되어 있는지를 흐릿하게나마 이미 느끼고 있습니다.

사실 '지금 여기'의 우리는 인간의 존재론적 조건인 '시간과 장소'를 포섭해버린 거대한 자본의 제국과 맞서 있습니다.[2] 우리는 '지금 여기'

---

1) 1989년과 1990년 사이에 일어난 세계사적 진동이 왜 민주주의와 국가에 대한 우리의 사고 자체에 깊은 충격을 주었는지를 진지하게 검토하면서 우리가 알고 있는 민주주의는 전혀 안전하지 않다고 진단하는 데이비드 헬드(David Held)의 글은 아직도 유효하다. 데이비드 헬드. 2000. 「자유주의, 맑스주의, 민주주의」. 『모더니티의 미래』. 스튜어트 홀 외 저(전효관/김수진 외 옮김). 현실문화연구. 26-83쪽 참조.

를 자유롭게 긍정하며 자율적 주체로 살아가는 것 같지만 사실은 보이지 않는 손, 이성의 간지, 판옵티콘 그리고 비교적 온건한 전체주의에 포섭되어 있습니다. 또한 우리는 경계 너머로 마음껏 질주하는 유목적이고 표류적인 삶을 살고 있는 것 같지만 사실은 모든 장소와 시간의 선들이 지워지는 글로벌화의 프로그램에 갇혀 있습니다.[3] 더 정확히 말하면, 로컬의 놀이들이 전면적 위기에 노출되어 있는 것입니다. 때문에 우리는 저 폭력적인 시장의 지배에 포섭되거나 배제되지 않으면서도 참된 인간적 · 사회적 삶의 질을 확보할 수 있는 방법을 모색할 필요가 있습니다. 이 지점에서 우리는 인간존재에 대한 근본적인 물음을 던져야 하며, 이에 대한 근본적인 물음들이 놓여 있는 장소가 다름 아닌 '로컬'임을 인식해야 합니다. 여담입니다만, 최근에 제가 읽은 책이 있는데, 제목이 『주인과 심부름꾼』입니다. 이언 맥길크리스트가 쓴 책입니다. 지난 100년 동안 우리 삶을 지배한 이데올로기는 모더니즘입니다. 통상

2) 이와 관련해서 이언 맥길크리스트는 지난 100년 동안 우리 삶을 지배해온 현대성의 세 가지 특징을 이동성, 극단적인 변화 속도, 파편화라고 규정한다. 이동성은 사람들이 자기들이 살고 있는 장소에 어떤 우선적인 애착도 필연적으로 갖지 않고 끝없이 움직인다는 뜻이며, 물리적 환경 변화의 극단적인 속도는 소비와 이동상의 편의 요구, 자연 세계에 대한 수탈, 고대 문화적인 농업에서 다른 산업으로의 변형, 증가하는 도시화를 낳았다. 그 결과 빠른 속도의 소외가 이루어지고 인간의 애착, 삶에 의미를 주는 관계들의 그물망은 모두 와해되고 삶은 파편화되어 버렸다. 이언 맥길크리스트. 2011. 『주인과 심부름꾼』. (김병화 옮김). 뮤진트리. 614쪽.

3) 글로벌화는 현대 세계 체계를 형성하는 국민국가와 이것이 함축하는 사회를 초월하는 다차원적인 연계들 및 상호연관성을 지시한다. 이런 점에서 영토적 경계란 점점 더 무의미해지고, 글로벌화가 일국의 영토적 경계를 넘어 사회관계의 확장을 가져오게 된다. 한마디로 글로벌화는 인간의 사회적 삶에서 시간과 공간을 재편하는 것을 의미한다. A. Giddens. 1990. *The Consequences of Modernity*. Cambridge : Polity Press. 참조. 그러나 이 과정에서 또 다른 중요한 문화적 현상으로는 특정 민족과 그들의 사회적 이해관계가 다른 사람들과 어떻게 다른지에 대한 인식 또는 가치와 관습의 다양성에 대한 느낌에 대해 사람들이 점점 더 민감해지고 있다는 사실이다.

적으로 모더니즘을 현대성이라고 하던 근대성이라고 하던 아무래도 좋습니다. 이 책의 번역자가 현대성이라고 번역해서 저도 그의 표현을 따르겠습니다. 그의 주장에 따르면, 현대성의 세 가지 특징은 '이동성', '극단적인 변화 속도' 그리고 '파편화'입니다. 이렇게 규정을 하는 것은 아마 이 특징이 포스트모더니즘의 이론적 토대가 되는 전제 조건이기 때문일 것입니다. 이동성이라고 하는 것은 사람들이 자기들이 살고 있는 장소에 어떤 우선적인 애착도 필연적으로 갖지 않고 끝없이 움직인다는 이런 소위 포스트모더니스트 같은 문학적 삶을 표현한다는 것입니다. 그리고 물리적 환경 변화의 극단적인 속도는 소비와 이동상의 편의 요구, 자연 세계에 대한 수탈, 고대 문화적인 농업에서 다른 산업으로의 변형, 증가하는 도시화를 낳았습니다. 그 결과 빠른 속도의 소외가 이루어지고 인간의 애착, 삶에 의미를 주는 관계들의 그물망은 모두 와해되고 삶은 파편화되어 버렸다고 표현하고 있습니다만 바로 '지금 여기'라고 하는 우리의 존재론적 조건에 대한 이 현재가 바로 이러한 상황에 처해있다 라고 하는 것이 저의 문제의식입니다.

이러한 상황에 처해 있기 때문에 인간은 오직 로컬 안에서만 다양한 질감의 흔적과 주름들이 뒤엉켜 시간과 장소를 의미화시켜 나가는 주체가 되고, 그 주체들의 상호주관적 관계망을 통해 사회를 이루며 살아갈 수 있습니다. 이때서야 비로소 참된 인간적 · 사회적 삶이 가능한 장소로서의 로컬이 가능해질 것이기 때문입니다. 그렇다면 우리는 왜 인간적 · 사회적 삶이 필요할까요? 단적으로 표현하면, '지금 여기'의 삶처럼 자본이라는 물적 조건에 포획된 삶은 사물적이고 즉물적인 삶일 뿐이며, 그런 삶은 본질적으로 인간존재가 지향해야 할 인간적 · 사회적 삶이 아니기 때문입니다. 인간의 존재론적 조건에 따르면, 인간은 누구나 일정한 시간과 장소에서 살다가 죽어갑니다. 시간과 장소가 없는 곳에서 산다는 것은 생각할 수 없습니다. 때문에 시간과 장소는 인간 삶의 기본 조건으로 현재화됩니다.

하지만 다른 한편으로 시간과 장소는 한 인간의 한계와 부재의 근원이기도 합니다. 인간이 간직하고 있는 시간과 장소는 영원하지 않으며, 이는 그 인간의 죽음과 동시에 끝납니다. 그래서 인간은 끝없이 시간과 장소에 도전하는 '역사'를 전개해 왔습니다.[4] 이렇게 자기 한계를 극복하려는 인간 삶의 지향이 바로 '로컬리티 인문학'의 존재론적 근거를 이룹니다. 로컬이 지역을 이루는 물리적 배경으로서의 공간, 삶의 주체인 인간, 그리고 그 인간들의 관계로 이루어진 집단인 사회로 구성되어 있다면, 이 세 가지 요소가 상보적으로 뒤섞이고 누적되어 만든 문화적 구성체를 우리는 '로컬리티'라고[5] 부를 수 있을 것입니다.

그렇다면 일반적으로 우리가 이해하고 있는 인문학이란 무엇일까요?[6] 그것은 한마디로 '인간에 관한 학문'입니다. 우리가 흔히 말하는 휴머니티(humanity)도 인간성 혹은 인간적인 것을 탐구하는 학문을 뜻

---

4) 김석수. 2010. 「21세기 사회에서 로컬리티와 인문학 -포스트모던 담론과 연계하여-」. 『탈근대 탈중심의 로컬리티』. 부산대학교 한국민족문화연구소 편. 혜안. 19-49쪽. 19쪽 참조.

5) 이진경은 이러한 로컬리티 개념을 세 가지 모델, 즉 '국민국가 모델', '도시경제 모델', 그리고 '변방의 모델'의 관점에서 사유하고 있다. 이진경. 2010. 「지방성 사유의 세 가지 모델 - 지방성의 사유에서 외부성의 벡터에 관하여」. 『로컬리티 인문학』. 제4권. 세종문화사. 부산대학교 한국민족문화연구소. 47-82쪽 참조.

6) 인문학(the Humanities)에 대한 현재적 이념의 기원 중 가장 오랜 것은 그리스어 paideia(교육 혹은 학습)로서 그 목적은 기원전 5세기 중반의 소피스트들이 젊은 이들을 도시국가의 건전한 시민으로 키워내는 것이었다. 여기에는 체조, 문법, 수사학, 음악, 수학, 지리학, 자연철학, 철학이 포함되어 있었다. 이 말에 상응하는 라틴어는 humanitas(인간의 본성)로서 기원전 55년 키케로(Cicero)가 쓴 『웅변가에 관하여』(*De Oratore*)라는 책에서 처음으로 쓰였으며 웅변가를 양성하기 위한 교육프로그램을 뜻하는 말이었다. 이때의 웅변가는 단지 웅변을 위한 언어적 기술만을 습득한 자가 아니라 실천적 지성을 갖춘 일종의 종합적 지식인이자 철학자였다.

합니다. 말하자면 인문학은 본질적으로 인간이 무엇이며, 또한 인간다운 삶이 어떤 것인가를 모색하는 규범적이고 윤리적인 성격을 띤 학문입니다. 그런 점에서 인문학은 경험적 사실이나 현상에 기초하여 자연현상 및 사회현상을 연구하는 '사실' 학문과는 분명하게 구별되는 '의미' 학문이라 할 수 있습니다. 그렇다고 인문학이 경험적 사실이나 현상을 완전히 배제한다는 뜻은 아닙니다.

인문학은 주로 인간의 정신적인 측면을 탐구하는 학문이기 때문에 인간의 정신과 관련된 모든 문제에 관해서 '가장 올바른 것이 무엇인가'를 탐색합니다. 이처럼 인문학이 인간의 문화현상 전반에 관한 학문으로서 인간정신의 객관적인 산물을 연구하는 학문이라면, 이는 정신과학이나 문화과학이라는 개념과 엄격하게 구별되지 않는 개념이기도 합니다. 왜냐하면, 정신과학이나 문화과학이라는 개념은 인문학과 함께 어떤 확고부동한 하나의 내용만을 고집하지 않기 때문입니다. 처음부터 정신과학은 순수 정신만을 의미하지 않았으며, 오히려 인간생활에 직결된 도덕정신을 의미했습니다. 인문학은 이렇게 해서 얻어진 지식을 일상적인 관념과 습관 위에 쏟아 부음으로써 인간의 내면적인 영혼의 성숙을 추구하며, 궁극적으로 인간성의 실현과 그 실천까지 추구합니다. 따라서 '로컬리티 인문학'이란 '물리적 공간 속에서 살아가는 삶의 주체로서의 인간과 사회가 과연 인간다운 삶이 무엇인가를 탐색하는 학문적 방법론'이라고 할 수 있습니다. 저의 문제의식은 바로 여기서 출발합니다. 만일 우리가 로컬(혹은 로컬리티)을 인간존재의 인간적 · 사회적 삶 혹은 인간다운 삶을 가능하게 하는 '자율적 공간' 혹은 장소로 받아들일 수 있다면 로컬, 로컬리티가 갖는 참된 의미는 무엇인지, 그리고 그것은 글로벌과 어떤 관계를 맺고 있는지를 고찰해야 할 것입니다. 그리고 그런 후에 로컬리티가 인문학과 밀접한 관계를 맺고 있는 이유를 짚어야 할 것입니다. 그럴 때에만 로컬리티 인문학이 단순히 지역적 공간으로만 응축될 수 없는 인간적 · 사회적 삶의 구체적인 실천으로서 가능하다는 것을 확인할 수 있을 것이기 때문입니다.

글로벌과 로컬의 변증법

이러한 문제의식을 가지고 두 번째로 짚어야 할 것은 '글로벌과 로컬의 관계'입니다. 오늘날의 세계는 급격히 변화하는 사회경제적 환경에 둘러싸인 '불확실성'의 시대로 표현됩니다.[7] 다양한 기업 활동이 국가의 경계를 초월하여 이루어지고 있으며, 전 지구가 하나의 유기적인 관계망 속에서 실시간대의 동일생활권으로 변화하고 있습니다. 유전공학적 · 인간유전학적 변화, 정보의 홍수, 금융시스템의 붕괴, 테러와 생태학적 파괴 등의 현실적 도전에 직면하여 국민국가 단위에서 전개된 기존의 위험에 대한 논의의 토대는 무너지고 있습니다. 산업사회의 위험들(산업재해, 전쟁), 자연재앙(지진, 쓰나미, 홍수)은 새로운 위험(기후재앙, 글로벌 금융위기, 화학공장의 대형사고, 자살 폭탄 테러)과 중첩되고 서로 연관됩니다.

우리의 평온한 일상을 위협하는 이 모든 유기적 관계망은 교통, 정보통신 기술의 변화와 발전을 통해 가능하게 되었습니다. 초고속 정보통신망이 구축되고 인터넷 네트워크 등을 통한 신속한 정보의 전달로 인간 활동의 지리적 · 공간적 범주가 전 지구적으로 확산되고 있으며, 일상의 생활세계와 음악, 미술 및 음식문화에서조차 국경을 초월한 '지구촌' 문화가 등장하고 있습니다. 이러한 과정은 기본적으로 서구 유럽중

7) 울리히 벡은 이러한 사회를 다른 말로 "글로벌 위험사회"라고 부른다. 이에 대해서는 U. Beck. 1986 *Risikogesellschaft: Auf dem Weg in eine andere Moderne*. Frankfurt(M.); ders., 1999. *World Risk Society*. Cambridge : Polity Press 참조.

심의 정형화된 '모던'으로부터 기존의 가치가 부인되는 새로운 '포스트모던'에로의 전환으로 인식되고 있습니다. 이러한 거대한 전환을 우리는 한마디로 '글로벌화' 혹은 '지구화'(globalization, Globalisierung)라고 부르기도 합니다.[8)]

급격한 글로벌화로의 이행과 더불어 국제경제질서 역시 관세무역일반협정(GATT)에서 세계무역기구(WTO)를 중심으로 한 경제체제로 재편되었습니다. 이는 경제적 성장과 효율성 및 자유경쟁에 기반을 둔 새로운 국제경제질서를 구축하려는 시장의 '세계주의'(globalism)입니다. 하지만 이러한 시장의 세계주의는 지역경제공동체를 구성하여 역내의 경제적 이익을 보호하고 역외 국가들의 역내시장 진출에 공동으로 대응하려는 '지역주의'(regionalism)와 대립하면서 충돌하고 있습니다.[9)] 이러한 세계주의와 지역주의의 대립상황에서도 이미 많은 사람들은 21세기를 '글로벌 시대인 동시에 로컬 시대'라고 진단하기도 합니다. 만일 그렇다면 이러한 글로벌과 로컬의 동시진행은 가능한 일일까요? 만일 이것이 가능하다면 그것은 모순이 아닐까요? 실제로 대립적인 특징을 지닌 두 사태가 동시에 진행된다는 것 자체가 매우 역설적입니다.

그럼에도 우리 사회는 이미 이러한 동시 진행적 세계질서를 일반적인 현상으로 받아들이면서 이것을 글로벌과 로컬이 동시에 진행되는 '글로컬' 시대라 부르기도 합니다.[10)] 글로벌과 로컬의 동시진행으로서의

---

8) 사전적 의미로 글로벌(global)이란 용어는 세계적 규모(the scale of the world), 또는 전체성(totality), 종합적(comprehensive), 포섭적(all inclusive), 통일적(unified) 등의 의미를 갖는다면, 상대적으로 로컬이란 말은 구체성(particularity), 독특성(discreteness), 내용성(contextuality)의 의미를 갖는다.

9) 이를 극복하기 위해서 1990년부터 '글로벌하게 생각하고 로컬하게 행동하라'(think globally, act locally)는 원칙이 강조되고 있다.

10) 이런 점에서 글로컬은 글로벌 시각이 결여된 로컬리즘을 거부하고 전쟁과 평화, 정의, 인권, 복지, 빈곤, 과학기술, 환경, 안전보장, 문화재 보호 등 로컬 전체가 직면하고 있는 제 문제를 적극적으로 다루는 것을 과제로 삼아야 한다.

사건인 글로컬은 한편으로 정치와 경제의 현지화를 촉진하는 순기능도 있지만, 다른 한편 수많은 부작용을 불러일으키는 역기능을 보이기도 합니다.[11] 하지만 오늘날 글로벌과 로컬의 기본적 두 축이 근본적으로 '시장경제'와 '민주주의'의 원리에 기반을 두고 있다면, 그것에 따라 '시장'과 '시민사회'는 앞으로 그 어느 때보다도 더 많은 '자율성'을 확보해야만 할 것입니다. 더 정확히 말하면, 글로벌의 경향이 '시장'의 기능을 더욱더 강화시키는 힘이라면, 로컬의 경향은 민주주의에 기초한 '시민사회'를 강화시키는 힘이 될 것입니다.

이 지점에서 우리는 자유경쟁에 근거한 시장의 기능이 강화되는 글로벌 시대에 로컬 공간의 자율성에 기반을 둔 시민사회의 기능이 강화되는 로컬 시대, 즉 로컬의 발전을 근본적인 문제로 전망하고 모색할 필요가 있습니다. 왜냐하면, 로컬은 바로 시민사회의 공공영역을 심화·확대시키는 공간일 수 있기 때문입니다. 해방 이후 지금까지 한국 사회에서 운용되고 있는 중앙정부의 지방지배는 지방의 발전을 저해해 온 주요 요인이었습니다. 중앙정부는 지방을 일방적인 지시와 명령으로 지배함으로써 지방민들이 자신들의 인간적·사회적인 삶의 문제를 그들 스스로 주체적으로 해결할 수 없도록 만들었으며, 그 결과 '지방자치'라는 로컬 공간의 자율성 확보에 중대한 걸림돌이 되었습니다.

그렇다면 로컬 공간의 자율성 확보는 어떻게 가능할까요? 만일 있다면 그 방법은 무엇이고, 우리는 무엇을, 어떻게 해야 할까요? 제가 생각하기에, 바로 이러한 물음들이 안고 있는 문제의 핵심은 근본적으로 '글

---

11) 자본과 성장의 논리로 축소된 글로컬은 종교적 광신주의, 근본주의 및 인종적 시민전쟁과 같이 공공연하게 또는 은밀하게 은폐된 반세계화운동을 야기하고 있으며, 로컬적으로 결집된 반세계화 운동은 철저히 무장한 모습으로 자신을 드러내고 있다. 최소한 글로컬에서도 배제된 주변부의 관점에서 들여다보면, 글로컬은 주가곡선 상승의 배면에서 실업자 수를 동시 증가시키고 있을 뿐이다.

로벌과 로컬의 대립'에 있습니다. 로컬 개념은 주로 글로벌 개념과 상대적인 개념으로 사용됩니다. 때문에 글로벌과 로컬의 대립이라는 근본적인 문제에 접근하기 위해서는 우선 '로컬'이 도대체 우리에게 무엇인지를 정확히 되짚어 보는 것이 필요합니다. 그래야만 글로벌과 로컬의 대립이 구체적으로 노정된 장소로서의 로컬 문제를 분명히 밝힐 수 있을 것이기 때문입니다.

우선 '로컬'(local)이라는 형용사의 사전적 의미는 '당신이 살고 있는 특정한 장소나 지역과 관계를 맺는' 것입니다.[12] 이 정의는 문화적, 역사적으로 다양한 책임을 띤 '지역의'라는 의미와 각자가 활동하는 '현장의'라는 이중적 의미를 함축하고 있습니다. 따라서 로컬에서 가장 중요한 것은 각각의 인간이 살고 있는 '지역성'과 '현장성'입니다. 개념적으로 표현하면, "특정 장소 혹은 국부를 지칭하기도 하는가 하면, 삶의 공간인 거기(장소)서 살아가는 사람들을 뜻하기도 하는 상대적인 개념"입니다.[13] 또한, 로컬은 "'그 지방(지역), 로컬적인 것, 로컬의 특성, 로컬 정체성, 아니면 로컬 사람들'로 해석할 수 있기 때문에 로컬리티(locality)의 뜻"과 일정하게 중첩되기도 합니다.[14] 이러한 의미에서 로

---

12) 이창남에 따르면, 로컬의 어원인 라틴어 loco는 1) 세우다, 놓다, 설정하다, 2) 병사들을 배치하다, 3) 이자를 취하다 등의 의미군을 거느리고 있다. 동사형 loco의 명사형 locus는 장소, 지점, 입장, 집, 토지, 풍경, 계급, 출신, 가능성, 상황 등을 뜻한다. 이처럼 로컬은 실질적 장소의 의미(장소, 토지), 정신적 의미(입장), 사회적 의미(계급)를 함축하고 있다. 이창남. 2009. 「글로벌 시대의 로컬리티 인문학」. 『로컬리티, 인문학의 새로운 지평』. 부산대학교 한국민족문화연구소 편. 혜안. 115-141쪽. 121쪽. 또한 로컬, 로컬리티 개념과 관련한 자세한 논의는 류지석. 2009. 「로컬리톨로지를 위한 시론」. 『로컬리티, 인문학의 새로운 지평』. 부산대학교 한국민족문화연구소 편. 혜안. 19-40쪽 참조.

13) 배윤기. 2010. 「전지구화 시대 로컬의 탄생과 로컬 시선의 모색」. 『탈근대 탈중심의 로컬리티』. 부산대학교 한국민족문화연구소 편. 혜안. 205-240쪽. 205쪽.

14) 배윤기(2010). 205-206쪽. 배윤기는 로컬리티 개념을 다음과 같이 정의하고 있다. "로컬리티를 로컬과 정체성의 결합(local+identity)으로 본다면, 로컬과 로컬리

컬 개념은 글로벌의 대타적 개념으로 사용되기도 합니다. 왜냐하면 "로컬을 자체적으로 규정하는 절대 규모와 절대 인구수가 존재하지 않고, 로컬을 단위규모나 인구수로 규정하려는 모든 시도는 잠정적이고 임의적"일 수밖에 없기 때문입니다.[15)]

이러한 로컬 개념은 글로벌 시대로의 이행으로 국민국가의 경계가 희미해지면서 새롭게 조명되고 있습니다. 그에 따라 국민국가의 영토, 인종, 언어의 경계마저 약화되거나 사라지고, 동시에 파편적 로컬들이 단위적 통일체로서의 국민국가를 대체하는 경향을 보이고 있습니다.[16)] 우리는 이때의 로컬을 크게 두 가지 차원에서 이해할 수 있는데, 한편으로는 근대 국민국가에 대한 성찰의 기제로 작동하는 공간을, 다른 한편으로는 글로벌화의 흐름 내에 있는 공간을 의미합니다. 물론 양 공간을 견고하게 관통하고 있는 작동논리는 중심과 주변, 중앙과 지방이라는 이분법입니다. 때문에 로컬에 대한 문제제기는 중심과 주변, 중앙과 지방이라는 이분법적 경계를 새롭게 사유하는 것에서 시작되어야 합니다. 그러므로 우리는 중심과 주변, 중앙과 지방이라는 고착된 경계선을 비판적으로 사유함으로써 정형화되고 화석화된 공간 규정에서 벗어나 새로운 공간, 로컬리티의 의미를 글로벌과 로컬의 변증법을 통해 구상할 수 있을 것입니다.

변증법적 관점에서 보면, 중앙의 시선에 의해 구성적 외부로 규정되었던 지방 혹은 지역을 재사유하는 담론에서 등장하는 타자, 소수, 주

티의, 전체(the general)와 로컬의, 정치경제적 혹은 문화적 차이와 그들의 관계(과정)와 관계의 성격, 그 영향 및 결과를 표현하는 용어로 로컬리티를 사용할 수 있겠다." 필자는 배윤기의 용어 사용에 따라 향후 로컬과 로컬리티를 문맥에 따라 함께 사용할 것이다.

15) 이창남(2009). 118쪽.

16) R. Wilson · W. Dissanayake. 1996. "Introduction". in: *Globall Local*. Duke University Press. p.3.

변, 지방, 지역 등은 사회문화적 공간에서 로컬, 로컬리티를 새롭게 모색하게 하는 기회를 제공해 줍니다. 특히 로컬을 횡단하여 논의되는 '포스트모던' 담론은[17] 기존의 포스트모던 담론에서 벗어나 구체적 '지역성'과 '현장성'을 획득한 국지적 전략들과 연대할 때에만 비로소 일방적 글로벌화에 대항할 수 있는 공간을 마련할 수 있습니다. 이때 경계해야 할 것은 근대 국민국가 단위를 무차별적으로 벗어나 또 다른 일반화와 추상화의 덫에 빠질 수 있는 지점들입니다.[18] 이런 맥락에서 우리의 로컬에 대한 시각은 글로벌화의 역사적 과정과 긴밀하게 연동되어 있으며, 모던에서 포스트모던으로의 이행과 같은 사상사적 흐름과도 무관하지 않습니다.

모던에서 포스트모던으로의 이행 논쟁은 글로벌과 로컬의 변증법과 깊숙이 관련되어 있습니다. 포스트모던은 1970-80년대를 지나면서 기술과 정보의 혁신적인 발전, 금융시장의 개방 등 전 지구적 환경의 급격한 변화와 더불어 글로벌화의 양상을 갖추게 되었습니다. 이 과정에서 글로벌화는 로컬의 콘텍스트가 되고, 로컬은 글로벌의 텍스트가 되었습니다. 글로벌과 로컬의 변증법은 다양하게 파편화된 로컬들의 충돌과 이합집산, 그리고 그 조합적 전체로서의 글로벌화의 복합적이고 중층적인 이미지로 자신의 모습을 드러냅니다. 그럴 때 국가와 민족 단위의 구분이 느슨해진 전 지구적 공간에서 개인의 정체성과 그 각각의 개

---

17) 필자는 이 글에서 'post-modern' 용어를 '탈근대'나 '후기근대'로 사용하지 않고 '포스트모던'으로 사용한다. 왜냐하면 탈근대나 후기근대로 할 경우 이미 근대(modern)에 대한 부정적인 함의를 가지고 출발하기 때문이다. post와 modern의 번역 문제와 의미와 관련해서는 김석수(2010). 23-25쪽 참조. 그리고 포스트모던 담론과 관련해서는 아리프 딜릭. 2005. 『포스트모더니티의 역사들』. (황동연 옮김). 창비; 페터 V. 지마. 2010. 『모던/포스트모던』. (김태환 옮김). 문학과지성사. 참조.

18) 문재원(2009). 211쪽 참조.

인이 살고 있는 구체적 장소로서의 로컬의 위상 그리고 로컬의 문화적 정체성이 문제시됩니다.

글로벌 세계는 다양한 로컬들의 중층적 조합으로 이루어집니다. 이러한 로컬의 로컬리티는 더 이상 물리적 지역성만으로는 접근할 수 없는 상호 교차하는 복합적 중층성으로 구성되어 있습니다.[19] 이렇듯 글로벌과 로컬의 변증법은 일의적으로 설명할 수 없는 다면적 관계를 이루고 있습니다. 어떤 사람은 글로벌화가 로컬의 정체성 위기를 초래할 것이라고 주장하는 반면에, 어떤 사람은 글로벌화를 로컬의 가능성이 발현될 수 있는 기회, 즉 인간의 자유와 해방의 공간을 더 넓혀준다고 주장하기도 합니다. 특히 스튜어트 홀과 같은 사람은 글로벌화를 통해 탈중심적인 주변부나 로컬의 문화적 권력이 강해지면서 오히려 주류 사회의 권력 담론을 위협할 수도 있다고 보고 있습니다.[20] 따라서 홀에게 글로벌화란 "서구의 탈중심화라는, 느리고 불균등하지만, 계속되는 이야기의 한 부분으로 판명된" 것이기도 합니다.[21]

더 나아가, 우리는 공시적 관점에서 기존의 전통적 의미의 지역, 지방으로서의 로컬 개념을 정치경제적 용어로 재사유할 수도 있을 것입니다. 그럴 때 로컬은 정치, 경제, 문화의 중심이 중심에서 주변으로, 중앙에서 지방으로 분산되어 나아가는 절차적 과정으로서의 '지역성'과 '현장성'이라는 이중적 의미를 함축합니다. 말하자면 중앙 권력이 지방에 개입하거나 간섭하는 것을 차단하고 지역의 풀뿌리 주체들이나 결

---

19) 이창남(2009). 122-123쪽 참조.

20) S. Hall. 1997. "The Local and the Global : Globalization and Ethnicity". A. D. King(ed.). Culture. *Globalization and the World-System*. Minneapolis : University of Minnesota Press. 참조.

21) 스튜어트 홀외 저. 2000. 『모더니티의 미래』. (전효관/김수진 외 옮김). 현실문화연구. 372쪽.

사체들의 직접적이고 자발적인 '참여'를 통해 지방의 발전을 이루고, 그 발전의 결실을 결집함으로써 국가의 발전을 이룩해 나간다는 상향식의 지역성과 현장성을 함축한 로컬입니다. 그럴 때 유연한 주체성의 지대로서 로컬의 관점이 구성되고, 그것에 따라 지역 풀뿌리들의 주체적인 참여를 실현하는 구체적 장소로서의 로컬리티가 구축되는 것입니다.

그러므로 우리가 '로컬, 로컬리티'라고 지칭할 때, 그 용어는 크게 두 가지 측면에서 매우 중요한 의미가 있습니다. 첫째 로컬리티는 중앙에서 모든 정책을 결정하여 하달하는 하향식에서 탈피하여 로컬의 특수성과 여건을 고려하여 그 로컬의 주체들이 직접 참여하여 정책을 결정하고 자신들의 부담으로 실행하는 상향식 과정으로서의 '지역성'을 가리킵니다. 그리고 둘째로 로컬리티는 관 주도의 권위주의를 탈피하여 로컬의 주체들이 그들의 공공사무, 즉 정치, 행정, 사회, 교육, 문화 등 로컬의 제반 문제를 상호 간의 의사소통을 통해 조정하고 처리함으로써 공동의 이익을 결정하고 수행하는 풀뿌리 중심의 변화를 지향하는 장소로서의 '현장성'을 뜻합니다. 즉 정치권력의 지방분산과 풀뿌리참여의 제도화라 할 수 있는 지방자치가 실현되는 현장 공간으로서의 로컬리티를 의미합니다.

지금까지의 논의를 요약하면, 글로벌 시대에 로컬의 단위 규정을 위해서 필요로 하는 경계는 이제 전통적 의미에서의 지리적 경계를 말하지 않습니다. 글로벌 시대에 로컬을 규정하는 경계는 정치, 경제, 사회, 문화 등 복합적인 제 조건 속에서 구성됩니다. 상호 교차하는 복합적 중층성으로 구성된 제 로컬의 조건 속에서 주체들의 변증법적 관계, 즉 인간의 삶과 사유가 분리되지 않으면서도 새로운 관계와 삶의 방식을 주조하기 위해서는 형식의 문화에서 생성의 문화로, 침묵의 문화에서 대화의 문화로, 배제의 문화에서 참여의 문화로, 억압의 문화에서 해방의 문화로, 학살의 문화에서 살림의 문화로 이행해 가는 장기적인 실험적 · 발견술적 건축술이 필요합니다. 이를 실행하기 위해서 로컬, 로컬리티 연구이면서 동시에 인문학을 지향하는 로컬리티 인문학은 태생적으로 '학제적 방법론'을 모색할 수밖에 없습니다.

로컬, 로컬리티와 인문학의 새로운 방향

글로벌 시대의 우리 사회 역시 글로벌화의 담론으로부터 자유롭지 못합니다. 한국 사회는 지난 1987년 민주화 이후 전 지구적 수준에서 전개되는 글로벌화라는 '거대한 전환'의 사회변동 과정에 함께 연동되어 그 어느 때보다 급속하고 전면적인 변화를 경험하고 있습니다. 정치와 시장, 시민사회가 변화했고, 일상적 삶의 영역에서도 다양한 변동과 진폭이 있었습니다. 무엇보다도 이 과정에서 특징적인 것은 우리 사회를 지배했던 권위주의, 지역주의 및 폐쇄적 민족주의가 일정하게 가시적인 해체의 절차를 밟았다는 점입니다.

실제로 한국 사회는 1987년 민주화 체재 이전만 하더라도 남 · 북 분단이 고착화되고 장기화되면서 남 · 북 간의 체제 우위 경쟁으로 인해 국가권력을 절대화하는 '권위주의' 체제가 정당화되었습니다. 권위주의 체제는 중앙 혹은 중앙정부의 일방적 지시나 명령으로 모든 것을 가능하게 했고, 그 결과 지방 혹은 지방정부는 존재론적 의미를 발견하기 어려웠습니다. 또한, 남 · 북 간의 첨예한 분단 상황은 남한 내부에 그대로 투영되면서 동 · 서 분단이라는 망국적 '지역주의'를 낳았으며, 여전히 극복되지 못하고 있습니다. 이러한 동 · 서 분단의 공간적 · 지역적 분열은 한편에서 압축적 산업화를 위한 집적 · 집중전략에 따른 지역 간의 불균등한 산업화 과정으로, 다른 한편에서는 정치적 민주화 과정에서 정치인들의 지역감정 동원으로 더욱 심화되고 강화되면서 한국 사회의 정치적 · 경제적 민주화의 발목을 잡았습니다. 그 외에도 우리 사회는 폐쇄적 '민족주의'의 틀을 벗어나지 못한 채 국내시장은 개방하지 않으면서 국외시장을 공격적으로 공략하였고, 국내시장에서는 공정한 경쟁규칙과 규범을 수용하지 않으면서도 세계시장으로 진출하여 세계경영을 도모하는 일방적인 경제적 글로벌화를 추구해 왔습니다.[22] 이러한 한국 사회가 새로운 전환기를 맞은 시점은 민주화 이후라고 할 수 있겠습니다. 말하자면 1987년 민주화 운동 체재 이후에 비로소 기존의 권위주의, 지역주의 및 폐쇄적 민족주의 체제를 벗어나 탈권위주의, 다원주의[23] 및 개방적 민족주의로 이행하는 역사적 전환점을 맞게 됩니다. 권위주의적 국가권력에 대항하는 정치적 민주화 과정으로의 이행이 점진적으로 시작된 이때부터 국가권력의 민주화와 시민사회의 민주화를 지향하는 새로운 형태의 신사회운동 -평화운동, 여성운동, 생태운동, 동성애운동, 문화다원주의 등- 이 활성화되기도 했습니다. 하지만 이러한 변화에도 불구하고 한국 사회는 여전히 1987년 민주화 운동 체제 이후를 극복하지 못하고 있다는 인상을 풍기고 있습니다. 말하자면 '정치적 민주화'의 공고화와 신자유주의적 글로벌 자본주의에 저항하는 '경제적 민주화'의 실현이라는 실질적 민주주의의 과업을 완수하지 못한 채 새로운 형태의 변형된 권위주의 정권이 등장했으며, 그 대가는 산술적으

22) 이재성. 2003. 「지방분권과 민주주의」. 『한국 사회와 다원주의』. 사회와 철학연구회 편. 이학사. 189-215쪽; 이재성. 2006. 「지방화와 풀뿌리 민주주의의 가능성 모색」. 『한국학논집』 33집. 계명대학교출판부. 계명대학교 한국학연구원 편; 이재성. 2008. 『열림과 소통의 문화생태학』. 계명대학교출판부. 참조.

23) 다원주의에 대한 다양한 정치철학적 논의에 대해서는 김석수. 2003. 「다원주의와 지방자치」. 사회철학연구회 편. 이학사. 157-187쪽; 김선욱. 2003. 「다원주의의 논점들과 정치-윤리적 관점」. 『한국 사회와 다원주의』. 사회철학연구회 편. 이학사. 7-38쪽; 선우현. 2003. 「다원주의는 사회적 진보의 징표인가?」. 『한국 사회와 다원주의』. 사회철학연구회 편. 이학사. 39-84쪽 참조.

로 예측하기 어려운 상황으로 치닫고 있습니다. 다만 지금 여기서 우리가 분명하게 확인할 수 있는 것은, 민주주의가 일방적인 시장 우위의 세계화에 전면적으로 포획되어 공고화되기보다 오히려 퇴행하고 있다는 사실일 것입니다.

그렇다면 국민국가적 산업사회에서 글로벌화 시대로의 이행을 당연시하고 그 논리적 필연성을 강조하는 현 단계는, 그렇다면 과연 인간학적 자기 확실성을 담보하고 있는 것일까요? 언뜻 독립적이고 자율적으로 보이는 근대적 개인주의의 체계가 이미 자기해체 과정에 들어섰다면 계몽적 이성에 근거한 근대의 진보의 직선성에 대한 믿음은 당연히 무력해질 수밖에 없는 것이 아닐까요? 만일 우리가 이러한 현 상황을 받아들인다면 그것은 아마도 근대의 진보와 발전 논리에 대한 생태학적 비판과 철학적 포스트모더니즘, 포스트 식민주의적 해방이론의 협공 때문일 것입니다. 우리가 로컬(혹은 로컬리티) 인문학의 담론을 논의의 중심으로 끌어들여야 하는 것도 바로 이 지점, 즉 인문학의 조건인 '지금 여기'의 현재성 때문입니다.[24)]

이러한 맥락에서 우리는 세 번째로 로컬, 로컬리티에 대한 그동안의 연구동향을 살펴봄으로써 우리 사회에서 가능한 로컬리티 인문학 연구의 새로운 방향을 모색해 볼 수 있을 것입니다. 우선 글로벌화 과정에서 로컬리티 개념이 학문적으로 주목을 받게 된 것은 사회학, 지리학, 지역학 또는 정치학과 같은 사회과학 분야들입니다. 특히, 사회과학 분

---

24) 인문학적 관점에서 연구된 로컬리티 연구의 동향과 관련해서는 다음을 참조하라. 문재원. 2009. 「지역문화 담론에 대한 비판적 재고」. 『로컬리티, 인문학의 새로운 지평』. 부산대학교 한국민족문화연구소 편. 혜안. 201-215쪽; 차윤정. 「언어학에서의 로컬리티 연구의 방향성 모색」. 같은 책. 217-232쪽; 차철욱. 「지방사 연구와 로컬리티의 모색」. 같은 책. 233-251쪽; 장세룡. 「서양사학계의 로컬리티 연구 현황과 과제」. 같은 책. 253-280쪽.

야에서 로컬리티는 "노동과 공동체 사이의 관계에 근거한 장소", "지역적 계층화와 시스템", "현대 자본주의에서 집단적 정체성의 핵심적 토대", "주어진 지리적 공간 내에서 공유하는 경험, 유산, 이해 또는 (…) 소속감" 등으로 다양하게 정의되고 있습니다.[25] 이러한 다양한 정의의 배경에는 로컬리티 개념에 대한 다양한 사회과학적 관점이 공존하고 있기 때문입니다.

앞서 논의한 바와 같이, 로컬의 문제는 단순히 물리적 장소의 개념만으로 해명될 수 없습니다. 로컬은 보편성을 나타내는 본질적이고 투명한 전체에 대응하는 개념으로 재현됩니다. 그것은 전체 혹은 보편을 자임하는 사람, 집단, 국민국가 등의 정치 · 경제적 이익에 기초한 불투명한 의식의 망을 거쳐서 탄생합니다. 이런 점에서 로컬은 '물리적' 공간인 동시에 '인식론적' 공간이기도 합니다. 이처럼 로컬 개념에 대한 다양한 관점은 1970년대부터 활발해진 사회적 공간에 대한 논의에서 출발합니다. 이러한 논의과정에서 '공간의 정치경제학'이라는 새로운 연구영역이 탄생했습니다. 이 분야는 자본축적과 도시화, 지역 불균등 발전, 지역 간 자본의 이동, 국가와 지역의 역할 및 갈등과 같은 자본주의의 발달과 함께 변화해 가는 다양한 공간적 측면을 연구 대상으로 삼았습니다. 말하자면 공간과 지역 그리고 총체적 사회과정과의 관계에 주목하는 연구 분야입니다. 이 작업은 무엇보다도 지역문제를 연구하는 기존의 사회과학에서 공간 자체에 대한 개념과 공간과 사회의 관계에 대한 근원적 성찰이 부족했음을 인식하고 반성하는 것이었습니다. 그 결과, 기존의 사회과학은 '시간과 공간'이 사회체계를 구성하는 본질적 요소임에도 불구하고 기존의 사회과학은 공간을 단지는 자 행위의 물리적 조건으로만 이해하거나, 시간을 측정가능한 단선적 시간으로만 용인함

25) 류지석(2009). 23쪽에서 재인용.

으로써 사회체계와 시공간의 근본적 '연관성'을 간과했음을 인식할 수 있었습니다.[26)]

1980년대에는 이러한 사회적 공간에 대한 논의가 신마르크스주의 정치경제학과 결합하면서 공간생산론의 '신지역지리학'이라는 새로운 학문 영역을 탄생시켰습니다. 특히 이 지점에서 로컬리티에 대한 관심이 크게 증대하였고, 더 나아가 로컬을 넘어선 글로벌 시장의 자본주의적 성격까지 강조함으로써 로컬의 자율성의 한계를 인정하게 됩니다. 왜냐하면 근대적 자본주의가 전 지구적 자본주의로 재편, 확대되면서 초국적 세계분업구조와 새로운 형태의 근대적 · 식민지적 세계체제가 형성되었기 때문입니다. 그로 인해 세계는 진보와 발전으로 이행하는 포스트식민의 세계가 아니라 오히려 강화된 식민주의를 양산함으로써 전 지구적으로 새로운 형태의 남북문제가 구조화되었습니다. 이 과정에서 국지적 사고, 국지적 문화, 국지적 언어, 국지적 학문은 존립 기반을 상실한 채 중심부의 블랙홀로 빨려들면서 로컬의 자율성을 상실하고 있습니다.[27)] 그러나 1990년대 들어서면서 문화연구와 사회이론에서 로컬리티, 로컬적인 것 그리고 로컬문화가 중요한 쟁점으로 등장합니다. 왜냐하면, 인종, 젠더, 계급, 섹슈얼리티와 같은 다양한 문화적 쟁점들이 로컬리티와 직접 맞닿아 있기 때문입니다. 이러한 문화적 혁명은 일상생활, 대중문화, 사회적 환경 등을 변형시키고 있습니다. 그래서 로컬이 근본적으로 포스트모더니즘의 성격을 가지고 있다고 주장하는 포스트모던주의자들은 로컬과 로컬리티를 일반화한 이론들에 대해서 로컬적 공간이 갖는 다양성과 고유성을 개념적 범주에 무리에게 끼워 넣음으로써 로컬과 로

---

26) 류지석(2009). 24쪽 참조.

27) 김용규. 2009. 「로컬리티의 문화정치학과 비판적 로컬리티 연구」. 『로컬리티, 인문학의 새로운 지평』. 부산대학교 한국민족문화연구소 편. 혜안. 73-113쪽. 81쪽 참조.

컬리티가 갖는 내적 복합성을 지나치게 단순화하게 된다고 비판하면서 로컬리티 연구의 중요성을 강조합니다.[28)]

더 나아가 포스트모던주의자들은 차이, 타자성, 소수성, 다양성, 지역성 등을 강조함으로써 모던과는 다른 오늘날의 포스터모던적 문화현상을 설명하려고 합니다. 물론 이러한 경향은 일견 설득력이 있어 보이기도 합니다. 차이와 타자 그리고 이질성을 통합하고 흡수하려는 총체성의 거대서사와 그것에 근거한 모던의 중심 논리를 거부하고 그 내부에 억압된 가치들, 즉 차이, 타자성, 소수성, 이질성, 지역성과 같은 주변적 가치들의 복권을 주장한다는 점에서 그렇다는 것입니다.

그럼에도 포스트모더니즘이 "공동체와 로컬리티, 장소와 지역적 저항, 사회운동, 타자성에 대한 존중"과 같은 긍정적 측면을 갖기는 하지만, 바로 이러한 측면 때문에 역설적으로 자본의 보편적인 힘 앞에서 편협성, 근시성, 자기지시성으로 물화될 가능성도 있다는 비판을 받게 됩니다.[29)] 하비에 따르면, 포스트모더니즘은 "우리에게 사물화와 구획화, (…) 로컬리티, 장소, 혹은 사회적 집단의 물신숭배를 받아들이라고 요구하면서도 다른 한편에서는 일상생활에 미치는 그 깊이와 영향력, 범위와 힘에서 더욱 보편적인 것이 되어가는 정치적 · 경제적 과정들(돈의 흐름, 국제적 노동분업, 금융시장 등)을 파악할 수 있는 메타 이론을 부정"한다는 것입니다.[30)]

이와 같은 맥락에서 매쉬(Doreen Massey)와 같은 공간이론가는 로컬리티 연구에서 말하는 '로컬'의 의미와 포스트모더니즘에서의 '로컬'의 의미는 용어의 동일성에도 불구하고 상당한 의미의 차이가 있다고 주장

---

28) B. Warf. 1995. 「포스트모더니즘과 지방성 논쟁」. 『공간과 사회』 제5호. (손명철 옮김). 167쪽 참조.

29) D. Harvey. 1989. *Condition of Postmodernity*. Oxford : Basil Blackwell. p.351.

30) Harvey(1989). p.117.

합니다. 매쉬에 따르면, 로컬리티 연구는 로컬리티를 특정 가치로 물화하는 것과 무관하고, 국제적 노동분업과 같은 정치경제적 과정을 파악할 수 있는 이론을 부정하지도 않으며, 국제적인 차원의 연구뿐만 아니라 로컬 연구에서도 거대서사는 필수적이라는 것입니다.[31)]

오늘날 로컬리티는 구체적 현실을 지칭하는 경험적 용어로서 보다는 그 현실 내부의 사회적 관계 및 과정을 둘러싼 제도적·담론적 구성물이라는 이론적 차원에서 사유되어야 할 개념이 됩니다. 그러므로 여기서 우리가 주목해야 할 것은 로컬리티가 도대체 누구에(발화 주체) 의해서 어떤 방식으로(발화 전략) 담론화되는가(발화) 하는 것입니다. 담론으로서의 로컬리티가 인문학의 차원에 속하는 이유는 바로 그 로컬리티가 특정한 사회적 관계, 즉 인간과 인간의 관계망과 과정을 둘러싸고 발화 주체와 발화 전략이 복합적으로 뒤엉켜 있는 담론적 시간과 장소를 통해 구성되기 때문입니다.

하지만 우리는 발화 주체들의 의식과 노동으로부터 독립한 자본과 기술이 주조한 네트워크 사회에 살고 있습니다. 이런 사회에서 서로의 발화와 판단을 통해 서로의 시간과 장소를 중요시하는 공동체적 의식을 살려내기는 힘듭니다. 때문에 모던 시대의 부정성을 내장하고 있는 포스트모던의 제국이 자본으로 모든 것을 포섭하여, 장소와 시간 속에서 자율적으로 살아가는 발화 주체들의 생활세계를 거대체계에 식민화시키는 것을 적극적으로 방어하지 못한다면 결국 미국으로 대변되는 패권주의 '역사'에서 벗어나지 못할 것입니다.[32)] 기존의 인문학이 파시즘, 나치즘, 볼셰비즘, 아메리카니즘 등으로 진행되어 온 현실에서, 역사 시대의 최후 인간을 넘어 역사 이후의 새로운 인간을 향한 인문학으로 가능

31) 김용규(2010). 76쪽.

32) 김석수(2010). 41-42쪽 참조.

하려면 인문학적 “사유의 특이성을, 언어의 특이성을, 대상과 이미지의 특이성을 자유롭게 허용하는 세계”를[33] 살려내는 일이 무엇보다 중요하다고 하겠습니다.

이상의 논의에서, 우리는 글로벌 자본주의의 변화된 양상과 로컬리즘의 이데올로기적 문제들을 점검하고, 특히 유럽중심주의적 담론들에 대한 서구 자체의 비판을 수용하면서 다양한 로컬들 및 학제 간의 상호타자성을 인정하고 연대할 수 있는 계기들을 마련할 필요가 있음을 알 수 있었습니다. 이렇게 될 때에만 로컬적 타자에 식민적 의식과 열패감을 강요했던 근대적 중심화의 논리를 극복하고, 그 타자를 재구성할 수 있는 로컬리티 인문학의 실천적 장뿐만 아니라, 동시에 타자 지향성 속에 전지구화를 추동했던 서구에 대한 서구 자체의 비판적 담론들과 연대할 수 있는 계기들을 마련할 수 있을 것입니다. 따라서 로컬리티 인문학이 전지구화 및 국가중심주의 체제하에서 타자화된 로컬들의 복권을 지향하고, 사상과 실천의 측면에서 국제적인 연대를 도모할 수 있다면 서구중심의 전체성에[34] 포획되지 않은 로컬적 존재로서의 인간의 인간적 · 사회적 삶을 구축할 수 있는 실천으로서의 로컬리티 인문학을 정립할 수 있을 것입니다.

---

33) 장 보드리야르. 2001. 『불가능한 교환』. (배영달 옮김). 울력. 143쪽.

34) 사상적으로 전체성은 모든 개별자들을 포괄하는 보편적 원리이지만, 서구의 근대에서 이 원리는 특유의 유럽중심주의적이고, 백인중심주의적인 원리로 작동하면서 그에 포섭되지 못한 지역과 인종에 대한 배제적 원리로 기능했다. 보편주의 비판의 원형은 칸트의 논쟁 상대였던 헤르더의 사상에서 이미 보인다. 헤르더는 언어의 차이가 각 문화의 차이와 로컬리티를 특징짓는 결정적인 요인이며, 그 차이를 없애는 것이 아니라 살리는 방향으로 인류가 나아가야 한다고 보았다. 만일 그렇게 하지 않으면 어떤 특정한 언어 내지 문화가 다른 언어와 문화를 지배하는 문화 제국주의가 위세를 떨칠 것이라고 그는 생각했다.

인간적 · 사회적 삶의 구체적인 실천으로서의 로컬리티 인문학

이제 마지막으로 우리 사회에서 이루어지고 있는 인문학의 문제를 다시 한 번 짚고 그 과정을 통해서 로컬리티 인문학의 가능성을 한 번 되짚어 보는 것으로 마무리하도록 하겠습니다. 이 지점에서 우리가 로컬리티 인문학을 사유한다는 것은 무슨 뜻일까요? 그리고 그 사유를 바탕으로 로컬리티 인문학의 가치를 새롭게 발견한다는 것은 무슨 의미일까요? 우리가 로컬리티 인문학을 사유하고 그 가치를 모색한다는 것은, 아마도 인간을 중심으로 한 합리적인 세계관이 세계를 구성하는 원리이며 지향해야 할 가치임을 발견한다는 뜻이 될 것입니다. 그것은 기존의 유럽중심주의적 사유를 해체하고 새롭게 재구성하는 것을 말합니다. 그렇다면 이를 위해서 선행되어야 할 것은 무엇일까요? 그것은 유럽중심주의적 보편성, 주변의 중심에 대한 욕망, 국민국가 내에서의 중앙중심주의, 신자유주의의 가치무차별적인 공세를 비판하고 성찰하는 것입니다. 말하자면 유럽중심주의의 일방적인 보편성과 오리엔탈리즘이 아니라 보편성과 특수성, 중심부와 주변부, 중앙과 지방, 오리엔탈리즘과 옥시덴탈리즘의 이분법에 대한 변증법적 사유가 필요하다는 것입니다. 그럴 때에만 폭력적인 남성중심의 거대담론을 극복할 수 있습니다.

1990년대 마르크스주의 담론의 쇠퇴와 더불어 우리 사회에 부상하기 시작한 포스트주의는 이러한 남성중심의 거대담론 해체와 맞물려 있습니다. 특히, 우리 사회에서 인문학은 포스트주의가 등장하면서 다양한 지각변동을 경험하고 있습니다. 그람시와 알튀세르, 푸코, 들뢰즈 등으로 대변되는 다양한 서구의 이론들이 수입되어 마르크스주의의 영향력을 대체하기 시작했고, 인문학의 영역을 페미니즘, 소수성 연구, 문화연구 등의 다양한 영역으로 확장시키면서 맑스주의와 민족주의가 지배하고 있었던 거대담론의 세계를 해체하기 시작했습니다.

하지만 포스트주의의 이러한 긍정적 측면에도 불구하고 서구 사상에 대한 국내의 수용 과정은 비판의 여지가 많습니다.[35] 우선 서구의 특정한 맥락에 대한 대답으로 제시된 포스트주의 이론들이 한국적 맥락과는 상관없이 수입 · 수용되고 있다는 점에서 많은 비판이 제기되어 왔습니다. 포스트주의를 수입하는 학자들이 한국 사회를 레퍼런스로 하여 철저히 고민하지 않고, 영미나 유럽의 최신 이론들을 수입하는 것에만 급급하다는 것이 곧 비판의 핵심입니다.

포스트주의에 대한 한국 사회의 이러한 무비판적 수용은 가라타니 고진이나 사카이 나오키 같은 일본의 학자들이 항상 일본의 상황을 염두에 두고 포스트주의적 이론 틀을 가져다 쓰고 있다는 점과 비교하면 더욱 분명해집니다. 예컨대 문학의 측면에서는 포스트모더니즘이 "새로운 창조적인 노선을 알려주기도 전에 희화화된 형태로 활용"되었다는[36] 점도 문제로 제기됩니다. 문학 고유의 존재 이유가 인간의 삶을 즐겁게 하는 수단이라면 무엇보다도 문학은 인간에게 자신의 삶을 반성적으로 되돌아보게 하고 끊임없이 문제를 제기해야 할 것입니다. 그럴 때에 문학은 각성의 도구이자 교육의 도구가 됩니다. 때문에 문학의 저급한 상품화는 결국 문학의 왜소화와 빈곤화를 낳게 되며, 그 결과 인간의 삶 자체를 획일화할 수도 있습니다. "인문학을 공부하는 사람의 시각에서 볼 때, 오늘날 가장 걱정이 되는 것은 온 세계에 창궐하고 있는 바로 이 문화 산업의 영향입니다. 그것이 만들어내고 있는 개짓(gadget)과 키치(kitsch)의 무분별한 소비에 물든 젊은 세대의 미래는 어떻게 될까요?"[37] 포스트모더니즘은 정말 그것이 무엇이며, 그것이 한국적인 맥락

35) 이러한 시도는 구체적으로 후기구조주의, 포스트모더니즘, 정신분석학, 문화유물론, 신역사주의, 탈식민주의, 성차 이론 등 다양한 인문학 이론으로 광범위하게 전개되어 왔다.

36) 김항/이혜령. 2011. 『인터뷰 한국 인문학 지각 변동』. 그린비. 193쪽.

에서 도대체 어떤 가능성을 약속하는지에 대한 진지한 고민 없이 오·남용되고 있습니다.

그 외에도 오늘날 대학에서 이루어지는 인문학뿐만 아니라 모든 학문연구는 국가기관인 '한국연구재단' 시스템에 종속되어 있습니다. 물론 한국연구재단 지원시스템의 광범위한 지원이 인문학 연구자들의 생계를 실질적으로 보장해 주는 순기능도 하지만, 연구소 단위로 한국연구재단의 지원을 받는 연구팀이 꾸려져 재단이 정한 규칙에 따라 업적을 평가받고 개개인의 연구자들 역시 재단에 등재된 학술지에 논문을 실어야만 실적으로 인정받는 등의 학술 업적의 계량화로 연구자의 창의적인 연구활동을 가로막는 결과들이 더 큰 문제입니다. 또한, 한국연구재단이 강조하고 있는 '학제 간 연구' 역시, 특정 학과 출신들을 모으는 형식으로 구성되면서 오히려 분과학문의 틀을 강화하고 있다는 점에서 인문학 위기의 원인이 되고 있습니다.

물론 우리 사회의 인문학자들이 진단하는 인문학 위기의 원인은 다양합니다. 인문학의 본질상 근본적인 위기는 일어날 수 없다는 입장이 있는가 하면,[38] 그 반대로 "의심의 해석학"으로서의 인문학의 이념에 그 위기의 기원이 내재되어 있다는 입장도 있고,[39] 자본주의의 세계체제에서 원인을 찾는 입장도 있으며,[40] 한국 인문학의 위기를 동양의 인문적 학풍에 대한 서구의 학문적 전통의 문화식민지적 침략에 기인한다고 보는 시각도[41] 있습니다. 하지만 이처럼 다양한 문제의식을 불

---

37) 정명환. 2006. 『현대의 위기와 인간』. 민음사. 121쪽.

38) 남경희. 1998. 「인문학의 위기와 새로운 인문학」. 『현대사회 인문학의 위기와 전망』. 전국대학인문학연구소협의회편. 민속원. 29쪽.

39) 이성원. 1995. 「인문학의 특성, 인문학의 위기」. 『인문과학의 이념과 방법론』. 인문과학연구소편. 성균관대학교출판부. 1-8쪽.

40) 백낙청. 1994. 「세계시장의 논리와 인문교육의 이념」. 『현대의 학문체계-대학에서 무엇을 배울 것인가』. 소광희 외. 민음사. 289-319쪽.

러일으키는 가장 근본적인 원인은 무엇보다도 인문학자들이 활동하는 대학의 인문학부가 유례없이 빠른 속도로 위축되고 있다는 사실일 것입니다.

이러한 인문학의 위축 현상은 전지구화를 추동하는 글로벌 자본주의 사회의 무한경쟁과 실용주의 정신에 의해 더욱 심화 · 확산되고 있습니다. 글로벌 자본주의는 물질적 효율성과 생산성만을 지배적인 가치로 존중합니다. 우리가 당면한 글로벌 세계는 무제한적이고 무차별적인 시장 경쟁의 시대에 돌입했으며, 이에 따라 대부분의 국가는 제각기 성장의 지표가 되는 과학기술의 발전에만 총력을 기울이고 있습니다. 이런 현실 속에서 대부분의 사람은 당장 써먹을 수 있는 도구적 · 기능적 지식과 정보를 원하게 되고, 대상에 대한 지식과는 구별되는 '지혜 또는 윤리적 앎'을 추구하는 인문학은 대상에 대한 지식을 통하여 직접적인 유용성을 산출하는 자연과학에 비해 무용한 학문으로 간주될 수밖에 없습니다.

글로벌화에서 우리가 주목해야 할 것은 무엇보다도 중심부와 주변부의 이분법입니다. 특히 학문에서의 글로벌화는 곧 표준화를 의미합니다. 자연과학, 공학 그리고 사회과학의 상당 부분은 세계적으로 지역적 구분을 넘어 통용되는 지표들에 의해 학문적 성취가 평가됩니다. 그리고 그것을 주변부에서는 당연한 것으로 받아들입니다. 우리 대학 사회에서 SCI가 무엇을 의미하는지를 생각해 보면 쉽게 이해할 수 있습니다. 학문의 중심부에 위치한 서구의 무게중심은 글로벌화와 더불어 표준화가 진행되면서 더욱 확고하게 될 수 있습니다. 하지만 인문학은 학문 이념 그 자체가 이미 표준화를 거부하는 성격을 가지고 있습니다.[42]

---

41) 조동일. 1997. 『인문학문의 사명』. 서울대학교출판부. 209-227쪽.
42) 한국학술협의회 편. 2010. 『우리 학문이 가야 할 길』. 아카넷. 22-23쪽.

이러한 인문학의 위기는 근본적으로 서구 근대 자연과학의 출현과 발전에서 촉발되었습니다. 자연과학이 급속도로 발전하면서 학문의 중심이 인문학에서 자연과학으로 이동하고, 전통적 인문학은 자연과학, 특히 공학에 압도당하면서 자연과학에 통합·흡수되는 위기를 맞고 있습니다. 인문학은 자연과학, 특히 공학이 가지고 있는 물질적·실용적 유용성을 전혀 갖지 못한 데다 여러 학문의 발전 속에서 제 학문 간의 경계가 불분명해지고 그 정체성이 흐려지면서 학문의 통합이 필요하다는 주장들이 대두되었습니다.

그러나 제 학문 간의 통합을 주장하는 사람들은 인문학도 자연과학의 방법론을 채택하거나, 인간의 정신현상이 뇌의 물리적인 현상으로 환원될 수 있다는 환원주의적 입장을 취함으로써 자연과학이 인문학을 흡수할 수 있다고 주장합니다. 후자의 입장에서 인문학을 자연과학으로 통합하려고 하는 대표적인 학자가 바로 『통섭』을 펴낸 에드워드 윌슨입니다. 하지만 최근 우리 학계, 교육계, 언론에서 유행어처럼 사용되고 있는 '지식 통합', '학문의 퓨전'은 선언적 성격을 지닌 공허한 개념에 불과할지도 모르겠습니다. 왜냐하면 "어떤 학문이든지, 우리가 세계를 어떻게 보든지, 우리가 문명사적 새로운 환경에서 살든지, 결국 모든 학문, 모든 세계관, 우리의 모든 선택은 필연적으로 '인문학적'일 수밖에 없는 것, 즉 주관적일 수밖에 없는 인간에 의한 인식이며, 산물"이기 때문입니다.[43] 그렇다면 우리가 인문학적으로 선택한다는 것은 무슨 말일까요?

그것은 이성중심주의적 근대성과 유럽중심주의 그리고 이에 결박된 인간중심주의 전반에 대한 우리의 비판과 성찰이 온전히 실행되어야 한다는 말입니다. 또한, 그것은 타자의 존재성을 인정하면서, 타자의 문화

43) 박이문. 2009.『통합의 인문학』. 知와 사랑. 6쪽.

일반과 타자의 체계 전체를 배제하거나 억압하지 않은 새로운 인문학에 대한 논의로 확산되어야 한다는 것을 의미합니다. 이러한 과정은 서구 근대를 거부하거나 근대성과는 다른 원리를 제시하는 것이 아니라, 근대의 역사적 경험과 폭력성을 성찰하는 로컬과 로컬 사람들에 의해 수행되어야 합니다. 로컬과 로컬의 사람들은 서구의 전체성에 포획되지 않은, 바로 그 때문에 근대의 산물인 전체성의 불완전성에 문제를 제기할 수 있습니다. 이 지점에서 로컬리티 인문학의 가능성은 더욱 풍성해질 것입니다.

21세기에 들어와서도 우리 대학의 인문학은 계량화의 덫에 걸려 여전히 인문학의 위기만 외치고 있을 뿐, 어떤 대안의 부재 속에서 전공이기주의를 극복하지 못하고 있습니다. 그러나 다행히도 대학의 외부에서는 다양한 학술공동체가 생겨나고 있으며, 그들이 인문학의 대중화 및 활성화를 주도하고 있습니다. 대표적으로 '수유+너머', '철학아카데미, '다지원', '철학의 정원', '지행네트워크' 등과 같은 학술공동체들을 들 수 있을 것입니다. 그들은 1990년대부터 지금까지 꾸준히 활동을 이어나가고 있습니다. 더 나아가 가상공간인 인터넷에서도 인문 블로그가 인기를 끌고, 백화점이나 관공서까지 '인문학' 강좌를 개설하는 등, 바야흐로 '대중적 인문학의 시대'가 열렸다는 적극적인 평가도 나오고 있습니다. 대학의 인문학이 진지하게 고민해야 할 지점입니다.

지금 여기, 변화된 환경 속에서 우리는 로컬리티 인문학의 대표적인 두 축, 그렇지만 서로 방법론적으로 이질적이어서 상보적 관계가 필요한 지역학과 문화학이 앞으로 어떻게 변모하고, 어떻게 대중과의 소통을 모색해야 할 것인지를 진지하게 고민해야 할 것입니다. 이론의 최전방은 학술대회장이 아니라 이론이 실제 현실과 만나는 곳, 즉 '현장'이기 때문입니다. 현장에서 실현되는 이론, 현장성을 담은 인문학적 연구는 지배자의 담론이 아니라 로컬 사람을 주체로 하는 담론입니다. 그럴 때 우리 시대 인문학은 인간적 · 사회적 삶이 가능한 구체적 삶의 장소로서의 로컬과의 분절을 극복하고 진정으로 인간이 인간다운 삶을 영위하는 사회와 환경을 실현하는 로컬리티 인문학의 가능성을 열어가게 될 것입니다. 끝으로 지금도 로컬리티 연구 자체는 실행 중이며, 어떤 구체적인 결과를 낼 수 없는 상황으로 열려 있기 때문에 지금까지 저 자신도 딱히 어떤 특별한 것을 주장할 수 없었던 것 같습니다.

사회자 : 네, 잘 들었습니다. 전반적으로 글로벌리즘의 상황 속에서 로컬리티를 추구하는 일이 가지는 의미에 관해서 주로 적어주셨던 것 같고 뒷부분에서는 현재 인문학의 상황과 관련해서 제기되는 문제들도 같이 고찰을 하신 것 같네요. 이런 담론 차원에서 제기되었던 문제들을 중심으로 뭐랄까 우리가 실제 생활에서 겪을 수 있는 여러 가지 문제들을 함께 생각해보는 것이 토론의 과제가 되지 않을까 라는 생각이 드는데요. 특별히 이런 주제에 대한 학문적인 토론을 한다기보다 제기된 문제들과 관련된 여러 가지 생각들을 자유롭게 나눠보는 이런 방식으로 토론을 진행하도록 하겠습니다.

우선 저는 들으면서 한 가지 생각이 들었던 게, 현실의 변화 속도가 워낙 빠르다 보니까 담론적인 논의가 그런 속도를 못 따라가는 상황들이 자주 발생하는 것을 최근에는 많이 볼 수 있는 것 같습니다. 예컨대 우리가 90년대 내내 2000년대까지 동아시아 이런 담론들을 활발하게 논의를 해왔는데 사실 그런 담론들이 어떤 효과를 발휘하기 이전에 이미 최근에 동아시아는 글로벌리즘의 시장 통합에 의해서 이미 대중문화의 영역이나 이런 데서 구체화가 일어나고 있고 아마 로컬리티의 문제들도 담론에서의 논의들은 상당히 부진한 편이고 원론적인 차원을 반복하고 하는 성향이 분명히 있는데, 아까 말씀드린 동아시아 담론과 비슷한 맥락에서 로컬의 문제가 시장의 차원에서 이미 급속하게 진행될지도 모르는 징후 같은 것도 느껴지는 면이 있는 것 같고요. 사실은 저는 이재성 선생님 발표문이 실천적 차원을 굉장히 강조하셨습니다만, 실천에 대한 강조 자체를 포함해서 담론적 차원의 논의들을 중심으로 이야기하신 것 같은데, 혹시 이 발표를 준비하시면서 이 담론들에 대한 논의와 연관된 현실의 변화에 대해 떠오른 생각, 혹은 시야에 들어온 문제들 그런 것에 대해 조금 더 구체적으로 말씀해주시면 어떨까 싶습니다.

이재성 : 굉장히 어려운 질문이네요. 때문에 제가 선생님의 물음에 정확한 답변을 할 수 있을지 잘 모르겠습니다만, 어쨌든 이 '로컬리티'와 관련된 고민을 하면서 가장 많이 느꼈던 것은 앞서 언급했던 '거대서사'라고 하는 부분입니다. 개인적으로는 거대서사와 관련된 경험이 있었고, 또 실제 그랬던 것 같습니다. 제가 최근에 읽었던 책 중에 칼 포퍼의 『삶은 문제해결의 연속이다』라는 책이 있습니다. 이 책을 로컬리티와 관련해서 살펴보면, 저자인 칼 포퍼는 굉장히 낙관주의자임을 알 수 있습니다. 그가 낙관주의자가 된 데는 소위 마르크시즘이라는 거대담론을 버렸기 때문이라는 것입니다. 그는 이것을 '극복'이라고 표현하고 있는데, 그 극복 과정이 겨우 17살 때였습니다. 저 같은 경우 20살이 넘어서 대학교 때 심각하게 고민했던 것이기도 한데, 포퍼는 17살에 마르크시즘을 한마디로 '냉소주의'라고 선언해 버립니다. 그는 낙관주의를 냉소주의에 대한 하나의 상대적인 대립 개념으로 사용하고 있는데, 그가 마르크시즘을 냉소주의라고 선언한 이유는 마르크시즘의 역사 관련 저서들이 유물론적 사관을 고집하고 있기 때문이랍니다. 사적 유물론의 기본적인 세계관은 결국 세계라고 하는 것은 모두 물질적

대립 관계를 통해서 이루어지고 인간은 끊임없이 이기적인 욕망을 충족시키려고 투쟁하는 종교들일 수밖에 없다는 것이 포퍼의 생각입니다. 거기서 포퍼는 사적 유물론을 "한 사람이 이기거나 지는 그런 방식이다."라고 표현을 하는데, 그것은 결국 마르크시즘에서의 계급투쟁을 말하는 것입니다. 그런데 그 계급투쟁의 결과들은 포퍼가 어린 시절에 경험한 제1차 세계대전의 비극이었습니다. 그는 제1차 세계대전이 끝나가는 과정을 지켜보면서 이건 아니라는 것을 생각하게 되었다는 것입니다. 그래서 자기는 낙관주의라고 표현을 합니다. 제가 왜 포퍼를 이야기하는가 하면, 로컬리티 문제가 낙관주의와 관련된 것이라고 말하려는 것이 아니라 바로 마르크시즘과 같은 거대서사가 가지고 있는 문제점들에 대처하는 가장 적절한 부분이 로컬리티 문제라는 것을 강조하고자 한 것입니다. 이것을 다른 말로 하면, 제가 앞서 말씀드렸던 것처럼, 가장 구체적인 일상으로 돌아와서 삶을 바라볼 수 있도록 하는 것입니다. 마르크시즘이라고 하는 것이 거대서사라고 하는 이유는 굉장히 추상적이지 않습니까? 이 추상화 혹은 일반적인 내지 보편적인 뜻에 머물러 있게 될 때 결국은 구체적인 것들을 잃어버리게 되는 문제가 생긴다는 것입니다. 그래서 글로벌적 관점에서 보던 로컬적 관점에서 보든 간에 이 두 관점의 관계에서 로컬리티를 고민하는 사람들은 항상 이 글로벌과의 직접적인 연관성 속에서 로컬리티를 살펴보아야 구체적인 삶을 제대로 볼 수 있다는 것을 "로컬리티 연구동향의 과정"을 통해서 확인했던 것 같습니다. 보통 '지역성' 혹은 '지역화'의 문제에서는 민족주의적인 성향이던지 국가주의적인 성향과 같은 특징들이 다 녹아들어 있잖아요. 그런데 오늘날 글로벌과의 관계성 속에서 볼 때, 그런 민족주의나 국가주의와 같은 거대 서사적 개념이 안고 있는 거대담론을 해체시키는 역할을 로컬리티 담론들이 하고 있다고 할 수 있을 것입니다. 그 맥락에서 다문화의 과정도 매우 중요한 기능과 역할을 할 수 있다고 생각합니다.

사회자 : 칼 포퍼 말씀을 하셨는데, 칼 포퍼처럼 점진적 사회공학을 주장하는 사람들에게는 마르크시즘 같은 근본주의가 냉소적으로 비칠 여지가 상당히 크다고 생각을 하고요, 로컬리티 문제와 관련해서도 구체적인 현실적 실천을 시장주의라든가 이런 관점으로 바라보기 시작하면 사실은 할 수 있는 건 시장주의에 대해서 반대하는 것밖에 할 수 없지 않겠는가 하는 생각도 들고 일상에서 벌어지는 자그마한 실천들을 냉소하기 시작하면 사실은 정말 담론만 앙상하게 남는 그런 결과가 될 수 있을 것 같고 이재성 선생님은 로컬리티 담론 자체가 그런 일상 속에서의 구체성을 지향하는 담론이라고 말씀을 하셨는데 아까 제가 드렸던 질문하고 연관 지어서 이야기를 해보면 로컬리티 담론도 그것이 담론인 한에서 구체적인 실천에 대해서 충분히 사유하지 못할 여지가 분명히 있다는 거죠. 그 문제를 어떻게 해결할 것인가 이런 문제들도 더 남은 문제인 것 같습니다. 로컬리티 담론이 일반 담론에 대해서 가지고 있는 지향성 자체를 부정하는 것은 아닙니다만 로컬리티라고 하는 담론 자체도 담론으로서의 한계 같은 게 있다는 것도 사실 반성할 점도 있지 않느냐는 것이죠.

이재성 : 예, 그러한 지적은 충분히 받아들일 수 있는데, 제가 이 글에서 강조했던 부분, 즉 '지금 여기'라고 하는 시간과 공간은 이 순간이 현재성이라는 말입니다. 그리고 시간이 지금 우리에게 현재이듯이, 지금 여기가 미래가 될 수는 없습니다. 그런데 제가 말씀드리려고 하는 것은 이 거대담론들, 거대서사들은 항상 현재보다는 미래 지향적이었다

는 것입니다. 그래서 지금까지 우리는 이 '로컬'이라는 용어가 가지고 있는 전통적인 의미에서 지역이라고 하는 혹은 지역성이라고 하는 '거기'에 머물러서 로컬을 강조해 왔다면, 바로 이 '거기'에 함께 함축된 지역뿐만 아니라 바로 이 현장성이라고 하는 여기의 현장성을 저는 구체적 삶을 토대로 하는 '지금 여기'라는 현재성으로 보고 있는 것입니다. 그래서 현재 내가 발을 내딛고 서 있는 여기서 내 삶을 어떻게 바라볼 것인가 하는 것을 강조합니다. 저는 그것이 가장 로컬적이라고 보고 있는 것입니다. 그럴 때 바로 거기서 가장 구체적인 삶에 대한 성찰, 반성이 나오지 않을까 하는 것입니다. 그런 의미에서 로컬을 다루면서 지역성뿐만 아니라 함께 함축되어 있는 현장성이 강조되고 부각되어야 하는 것이 무엇보다도 중요하다고 생각합니다.

사회자 : 한 가지만 더 말씀드릴게요. 로컬리티라고 하는 개념과 관련해서 한 가지 애매한 것 가운데 하나가 분명한 내포와 외연이 없다는 거죠. 불분명하다는 건데. 그렇게 되면 로컬리티라는 게 하나의 입장으로만 남을 가능성이 분명히 있지 않은가 하는 생각이 들고요. 로컬리티 연구가 매우 다양한 분야들, 거의 걸치지 않은 분야가 없을 정도로 다양한 분야에 걸쳐져 있다는 것도 로컬리티 연구의 중요한 한 가지 문제점인 것 같아요. 그런 것을 입장으로만 남겨두지 않고 구체적인 내용과 프로그램으로, 그런 방향으로 전환하는 것, 사실 그것도 막막한 문제이긴 한데, 그런 것도 좀 생각을 해볼 수 있는 것 같아요.

이윤갑 : 세계화가 본격화된 이후 신자유주의적 자본 위주의 논리가 전사회적으로 횡행하고 있다. 세계화의 주요 개념과 논리에 대해 어떻게 비판할 것인가, 그것이 가지는 모순, 비합리성을 논의하는 것이 로컬

리티와 관련해 중요한 문제입니다.

분명한 것은 세계화의 논리가 사람들을 움직이는 가치관이나 인식틀이 되고 있다는 점이다. 그런데 이러한 세계화의 논리는 세계화를 주도하는 집단에 의해 만들어졌으며, 그 외의 집단들에게는 이것이 거의 수동적, 타율적으로 구성되거나 확산, 주입되는 과정을 거쳤습니다. 따라서 그러한 논리체계가 만들어진 계보를 검토해야 합니다. 예를 들면 자유라는 개념이 현재 통용되고 있는 개념으로 정착된 과정들을 해명하는 것이지요. 세계화라 할 때, 우리는 단순히 시장과 민주주의를 떠올리는데, 사실 그 속에는 많은 개념이 서로 연계되며 내포되어 있습니다. 그러므로 세계화를 구성하는 논리나 개념의 계보사를 자세히 분석해야 합니다. 사실 많은 사람이 세계화의 단편적인 모습들에 대해서는 비판하면서도 전체로는 세계화의 논리를 긍정, 수용하는 모순적인 모습을 보입니다. 이러한 모순을 극복하기 위해서도 세계화에 대한 계보학적인 연구가 필요하고, 그럴 때에만 근대적 의미에서의 진보가 삶의 자유를 어떻게 훼손하고 있는지를 올바르게 파악할 수 있고, 이에 대항하는 개념도 파악할 수 있을 것입니다.

이재성 : 이윤갑 선생님께서 지적해주신 내용 중에서 저도 시간이 주어진다면 자유 개념을 주제로 계보학적 방법을 통해서 글을 쓰고 싶다는 생각이 갑자기 듭니다. 앞서 제가 글로벌과 로컬의 변증법을 말씀드렸던 바와 같이, 세계화와 같은 개념들은 그 탄생과정부터 이미 로컬과 직접적으로 관련되어 있다고 생각합니다. 또한, 포스트모더니즘의 이행 과정에서 로컬의 문제를 많이 언급하게 되는 것도 마찬가지의 맥락에서 이해할 수 있을 것 같습니다. 자유 개념도 어떻게 보면 기본적으로는 계몽주의 시대의 자유와 모더니즘 시대의 자유가 상당히 많은

변형 과정을 거쳐서 획득되는 개념이잖아요. 그래서 예를 들어 신자유주의라고 하는 것은 시장이 만들어낸 그런 자유이기 때문에 그런 개념들의 과정들을 자세히 들여다보면 로컬리티가 어떤 지점에서 어떤 상황, 어떤 성격을 가지고 나타나는지를 볼 수 있을 것입니다. 제가 이 글을 준비하면서 부산대학교 한국민족문화연구소에서 출간되는 로컬리티 관련 책을 구매해 읽어보았습니다. 그런데 서술내용이 거의 유사합니다. 그래서 원장님께서 지적한 것과 같이 계보학적인 연구를 해서 총론적으로 만들어 보면 어떨까 하는 생각을 했습니다. 그리고 또 하나 아이디어가 있다면 마르크시즘 논리와 세계화 논리를 비교 분석하는 것입니다. 이 주제는 궁극적으로 인간에 대한 근본적인 탐구가 되는 것이라고 생각합니다. 로컬리티 연구에서 이러한 주제도 함께 논의했으면 합니다.

이윤갑 : 현대 학문에서 가장 취약한 것이 인간에 대한 철학적 정의입니다. 인간이란 무엇인가라는 물음에 현대 학문은 불분명한 입장을 취하는 경우가 많습니다. 인간에 대한 정의를 모호하게 둔 채 과연 비판이나 진보라는 개념이 성립할까요? 로컬리티에서도 마찬가지입니다. 인간이란 무엇인가가 먼저 정의되어야 한다고 생각합니다. 그것이 논의되어야만 로칼리티의 개념이나 진보의 내용과 방향이 설정될 수 있습니다. 그렇지 않으면 결국 논의가 무의미한 혼란과 상대주의에 빠지지 않을까요?

이재성 : 철학에서는 철학적 인간학이라는 영역이 있습니다. 막스 셸러, 헬무트 플레스너 그리고 아놀드 겔렌 등이 대표적인 철학자들인데, 그들은 인간을 나름대로 규정하고 있습니다. 예컨대 플레스너는 생

물학적 인간, 셸러는 우주 안에서의 특별한 지위를 가진 인간, 겔렌은 결핍존재로서의 인간 등으로 인간을 정의합니다. 이러한 규정 역시도 실제는 인간이란 무엇인가라는 틀에서 벗어나지 않고 있습니다. 사실은 어떤 시각을 지니고 접근하느냐에 따라 인간에 대한 정의가 다르게 규정되는 셈이죠. 그럼에도 이러한 규정들, 즉 '인간은 ~이다'라고 정의될 때 동의하거나 혹은 합의되는 부분이 어디까지인가를 살펴봐야 할 것입니다.

이윤갑 : 진정으로 모든 사람이 똑같은 자유를 느끼고, 똑같은 행복을 느낄까요. 자유나 행복이나 이런 것들은 문화적으로 역사적으로 형성된 개념이 아닌가요. 그것이 서로 다르고 그 중에 주류를 이루는 것이 선택되다 보니까 민주주의 국가에서도 신자유주의로 가는 것이 아닐까요.

사회자 : 저는 선생님 말씀 들으면서 한 가지 의문이 드는 게 있었는데요. 물론 시장에서 움직이는 경제학적인 인간이라는 분명한 근거를 가지고 자본주의는 움직인다고 하면, 그런 방향을 비판하는 측에서는 인간에 대한 개념 규정이 거의 없지 않은가, 그리고 그런 작업이 좀 더 분명하게 이루어져야 가치의 문제도 근거를 갖게 된다는 그런 취지의 말씀으로 들었는데요. 어떤 가치나 개념이나 다 그 자체로, 예컨대 아까 말씀하셨던 민주주의라는가 그런 가치도 시장 내에서도 필요에 의해서 만들고 전개해오고 발전시켜온 가치이기도 하므로 민주주의란 구호로 시장을 비판할 수 없다는 말씀이기도 한 것 같고. 지역도 역시 마찬가지죠. 지역이라는 것도 시장 내부에서 만들어온 어떤 필요에 의해서 발전된 그런 측면이 분명히 있을 텐데 지역이라는 구호 자체로 그런 걸 뒤흔들 수는 없다는 말씀으로 들리기도 하고요. 그런 걸 다 포함하면

인간이라는 문제도 역시 자본주의라는 시스템이 규명한 인간이라는 것에 대응되는, 막연하게 인간적이라는 구호로는 될 수 없는 인간의 실체에 대한 접근, 그런 것이 필요하다는 말씀인 것 같은데요. 선생님은 간단하게 말씀하신 것 같은데, 이는 사실 매우 큰 문제 아닌가요?

이재성 : 그렇다면 우리가 도대체 왜 그러느냐. 자유라든지 근본이라든지 평화라든지 하는 이 모든 것은 물질도 물체도 아니잖아요. 구체적으로 우리가 만질 수 있거나 들을 수 있거나 볼 수 없거든요.

사회자 : 굉장히 추상적인 거죠.

이재성 : 그렇죠. 매우 추상적인 건데, 달리 말하면 인간이 만들어낸 것이죠. 만들어낸 것이기 때문에, 한편으로는 언어를 통해 개념적으로 규정이 되지만, 다른 한편으로는 구체적으로 정의되지 않는 것이죠. 자유, 평등은 물질이 아니고 추상적인 것으로서 인간이 만들어낸 것입니다. 그것은 인간에게 '가치'로 다가옵니다. 예컨대 모든 사람은 '행복'이란 개념을 각자의 방식으로 받아들입니다. 하지만 행복의 가치는 각자에게 서로 다릅니다. 그리고 앞서 선생님께서 말씀하셨던 것처럼, 가치의 차원이죠. 그럼에도 각자는 행복이라는 개념에 대해서 합의가 될 수 있겠죠. 로컬리티도 어떻게 보면 개념의 문제라기보다는 가치의 문제라는 겁니다. 우리가 개념에 메여있다 보면 로컬이 가진 가치의 문제를 보지 못하게 됩니다. 인간도 생물학적으로 규정할 수 있을 것입니다. 하지만 인간이란 무엇인가, 라는 가치의 부분으로 들어가면 인간에 대한 규정은 많이 달라질 것이라 생각합니다. 마찬가지로 인문학도 인간의 윤리적이고 규범적이고 도덕적인 문제를 규정하는 학문이라고 본다

는 점에서, 이것을 양적으로 따지거나 계량화할 수는 없고 질적으로 다뤄야 하는 부분이라고 생각합니다.

이윤갑 : 실제 보편적인 가치개념은 굉장히 편차가 큽니다. 편차가 크다고 무의미한 것인가? 그렇지는 않습니다. 인간이란 것이 실체가 있느냐? 통상 철학에서 상정하는 인간의 본질은 인간의 보편적인 행위 · 인식능력이나 가치 이런 것들이 고도로 발달했을 때를 상정하고 만들어진 개념입니다. 그 상태를 정확히 인지하기 어렵다 하더라도 여하튼 인간은 그 상태에 이를 때까지 발달해 간다고 할 수 있습니다. 이렇게 발달해 간다고 보면 인간성이 발달할수록 이전에는 문제로 느껴지지 않았던 것도 문제로 느껴지게 될 것이고, 내 문제가 아니라 생각했던 것도 자신의 문제로 느껴지게 될 것입니다. 그렇게 세계가 확대되면서 보다 보편성을 띠고 재구성되어 갈 것이라고요. 로컬리티의 인간 문제도 이처럼 생각해야 할 것입니다. 로컬리티 개념도 그 사회를 구성하는 사람들이 어느 수준에 도달해 있는가에 따라 그 구성방식이나 추구하는 가치 개념이 달라질 것입니다. 사회구성원의 인식과 가치의 수준에 따라 로컬리티의 실질적 내용도 달라질 것이고, 그렇게 성장하고 발달하는 과정적 개념으로 이해할 필요가 있습니다. 따라서 이와 관련해 중요하게 고민해야 할 문제는 그와 같이 인간이, 달리 말해 인간의 사회성이 개발되어 갈 수 있는 학문과 교육체계를 만드는 것입니다.

사회자 : 선생님 말씀은 어떤 가치 개념의 내포를 규정하는 문제가 아니라 그런 가치에 대해서 논의하고 합의하고 문제를 제기하는 어떤 장을 마련하는 문제이고, 그런 장과 프로그램을 마련하는 방향에 로컬리티의 문제의식이 연결되어야 한다는 그런 말씀이신 거네요.

이윤갑 : 그렇죠. 로컬리티 이념이 뭐냐. 철학이 뭐냐 이렇게들 말하는데, 현실화하는 것이 타당합니다.

사회자 : 너무 이쪽 동네에서만 이야기가 됐는데…. 이 다음 논의를 진행시키고 그 다음에 같이 또 이야기를 해볼까요. 그러면 다음 발표를 하고 또 토론하는 시간을 갖도록 하겠습니다.

지역의 로컬리티 실천 현황과 네트워킹 방안

- 포럼 일시: 2011년 2월 21일
- 발표: 정혜숙(계명대 한국학연구원 전임 연구원)
  사회: 손정수(계명대 문예창작학과 교수)

사회자 : 이번 발표의 주제는 "지역의 로컬리티 실천 현황과 네트워킹"이며, 발표자는 한국학연구원의 정혜숙 선생님이십니다. 그동안 한국학연구원에서 진행해왔던 로컬리티 포럼은 이론적 논의와 실천적 사례들을 함께 살펴볼 수 있도록 계획되었습니다. 그런 측면에서 볼 때 오늘 발표는 대구 지역에서의 로컬리티 실천 현황이나 네트워킹 수준 등을 파악해 볼 수 있는 시간이 될 것입니다. 그럼 발표를 부탁드리겠습니다.

정혜숙 : 감사합니다. 그동안 로컬리티란 무엇인가와 로컬, 로컬리티의 특징에 대해서는 지속적인 논의가 이루어져 왔습니다. 논의를 간단히 요약해 보면 로컬, 로컬리티, 풀뿌리자치운동과 같은 개념은 근대 중심적 사고방식에서 비롯된 유럽중심주의적 보편성, 국민국가 내에서의 중앙중심주의, 세계화와 신자유주의의 무차별적 공세 등에 대한 반성이면서 동시에 이에 대한 적극적 대안 모색과정을 통해 등장하게 된 것이

라는 점입니다.

저는 실천 현장에서 이러한 변화들이 어떻게 구체화되어 나타났는가라는 점에 주목하였습니다. 이는 지역사회를 변화시키기 위해 활동해왔던 시민운동의 변화 과정과도 연결되어 있습니다. 예컨대 시민운동이 실질적 운동주체인 시민들의 적극적인 참여 없이 이루어졌다는 것이 그렇습니다. 오히려 시민운동은 시민단체나 전문가, 시민활동가들이 주체가 되어 법이나 제도 중심의 개혁을 위한 활동을 벌이면서 '이슈 중심의 시민운동' 혹은 '시민 없는 시민운동'이라는 비판과 함께 재정적 열악함, 활동가 부족 등 다양한 문제들로 인한 위기를 맞이하게 되었습니다. 시민운동의 위기는 시민운동 자체의 자기성찰을 하게 하였습니다. 그리고 이런 반성의 과정을 통해 개개인이 주체가 되어 자신의 삶의 터전에서 스스로 삶의 의제를 제기하고, 이를 통해 다양한 운동을 이루어나갈 수 있는 것이야 말로 주체가 되는 운동이며 운동의 역동성이라는 생각을 가지게 되었습니다. 그래서 개인을 삶의 주인으로 세우고 삶의 공간을 변화시켜나가는 풀뿌리운동의 역동성과 가능성, 진정성을 인지하기 시작한 것이죠. 즉 삶의 공간에서 이루어지는 다양한 실천 과정들을 통해 우리는 삶과 삶의 터전인 공간의 주체가 되고 또 삶의 공간을 변화시켜 나가는 것의 중요성을 주목하기 시작했다는 뜻이죠. 이러한 측면에서 제가 쓴 글은 로컬리티 운동이 어떻게 실천되는가에 대한 현황을 점검 해보는 정도의 수준이라고 보시면 될 것 같습니다. 발표 일정상 실천 현황들을 좀 더 면밀히 살필 수 없었던 점이 아쉽습니다. 시간이 좀 더 주어지면 더 많은 실천 현황들을 찾아보고 분석해 보는 작업들을 지속해 나가고 싶습니다.

로컬, 로컬리티의 특징

우선, 논의를 시작하기 전에 '로컬, 로컬리티의 특징'을 한 번 짚어보겠습니다.

로컬, 로컬리티에 대한 명확하고 일반화된 정의는 아직 없습니다만, 위계질서를 내포한 '지방'이나 행정적, 지리적 공간개념이 강한 '지역'을 넘어서는 의미라는 점에 대해서는 기본적으로 동의하고 있습니다.

로컬, 로컬리티란?

로컬(local)이 지역을 이루는 물리적 배경으로서의 공간, 삶의 주체인 인간, 그리고 그 인간들의 관계로 이루어진 집단인 사회로 구성되어 있으며, 로컬리티(locality)는 이 세 가지 요소가 상보적으로 뒤섞이고 누적되어 만든 문화적 구성체로 중앙과 주변이라는 단순히 차별적인 물리적 공간을 넘어 사회문화적인 관계와 의미 등이 통합된 실체로서의 삶터이다.

이재성. 2011. 『한국학논집』 42. 계명대학교 한국학연구원

저는 로컬에 대한 다양한 논의들을 토대로 몇 가지 특징들을 정리해보았습니다. 첫째, 로컬의 개념은 상대적인 것입니다. 로컬은 지리적 경계를 바탕으로 구성되지만 그 단위가 상대적이어서 동 단위의 로컬에서부터 도시, 국가까지도 하나의 단위가 될 수 있습니다. 지리적 경계를 바탕으로 구성된다고 하지만 고정된 것은 아니어서 경계선을 그을 수도 없습니다. 그렇다면 로컬이라는 것을 어떻게 규정할 것이냐? 이는 각 로컬 내에 존재하는 특정한 사회적 프로세스 혹은 사회적 관계, 또 다른 로컬과의 비교 등을 통해 로컬의 특성을 파악할 수 있게 될 것입니다. 두 번째, 로컬은 역동적이라는 것입니다. 지역주의에 관한 연구들 중 정체성에 관한 논의가 많은데, 정체성은 지역의 역사적, 정치경제적,

사회문화적 배경 혹은 환경에 의해 지역의 성원들이 공통적으로 가지게 되는 특성이라고 하면 될 것 같습니다. 예컨대 이러한 정체성을 토대로 영남과 호남을 구분하고 지역감정과 지역주의 등을 설명합니다. 그런데 이 경우의 문제점은 지역을 하나의 범주로 보기 때문에 지역 내에 존재하는 차이와 다양성을 제대로 설명하지 못한다는 것입니다. 이런 부분들은 로컬이라는 개념을 통해서 설명이 가능할 것 같다는 것입니다. 로컬을 어떻게 규정하느냐에 따라 로컬의 크기도 달라질 수 있으며 구체적으로 로컬들의 차이와 다양성을 드러낼 수 있습니다. 세 번째로 진정한 로컬이란 이론과 실천 간 결합을 통해서 가능해진다고 봅니다. 로컬을 구성하는 데 있어 담론적 논의는 아직 미약한 단계이지만 실제 현장에서의 다양한 자치운동, 풀뿌리 운동, 문화적, 공동체적 네트워킹 등은 구체화되어가고, 활성화되는 측면이 있다고 봅니다. 로컬의 담론이란 이처럼 실천적인 현황에 대한 분석을 통해 구성해 나갈 수 있는 것이기 때문에 본 연구가 일정하게 로컬의 담론을 구성하는 데 도움을 줄 수 있을 것으로 봅니다. 로컬은 미리 규정되어 질 수 있는 것이 아니기에 연구대상 역시 소수자나 여성, 노인, 교육, 환경 등 다양한 영역이 될 수 있으며, 실천의 방식 또한 로컬푸드, 협동조합운동, 방과 후 공부방, 작은 도서관 만들기, 마을운동, 풀뿌리선거연대, 공공미술 등 사회적 기업, 공동체 운동, 선거운동에 이르기까지 굉장히 다양할 수 있습니다. 다양한 실천 활동들이 일어나 이를 통한 실패와 성공을 경험하게 되면, 더 많은 영역으로 확대되어가면서 로컬을 구성해나갈 수 있게 될 것이라고 생각합니다.

따라서 실천적인 현황들을 확인하고 분석하는 것이 현실적으로 중요한 과제가 되어야 할 것입니다. 결론적으로 로컬리티의 정의는, 다양한 단위의 로컬 내에서 이루어지고 있는 실천 활동들의 성공과 실패 등의 현황들을 파악하고 그 역동성을 제대로 이해하게 될 때, 이를 토대로 구성해 나갈 수 있을 것입니다. 즉 '차이와 종합'을 통해 로컬리티를 구성해 나갈 때, 진정한 로컬리티를 파악할 수 있을 것입니다.

지역 로컬리티 실천 현황

그렇다면 지역 로컬리티의 실천 현황에 대한 내용들을 살펴보겠습니다. 2010년도 대구경북원에서 진행했던 문화자치공동체의 현황을 조사한 결과보고서와 풀뿌리자치운동 홈페이지, 공동체 활동가와의 면담을 통해 대구지역 로컬리티의 실천 현황에 대한 내용을 조금 더 추가로 조사, 정리하였습니다.

지역의 로컬리티 실천 현황

<table>
<tr><th colspan="2">구분</th><th colspan="2">명 칭</th><th>설립연도</th><th>소재지</th><th>회 원</th><th>활동내용</th></tr>
<tr><td rowspan="4">운동영역</td><td rowspan="4">먹거리</td><td rowspan="4">icoop 생협 연합회 (개별 생협의 조직, 운영, 교육협력)</td><td>대구행복 생협</td><td rowspan="3">2004*</td><td>달서구</td><td>일반조합원 1600여명 (2011.1 현재)</td><td rowspan="4">• 생협활동: 물품 심의, 학습, 배송 등 온라인·오프라인 매장 운영, 위원회활동(식품급식, 물품, 교육, 홍보편집) 등
• 동아리활동: 천연화장품, 바느질, 등산, 요리 등
• 마을모임: 동 단위 혹은 아파트 단위의 마을 모임 생협별 활동</td></tr>
<tr><td>대구성서 생협</td><td>달서구</td><td>일반조합원 1100여명 (2011.1 현재)</td></tr>
<tr><td>대구 참누리 생협</td><td>북구</td><td>일반조합원 1300여명 (2011.1 현재)</td></tr>
<tr><td>대구녹색 살림소비자 생활 협동조합</td><td>2002</td><td>동구</td><td>일반조합원 약900여명 (2011.1 현재)</td></tr>
</table>

	교 육 교 육	새벗도서관	1989	달서구	상근자 3명 자원활동가 30명 가족회원 약5800명	• 도서관 활동: 독서토론회, 도서관 발전 심포지움, 독서교실, 마을도서관건립운동 등 • 지역공동체 활동: 마을잔치, 어린이문학축제, 공동육아협동조합 지원, 새벗 문화공동체 설립 • 동아리반 활동: 풍물반, 역사연구반, 동화 읽는 어른모임 등
		한들도서관	2005	동구	자원봉사 40명 회원1600세대	• 도서관 중심 활동(문화강좌, 독서동아리활동, 독서캠페인, 자율적인 자원봉사로 사회적 공익활동 강화, 무료강좌 운영 등)
		와룡배움터	2004	달서구	상근자 1명 운영위원 4명 자원봉사 7-8명	• 마을학교운영, 방과 후 교실, 학부모교육, 마을교육연구소 활동
		동요만찬	1994	남구	상근가 1명 어른 6명 어린이 10여명	• 어린이글 동요 부르기(동요 만들기, 초청공연), 어린이 글 뮤지컬 제작 등 • 놀이개발, 놀이지도, 놀이진행 등 • 어린이 문화행사 기획 등
		서구문화 복지센터/ 어린이 도서관 햇빛따라	1997	서구	상근자 2명 후원회원 포함 250여명	• 상담활동: 노동 상담, 민원상담 등, 임대차상담 등 • 교육활동: 햇빛 따라 운영(2009 개관) 놀토 마을학교 운영 등 • 문화 활동: 문화답사 진행 • 공동체 활동: 엄마들 소모임 운영(동화 읽는 모임, 천연화장품 만들기 모임 등)
		아띠도서관	2007	동구	회원303세대	• 도서관 중심 활동(학부모강좌, 여성강좌, 독서토론모임, 놀토 문화체험강좌, UCC 제작단 등)

<table>
<tr><td rowspan="5"></td><td rowspan="5">생
활
생
활</td><td>감나무골
새터공동체</td><td>1991</td><td>북
구</td><td>상근자 5명</td><td>• 어린이활동: 감나무골 작은 학교(방과 후 돌봄 학교)
• 청소년활동: 노둣돌학교
• 지역공동체 활동: 감나무골 생명가게(물물교환센터), 알뜰장터, 환경생명교육 등</td></tr>
<tr><td>동구주민회</td><td>2004</td><td>동
구</td><td>상근자 1명
운영위원 7명
활동회원35명</td><td>• 교육활동: 생활법률학교, 학부모성교육, 미디어교육 등
• 지역활동: 문화마당운영, 동구어린이날 큰잔치, 효목1동 동네축제 등
• 주민조직화활동: 동구여성모임 부네, LH마을형 사회적 기업 인큐베이팅 등
• 행정 감시 및 생활개혁: 아양교 보도교 시설개선운동, 사회단체 보조금 및 판공비 등 예산감시운동 등</td></tr>
<tr><td>수성
주민광장</td><td>2007</td><td>수
성
구</td><td>상근자 1명
160명</td><td>• 주민교육사업: 주민강좌, 강연회 등
• 지역 문화 창조 사업: 마을축제, 인터넷 방송진행 등
• 어린이문화교육사업: 전통 놀이체험단 운영, 문화답사 등</td></tr>
<tr><td>공간 앞산달빛</td><td>2003</td><td>달
서
구</td><td>60여 가족</td><td>• 교육활동: 생명평화학교, 방과 후 마을학교 등
• 지역공동체 활동: 마을축제, 마을예술 소모임 조직 및 마을문화운동 실시
• 생태 및 급식 직거래 농민장터 운영, 친환경무상급식운동,</td></tr>
<tr><td>대구북구
시민연대</td><td>2005</td><td>북
구</td><td></td><td>• 지역공동체 활동: 공부방, 독거노인 지원, 사랑방강좌, 야외영화제, 도서관 등
• 주민자치, 참여활동: 북구청 및의회 감시활동
• 평화 및 기타활동: 통일역사기행, 북녘어린이 영양빵 공장설립 후원활동, 통일아카데미 등</td></tr>
</table>

		교촌농촌체험마을	2003	의성군	상근자1명 회원 수 56명	• 의성군 참 살기 좋은 마을 만들기, 농촌체험학교 운영
	문화문화	문화 나눔 옻골	2007	북구	상근자2명, 회원제로 운영하지 않음	• 마을 활동: 예술축제 '난장'(동네 마을축제로 다른 단체들과 함께 준비) • 문화프로그램 기획 및 캠프활동: 어린이 목공교실, 꼬마농부학교, 생태미술학교, 옻골 문화클럽, 사계절 산골캠프 등
		청소년공동체 틈세		동구	상근자 3명 회원 수 약 120여명	• 틈세뮤지컬: 지역축제뮤지컬 • 청소년캠프: 자원봉사캠프, 영상캠프, 지역교류캠프 등 • 문화교실: 밴드, 댄스교실 등 • 자원봉사문화 확대: 대학생 자원봉사 캠페인, 대학생 문화강좌
		성서공동체 FM	2004	달서구	상근자 2명 50-60명 전업주부 자원 활동가	• 방송 소외계층 방송활성화 활동: 6개국 이주노동자, 장애인, 주민 프로그램의 편성 • 성서도서관 건립 추진활동: 주민 서명, 공공 의제화 등
		생활문화장터 지킴이	2007	북구	상근자 1명 회원제로 운영하지 않음	• 문화공동체 활동: 전통문화체험 프로그램, 민속놀이감 양성과정 운영 • 지역공동체 활동: 방과 후 학교, 공동육아어린이집 등, 어린이날 행사(지역단체 연합), 동네놀이터 사업 등

* 대구지역 생협연대가 물품을 대구지역의 가정에 공급하기 시작한 것은 2001년 1월이었으며, 2002년 4월에 대구생협으로 이름을 바꾼 후 2004년 성서생협, 행복생협, 참누리생협으로 독립하게 되었다. 따라서 설립연도는 독립한 체계를 갖춘 2004년으로 정리하였다.

자료 : 대구경북연구원. 2010; 풀뿌리 자치공동체 홈페이지; 실무자 면담을 토대로 작성

위의 표에서 정리해 놓은 지역의 로컬리티 실천 현황 등을 통해 몇 가지 특징들을 꼽아보았습니다. 첫째, 운동영역별로 보면 생활(주민자치조직, 주민 공동체활동)영역, 문화(어린이, 청소년문화 중심의 공동체, 마을 방송, 전통문화 중심의 공동체)영역, 교육(도서관 중심의 공동체) 영역, 먹거리(생협) 등으로 나누어 볼 수 있습니다. 그러나 현재 활동내용을 살펴보면, 네 개의 운동영역으로 나누는 것에 다소 무리가 있을 수 있습니다. 왜냐하면 많은 공동체들이 일정하게 성장하면서 교육, 문화, 생활, 먹거리 등에 이르기까지 다양한 영역들로 확산되거나 타 단체들과의 연대를 통해 일정하게 관계를 맺고 있기 때문입니다. 그러나 본 발표에서는 실천운동들이 시작되는 시점에 초점을 맞추어 운동영역을 구분하였습니다. 이는 실천운동의 시작에서 가장 많이 요구되는 것이 무엇인지를 알아보기 위한 것이며, 새롭게 시작하려는 실천운동들이 고민하는 문제에 대한 해답이 될 수 있다고 생각했기 때문입니다. 실제로 도서관의 경우에도 처음에는 도서관의 내부 활동으로 시작하지만 시간이 지나면서 마을 잔치라든지 마을 행사, 동네 놀이터 사업 등의, 동네 사업으로 확대되어 가는 것을 볼 수 있었습니다. 이는 대부분의 공동체 운동의 궁극적인 목적이, 주민들이 주체가 되는 마을 공동체를 형성하는 것이라는 점에서 동일하다고 할 수 있습니다.

둘째, 설립연도를 기준으로 보면 공동체로서 20여년 역사를 가진 곳은 새벗 도서관과 감나무골이 대표적이라 할 수 있습니다. 감나무골을 비롯하여 4개의 공동체가 20여년의 역사를 갖고 있고, 그 외의 대부분의 공동체들은 2000년대 중반부터 활동을 시작하여 이제 5-7년 정도의 역사를 갖고 있습니다. 그런데 동요만찬의 경우, 1994년 안지랑에서 '놀이문화연구소'로 시작해 1996년 수성구에서는 '이종일과 아름나라'로 활동하였고, 이후 현재의 장소에서 활동을 해오고 있어 약 10 여년 정도의 역사를 갖고 있다고 할 수 있습니다. 다만 공간 자체가 그 이름에서도 알 수 있는 것처럼, 노래를 부르기 위해서 아이들을 모았기 때문에 참석하는 아이들이나 부모님들의 생활터전이 동일한 경우가 많았고, 따라서 지속적인 관계형성이 힘들었습니다. 아마도 이것이 '동요만찬'이 현재 명맥을 유지하고는 있으나 다양한 활동영역으로 확장해 나가지 못한 이유라고 생각합니다. 서구문화복지센터의 경우 1997년에 시작하였으나 상담활동과 교육활동에 그 활동영역이 제한되어 있다가, 2009년에 문을 연 '햇빛따라' 도서관 개관을 준비하면서야 지역공동체로서의 활동이 중심이 되어가고 있습니다. 생협의 경우 최근 좋은 먹거리에 대한 관심 증가, 윤리적 소비, 착한 소비, 공정무역 등에 대한 사회적 합의 내지 동의가 확대되면서 활동이 더욱 활성화되고 있는 측면이 있습니다. 지역의 경우 2001년에 시작된 생협운동은 현재 4개 지역에 오프라인 매장을 열면서 그 활동영역을 확대해 나가고 있기에 우리가 주목해야 할 것입니다.

셋째, 지역공동체에서 각 공동체별로 상근하는 활동가는 거의 1-2명 정도가 대부분이며, 유일하게 감나무골에만 5명의 상근자가 활동하고 있는 것으로 파악되었습니다. 지역공동체의 대부분이 재정적으로 넉넉하지 않은 형편이라 상근자를 많이 둘 수 없었기에 도서관이나 공부방 등 사업별로 회원이나 자원봉사자들의 도움을 받는 경우가 많았으며 가끔씩 후원의 밤이나 후원 행사, 지자체의 프로젝트 사업 등을 통해 부족한 재정을 메우고 있는 형편이었습니다. 대부분의 공동체가 가족 단위의 회원가입을 통해 운영되고 있었지만 유일하게 문화 나눔 옻골의 경우는 회원제로 운영되지 않고 어린이나 청소년 교육 혹은 캠프참가자들을 중심으로 이루어지고 있습니다.

넷째, 생활공동체들이 시작된 배경은 대략 두 가지 정도로 나눌 수 있습니다. 하나는 동구주민회와 공간앞산달빛처럼 아양교 보도교의시설 개선, 골프연습장건설 반대와 같이 지역에서 발생한 문제에 투쟁하기 위해 조직된 모임이 점차적으로 방과 후 학교나 마을 도서관 건립 같은 교육영역으로 확대되고, 단순한 주부모임이 가족단위 모임으로 확대된 경우라고 할 수 있습니다. 지난번 로컬리티 포럼에서 발표를 했던 동구주민회 아띠도서관 사무국장님의 발언처럼, 아양교 보도교 시설 개선과 관련된 관심이 모아지면서 동네 모임이 조직되고 이런 과정들을 동네에 대한 다양한 관심으로 확산되어 이러한 의지들이 구체화 된 것이 '도서관 만들기' 였습니다. 주민들은 도서관을 만들면서 주체로 성장할 수 있게 되었던 것입니다. 공간앞산달빛도 골프 연습장건설 반대를 위해 조직되기 시작한 모임이 점차적으로 방과 후 학교, 앞산학교 등으로 확대된 경우라고 볼 수 있습니다. 이러한 사례들을 통해 보면 대체로 마을 문제에 대한 투쟁에서부터 공동체 운동이 시작되었다고 할 수 있습니다. 다른 하나는 지역을 근거로 한 지역공동체의 건설을 목표로, 방과 후 학교, 새터 탁아방, 주민자치강좌 등을 통해 가족 단위 회원들이 참여하고 활동할 수 있는 공간들을 만들어 공동체의 내용과 범위를 넓혀 가는 경우입니다. 두 경우 모두, 성미산 마을[1]이 발전되어 가는 경로처

---

1) 모범적인 생활공동체로 성장한 경우들을 보면 대체로 삶의 터전을 지키기 위한 투쟁에서 비롯된 주민의식이 점차 주체의식이 되고, 발전되어갔다. 예를 들면 성미산 마을의 경우 성미산 개발에 대한 반대투쟁에서 시작되어 현재는 어린이집, 방과후 학교를 비롯 성미산학교(교육), 마포FM, 성미산마을극장(문화), 멋진 지렁이, 자동차두레(환경), 생협매장, 성미산차병원, 돌봄두레(경제), 마포희망나눔단, 마포장애인자립생활센터(복지), 마포연대, 마포청년회(정치/국제), 인문학모임 맘품앗이, 마을서재(인문/기타) 등에 이르기까지 삶에 필요한 생활전반을 공동체적 삶으로 바꾸어 가고 있다. 유창복. 2010. 『나의 마을살이 10년』. 『진보평론』 43. 메이데이. 따라서 다양한 실천 활동들이 더 많이 실험되어져야 하며 이러한 과정이 실패와 성공을 경험하면서 더 많은 영역으로 확대되어가면서 제대로 된 로컬을 구성해나갈 수 있다.

럼 아이들과 어른이 함께 관심을 갖고 있는 교육영역(방과 후 학교, 도서관 건립, 교육 및 체험프로그램 운영 등)의 프로그램을 기획하고 운영하면서 가족단위의 회원들은 공동체 활동 에서 주체적이고 적극적으로 변화하였습니다. 이후 좀 더 많은 사람들이 즐겁게 참여할 수 있도록 문화적인 공간(마을 축제, 어린이날 큰잔치, 예술 공연, 주민영상제 등)을 만들고, 안전한 먹거리에 대해 같이 고민하고(친환경무상급식운동, 도농직거래장터 등 물물교환센터운영, 사회적 기업 등을 통해 경제적 자립을 시도 하는 등 다른 기타 사회정치적 문제에 대해서도(앞산과 낙동강 지키기, 예산감시운동, 공청회 등) 다른 단체와의 연대를 통해 관심의 끈을 놓지 않고 있습니다.

마지막으로, 지역공동체가 지역별로 달서구 5개, 동구 4개, 북구 3개, 서구 1개, 남구 1개, 수성구 1개, 의성군 1개로 달서구와 동구에 집중되어 있다는 것을 알 수 있습니다. 달서구, 동구나 북구는 맞벌이 혹은 생활상의 어려움으로 교육기회를 필요로 하던 주민들의 요구에 의해 도서관, 배움터와 같은 공동체가 시작되었다고 볼 수 있겠습니다. 상대적으로 북구의 문화공동체는 대학과의 네트워크라는 요구에 부합해 그 지역에 선택적으로 위치한 것으로 파악할 수 있습니다. 그리고 남구의 동요만찬은 그 목적이 노래를 하는 것이어서 지역의 주민들 보다는 노래를 배우고자 하는 아이들이 모여 활동하는 공간이기에 역사는 길지만 자치공동체로 발전하지 못하고 있는 형편입니다. 노래를 만들고, 공연을 직접 기획, 공연하기 위해 모인 아이들과 학부모들을 토대로 공동체를 확대시켜나가자는 것을 목표로 하였지만 그 지역주민들이 주체가 된 것이 아니라는 이유로 공동체로서의 의식이나 연대를 지속시켜 나가는 것이 어려웠던 것입니다. 의성군의 교촌녹색농촌체험마을은 공동체의 활성화 과정에서 지역의 요구보다 활동가의 의지가 더 중요했던 것 같습니다.

물론 활동가의 의지가 대단히 중요하지만 지역민의 요구와 함께 시작했다면 훨씬 더 많은 힘을 가지고 성장해 나갈 수 있지 않을까 하는 아쉬움이 남습니다. 전라남도 '한마음 공동체'의 경우는 농민들의 자각에서 비롯되었기에 지역 농민들의 삶을 안정적으로 도모하고 다른 한편으로는 바른 먹거리를 공급하여 통해 소비자들에게 안전한 밥상을 차릴 수 있도록 하는 것을 목표로, 한마음 자연학교(환경농업교육), 귀농학교, 농촌문화 체험장(장승 만들기, 천연염색공방, 가축사육장, 곤충 전시체험장 등)운영, 예술자연재배(비료, 농약, 퇴비도 투여하지 않는 무투입 농법)실천, 복지실천(방과 후 공부방, 문화교실, 지역자활센터 운영 등)에 이르기까지 공동체를 확장해 가고 있습니다. 이렇듯 지역과 지역민의 요구파악과 그들 들을 주체로 한 공동체의 수립이 지역 공동체를 활성화 하는 가장 중요한 요인이라 할 수 있을 것입니다.

다음으로 지역 로컬리티 실천 운동들의 네트워킹 방안을 말씀드리고자 합니다. 로컬 내에서 활동하는 다양한 풀뿌리 공동체들은 공동체들의 형성, 발전과정 속에서 비슷한 경험들을 가지게 됩니다. 그리고 공동체가 경험한 성공과 실패는 다른 공동체의 발전과정에 모델이 됩니다. 그러나 동시에 비슷한 내용으로 기획된 사업이 중복되어 풀뿌리 전체의 역량을 소진하거나 성과를 배가시킬 수 있는 기회를 놓치게 되는 결과를 가져오기도 합니다. 따라서 대부분의 풀뿌리 자치운동에 참여하는 활동가뿐만 아니라 시민사회영역의 단체 활동가, 지역 연구자, 전문가들 모두가 네트워킹에 대한 필요와 요구를 가지게 마련입니다. 구체적으로 지역 공동체는 연대나 협의체의 틀로 묶이기도 하고 활동영역별 네트워크를 만들어 활동하는가 하면 특정한 사업을 위해 구성된 단위 안에서 조직화되기도 합니다. 예를 들어 대구시민센터가 개최한 2010년 풀뿌리 주민단체의 워크샵은 그동안 공동체 활동을 하면서 느꼈던 고민들을 모두 풀어놓는 공간이 되었습니다. 이렇듯 최근에는 공부방, 도서관 등 활동영역별로 네트워크를 만들기도 하고, 대구시민센터, 대구경북연구원 등 중간지원 단체를 매개로 교류가 이루어지기도 하며 지자체 혹은 정부와의 협조를 통해 거버넌스를 형성하기도 합니다. 그러나 이러한 연대나 네트워킹 작업은 아직 초기 단계에 있다고 할 수 있습니다.

지역 로컬리티 실천운동들의 네트워킹 방안

그렇다면 지역 로컬리티 실천운동들의 네트워킹을 위해서는 구체적으로 어떤 노력들이 필요할 것인가, 우선, 로컬 단위 내에는 다양한 실천 활동 공간이 생기게 됩니다. 아까 말씀드렸던 공동체의 다양한 사례들을 통해서 알 수 있듯이, 각 공동체 내에는 교육, 문화, 생활 등에서 방과 후 학교, 체험캠프, 문화캠프, 마을축제, 물물교환센터, 사회적 기업에 이르기까지 다양한 활동공간이 생기게 됩니다. 이 때 타 로컬지역의 모범적인 활동들을 사례화하고 이를 통해 구체적인 사업들을 기획하거나 활용할 수 있도록 하는 것이 필요합니다. 이는 영역이나 사업별 네트워크를 통해 가능해질 수 있다고 봅니다. 예컨대 마을문고나 도서관 네트워크, 방과 후 학교 네트워크, 마을축제 네트워크 등 사업별 네트워킹을 통해 모범적 사례를 배울 기회를 가지기도 하며, 이는 사업 아이템이나 기획력을 높일 수도 있습니다. 사업별 네트워킹은 로컬 간, 지역 내에서 뿐만 아니라 전국적 단위로 확대될 수도 있을 것으로 봅니다. 예를 들면, 2010년 11월에 대구지역 마을도서관 활동가들의 정보교환, 마을도서관 아카데미건립 추진을 위해 마을도서관 네트워크(준비위원회)가 온라인에서 까페를 열었습니다. 아직 가입한 회원도 많지 않고 활동 내용도 적지만 이러한 네트워트의 필요성에 대해 대부분의 풀뿌리

활동가들이 공감하고 있기 때문에 많은 발전을 기대해 볼 수 있을 것으로 생각합니다. 다만 내용을 어떻게 채워갈 것인가에 대한 문제는 여전히 어려운 숙제로 남습니다. 이러한 네트워킹은 구체적인 사업별 네트워킹인 마을도서관 네트워크와는 다르게 각 사안별로 일시적 혹은 주기적인 형태로 형성되기도 합니다. 예를 들면 2010년에 대구지역에서 꾸려진 풀뿌리대구연대는 지방선거를 앞두고 생활정치에 적극적으로 참여하자는 제안에 동의한 시민사회영역의 다양한 활동가들이 풀뿌리 후보자들에 대한 검증을 실시하고 이 과정에서 추천된 후보자들을 적극 지원하기 위해 만들어진 연대체(네트워크)라고 할 수 있습니다. 풀뿌리대구연대는 2010년 선거를 준비하면서 일시적으로 모인 연대체이지만 장기적으로 볼 때, 풀뿌리후보의 검증과 정책적, 재정적, 인적 지원 등을 해나갈 수 있는 지속적인 풀뿌리 공동체들의 네트워크가 될 수 있다고 봅니다. 이러한 네트워크를 꾸릴 때 가장 중요하게 고민해야 할 부분은 문제의식이나 지향점 입니다. 최근 정부 지원에 힘입어 '마을 만들기 사업'이 지역마다 활성화되고 있습니다. 그런데 이러한 경우 지역 성장이나 지역 발전만을 강조한 나머지, 공동체 성원들이 건강하게 살아가기 위한 마을이 아닌 보여주기 위한 마을이 되는 경우만 많습니다. 따라서 인간적, 사회적 삶이 가능한 공간으로서의 로컬에 대한 가치가 공유되는 것이 우선이라고 할 수 있겠습니다.

다음으로, 공동체 내 사업 및 주체들 간의 워크샵, 자치모임 등을 통해 네트워크를 활성화시켜 나가야할 것입니다. 공동체들의 경우, 출발이 어떤 영역이었던 간에 점차 그 영역을 넓혀나가게 됩니다. 자신의 삶의 터전에서 경험한 문제들에 대해 주체적으로 참여하고 문제를 해결해 나가는 과정을 통해 주체화를 경험한 주민들은 더욱 적극적으로 실천에 참여하게 됩니다. 그러나 이로 인해 지역공동체 내부에서는 구체적인 사업과 각 단위사업의 주체들이 많아지게 되어 결과적으로 동일한 공동체 사업임에도 불구하고 주민들이 그 내용을 제대로 파악하지 못하게 되는 경우도 생기게 될 것입니다. 따라서 워크샵이나 자치모임 등을 통해 사업 주체들 및 회원들이 사업의 내용을 제대로 이해할 수 있도록 해야 하며, 회원들이 사업에 더욱 적극적으로 참여할 수 있는 동기를 내재화하도록 해야 할 것입니다.

살펴본 대부분의 공동체들은 규모가 확대되면서 다양한 사업들을 수행하고 있었습니다. 처음 시작은 도서관이었지만 마을큰잔치, 학부모 혹은 어린이 대상의 교육체험프로그램, 문화공연, 사회봉사, 직거래 농민장터에 이르기까지 삶의 터전에 관련된 모든 영역으로 활동의 범위를 확장하고 있었습니다. 이 때 많은 사업들을 수행하는 상근 활동가, 자원봉사자, 회원, 사업 책임 주체들이 한 로컬(단위로서의)내에서 함께, 혹은 따로 일하게 됩니다. 이때 공동체의 규모가 커지게 되면 각자 맡은 일에만 집중하고 전체 공동체의 활동이나 사업을 제대로 이해하지 못하게 되는 경우가 종종 발생하기도 한다고 합니다. 실천 사업 간 혹은 실천 주체들 간에 일어나는 괴리감은 공동체의 약화를 가져올 가능성이 있습니다. 따라서 공동체 내에서 이루어지고 있는 사업들에 대한 내부 주체자끼리의 워크샵 혹은 자치모임 등의 네트워크를 확대해 나가야 할 것입니다.

마지막으로 지역 내 대학이나 연구소와의 네트워크가 필요하다고 봅니다. 이는 대학이나 연구소가 갖고 있는 많은 자원들을 공동체와 함께 나누기 위한 것이기도 하지만 공동체의 실천적 활동들에 대한 정보를 공유함으로써 새로운 이론적 지평을 넓혀 나가거나 구체적인 정책 제안의 기초를 만들 수 있습니다. 예를 들면, '청소년 공동체 틈새'는 대학생들 대상의 자원봉사, 문화교육 프로그램 운영과정을 통해 자원봉사자들을 모집하는데 적극 활용하기도 하며, 프로그램을 통해 대학생들에게 자원봉사의 가치를 교육할 수 있습니다. 또 헌책방인 '물레책방'에서 열고 있는 청소년 인문학 프로젝트, 인문학강좌, 교양강좌, 여행과 인문학 등의 다양한 강좌들은 지역에서 활동하고 있는 연구자와 전문가들이 주민들과 연결되는 공간이 되기도 합니다. 영화에서 음악, 생태에 이르기까지 모임들을 통해 강연도 듣고 이야기도 나누고 공연을 보기도 하는 등, 지역의 작은 문화공간이 되고 있는 것입니다. 그러나 이는 대학이나 연구소 외부 공동체의 요청에 따라 대학의 개별 성원들과 이루어지는 수준에 불과하기 때문에 어느 쪽이 주체든 간에 조직적 차원에서 이루어지는 경우는 거의 없다고 볼 수 있습니다. 지역발전을 위한 인재를 만들어 내는 것만 아니라 지역 사회와 시대 변화에 따라 새로운 아젠다를 제공하고, 삶의 터전이 되는 로컬과 로컬 내 풀뿌리 자치공동체를 활성화하여 삶을 풍요롭게 만들 수 있는데 기여하는 것까지도 지역 대학의 역할이어야 합니다. 따라서 대학이나 연구소가 좀 더 적극적으로 공동체를 활성화시키는 데 기여할 수 있는 다양한 지원통로를 마련해나가는 것이 필요할 것입니다.

이것으로 발표를 마치도록 하겠습니다. 부족한 부분은 토론을 통해 채워나가고자 합니다.

사회자 : 정선생님 발표는 대구 지역에서 현재 진행되고 있는 지역적인 실천 활동의 현황을 꼼꼼하게 수집해서 분석을 하셨구요, 또 그 다음에 그렇게 개별적으로 이루어지는 실천들을 어떻게 네트워킹할 것인가의 문제인데, 지금 이루어지고 있는 네트워킹과 그 문제점, 앞으로의 방향 등에 대해 짚어주셨습니다. 특히 마지막에 대학, 대학연구소와 지역 실천과의 네트워킹 문제는 저희 연구원과도 직접적인 연관이 있는

문제인 것 같습니다.

정예숙 : 대부분의 사람들이 자유, 자율, 인간적이라는 단어들이 제대로 사용되지 않는 경우들이 많다는 생각을 합니다. 풀뿌리자치운동을 하는 활동가나 혹은 주체들 그리고 저 역시도 그런 개념에 대한 인식이 그리 높지는 않은 듯합니다. 그래서 주체, 혹은 자치란 무엇인지에 대한 교육이 선행될 필요가 있겠다는 생각이 들었습니다.

사회자 : 앞서 발표되고 토론되었던 문제들과 방금 말씀하신 그 문제가 연관된다고 생각이 드는데요. 담론을 만들어낼 때 그것이 담론의 논리에 의해서만 생산되는 것의 문제점이 아까 이재성 선생님 발표문에서도 지적이 되어 있었는데요, 현장 속에서 이루어 있는 어떤 구체적인 활동, 실천을 시야에 넣고 고민하는 것과 그렇지 않은 것의 차이 이런 문제들도 생각해볼 수 있을 것 같고요. 반대로는 실제로, 방금 말씀하셨던 것처럼 구체적으로 실천을 하고 있는 상황에서 요구되는 좀더 근본적인 차원에서의 논의를 함께 고민하고 같이 방향을 모색하는 것도 크게 보면 네트워킹의 한 방식이지 않을까 생각을 했거든요.

정예숙 : 지역에서도 다양한 강좌들이 열리고 있는 것 같습니다. 그만큼 공동체의 가치를 공유하고자 하는 욕구들을 대변하는 것이 아닐까 생각합니다. 학부모강좌도 그렇고, 어린이, 청소년 강좌도 그런 예라고 생각합니다. 그런데 많은 공동체 운동 내부에서 비슷한 요구와 생각을 갖고는 있지만 재정적인 어려움 때문이라든가 혹은 기획의 어려움, 강사 섭외의 어려움 등으로 시행을 하지 못하기도 합니다. 이러한 문제만 보더라도 네트워킹에 대한 요구가 드러난다고 봅니다. 따라서 대학이나

대학연구소, 전문가들이 로컬 공동체들과 네트워킹할 수 있는 고리들을 만들어내는 것이 필요하다고 생각합니다.

강필구 : 제 경험을 말씀드리자면 이윤갑 교수님께서 1월 11일 물레책방에서 '인문학과 여행'에 관련한 강좌에 참석 하려고 갔는데 참가자가 적어 취소가 되었습니다. 아무래도 일반 주민들이 강좌나 인문학에 대한 인식이랄까? 관심이 많이 부족한 게 아닌가 싶습니다.

이균호 : 제 생각은 풀뿌리운동이 중산층 가정 이상의 사람들이 주로 참여하는 운동인 것 같습니다. 왜냐하면, 생협이라든지 자녀교육에 대한 관심은 사실 먹고 사는 데 지장이 없어야 된다고 봅니다. 어느 정도 먹고 사는 게 해결이 되고나서야 자녀 교육을 걱정한다든지 아니면 먹거리에 대한 관심 등을 갖게 되는 게 아닐까 하는 생각이 듭니다. 그동안의 풀뿌리 운동도 그 지역에 살고 있던 토박이라든지, 아니면 어느 정도 먹고사는 데 지장이 없는 중산층들이 주로 주도해왔다고 볼 수 있습니다. 그런데 현실적으로 시민운동에 대한 관심이 저조하다든지, 경쟁이 점점 치열해지는 사회에서 과연 지역의 풀뿌리운동을 주도해 갈 주체가 과연 계속 이어질 수 있을까하는 생각이 듭니다. 그래서 풀뿌리운동의 활동가를 배출하는 프로그램도 필요하지 않을까하는 생각이 들기도 했습니다.

정혜숙 : 참가자의 이야기에 동의하는 부분들도 있지만, 잘못 알고 계시는 것도 있는 것 같습니다. 우선 풀뿌리 운동의 운동영역 중 교육 부분의 경우, 자녀교육에 대한 요구 때문이라는 제 설명이 잘못이해된 부분이 있는 것 같습니다. 보통 일반적으로 말하는 자녀교육의 요구라

고 하면 사교육 관련 정보를 의미하는 것이 맞습니다. 그러나 제가 말씀드린 자녀교육의 요구는 그것과는 조금 다릅니다. 실제 활동하고 있는 교육공동체들은 부부가 맞벌이를 하여 사교육에 대한 정보를 접하기 어렵다거나 혹은 맞벌이를 하면서도 학원을 선택적으로 보낼 수 없는 집안인 경우 혹은 여러 가지 사정에 의해 아이들이 방치되는 경우와 같이 학교가 끝난 후에 아이들을 돌봐줄 수 있는 공간에 대한 요구에 의해 형성된 것이라고 할 수 있습니다. 공부방 모임같은 경우 대부분 아이들의 학습 보충과 과제 해결을 도와주기 시작하면서 점차적으로 아이들 모임에서 엄마들 모임으로까지 이어집니다. 거기서 동네얘기도 나누고, 사는 고민도 나누고, 함께 할 수 있는 일이 없을까 생각을 나누면서 조금씩 모임이 커져가는 방식인 것이지요. 이런 식의 발전단계만 보더라도 질문하신 분이 말씀하신 것처럼 자녀교육에 대한 관심이 중산층 이상일 것이라든지 그래서 풀뿌리운동의 주도층이 중산층 이상일 것이라고 보는 것은 맞지 않는 것 같습니다. 그런데 상대적으로 생협의 경우에는 질문자의 지적이 일치하는 부분이 있습니다. 생협의 조합원으로 가입을 하면 매달 일정한 회비를 내야하고 매장을 방문할 때마다 매장 이용료도 내야 합니다. 게다가 상품자체도 유기농이나 친환경상품이기 때문에 일반 상품보다는 가격이 조금 비싼 경우가 있어서 생협 같은 경우 회원들의 경제적 수준이 다른 공동체 모임보다는 조금 높다고 볼 수 있을 것 같습니다. 그러나 생협을 제외한 전체를 놓고 봤을 때, 중산층 이상이 풀뿌리 운동을 주도한다는 것은 맞지 않다고 봅니다.

이윤갑 : 얼마 전에 어느 농촌마을을 방문했는데 노인들이 우리밀 농사도 하고, 콩도 재배해서 우리밀과 청국장을 만들어 판매하는 것을 보았습니다. 이전에도 노인들이 만들긴 했다고 합니다만 상품을 알릴

길이 없어 못 팔았다는 거예요. 그러던 차에 마침 웹디자인을 직업으로 하는 분이 그 마을로 귀농해서 그래픽디자인도 해주고 인터넷을 통해서 재배되는 과정도 공개하면서 판로를 개척했다고 합니다. 우리밀, 청국장 판매가 성공하자 마을 주민들이 이것을 이제 우리 마을의 브랜드로 만들어 본격적으로 사업을 벌리자고 했답니다. 상황이 이렇게 돌아가자 웹디자인을 하는 분이 고민에 빠졌습니다. 수요가 늘어나 자체 생산물로 감당하기 어려우면 어떻게 될 것인가. 그런 상황이 오면 마을 주민들은 다른 지역에서 생산된 콩이라도 들여와서 상품을 생산하려 할 것이 뻔했기 때문입니다. 그렇게 되면 상품을 신뢰하기 어렵게 되지요. 밖에서 들여 온 콩이 어떻게 재배된 것이지, 정말 믿을 만하게 친환경적으로 재배된 건지 알 수 없기 때문이지요. 또 상품이 잘 팔리면 농촌체험마을이나 전통관광마을 만드는 방향으로 나아가려고 할 것입니다. 이렇게 가면 그 분이 원래 지향했던 사람 사는 인정 넘치는 마을 만들기는 온데간데없이 사라지고 대신 마을사람들은 돈벌이에만 메달리겠지요. 수입은 다소 개선될지 몰라도 마을인심은 이전보다 더 각박해 질 수 있다는 겁니다. 우리도 돈 한번 벌어 보고 싶었는데 여러 조건이 안 갖추어져 못하다가 마침 그런 기회가 왔으니 이제 시장의 상품 생산자로서 참여해서 돈 한번 만져보자. 공부방 운동에 대해서도 부자들은 사교육을 하지만 우리는 능력이 없어 못했는데 그런데 가면은 싼 값으로 사교육 받을 수 있고, 도서관에 가서 책이라도 한 권 읽으면 학교 가서 성적이 더 잘 나올 수 있지 않겠느냐. 사실은 이런 욕구가 도시, 농촌 할 것 없이 많이 잠재되어 있지요. 그동안 이런 저런 사정 때문에 제약되었던 기회를 그런 걸 통해서 해소해보겠단 욕구가 있단 말이에요. 그것을 해소할 수 있는 적당한 기회를 제공하면 사람들이 모여듭니다. 물론 그렇게 하는 것이 나쁘다는 것은 아닙니다. 그런 분들에게 그 소외감과 박탈감을 해소시켜줄 수 있는 실질적인 기회를 확대하는 것은 좋은 일입니다. 그러나 이것이 로컬리티 운동은 아닙니다. 잠재되어 있는 욕구를 충족시키고 불만을 해소시킬 기회를 제공할 수는 있지만 그것이 곧 새로운 삶의 방식이나 사회구성을 만들어 내지는 못한다는 거지요. 우리의 시민운동이 이런 한계를 벗어나지 못하고 있는 것은 아닌가? 아니 그런 한계를 명확히 인식하고 시민운동이 이루어지는 것인가? 이 점을 살펴볼 필요가 있습니다.

대학 차원에서도 로컬리티라는 문제의식을 가지고 인문학을 연구하는 사람은 예외적이라 할 만큼 그 수가 적습니다. 대부분의 사람들은 기존의 세계화와 같은 방향에서 어떻게 하면 좀 더 모범시민이 되고 성공할 수 있을 것인가를 얘기하고 있고, 시민운동이라 해도 그런 기회들을 상대적으로 소외된 계층에게 확대하는 것이 우리 사회 발전에 기여한다는 생각을 가진 사람들이 대부분일 것입니다. 그리고 로컬리티라는 문제의식을 변형시키면서 절충기회를 접합시키는 분들도 많을 것입니다. 그러한 노력이 무의미하다는 것은 아니지만 그것은 기존질서 속에서 해결책을 찾으려할 뿐 새로운 사회 구성을 고민하는 것은 아닙니다. 저는 기존의 체제는 도저히 인간다움을 실현할 수 없는 한계에 봉착해 있다고 판단합니다. 저는 기존 질서 속에서의 해결책 모색은 결코 해결책이 될 수 없는 조금 심하게 들릴지 몰라도 '조삼모사'식의 모순 키우기 이상이 될 수 없을 것이라 생각합니다.

사회자 : 구체적으로 이론적인 논의와 실천이 만나는 지점에서는, 그런 방식의 딜레마들이 상존한다는 느낌도 들고요. 넓게 보자면 실천이라는 것이 그런 문제들에 대한 해결을 포함하는 그런 것으로 볼 수도 있다는 생각도 드는데요. 또 다른 의견이나 하고 싶은 이야기 있으신가요?

이윤갑 : 대부분 상식적 수준에서의 판단 이상으로 못 나가니까 거기서 지치게 됩니다. 이는 정확한 목표가 없거나 혹은 스스로도 납득이 안 되니까 그렇게 된다고 봅니다.

사회자 : 저도 최근에 비슷한 경험을 한 적이 있는데요. 제 와이프가 대학에서 커리큘럼을 개편하는 작업을 최근에 했는데 그 학교는 1학년 학생들한테 봉사 과목을 개설을 하는 거에요. 그것을 학생 대표들하고 논의를 하면서 그것을 필수과목으로 지정을 해서 운영을 하기로 했다고 해요. 물론 그 의의라든가 방법에 대한 프로그램을 앞부분에 배치하지만, 어쨌든 필수적으로 봉사 학점을 이수하도록 했다는 건데요. 저는 그러면 그건 봉사라는 기본적인 취지에서 너무 벗어나는 게 아니냐 그런 생각이었는데. 그런데 실제로 그걸 운영하는 입장에서는 개설해놓고 아무도 듣지 않는 그런 게 염려가 됐겠죠. 어쨌든 타의에 의해서라도 참여해가지고 경험해보고 또 그게 토대가 돼서 나중에는 자발적으로 할 수 있는 그런 효율도 있지 않느냐 그런 반론도 있더라고요. 그런데 그런 점에서 상당히 딜레마인 것 같아요. 똑같지는 않지만 다른 방식으로 부딪치는 딜레마인 것 같은데요.

이재성 : 그 문제는 지금 제가 현실적으로 겪고 있는 문제이기도 합니다. '계명정신과 봉사'라는 인성함양 공통교양 교과목이 있는데, 사실 이 교과목은 신입생들에게 계명인으로서 계명공동체에 대한 자부심을 갖도록 하기 위해서 '계명정신'이 무엇인지를 고취시키고, 더불어 그들이 지역과 세계에 봉사할 수 있는 품성을 함양하기 위해 개설한 것입니다. 그런데 몇몇 신입생들은, 특히 봉사와 관련해서 불만을 제기합니다. 봉사활동의 강제성이 자기들의 입장에서 비자발적이라는

것이죠. 물론 대부분의 학생들은 자발적으로 활동을 하고, 심지어 구체적으로 더 봉사할 수 있는 기회가 있는지를 묻기도 합니다. 하지만 문제가 되는 것은 몇몇 학생들에게서 나오는 불만들이죠. 그렇다보니 실제 이 교과목을 담당해 본 경험자로서 소수의 학생들을 설득하기가 쉽지 않음을 경험했습니다. 그 불만들에는 종교적 차이까지 결합되기도 합니다. 자발성과 비자발성의 변증법적 관계를 잘 살펴서 학생들이 자발적 봉사가 가능할 수 있도록 설득해야 하는 것이 중요하다는 것을 느꼈죠.

사회자 : 원칙적으로 그런 걸 강요할 수 있는 게 아니라는 생각을 가질 수 있고 또 그런 주장을 할 수도 있지만 실제로 그런 주장이 받아들여지는 풍토는 참 아니라고 생각하거든요. 논의는 되지만 결국은 그러한 효율로 기울어지는 경향이 많은 것 같고. 그런 의견들이 늘 원칙주의라든가 낭만주의라든가 이상주의로 간주되는 풍토가 분명히 있다는 생각도 들고요. 그러니까 아예 논의를 안 하게 되는 측면도 있는 것 같아요.

이재성 : 지금 이 논문에서 기본적으로 많이 사용되는 개념 중 하나가 공동체인데, 이 공동체 개념에 대한 이해도 굉장히 중요한 것 같아요. 실질적으로 시민운동, 혹은 풀뿌리운동들이 가지고 있는 공동체 의식들이 개인의 이익과 서로 맞물려서 이루어지는 건 아닌지 짚어봐야 하지 않을까 싶어요. 아까 이윤갑 선생님이 지적했던 것도 결국은 자본주의라는 시스템 내에서 우리가 근본적으로 문제를 인식하지 못할 경우에는 이러한 공동체가 자본주의 틀 내에 포섭된 의미에서 개인적 삶의 진화를 이룬다, 라고 밖에 볼 수 없는 게 아닌가. 이러한 상황에서 로컬

리티라는 걸 이야기 했을 때, 우리에게 요구되는 것은 개인적 삶의 질의 변화가 아니라는 것이죠. 로컬리티란 '나'에 대한 근본적 반성을 통해 삶의 방식을 전면적으로 바꾸는 것인데, 이는 '나'에 머무는 차원에서 그치는 것이 아니라 나를 통해서 공동체로 나아갈 수 있는 방식으로 전환할 때 진정한 로컬리티적 운동이 될 수 있다는 것이죠.

사회자 : 그러면 앞서 발표하신 이재성 선생님의 발표내용과 함께 묶어서 전반적으로 정리를 해볼까요.

이윤갑 : 현재 로컬리티 논의가 어디까지 왔는가, 앞으로 어떻게 해야 할 것인가에 집중해서 논의를 정리하면 좋겠습니다. 조선시대는 로컬리티가 살아있던 시대인데, 조선사회는 학자들이 만들어가는 사회였죠. 학자들이 현실 문제를 논의하고, 또 이를 통해 사회를 구성하고 유지시키는 중심점의 역할을 맡았던 만큼, 오늘날의 우리 사회에서도 그 전통을 계승하는 것이 바람직합니다. 이를 토대로 삶의 자율성을 확립할 수 있는 학문을 건립해 가야 합니다. 나아가 새로운 사회구성을 위해 사회과학적, 철학적, 인문학적인 기초연구와 상호간에 체계적인 네트워킹, 곧 체계적인 융합이 필요하다고 봅니다.

사회자 : 서구의 나라들에 가보면 그 사회는 우리보다 더 선진국이고 근대화가 일찍 시작됐지만 실제 그 사람들이 살아가는 생활 공간에서는 아직 종교도 강력하게 영향력을 발휘하고 있고 그 다음에 근대 이전의 관습들이라든가 문화들이 계속 유지되고 보존되고 있는 그런 걸 보고 놀라고 했던 경험이 있는데요. 그에 비하면 우리 같은 국가들은 근대로 들어오면서 그런 걸 다 버리도록 강요받았고 그래서 우리 경우

에는 거의 남아 있지 않잖아요. 구미 국가들도 보면, 선생님도 말씀하셨지만, 실제 사람들의 일상생활에서 도덕이나 윤리 같은 걸 규율하는 것은 법 같은 게 아니라 종교의 역할이 상당히 큰 것 같아요. 결정적으로 우리는 중세까지 지탱되어오던 이념이 근대화 과정에서 다 없어져버리고 그렇기 때문에 아무리 법이 강력하더라도 그 문제를 해결하지 못하는 거죠. 법이라고 해도 개헌도 수차례하고. 미국 같은 나라들은 처음의 헌법이 지금도 다 그대로 있잖아요. 나중에 모자라는 것만 수정헌법으로 보충하고 이런 식이고. 영국 같은 나라는 아예 법 자체가 불문법이잖아요. 관습으로 다 해결할 수 있다는 건데. 정말 긴 시각에서 보자면 우리 내부에 있었던 우리 나름의, 우리가 추구해왔던 그런 가치가 있었을 텐데, 그것들을 모두 잃어버린 채 서구의 문제의식과 해결방식에 전적으로 의존하고 있다는 생각이 듭니다. 이윤갑 선생님도 말씀하셨듯이, 우리 것이 아닌 서구의 근대로 해결하는 건 한계가 있죠. 물론 그걸 받아들여서 해결할 수 있는 부분도 있겠지만. 그 문제를 해결하는 것은 정말 어려운 것이고 긴 문제지만 당장은 그런 문제의식 자체가 굉장히 얕다는 것부터가 상당히 큰 문제예요. 대학에서 공부를 하는 사람이라든가 연구를 하는 사람들부터가 그런 문제의식이 거의 없으니까. 정치가들 역시 마찬가지이고. 그래서 사실은 저희 연구원에서 추진해나가는 한 방향이 로컬리티라는 문제의식이고 또 하나는 아직 하지는 않았지만 앞으로 더 하려는 것 가운데 하나가 근대 이전과 근대 사이의 단절을 어떤 방식으로 해결을 모색해보는가 하는 거에요. 당장 올해 우리 학술대회가 그런 주제에 초점을 맞춰서 4월 달에 개최가 될 예정입니다. 축은 각각 지역이라고 하는 공간적 축과 전통이라고 하는 시간적 축으로 구분되지만 궁극적으로는 모두 로컬의 문제라고 할 수도 있을 것 같습니다.

이윤갑 : 같이 하자고 해놓고 두 분에게만 다 맡기고 미안합니다.

사회자 : 방학 때 사실은 긴장도가 훨씬 떨어져서 글을 완성하기가 어려운데 두 분 정말 수고가 많으셨고요 같이 논의해주신 다른 분들도 다들 수고하셨습니다. 그러면 워크샵을 이것으로 정리하겠습니다.

일동 : 수고하셨습니다.

『세계 · 지방화 시대의 인문학과 지역적 실천』 - 발표자 소개 -

▌이재봉

부산대 국어국문학과와 대학원을 졸업하였다. 현재 부산대 국어국문학과 교수로 재직하고 있으며, 부산대학교 한국민족문화연구소 「HK 로컬리티의 인문학」 연구부단장을 맡고 있다. 논저로 『한국근대문학과 문화체험』, 「틈새인간의 말더듬이 존재론-김학영과 그의 문학」, 「국어와 일본어의 틈새, 재일 한인 문학의 자리」 등이 있다.

- E-mail : ljbong@pusan.ac.kr

▌최병두

서울대학교 사회대 지리학과를 졸업하고 서울대학교 대학원 지리학과에서 석사학위를 받았으며, 영국 리즈(Leeds) 대학교 지리학부에서 박사학위를 받았다. 현재 대구대학교 사범대학 지리교육과 교수로 재직 중이다. 주된 관심사는 현대 도시의 사회공간적 문제이다. 주요 저서로는 『비판적 생태학과 환경정의』 『다문화공생』, 『신자유주의』(역서), 『공간적 사유』(역서) 등 다수가 있다.

- E-mail : bdchoi@daegu.ac.kr.

▌김영숙

대구 동구 신평동에서 태어나 방촌에서 자랐고 결혼후 반야월로 들어와 5년째 살면서 마을공동체운동을 하고 있다. 45년 동안 대구 동구를 떠나본 적도 없고 내가 태어나고 살고 있는 마을을 좋아하는 마을 붙박이다. 대학에서 특수교육을 전공했지만 잠시 현장에 머물다 1997년 청년단체인 참여

광장을 만나 활동을 시작했고 1998년 대구참여연대 창립때부터 상근활동가로 14년 동안 활동했다. 2005년부터 살고 있는 동구로 내려와 주민자치를 기반으로 마을공동체, 생태, 작은도서관, 사회적 경제, 교육문화운동을 하고 있다. 2005년부터 2011년까지 대구참여연대 동구주민회 사무국장, 2007년부터 2011년까지 반야월 어린이도서관 아띠 사무국장을 맡아 활동해 왔으며 지금은 반야월에서 행복한 아이들 공부방 센터장, 반야월 주민공동체모임을 준비하는 마을활동가로 일하고 있다.

• E-mail : duprass114@gmail.com

최준영

낮에는 구두공장에 다니고, 밤엔 야학에서 공부해 검정고시를 거쳐 한국외국어대학교 중국어과에 들어갔다. 대학시절 야학교사를 하며 훗날 직접 야학을 꾸리겠다는 꿈을 품었는데 20여년 뒤 노숙인인문학 강좌에 참여하면서 그 꿈을 이루어가고 있다. 2000년 문화일보 신춘문예에 당선되었으며, 이후 라디오 방송에서 책 소개 코너를 진행했다. 2005년 최초의 인문학 과정인 성프란시스대학을 필두로 관악인문대학, 남양주인문학강좌, 교도소인문학 등 소외계층을 대상으로 하는 인문학 강좌가 있는 곳이면 어디든 달려가 강의하고 있다. 2008년부터 2011년까지 경희대학교 실천인문학센터 소속으로 강의했고, 지금도 '거리의 인문학자', '거지교수'로 불리며 시민인문학을 계속하고 있다. 저서로는 『행복한 인문학』(임철우, 우기동, 최준영 공저, 2008), 『책이 저를 살렸습니다』(2010), 『유쾌한 420자 인문학』(2011) 등이 있다.

• E-mail : yiyagy@naver.com

이영욱

되돌아 보면 동네 골목에서 뛰어 놀던 시절부터 유난히도 문화 콘텐츠에 몰입했다. 라디오 드라마로부터 TV 쇼를 거쳐 가수와 배우들, 그리고 점차 서구의 팝송과 온갖 종류의 소설들로 이어진 문화 역정을 거쳐 서울대학교

미학과에 입학했다. 대학 시절을 연극과 노래운동 근처에서 소일했으며, 질풍노도의 시기에 문화적인 것들 예술적인 것들이 제공해 준 위안과 감화로 인해 일생을 이 주변에서 먹고 살기로 결심했다. 이후 예술과 사회운동, 미학이 어우러지는 자장 안에서 특히 미술과 문화예술운동에 집중하여 다양한 담론과 실천 현장을 찾아 이동하며 현재에 이르고 있다. 요사이는 예술과 시장, 공공적 대화가 얽힌 지점에 관심을 갖고 있다. 1993년부터 전주대학교 미술학과 교수로 일해왔으며 2003년부터 2006년까지는 문화부 산하 '문화정책관광정책연구원'의 원장으로 일하기도 했다. 저서로는 『미술과 진실?』(1996)이 있으며, 『모더니티의 다섯 얼굴들』(1993), 『실재의 귀환』(2003), 『새로운 장르공공미술』(2010) 등 여러 번역서가 있다.

• E-mail : kyungee@chol.com

유권종

고려대학교 철학과를 졸업하고 동대학원에서 철학박사를 받았으며, 현재 중앙대학교 철학과 교수로 재직하고 있다. 현재 한국유교학회 부회장과 중앙대학교 인문대학장을 맡고 있다.

최근 프란시스코 바렐라의 『윤리적 노하우』(2009)를 번역했으며, 『유교 마음모델과 예교육』(2009)을 저술했다. 주요 논문으로는 「비교인문학의 방법과 방향-마음학을 통한 학제간 연구」(2010), 「晦谷 權春蘭의 「太極統體人事圖」 연구-『進學圖』의 爲己之學 방법론 설계와 관련하여」(2010), 「儒敎心學의 맥락 형성에 관한 연구-先秦時代로부터 宋代에 이르기까지」(2010)가 있다.

• E-mail : ykj111@cau.ac.kr

김은중

한국외국어대학교 스페인어과를 졸업하고 멕시코국립대학교에서 라틴아메리카문학박사를 취득했으며, 현재는 서울대학교 라틴아메리카연구소 HK 교수로 재직하고 있다. 저서로는 『저항, 새로운 연대, 다문화주의』(공저),

『유럽중심주의 비판과 주변의 재인식』(공저), 『신자유주의 시대 라틴아메리카의 이주와 이민』(공저), 『라틴아메리카, 만들어진 대륙』(역서) 등이 있고, 논문으로는 「트랜스모더니 혹은 반헤게모니 생태학」, 「탈식민성과 라틴아메리카연구」 등이 있으며, 관심분야는 라틴아메리카 사회운동, 지역통합과 문화이론 등이다.

• E-mail : ocpaz@snu.ac.kr

▌강수돌

아침마다 부춘돌 형 잿간에 똥을 누고 "똥아, 잘 나와서 고마워."라 인사하며 하루를 시작하는 대학 선생입니다. 3명의 아이들에게 밥상에서 "밥이 똥이고 똥이 밥이다."를 강조합니다. '노동-교육-경제-생명'을 서로 연결된 고리 속에서 어떻게 풀어야 할지 고심하며 삽니다. 돈의 학문 대신 삶의 학문을 추구하고, 죽은 이론이 아니라 살아 움직이는 실천을 추구합니다. 2005년 5월부터 2010년 6월까지 조치원 신안1리 마을 이장을 하며 주민들과 함께 고층아파트 건설 반대 운동을 해왔습니다. 또 매주 월-목요일, 초중등 아이들을 위한 '글쓰기 교실'을 대학생들과 함께 진행하고 있습니다. 현재 고려대 세종캠퍼스에서 돈의 경영이 아니라 삶의 경영을 가르칩니다.

• 주요 저서 : 『시속 12킬로미터의 행복』, 『이장이 된 교수, 전원일기를 쓰다』, 『내가 만일 대통령이라면』, 『나부터 마을혁명』, 『살림의 경제학』, 『나부터 교육혁명』 외.

• E-mail : ksd@korea.ac.kr

▌이재성

계명대와 대학원에서 서양철학을 전공하고 독일 쾰른(Köln) 대학과 아헨(RWTH Aachen) 대학에서 철학, 사회학, 정치학을 수학했으며, 게오르크 빌헬름 프리드리히 헤겔에 대한 논문(Subjektivität und Intersubjektivität : Eine Untersuchung zur Rekonstruktion der dialektischen Struktur in Hegels Rechtsphilosophie)으로 박사학위를 받았다. 주요 저서로는 『열림과

소통의 문화생태학』이 있고, 역서로 『변증법 이론의 근본구조. 헤겔의 논리학에 있어서 변증법적 범주발전의 재구성과 수정』이 있으며, 주요 논문으로는 「루소의 정치철학에 대한 헤겔 비판」, 「아펠과 하버마스의 담론윤리의 의미」, 「헤겔 정치철학에 대한 일고」, 「헤겔의 정신철학에서 정신개념의 변증법적 구조」, 「헤겔의 정치철학 : 헤겔은 자신의 국가철학을 어떻게 정당화시키고 있는가?」, 「헤겔의 자연철학 : 논리에서 자연으로의 이행문제」, 「서양의 생태사상과 사유방식의 문제에 대한 일고」, 「공직 부패로부터의 해방은 어떻게 가능한가?」, 「철학적 최종근거지음과 오류주의의 문제」, 「로컬리티의 연구동향과 인문학 연구의 새로운 방향」 등 수십 편이 있다. 헤겔의 이론을 비롯해 근대독일철학, 정치사회철학, 생태철학, 응용윤리 등을 연구해왔으며, 최근에는 다문화주의, 초국가 시대의 시민권 및 인권 논의에 관심을 갖고 연구하고 있다. 현재 계명대학교 교양교육대학 교수로 재직하고 있다.

• E-mail : ssyi@kmu.ac.kr

정혜숙

계명대학교를 비롯하여 많은 대학에서 강의를 해왔으며 현재는 계명대학교에서 강의를 하고 있다. 대구참여연대를 비롯하여 많은 시민단체들에서 다양한 참여와 활동을 하면서 지역에 대한 꾸준한 관심을 가졌다. 2010년 한국학연구원 전임연구원으로 재직할 시 진행됐던 로컬리티 포럼을 준비하면서 로컬리티 연구에 관심을 가지기 시작하였다. 주요논문으로는 「온라인 공동체와 사회적 자본의 형성가능성-대구지역 시민운동단체를 중심으로-」, 「성주지역의 유교공동체와 사회적 연결망」, 「국회에 대한 국민과 국회의원의 의식 및 평가 비교」, 「지역의 로컬리티 실천현황과 네트워킹 방안」 등이 있다. 등이 있고 저서로는 『한국의 선거 v』(공저), 『한국 국회의 현실과 이상』(공저), 『주제로 보는 현대사회 · 탈현대사회』(공저) 등이 있다.

• E-mail : jkhs25@kmu.ac.kr

세계 · 지방화 시대의 인문학과 지역적 실천

2012년 3월 20일 초판 인쇄
2012년 3월 30일 초판 발행

지은이 **계명대학교 한국학연구원 편**
펴낸이 **신 일 희**
펴낸곳 계명대학교 출판부
(704-701) 대구광역시 달서구 달구벌대로 1095
TEL: (053)580-6233
FAX: (053)580-6235
홈페이지: www.kmupress.com
출판등록: 1970. 9. 1.(제347-1998-1호)

ISBN 978-89-7585-581-8 93300

정가 21,000원

*잘못된 책은 교환하여 드립니다.